양명학연론

정본(定本)

양명학연론

양명학연론 교주(校注) 수록

정인보 지음
한경애 · 이재황 교석

살림

양명학은 주자학에 반기를 들고 나선 '신'신유학이다. 우리나라에서는 조선 시대 내내 주자학이 사상계를 독점했지만, 중국에서는 그에 대한 비판의 물결이 거세게 일어 양명학의 탄생으로 나타났고 일본에서도 주자학과 함께 이를 받아들여 근대화의 사상적 기반을 이루었다. 동양 삼국 중 양명학이 낯선 나라는 우리나라뿐이다.

정인보는 그런 희귀한 조선 양명학의 끝자락에 위치한 양명학자였다. 그가 지은 『양명학연론(陽明學演論)』은 이런 양명학의 불모지에 양명학을 가장 요령 있게 소개한 글이다. 양명학의 기본 개념과 창시자 왕수인의 생애, 중국 및 한국 양명학의 전개를 간략하게 제시했다. 이에 따라 이 글은 자연스럽게 양명학 입문서로 자리 잡았으며, 필자 역시 이 책을 통해 어렴풋하게나마 양명학에 대한 지식을 얻게 되었다. 이 글은 이제 '고전' 반열에 올랐다고 할 만하다.

그러나 이 글은 읽기가 쉽지 않다. 내용은 차치하고라도, 사전에도 나오지 않는 한자 단어들이 수두룩해 당시에도 이해가 쉽지는 않았을 텐데, 이제는 한학 세대는커녕 한자 세대조차 드문 형편이기 때문에 원문 그대로 던져 놓으면 알아들을 사람이 많지 않다. 그래서 이를 '번역'(1930년대 한국어에서 21세기 한국어로 바꾸는 번역이다)해 놓은 것이 이 책 앞부분이다.

이 '번역' 작업은 부록으로 붙인 '교주(校注)'를 바탕으로 이루어졌다. 사실 번역보다 훨씬 많은 시간과 노력이 들어간 것이 '교주' 부분이고, 학술적으로 이용하려면 더 필요한 것도 이 부분이다. 이 작업이 필요했던 것은 번역의 대본으로 삼을 마땅한 정본(定本)이 없었기 때문이다. 이 글은 1930년대에 『동아일보』에 연재됐고 이후 몇 차례 재출간됐는데, 당초 신문에 연재할 때 생겼던 오·탈자와 탈구(脫句) 등 수많은 오류들이 제대로 바로잡히지 않았다. 오히려 새로 조판하면서 이전 오류의 일부는 바로잡은 대신 새로운 오류를 추가하는 경우도 많았다. 얼마나 심각하고 많은 오류들이 있었는지는 권말에 붙인 참고 논문이나 '교주'의 각주 부분을 일별해 보면 금세 실감할 수 있다.

그동안 대중적으로 가장 널리 읽힌 삼성문화문고본이나 그 이후 좀 더 정리를 했다는 담원정인보전집본도 충분한 교감(校勘) 과정을 거치지 않은 것이었다. 이런 오류투성이의 자료를 인용해 학술 논문을 쓴다는 것은 어불성설이다. 실제로 양명학 관련 논문이나 저서들을 보면 『양명학연론』의 오류를 그대로 따온 탓에 생긴 오류들을 심심찮게 찾아볼 수 있다.

필자는 연전에 『양명학연론』을 현대어로 번역할 기회가 있어 작업을 했는데, 이 문제를 해결하지 않고는 도저히 진척을 이룰 수 없었다. 당시 어느 정도 교감 과정을 거쳐 출간을 하긴 했지만, 출판사의 기획상 교감 내용을 상세히 밝힐 여건이 아니었다. 그래서 아예 본격적으로 교감 작업을 철저히 하고 그 과정을 세세히 밝혀 학술적으로도 이용할 수 있는 '정본'을 만들어 보려 한 것이다. 그 산물이 이 책 부록으로 실은 '교주'다.

이 교주본은 『동아일보』 연재본 원문을 최대한 복원하는 가운데 그 오류를 교정하고, 학술적 인용에 널리 쓰인 삼성문화문고본과 담원정인보전집본의 교감 내용을 상세히 밝힌 것이다. 저자의 원래 의도를 최대한 살리면서 재출간 과정에서 생긴 오류들을 배제하고, 다시 여러 재출간본들을 거꾸로 참고해 연재본의 오류들을 바로잡았다. 또한 인용 원전과 기타 참고 자료들을 통해 연재본 식자(植字)의 오류나 저자의 착오까지도 바로잡았다. 그 전에 나왔던 『사상계』본과 『담원국학산고(薝園國學散薰)』본은 오류도 너무 많고 지금 찾아보기도 어려운 간본이어서, 문고본 및 전집본의 교감 내용과 관련되는 부분만 언급했다.

학술적인 필요에서 보는 독자라면 교주본과 그 주석을 중심으로 하되 현대어판을 참고하면 된다. 교주는 연재 원문을 최대한 살려 놓은 탓에 지금의 독자들에게는 낯선 표현들이 많고 당시로서도 오자인 것들도 많지만, 교주자 독단으로 문장을 해석하기보다는 독자들이 판단할 수 있도록 원래의 모습을 최대한 많이 제공하려 했다. 따라서 독자에 따라 의문스런 부분들이 있을 수 있지만, 그렇다고 그런 부분까지 일일이 주석을 달 수는 없었다. 교주자가 이해한 바는 현대어판을 참고하면 된다. 교주와 현대어판의 상호 참조를 위해 양쪽에 ⬛1⬛ ⬛2⬛ 식으로 연재 회차를 넣어 찾아보기 쉽게 했다. '찾아보기'는 교주본을 기준으로 정리했다.

현대어 '번역' 부분 역시 전에 전자책으로 출간했던 것으로 바탕으로, 이번에 다시 교감 작업을 하면서 새로이 찾아낸 오류들을 반영하고 번역문도 전면적으로 손질해 새롭게 정리했다.

보완한다는 핑계로 여러 해 붙들고 있었지만 당초 원고에 비해 그리 나아진 것 같지는 않다. 앞서 '정본' 이야기를 했지만 그런 마음가짐 으로 작업을 했다는 것뿐이고, 필자의 모자라는 능력으로는 감히 그 런 이름을 넘보기 어렵다는 것을 스스로 잘 안다. 다만 워낙 많은 때 가 끼어 있는 대상이라서 벗겨낸 때의 양이 적지 않았고, 고된 작업이 었지만 그렇게 『양명학연론』이라는 명저의 때를 벗겨내는 데 작은 힘 이나마 보탤 수 있어 즐거웠음을 고백한다.

보잘것없는 책이지만 필자가 이런 정도의 작업이라도 할 수 있게 된 것은 모두 그동안 자상하게 이끌어 주셨던 스승님들의 학은 덕택이 다. 필자가 학문이라는 세계에서 걸음마를 배운 것은 조선미 교수님 으로부터였고, 이 책과 직접 연관이 있는 양명학에 대해 얕은 지식이 나마 갖게 된 것은 송하경 교수님 덕택이었다. 두 분 외에 일일이 거 명하기도 벅찰 정도로 수많은 선생님·선배님들로부터도 많은 가르침 을 받았다. 비록 필자가 우둔해 그 가르침들을 모두 소화해 내지는 못 했지만, 그분들의 노고만큼은 뼛속 깊이 새기고 있다. 여러 스승님들 께 깊은 감사의 큰절을 올린다.

교주 작업은 양명학 자체보다도 한자·한문과 거의 한 세기 전 한국어에 대한 이해, 심지어 교정에 대한 감각이 더 필요했다. 이 부분을 채워 함께 작업을 해준 이재황 선생께도 감사드린다.

2021. 7.

한 경 애

1

이 글을 쓰는 연유

1 어떤 글이든지 쓰는 사람으로서는 보는 사람이 마음을 가다듬고 보아 주기를 바라는 것이 공통된 마음일 것이다. 그러나 그 바람도 경우에 따라 더 클 때도 있고 좀 덜할 때도 있는데, 내가 지금 이 글을 쓰면서는 바란다는 것만으로는 내 심정을 표현하기에 오히려 부족하다. 다시 말해 간절히 빌고 싶고, 또 기원하고 싶다.

아아! 지난 수백 년 동안의 조선 역사는 실로 '빈껍데기(虛)와 거짓(假)'이 만들어 낸 자취다. 최근 수십 년 사이에 사회 분위기가 점차 변함에 따라, 삼척동자라도 이전 사람들이 잘못한 것을 지적할 줄 안다. 그러나 이전 사람들을 비판하면서도 여전히 다시 그 잘못된 자취를 따르고 있지 않은가. 이 말에 대해서는 누구나 반대할 것이다.

첫째로, "수백 년 동안의 조선 역사가 오로지 빈껍데기와 거짓의 자취라니, 그럴 수가 있나?" 할 것이다. 이러한 반론이 나오기 전에 나 스스로 그것이 지나친 말인 줄 안다. 지나친 줄 알면서 왜 이런 말을 하는가? 내가 지나치다고 한 것은 사실 측면에서 지나치다는 것이 아니다. 말이 좀 예의에서 벗어나 과격한 듯하다는 것이다. 그러나 한 걸음 더 나아가 말하자면, 뜬말로 거짓되게 꾸미지 않고 사실을 사실대로 밝히는 것이 오히려 과거에 대한 예의가 아닐까? 앞에서 뭉뚱그려 한 말을 차례차례 따져 설명해 보겠다.

수백 년 동안의 역사를 세세히 나열하지 말고 우선 큰 자취만 들어 보자. 조선 말기에 이르기까지 이른바 당쟁과 이른바 살육과 이른바 세도(勢道)가 이어졌으니, 지는 패는 죽여 없애게 되고 죽이고 나면 세력이 한쪽으로 모인다. 이렇게 엎치락뒤치락하는 동안에 모든 일은 이미 완전히 지나가 버렸다. 다른 나라라고 당쟁이 없지는 않지만 수백 년 계속되는 파벌의 분열은 요즘 말로 기록적이요, 다른 나라라고 살육이 없지는 않지만 피차에 서로 이런 궁리와 이런 수단만을 찾으며 오랜 세월을 지속해 내려온 것은 또한 동서고금에 없는 일이다.

이것은 다른 이야기가 아니냐, 이것이 빈껍데기·거짓과 무슨 관계가 있느냐고 할 수 있다. 그러나 빈껍데기와 거짓이 만든 것이 아니고서는 이렇게 될 수가 없다.

조선 수백 년 동안 학문이라고는 오로지 유학(儒學)뿐이요, 유학 가운데서도 오로지 정자(程子)·주자(朱子)만 신봉했다. 이 신봉의 폐단은 대개 두 갈래로 나뉘었다. 하나는 그 학설을 빌어 자신과 자기 집안의 편의를 도모하려는 '사영파(私營派)'고, 또 하나는 그 학설을 배워 중화(中華)의 정통성을 이 땅에 드리우자는 '존화파(尊華派)'다. 그러므로 평생을 몰두해 마음(心)과 본성(性)을 강론해도 '참마음(實心)'과는 연결 지어 볼 생각이 별로 없었고, 한 시대를 진동하게 도의(道義)를 내세웠어도 자신밖에는 아무것도 보이는 것이 없었다.

그러니 시대가 지나고 사회 분위기가 흐트러짐에 따라 그 학문은 '빈 껍데기 학문'밖에 남지 않았고, 그 행동은 '거짓된 행동'뿐이었다. '참 마음'의 입장에서 보면 그 학문은 빈껍데기이니 개인적인 계산으로 보아 꽉 찬 것이라는 얘기일 뿐이고, '참학문'의 입장에서 보면 그 행동은 거짓된 것이니 위선적인 습속으로 보아 꽉 찬 것이라는 얘기일 뿐이다. 그래서 수백 년 동안 조선 사람들의 참마음과 참행동은 학문 영역 이외에 구차스럽게 간간이 남아 있었을 뿐이며, 온 세상에 가득 찬 것은 오직 거짓된 행동과 빈껍데기 학문뿐이었다.

빈껍데기면 빈껍데기인 대로만 그냥 있는 것도 아니다. 학문이 이미 빈껍데기이기 때문에 이 빈틈을 타 이리 뛰고 저리 뛰는 어떤 부산물이 나타났다. 이는 다른 것이 아니다. 원래 인생의 수양이라는 것은 참마음의 힘을 빌려 편협한 자신의 이기심을 억누르는 것인데, 학문이 이미 빈껍데기이니 이기심만이 때를 만나 날로 융성하게 되었다. 그러는 동안 참마음을 떠난 학문이 이 이기심을 돌보고 꾸미는 데서 교묘한 효능을 발휘하고, 이기심이 결국 거짓된 행동으로 바뀌게 되었다.

그러므로 서로 살육을 저지르고도 경전에 나오는 성인의 말씀을 끌어다 대고, 번갈아 파쟁을 일으키고도 도의상의 옛 가르침을 주워섬기니, 한 마디 말이나 한 가지 일도 거짓된 핑계 아닌 것이 없었다. 또한 이를 근거로 살육과 파쟁을 일으킬 뿐만 아니라, 경전상으로나 도의상으로도 어쩔 수 없이 파쟁과 살육을 계속할 수밖에 없게끔 서로서로 떠들어 왔다. 이는 다른 까닭이 있어서가 아니다. 학문이 참마음과 무관해지니 자연히 이기심이 중심이 될 수밖에 없고, 이기심이 중심이 되니 학문이 이를 싸고돌게 된 것이다.

2 둘째로, "최근 수십 년 동안에도 여전히 도로 옛 자취를 따른다니, 이것이야 더욱 그럴 리가 있나?" 할 것이다. 이것이야말로 내가 이 글을 쓰게 된 가장 큰 동기다. 과거가 어떠했든 그 과거가 지금 우리에게 아무런 나쁜 영향을 미치지 않는다면 과거를 검토할 필요가 없다. 그러나 과거는 언제나 지금을 움직이는 숨은 힘을 가지고 있으니, 이를 소홀히 볼 수 없는 것이다.

삼가 말한다. 우리 아저씨들이여, 형제들이여, 아주머니와 누이들이여, 친척과 벗들이여. 지금 우리가 무엇을 옳다고 할 때 과연 참마음에 따라서 옳다고 여기는 것을 옳다고 하는가? 혹시 처세술로서가 아닌가? 무엇을 하려고 할 때 과연 참마음으로 해야겠다는 것이 있어서 하는 것인가? 혹시 남을 따라서 그러는 척하는 것은 아닌가? 무어라 무어라 하면서 팔을 뽑고 기운을 내어 비분강개하며 잘난 체하는 그 속에 과연 악착스레 내 몫을 챙기려고 남몰래 꾀하는 일은 없는가? 이러쿵저러쿵 지극히 공평무사함을 내세우고, 이러쿵저러쿵 전체를 이야기하며, 이러쿵저러쿵 일과 학술에 대해 말하면서, 그 가운데에 과연 포기할 수 없는 어떤 제 밥그릇 챙기기는 없는가? 자기만 아는 자신의 마음속에서는 잘 알 수 있을 것이다.

내가 감히 이 시대를 경시하는 것은 아니지만, 대재난을 당해 슬픈 눈물로 두 눈이 희미해진 상태에서 내 시력이 미치는 대로 바라보건대, 합친다 단결한다 하지만 파쟁은 더 격화하는 것 같다. 새남터·당고개의 사람 죽이던 곳에 비록 칼잡이가 없어진 지 오래지만, 마음의 칼끝과 생각의 칼날로 서로를 겨누는 것은 이전보다 몇 차원 더 심한 것 같다.

학문에 대한 태도도 전부터 이미 책갈피 속에서만 힘을 얻으려 하던 경향이 있었지만 그것이 한층 더 심해졌다. 이른바 영국, 이른바 프랑스, 이른바 독일, 이른바 러시아가 어지럽게 함께 튀어나오지만, 대개는 훌륭하다는 자라 할지라도 여러 학자들의 말만을 표준으로 삼아 이러니저러니 한다. 그러나 대개는 그들의 '말'을 그대로 옮긴 것이지 참마음에 비추어 옳고 그름을 전혀 판단하지 않은 것이니, 오늘날을 예전과 비교해 과연 어떻다 하겠는가? 할 것과 하지 않을 것, 옳다는 것과 그르다는 것을 떼어 놓고 말하면 누구나 자기 마음을 이야기한 것으로 보겠지만, 그 사람에게 물어 본다 해도 그 '말' 자체의 옳고 그름을 살피기는 했을망정 자신의 '마음'을 통해 옳고 그름을 그윽이 살펴 본 적이 없음을 스스로도 인정할 것이다.

그러니 오늘날 학문의 꼼꼼함·똑똑함이 놀랄 만큼 발전되었다 치자. 하지만 우리의 참마음은 여전히 외로이 서 있어 누구 하나 돌아보는 사람이 없으니, 의복은 남루하고 얼굴은 시커먼 채 죄 없이 비실비실하면서 골목길 으슥한 데로 넋 잃은 듯이 떠돌아다닌다. 그러면서도 차마 세상과 완전히 끊고 멀리 가지는 못해 때때로 얼굴을 드러낸다. 보여도 누구 하나 거들떠보는 사람이 없건만, 그래도 혹시 누가 거들떠보지나 않을까 하고 아주 가지는 못한다. 그러다가 혹시 누가 거들떠보게 된다면 어떤 맑은 거울과 같이 휙 한번 비치며 옳다고 하던 것도 그른 것으로, 하지 않아야 한다던 것도 꼭 해야 할 것으로, 숨길 수 없이 분명하게 파악된다.

이것은 어디에서 얻어 온 것도 아니요, 그 무엇으로 인한 명리심(名利心)도 아니다. 그러나 영국 어느 학자, 프랑스 어느 대가, 독일 어느 박사, 러시아 어느 동무의 '말'에 비추어서는 아니다. 꼭 이래야 옳고 꼭 저렇게는 하지 않아야겠다 하는 이 '마음'이야 그까짓 것 우스운 것이지만, 저 '말씀'은 세계적인 대학문이다. 그래서 '참마음'을 죽여 '남의 말'을 살린다. 사람이란 예나 이제나 자신과 자기 집안을 중심으로 삼는 이기심에 의해서 부림을 당하는 존재다. 참마음으로 옳고 그름을 분별해 제지하거나 절제하지 않은 채 오직 '남의 말'에만 의지한다면, 그 '남의 말'은 언제나 밖에서만 빙빙 맴도는 것이니 참마음을 만만히 보는 그 속에는 이기심이 쉽사리 들어서게 되고 그럴수록 참마음에 대한 경시는 더해지며, 참마음에 비추어 살피지 않은 남의 말이기 때문에 어느덧 이기심의 이용 대상으로 변하기까지 한다.

아아! 과거에 경험한 인과관계가 이미 명백한데 이제 또 지난 잘못을 다시 반복한단 말인가? 나는 '참마음'에 대한 환기와 각성을 화제로 삼아 온 지 오래다. 얼마 전에 고하(古下) 송진우(宋鎭禹, 1890~1945) 동아일보사 사장으로부터 '양명학'에 관한 글을 요청받고, 이것이 혹시 참마음을 환기하고 각성시킬 수 있는 한 기회가 되지 않을까 해서 요청의 범위를 넘어서는 이 긴 논의를 시작하는 것이다.

2

양명학이란 무엇인가

　3　양명(陽明)은 명(明)나라 중기의 대(大)유학자인 문성공(文成公) 왕수인(王守仁, 1472~1529)의 호다. 그의 학설은 「대학문(大學問)」과 『전습록(傳習錄)』, 그리고 학문을 토론한 여러 글들에 잘 나타나 있다. 양명학을 말하려면 먼저 양명이 힘써 주장한 것과 함께 철저히 배격한 것을 알아야 한다. 그가 힘써 주장한 것이 무엇인지를 알면 저절로 철저히 배격한 바를 알 수 있으며, 그가 철저히 배격한 것이 무엇인지를 알면 저절로 힘써 주장한 바를 알 수 있다. 그는 무엇을 힘써 주장했는가? '치양지(致良知)'라는 것이다. 그는 무엇을 철저히 배격했는가? "모든 세상의 사물에 다가가 그 이치를 궁구하다 보면 어느 날 갑자기 환하게 깨닫게 된다(卽凡天下之物, 而窮其理, 一朝豁然貫通)"라고 한 말이다.

'치양지'에서 '치(致)'는 '이룬다'는 뜻이니, 무엇이든지 이루었다고 하면 그 한도를 다한 것이다. '양지'라는 것은 '태어나면서부터 가진 지식'이라는 뜻이니, 사람이라면 잘난 사람이든지 못난 사람이든지, 심지어 아주 고약한 무리일지라도 태어나면서부터 가진 이 '지식'은 누구나 다 같은 것이다. 이 지식은 다 같은 것이지만, 저버리기도 하고 가리기도 하며 심지어 아주 산산이 없어지게 만들기도 하기 때문에 이 지식이 지식답게 모두 이루어지지 못하는 것이다. 그래서 이를 이루어 놓자는 말이다. 여기에 대해서는 우선 이 정도만 말해 두자.

'즉범천하지물 이궁기리(卽凡天下之物, 而窮其理)'라는 것은 온 세상 갖가지의 사물에 대해 그 '이치'를 궁리한다는 뜻이고, '일조활연관통(一朝豁然貫通)'이라는 것은 하루아침에 시원하게 꿰뚫린다는 뜻이다. 온 세상 갖가지 사물에 대해 그 이치를 궁구하면, 각각의 진리가 모인 곳에서 하루아침에 시원하게 꿰뚫림을 얻을 수 있다는 것이다. 이는 중국 남송(南宋)의 대유학자 회암(晦庵) 주희(朱熹, 1130~1200)가 주장한 내용이다.

『대학』과 격물·치지의 해석

이렇게만 말하면 독자는 어리둥절할 것이다. 나도 이 말만 내놓아 분명할 것이라고 생각하지는 않는다.

대개 공자(孔子, 전551~479)의 직계로 스승의 핵심 주장을 전한 이가 바로 증자(曾子, 전505~435)다. 공자는 증자를 불러 이렇게 말했다.

"삼(參, 증자의 이름)아, 우리 유학의 도(道)는 하나로 꿸 수 있다."

증자는 바로 "예" 하고 대답했다고 하는데, 공자와 증자의 사제 간에 주고받은 말에서 어떤 간단한 절대적 진리가 있음을 얼추 짐작할 수 있다.

증자는 『대학(大學)』에서 이렇게 말했다.

> 대학(大學)의 도(道)는 명덕(明德)을 분명하게 하는 데 있고, 민중을 친애하는 데 있으며, 지극한 선(至善)에서 머무는 데 있다. (…) 옛날에 세상에 명덕을 분명하게 하려는 사람은 먼저 자기 나라의 질서를 잡았고, 자기 나라의 질서를 잡으려는 사람은 먼저 제 집안을 잘 건사했고, 제 집안을 잘 건사하려는 사람은 먼저 자기 몸을 수양했다.

온 세상으로부터 자기 자신에 이르기까지 넓은 데로부터 좁은 데로, 먼 데로부터 가까운 데로 한 걸음 한 걸음씩 바싹바싹 죄어들어가 어떤 근원이 나올 때까지 이런 식으로 쫓아 들어가려고 하는 것이다.

> 자신의 몸을 수양하려는 사람은 먼저 그 마음(心)을 바르게 했고, 그 마음을 바르게 하려는 사람은 먼저 그 생각(意, 무엇을 하려 하고 하지 않으려 하는 따위의 생각)을 참되게 했고, 그 생각을 참되게 하려는 사람은 먼저 지식(知)을 얻고자 했다.

마음을 바르게 하는 것이 근원일 듯하지만, 그러면 어떻게 해야 마음을 바르게 할 수 있을 것인가. 여기서 '자신의 생각을 참되게 하라(誠其意)'라는 것을 제시하고 있다. 또 자신의 생각은 어떻게 해서 참되게 할 것인가. 여기서 '지식을 얻으라(致知)'라는 것을 제시한다. 이 끄트머리에서 한걸음 더 나아가, 그러면 지식은 어떻게 해서 얻을 수 있는가 하는 의문이 들지 않을 수 없다.

지식을 얻기 위해서는 격물(格物)을 해야 한다.

이 한 구절이 바로 결론이다.

그런데 '격물을 한다'는 것은 문장이 자못 예사롭지 않기 때문에, 이것이 수많은 학파를 만들어 내는 하나의 열쇠가 되어 오랫동안 학자들 간에 논쟁의 초점이 되었다. 주희는 이에 대해 다음과 같이 해석했다.

'격(格)'은 끝까지 궁구하는 것이고, '물(物)'은 사물이다. 세상의 온갖 사물에는 모두 각기 그 원리가 있는데, 여기에 대해 궁구한 것이 쌓이면 각각의 사물과 각각의 이치가 모이는 곳에서 하나의 보편적인 원리를 확연히 깨달을 수 있다. 각각의 이치에 대한 궁구를 '격물'이라 하고, 하나의 보편적인 원리를 확연히 깨닫는 것을 '치지'라 한다.

주희는 가장 면밀하고도 해박해서, 이렇게 나누어 궁구하고 합쳐 깨닫는다는 『대학』 해설은 실로 이전 학자들이 생각해 내지 못한 뛰어난 견해였다. 그것이 뛰어난 견해임에도 불구하고 양명은 왜 이를 철저히 배격했던 것일까?

4 그 문맥으로 보아 몸(身) 이외의 것은 모두 외부에 있는 것이고 일단 마음(心)으로 접어든 뒤에는 '생각(意)'이나 '지식(知)'이 모두 깊

숙한 마음속의 일이니, 새삼스럽게 바깥의 사물(物)이 들어올 순서가 아니라는 말이 틀렸다고는 할 수 없다. 그러나 문맥으로만 해석하는 것은 양명의 본래 생각이 아니다.

우선 왜 '격물'을 하려고 하는가? 지식을 얻기 위해서다. 지식을 얻으면 무엇을 하는가? 생각을 참되게 하는 것이다. 생각을 참되게 해서 무엇을 하는가? 마음을 바르게 하는 것이다. 그렇다면 핵심은 마음을 바르게 하는 것이 아니겠는가? 옳지 않으면 견딜 수 없을 만한 참된 생각이 있어야 마음을 바르게 할 수 있다. 옳지 않으면 견딜 수 없는 것은 지식을 얻어야 가능하고, 지식을 얻는 것은 '격물'을 해야 가능하다고 했다. 따라서 옳지 않으면 견딜 수 없는 생각은 바로 이 지식에서 생겨나야 하고, 이 격물을 함으로써 곧 지식이 얻어져야 할 것이니, 실제로 해 봐서 그대로 되지 않으면 그것은 의심스러운 해석이다. 각각의 사물을 궁구하고 또 종합해 살폈다고 하자. 따로 나누어 각각에서 얻은 관찰은 있겠지만, 각각의 이치를 어느 한도까지 종합할 것인지도 모호하려니와, 이것은 연구여서 학문의 부류지 옳지 않으면 견딜 수 없는 그 생각을 만드는 마음속 생활은 아니다. 우주라는 큰 틀로 말하자면, 각기 나누어진 것이 곧 하나의 전체이니 풀 한 포기나 돌멩이 하나가 가지고 있는 원리가 바로 대우주의 원리다. 흩어져 각기 나뉜 것이니, 갈래를 따라 연구하다 보면 최종적인 근본과 통할 수 있다. 주희의 견해가 뛰어난 것은 이것을 홀로 깨달았기 때문이다. 그러나 학자로서 우주의 생성을 따져 연구하는 학구적 방법은 수행하는 사람으로서 마음속의 일상적인 생활을 홀로 영위해 나가는 방법과는 다르다.

양명은 처음에 주희의 가르침에 따라 뜰 앞 대나무부터 좀 연구(格)해 보려 했으나, 바깥 사물에 대한 연구가 속마음을 완전히 깨닫는 데 아무런 도움도 되지 못하는 것을 알고 스스로 한탄했다. 그러다가 권력자인 환관 유근(劉瑾, 1451~1510)이 국정을 어지럽히는 일을 비판했다가 귀주(貴州) 용장역(龍場驛)으로 쫓겨 가 있을 때 '격물·치지'의 큰 뜻을 깨달아 "성인의 도는 자신의 본성 속에 충분히 갖추어져 있으니, 바깥 사물에서 이치를 찾을 필요가 없다"라고 말했다. 이에 따라 '격물'은 이렇게 해석했다.

> '격(格)'은 '바르게 한다'는 뜻이요, '물(物)'이란 사물의 물이 아니라 조금이라도 생각이 있는 것은 모두 물이다(이는 곧 마음속의 물이다). '지(知)'는 이른바 '양지(良知)'여서 나면서부터 가지고 있는 고유한 지식을 말하는 것이며, '치(致)'는 이 고유한 지식을 완성하는 것이다.

이 지식이 곧 마음으로서의 지식이지만, 마음이 그 바름을 잃으면 이 지식이 가려지게 되고 이 지식이 가려지게 되면 마음이 바른 본래의 모습을 잃게 되는 것이다. 간혹 이 지식이 빈미주룩이 나타나더라도 그것은 금세 도로 가려진다. 비록 그것이 나타날 때 옳지 않은 것에 대한 가책과 옳은 것에 대한 선망이 없는 것은 아니지만, 잠깐 보였다가 도로 없어지기 때문에 선망에 따라 무언가를 하려는 뜻이나 가책에 따라 무언가를 하지 않으려는 뜻이 모두 순수하지 못하다. 그래서 결국 하려다가도 그만두게 되고, 그만두려다가도 다시 하게 되는 것이다.

오직 지식이 완전히 이루어진 뒤라야 옳고 그름이나 해야 할 일과 하지 말아야 할 일이 매우 분명해지며 감각도 더없이 예민해진다. 그러면 어떤 일을 하려고 할 때 죽음이나 파멸이 따라올 것으로 예상되더라도 그것을 막을 수 없고, 어떤 일을 하지 않으려고 할 때 부귀와 영화가 눈앞에 있더라도 유혹이 될 수 없다. 뿐만 아니라 전류가 철선을 통하듯이 통하지 않을 수 없고, 고양이가 쥐를 채듯이 채지 않을 수 없다. 이것이 만일 타고난 것이 아니라면, 이렇게 스스로도 어쩔 수 없는 경지는 없을 것이다.

그러나 이 지식을 완전히 이루려면, 이 지식이 비판한 대로 생각이 가는 곳마다 그 바르지 않은 것을 즉시 바르게 해야 한다. 다시 말해서 이 지식에 의해 받아들여지지 않는 생각을 이 지식에 의해 바로잡아서, 그것이 한 번 두 번 자꾸 쌓일수록 양지가 더욱 분명해지게 되고 그것이 분명해질수록 점점 더 예민해져 결국 양지의 완성을 이루게 되는 것이다. 이것이 바로 양명의 주장인 동시에, 그가 주희의 학설을 배척하게 된 까닭이다.

새로운 해석의 사회적 영향

그러나 『대학』을 잘 해석했든 잘못 해석했든, 그 해석으로 말미암아 양자 간에 현실적으로 일어나게 된 내적 생활의 차이와 그것이 세상에 끼친 영향을 이어서 검토해 보자.

[5] 학문이라는 것은 세상 사람들이 알게 모르게 표준으로 삼는 것

이다. 주희의 학설에 따르면 공부가 마음 밖을 향하게 되고, 양명의 학문에 따르면 마음을 제외하고는 시작할 곳이 없게 되었다.

그래서 『대학』 제1장에서 말한 "명덕(明德)을 분명하게 하는 데 있고, 민중을 친애하는 데 있다"('명덕'은 마음을 예찬한 칭호다)라는 것이 우선 위에서 말한 핵심적 해석에 따라 갈라진다.

> [주희] 친(親) 자는 잘못된 것이니, 마땅히 신(新) 자로 고쳐 봐야 한다. 민중을 가르쳐 새롭게 한다는 것이다.

> [양명] 아니다. 고본(古本)이 옳다. 명덕을 분명하게 하는 것과 민중을 친애하는 것은 마찬가지 일이다. 만일 민중과 간격이 있어서 민중의 이해(利害)와 안위(安危)가 내 자신의 아픔처럼 감통(感通)되지 않는다면, 명덕 자체가 어떻게 분명해졌다고 할 수 있겠는가? 그러므로 민중을 친애하는 것을 제쳐 두고 명덕이 분명해질 수 없고, 명덕을 분명하게 하지 못하면 민중을 친애할 수단이 없다. 민중을 친애하는 것이 곧 내 마음을 분명하게 하는 것이요, 내 마음을 분명하게 하는 것이 곧 민중을 친애하는 것이다.

두 학설이 이렇게 달랐다. '신(新)'은 가르침과 관련된 말이니 이미 마음 밖의 바깥 일에 속하는 것이지만, '친(親)'은 곧 마음의 감통이어서 그대로 명덕 그 자체다. 하나는 바깥에서 구하는 것이고, 하나는 안에서 찾는 것이다.

물론 "민중을 새롭게 하는 데 있다"라는 이야기도 민중을 위하지 않는 것은 아니다. 그러나 마음을 밝히는 일 따로 있고 민중을 가르치는 일이 또 따로 있어 이 가르치는 것이 벌써 한 걸음의 거리가 있으니, 가르치려다가 가르치지 못했더라도 명덕을 분명히 하는 데는 아무런 문제가 없다. 하지만 민중을 친애한다는 이것은 마음속의 일이니, 이 친애함이 지극하지 않다면 명덕의 존재까지 의심을 받게 되어 민중과 나와의 관계가 조금의 간격도 용납할 수 없도록 감통하게 된다.

그러므로 주희는 예의(禮儀)에 대해 세밀하게 해석하고 주석을 상세히 다는 데서 큰 업적을 남겼지만, 후학들에게는 "도를 걱정하되 나라는 걱정하지 마라(憂道, 不憂國)"라고 해서 민중 밖에 따로 걱정할 어떠한 도가 있는 것 같은 말을 히기까지 했다. 반면 양명은 늘 사람에게 고유한 지식 즉 '양지'를 제창했다. "책에서만 구하지 말고 네 양지에서 구하라"라고 해서, 마음 바깥으로는 단 한 걸음도 내딛지 못하게 함으로써 국가와 민중을 마음속의 일로 절실히 느끼도록 했다. 그래서 명나라 말기에 이르러 선비들이 분골쇄신하는 것을 단꿀처럼 여기고 바삐 뛰어다니며 부르짖어 마지않았던 것이다. 황종희(黃宗羲, 1610~1695)는 수없이 죽을 고비를 넘기며 스스로 고난을 택한 장황언(張煌言, 1620~1664, 명나라 멸망 후 남명南明의 병부 상서를 지낸 인물로, 20년 가까이 청나라에 대항해 싸우다가 잡혀서 죽었다 - 옮긴이)의 묘비문에 그의 의로운 행적을 기록하면서 이렇게 썼다.

이것이 캐어 보면 별것이냐? 오직 하지 않으려 해도 스스로 어쩔 수 없는 경지를 이루었을 뿐이다.

이것은 참으로 마땅한 말이다. 하지 않으려 해도 스스로 어쩔 수 없는 것이 바로 생각(意)을 참되게(誠) 하는 것이다.

대체로 동양 옛 학문의 진수는 간단하고 쉬운 것에 있지 복잡하고 넓은 데 있지 않다. 간단하고도 쉽다는 것은 모든 진리를 추구하되 오로지 본심에 의해 알차고(實) 참된(眞) 것을 추구함을 말한다. 주희의 주도면밀한 학문이, 당(唐)과 오대(五代), 송(宋)나라 초 이후 선종(禪宗)의 미쳐 날뛰는 듯한 제멋대로의 분위기에 영향을 받았던 학풍을 정돈하는 데 효험이 있는 약이 아니었다고는 할 수 없다. 그러나 조여 들어가는 학문의 근원을 산만한 바깥 사물로 향하게 하고 자연히 이것저것 널리 탐구해 지식의 범위만 넓히는 일에 기울어지게 되니, 가장 먼저 기대야 할 곳인 '지식(知)'을 공허하고 먼 곳으로 보내 버렸다. 이에 따라 중심도 저절로 꼭 박히지 못해 학자들은 공허하고 의지할 데 없다고 느끼게 되었으며, 이렇게 이미 기댈 데가 없고 이것저것 널리 탐구하는 것이 교리가 되니 학자들이 평생 웅얼거리는 것이 오직 예의와 주석 따위에나 치우칠 뿐이지 속마음에서 어떠한 실제적인 바른 길을 얻은 적이 없었다. 그러니 학문이라고는 예의와 주석뿐이고, 자신의 마음속에서 지식이라고는 전혀 얻어 내지 못했다. 이에 따라 바깥 사물과 접하게 되면 여전히 천박한 이기심이 여기에 응하게 되고, 저 예의와 저 주석으로는 눈곱만큼도 힘을 얻을 것이 없었다. 양명이 이러한 점에 분개해서 '치양지(致良知)'를 주장하고, 민중과 내 마음이 별개가 아님을 애써 풀어 낸 것이다.

6 만일 사물을 나누어 연구하는 분별적인 정신으로 주희가 말하는 '격물·치지'의 큰 뜻을 실제에 응용했더라면 물질에 대한 해명이 서

양과 나란히 진보했을지도 모른다. 그러나 이렇게 활용하지는 못하고 그 해석 그대로 마음과 본성을 수양하는 일에 붙박이 수단으로 삼고 보니, 학자들이 말로는 부연할 수 있으나 자기 마음에서 어떠한 착수할 만한 곳은 없고 이에 따라 학문은 사실상 자기 마음과 멀어지고 말았다.

이 학문이 자기 마음과 멀어졌지만, 그래도 학문이란 대중이 존경하는 대상이니 먼저 학문으로 자립해야겠다는 생각이 없을 수 없고 나아가 학문으로 감정을 불러일으킬 생각이 나지 않을 수 없다. 실제로는 착수할 곳이 없지만 있다고 할 수밖에 없고, 있다고 한 마당에는 마음속에서 깨우치는 것은 제쳐 두고 오직 문자상으로 꿰어 맞추는 데만 노력하게 되었다. 그러니 '명덕(明德)'과 '친민(親民)'이 용솟음치는 열렬함은 거기에서 찾을 수 없고, 이미 문자상으로 꿰어 맞추는 노력이 그러하니 자연히 사사로운 생각의 싹이 따라서 점점 자라며 여기서부터 자의성과 배타성이 날로 커지게 되었다. 그러면서도 경전의 문자에 꿰어 맞추기는 점점 더 교묘해졌으니, 여기서부터 재앙과 혼란이 비롯된 것임을 알아야 한다. '빈껍데기(虛)'가 '거짓(假)'의 바탕이다.

이 글을 읽는 사람 가운데 아직도 이전 생각에 젖어 도학(道學)의 학파를 생각하는 사람은 내 말을 곧 이단(異端)이라고 배척할 것이다. 그러나 마음속에서 자신을 향해 되돌아서 한 걸음 나아가 그 허와 실을 살펴 보라.

또 이 시대 신사조에 노니는 명사들은 웃으면서 이렇게 말할 것이다. "참 썩은 소리로군. 『대학』 해석이 바르건 틀렸건, 그게 지금 우리에게 털끝만치라도 관계가 있어야지. 우리는 『대학』이라는 것, 이름조차 모르는데."

나도 이 말에 완전히 반대하려는 것은 아니다. 그러나 수백 년 동안 일부 학자들이 학풍을 세우자 농촌의 가난한 민중들까지도 이를 흠모했었고, 오래 두고 내려와 파쟁·살육까지 모두 '참마음 이외의 것에 대한 탐구'를 뿌리 삼아 확대된 것이다. 그 근원은 보이지 않지만, 거기서 흘러나온 물줄기는 아직도 우리 속에 남아 있음을 알아야 한다.

"무슨 관계가 있나?" 하는 그 사람도, 왜 열정보다 냉소가 많으며 왜 자기 마음의 실감보다 남의 흉내만이 무성한가? 그러면서도 열정이 있는 것처럼, 실감이 있는 것처럼 겉으로 꾸미는 것이 있는가 없는가? 당연히 느꺼워야 할 것이 왜 마비되었으며, 당연히 나아가야 할 걸음이 왜 멈춰 서 있는가? 심지어 우리의 감정으로 차마 할 수 없는 것, 우리의 마음으로 어느 모로나 옳다고 할 수 없는 것도 한번 먼 저기에서 떠드는 것만 있으면, 그 말이 분명히 제 마음과는 반대 되는 것이라도 당연히 해야 할 것이라 하며 당연히 옳다고 아니할 수 없다 하지 않는가? 마음속으로는 반대하면서도 입으로는 따라가고, 결국은 자기 마음조차 자기 입으로 부인하게 된다. 자기 마음은 아주 없어지더라도 저 학설을 살려야 내 명예도 드러나고 내 세력도 생길 것이니, 자기 마음이 없어지는 것은 조금도 괘념치 않는 것이 아닌가? 이러면서도 이러한 사실조차 또 부인하고 있지 않는가? 누구나 이 말에 반대하겠지만, 만에 하나라도 깊이 생각하고 조용히 되돌아본다면 어느 정도 그러하다는 사실을 스스로 살필 수 있을 것이다.

이것이 하루아침에 생긴 일은 아니다. 오래된 고질병을 철저히 다스려 싹 쓸어버리지 않고는 온전히 살기를 바랄 수 없고, 싹 쓸어버리려면 그 병의 뿌리를 깊이 파 보지 않을 수 없다. 병의 근본 원인을 모르는데 그 증세는 날로 심해지니, 그 병이 오래되었음은 이것만으로도 짐작할 수 있지 않은가. 서양의 학술이 수입된 뒤에도, 그 가운데 일부는 병이 이를 받아 이미 고름으로 변한 것도 있고 또 그 가운데 일부는 이상하게도 '참마음 이외의 연구'라는 측면에서 같기 때문에 다시 또 병폐의 뿌리를 북돋아 점점 더 마음 바깥으로 달아나게 되고 마는 것이 참으로 슬퍼할 만한 일이 아니겠는가.

한번 마음의 방향이 진실한 곳을 향하게 되면 비로소 새것을 받아 우리 민중의 복리를 꾀할 수 있고, 비로소 옛것을 성논해 또한 우리 민중의 복리를 꾀할 수 있다. 우리 민중의 복리를 꾀하는 데서 우리의 참마음의 진정한 모습을 볼 수 있다는 사실을 알아야 한다. 이를 꾀하려면 내 마음에서 스스로 일어나는 것이 어떻게 해야 순수할 수 있을까, 이런 측면에서 양명의 학설을 한번 죽 이야기해 보고자 하는 것이다. 앞에서 이야기한 것은 대개 양명이 분개한 이유이며, 차차 그 학설의 전모를 옮겨 서술하기도 하고 추려 이야기해 보기도 하겠다.

먼저 부탁할 것이 있다. 말로써 따져 보지 말라. 바깥의 어떠한 것이든 가져다 증명하려 하지 말라. 오직 자기 마음 깊숙한 속에서 스스로 체험해 그것이 합당한지 합당치 않은지를 생각하라.

양명의 심학과 양지

[7] 양명의 학문은 심학(心學)이다. 심학이라고 하면 마음을 대상으로 삼아 살피는 것이 아닌가 생각할 것이다. 그러나 이것은 근세 학술 용어만 알고서 하는 말이다. 양명의 심학은 그러한 것이 아니다. 곧 우리의 마음이 타고난 그 본밑대로, 조금의 거짓도 없이 살아가려는 공부다. 그러니 바깥 사물을 접한다든지 홀로 생각하는 것이 있다든지 하는 따위, 그리고 선한 생각이나 악한 생각이나 모두 마음에서 나오지 않는 것이 없다. 다만 마음의 본밑에 대해 말하자면, 그러한 생각들을 하면서도 스스로 옳지 않다고 하는 것이 있음을 보면 옳지 않다는 그 판단을 내리는 그곳이 본밑이지 그러한 판단을 받는 대상이 본밑이 될 수가 없다.

그러므로 가령 시골 농민이 낮에 논갈이 품을 팔 때 주인이 보고 있지 않다고 하자. 잘못 갈아 주어도 말할 사람이 없다고 하자. 그 사람이 논을 중간쯤 갈다가 '돈은 받았고 누가 보는 것도 아니니 어름어름하고 갈까?' 하는 생각이 일어나는데, 스스로 이러한 생각을 나무라며 '아니다. 보는 사람이 없다 해도 나는 그래서는 안 된다고 생각하지 않는가?' 한다. 그러다가 결국 처음 생각대로 어름어름하고 말았다고 하자. 집에 와서도 자신이 한 일이 옳지 않다고 생각할 것이다.

어떤 것이 본밑 마음인가? 다른 사람은 속일 수 있어도 자신은 속일 수 없다. 속이려는 것을 사념(邪念)이라고 하고, 속일 수 없는 것을 본심(本心)이라고 한다. 그러므로 엄격하게 마음을 말한다면 본밑 마음이 바로 마음이고, 그 외의 것은 곧 마음의 적이다. 체계는 또 무슨 체계인가. 내가 하려는 것을 하고 내가 부끄러워하는 것을 하지 않으려는 단순한 원칙이다. 실증은 더 무슨 실증인가. 누구나 학문은 없어도 '나'야 있지 않은가. 내가 내 속을 속이지 못한다는 것은 모두 스스로 알고도 남음이 있지 않은가.

근세 서양 학술만이 복잡하고 자세한 것은 아니다. 송나라 이후 중국 유학의 마음과 본성에 대한 연구도 참으로 기가 막힐 정도로 꼼꼼하고 더할 수 없이 똑똑하다 아니할 수 없다. 그러나 천 년을 두고 마음을 연구해서 한순간에 일어나는 생각에 대해 수만 마디의 말을 동원해 분석했다 하자. 마음을 연구하는 그 학문과 내 마음 공부와는 애당초 관세가 없다. 그러므로 순간적인 생각의 부끄러움을 붙잡아 무끄러운 생각을 누르는 것이 천 년을 두고 마음을 연구하는 것보다 실질적인 공부다. 마음이라는 말이 무엇인지조차 모르는 사람이라도 부끄러운 일에서는 자신의 이익조차 버릴 수 있다면 심학에서 높은 위치에 올라섰다고 할 수 있다.

양명의 학문은 바로 심학이다. 심(心)은 곧 본심이며, 쉽게 말하자면 본밑 마음이다. 양지(良知)가 곧 이것이니, 양명이 "양지는 곧 마음의 본체다"라고 한 것도 이 때문이다. 그러므로 양명의 학문은 간단하고 단도직입적인 것으로, 양지라는 진짜 피 한 방울로 거의 사라져 없어지게 된 마음의 혼을 다시 불러일으키자는 것이다. 따라서 양명이 말하는 '마음(心)'은 곧 '이치(理)'인데, 이치라는 것은 자연적으로 이루어지는 질서라서 인위적인 것이 아니기 때문에 천명(天命)이라고 한다. 이치는 '지극히 선한 것(至善)'이어서 선하지 않음이 없다고 하는 것이다.

양명은 또 이렇게 말했다.

'지식(知)'은 곧 '실천(行)'임을 알았다고 하자. 알기는 했지만 실천하지 못
했다면, 그 알았다는 것은 참된 지식이 아니다. 지식이 있으면 곧 거기에
는 실천이 있어야 한다.

양명은 이렇게 양지로 비추기만 하고 실제로 행하지 못한 경우 그 지
식은 아직 지식답지 못한 것임을 분명하게 지적해, 역대 학자들이 빈
말로 정신만 장난질하던 버릇에 대해 더 이상 설 땅이 없게 했다.

양명의 『대학』 풀이는 『대학』을 해석하자는 것이 아니라, 자기의 밝은
본심에 비추어 보면 격물·치지와 명덕·친민의 본뜻이 가장 쉽게 해결
된다는 것이다. 우리가 지금 양명의 학설을 죽 이야기함에 있어서도
양명의 학설을 표준으로 삼아 우리 민중에게 호소하려는 것이 아니
라, 우리 본심이 가진 밝음에 이 학설을 비추어 그 옳고 그름을 스스
로 깨닫도록 하자는 것이다. 양명의 학설을 표준으로 삼지 않기는 쉽
다. 그러나 우리의 본심에 따라 모든 것을 비추어 깨쳐야 한다는 것은
바꿀 수 없는 철칙이 아니겠는가.

8 '마음이 곧 이치(心卽理)'라는 양명의 이론은 양지를 근본으로 삼
는 그 학설에 있어 중대한 주장이다. 마음은 선하지 않을 수 없기 때
문에 마음의 본밑 밝음을 들이대면 선하지 않은 것으로 속이지 못하
는 것이니, 바로 이 자리에서 적확하고 명백하며 진실하고 절실한 깨
달음이 없다면 사람은 자신의 마음을 보지 못하는 것이다. 그래서 양
명은 이렇게 말했다.

네 마음은 지극히 선한 것이니, 그것이 곧 이치다. 자연히 이루어지는 질서를 여기에서 찾으라.

그러나 밝음으로 비추었다고 할지라도 곧 실행하지 않으면 그 밝음은 밝음답지 못한 것이다. 알면 실천하는 것이니, 실천을 통해 분명하게 깨닫고 자세하게 살핀 것이 바로 지식이요, 지식이 진실하고 독실한 것이 바로 실천이다. 이것이 '지행합일설(知行合一說)'의 큰 줄거리다. 양명의 제자인 서애(徐愛, 1487~1517)는 양명에게 이렇게 물었다.

[서애] "(신생님의 말씀과 같이) 지극한 선(至善)을 단지 마음에서만 구한다면 온 세상 사물의 이치를 다 포괄하지 못하는 것이 아닐는지요?"

[양명] "마음이 곧 이치다. 세상에 마음 밖의 일이 있고 마음 밖의 이치가 있겠는가."

[서애] "부모를 섬기는 효도(孝), 임금을 섬기는 충성(忠), 벗을 사귀는 신뢰(信), 민중을 다스리는 자애(仁) 같은 것들에도 수많은 도리가 있으니 살피지 않을 수 없을 듯합니다."

[양명, 탄식하며] "그러한 말이 진실을 가려 온 지가 오래다. 어찌 한마디 말로써 깨닫게 할 수 있겠는가. 우선 묻는 그것에 대해 말하겠다. 가령 부모를 섬길 때 부모에게서 효도의 이치를 찾아내는 것이 아니며, 임금을 섬길 때 임금에게서 충성의 이치를 찾아내는 것도 아니다. 벗을 사귀거나 민중을 다스릴 때도 벗이나 민중에게서 신뢰와 자애의 이치를 찾아내는 것이 아니다. 모두 이 마음에 있는 것이니, 마음이 곧 이치다. 이 마음이 개인적 이익에 따른 욕구에 가리지 않는다면 이것이 곧 천리(天理, 천리라

는 것은 인위적이 것이 아니라 순전히 저절로 이루어진 것을 말한다)이므로 바깥에서 조금이라도 보탤 것이 없다. 이 순수한 천리의 마음이 부모를 섬기는 데 드러나면 그것이 곧 효도고, 임금을 섬기는 데 드러나면 그것이 곧 충성이며, 벗을 사귀고 민중을 다스리는 데 드러나면 그것이 곧 신뢰고 자애다. 오직 이 마음에서 인욕(人欲, 개인적 이익에 따른 욕구)을 없애고 천리를 보존하는 노력을 하면 된다."

[서애] "아직도 산뜻하지 않은 점이 있습니다. 부모를 섬기는 일 한 가지만 보더라도 그 속에는 동온하정·혼정신성(冬溫夏淸·昏定晨省, 겨울에 덥고 여름에 서늘하게 하며, 저녁에 편하도록 하고 아침에 살피는 것이니, 효자가 부모 섬기는 일을 말한다)과 같이 많은 종류의 조목들이 있으니, 이것은 신경을 써야 하지 않겠습니까?"

[양명] "어찌 신경을 쓰지 않을 수 있겠는가? 다만 요령이 있다. 이 마음에서 '인욕을 없애고 천리를 보존하는 것'에 대해 신경을 써야 한다. 가령 겨울에 부모님을 따뜻하게 해 드리는 데 신경을 쓴다고 하자. 다만 이 마음의 효를 다하려 애쓰고, 여기에 털끝만큼이라도 인욕이 섞일까 두려워하면 된다. 여름에 시원하게 해 드리는 데 신경을 쓴다고 하자. 다만 이 마음의 효를 다하려 애쓰고, 여기에 털끝만큼이라도 인욕이 섞일까 두려워하면 된다. 오직 이 마음에서 신경을 쓰는 것이다. 이 마음에 만일 인욕이 없고 순수히 천리대로 따른다면, 부모에게 효도하려는 참된 마음이 겨울이면 자연히 부모가 추워할 것을 생각해 문득 스스로 덥게 할 도리를 찾을 것이며, 여름이면 자연히 부모가 더워할 것을 생각해 문득 스스로 서늘하게 할 도리를 찾을 것이다. 이는 모두 진실로 효성스런 마음에서 나온 행동들이다. 이 진실로 효성스러운 마음이 있은 뒤라야 이런 행동들이

나올 수 있다. 나무에 비유하면 진실로 효성스런 마음은 뿌리요, 많은 행동들은 가지와 잎이다. 먼저 뿌리가 있어야 가지와 잎이 있는 것이지, 가지와 잎부터 먼저 찾아낸 뒤에 뿌리를 심는 것이 아니다. (『전습록』)

이것을 보면 양명의 '심즉리' 이론에 대한 의문과 대답을 어느 정도 알 수 있다.

지금 우리 사회와 민족에 대해 마땅히 실천해야 할 일을 생각하는 사람이 얼마나 많은가? '어떻게 해야 할까'에 대한 이론이 나날이 불어나고 있지 않는가? 알 수 없지만, 혹시 부모에 대한 진실한 효성의 참마음을 강구하지는 않고, 이렇게 하면 따뜻하게 하고 어떻게 하면 시원하게 할 것인지 하는 것들에 대해서만 쪼고 까부는 종류의 것들이 아닐까?

9 '지행합일' 설에 대해 다시 『전습록』의 한 부분을 옮겨 보려 한다. 서애가 양명에게 '지행합일'에 대한 의문을 제기하자 양명이 "어디 말해 보라"라고 한다.

> [서애] "지금 사람들이 부모에게 마땅히 효도해야 한다는 것과 형에게 우애해야 한다는 것을 알지만 효도하지 못하고 우애하지 못하는 경우가 있는 것만 보아도 지식과 실천은 분명 다른 것이 아닙니까?"
>
> [양명] "그것은 벌써 사욕에 의해 막히고 끊어진 때문이지, 지식과 실천의 본래 모습이 아니다. 알고도 실천하지 않는 사람은 없다. 알고도 실천하지 않는다면 그것은 오로지 알지 못하기 때문이다. 성현이 사람들에게 지식과 실천을 가르친 것은 바로 자신의 본래 모습을 회복하게 하는 것이

지, 알기만 하고 그만두게 하려는 것은 아니다. 그러므로『대학』에서는 참된 지식과 실천을 가르쳐 주었는데, '미인을 좋아하듯, 악취를 싫어하듯' 하라고 했다. 미인을 보는 것은 지식에 속하는 것이고, 미인을 좋아하는 것은 실천에 속하는 것이다. 저 미인을 볼 때 이미 좋아한 것이니, 그것을 본 뒤에 다시 마음을 먹고 좋아하는 것이 아니다. 악취를 맡는 것은 지식에 속하는 것이고, 악취를 싫어하는 것은 실천에 속하는 것이다. 저 악취를 맡을 때 이미 싫어한 것이니, 냄새를 맡은 뒤에 따로 마음을 먹고 싫어하는 것이 아니다. 코가 막힌 사람은 앞에서 악취가 나도 코로 냄새를 맡지 못하기 때문에 그것을 심하게 싫어하는 일도 없다. 이것은 오직 냄새를 알지 못하기 때문이다. 아무개가 효도를 알고 아무개가 우애를 안다고 하자. 분명히 그 사람이 이전에 효도를 실천하고 우애를 실천했기 때문에 지금 그 사람을 가리켜 효도를 알고 우애를 안다고 하는 것이지, 그저 몇 마디 효도·우애 이야기를 한다고 해서 효도·우애를 안다고 말할 수 없다. 또 아픔을 안다면 틀림없이 이미 스스로 아픔을 겪었어야 비로소 아픔을 안다고 할 수 있다. 추위를 안다면 틀림없이 이미 스스로 추위를 겪었고, 배고픔을 안다면 틀림없이 이미 스스로 배고픔을 겪은 것이다. 지식과 실천을 어떻게 나눌 수 있겠는가? 이것이 바로 지식과 실천의 본래 모습이며, 사욕에 의해 막히고 끊어지지 않은 상태다. 성인이 사람들을 가르치면서 꼭 이러해야 비로소 지식이라 할 수 있고 이렇지 않으면 애초에 안 것이 아니라고 했으니, 이것이 얼마나 긴요하고 착실한 공부인가? (…)

지금 사람들은 지식과 실천을 둘로 나누어 놓고, '먼저 알아야 그 뒤에 실천할 수 있다. 내가 지금 배우고 토론해 아는 공부를 하고, 제대로 안 뒤에 비로소 실천하는 공부를 하겠다'라고 한다. 그러니 결국 평생 실천하지 못하고 또한 평생 알지 못한다. 이것은 작은 병폐가 아니다. 이래 온 것이 하루 이틀이 아니다. 내가 지금 말하는 '지행합일'이 바로 이 병폐를 치료하는 데 딱 맞는 약이며, 또한 이것은 내가 만들어 낸 것이 아니라 지식과 실천의 본래 모습이 그러한 것이다. 이제 이 근본 뜻을 안다면 설사 둘이라고 한다 해서 무슨 문제가 되겠는가마는, 만일 이 근본 뜻을 이해하지 못한다면 하나라고 말한들 또 무엇을 이룰 수 있을 것인가. 그것은 오직 쓸데없는 이야기일 뿐이다."

이이! 양명의 이 말을 가지고 본다면, 우리가 아무리 본심에 내한 스스로의 깨달음이 있다고 할지라도 실천이 없는 지식은 제대로 된 지식이 아님을 알 수 있다. 알았는가? 그러면 실천했는가? 행여 알기는 하지만 실천하지는 못했다고 하지 말라. 애초에 알지 못한 것으로 알라. 하물며 평생 뒤엉키는 이론과 오랜 동안 굽이치는 해석들이 본심 공부와는 아무런 관계가 없고, 원래 본심과 멀었던 거리를 한 걸음 한 걸음씩 더 멀게 하는 데 몰두할 뿐이다. 높은 사람이나 낮은 사람, 깨끗한 사람이나 때 묻은 사람 누구를 막론하고 시대에 뒤떨어지지 않은 것은 오직 본심을 버렸느냐의 여부로 증명된다고 해도 아마 지나친 말은 아닐 것이다. 본심은 버리기가 쉽지만 사사로운 생각은 잘 떨어지지 않는 것이니, 제 한 몸을 위해 어떤 일을 도모하는 데는 기술이 늘어간다. 그러나 본심을 버리기는 하더라도 본심은 여전히 본심이어서 자신의 허위를 스스로도 인식할 것이니, 여기서 진실한 그 무엇이 나오기를 어떻게 바랄 수나 있겠는가. 지금을 양명이 살았던 시대와 비교해 보면, 양명이 걱정하던 그 시대조차도 오늘날 우리들에게는 황금시대처럼 생각될 수 있지 않은가.

'한몸'과 '애틋함'

10 상산(象山) 육구연(陸九淵, 1139~1192)은 일찍이 "우주 안의 일은 곧 자기 안의 일(宇宙內事, 是己分內事)"이라고 말했는데, 양명은 이것을 다음과 같이 더 소상하게 말했다.

> 대학(大學)이란 무슨 말인가? 대인(大人)의 학문이라는 말이다. 대인의 학문이란 무엇을 말하는가? 대인은 천지 만물을 한몸(一體)으로 여긴다. 그러므로 그 참정성으로 애틋함이 어떠한 간격도 두지 않으니, 명덕을 분명하게 하는 것은 바로 한몸으로 여기는 본체(體)를 세우는 것이고 민중을 친애하는 것은 한몸으로 여기는 작용(用)을 이루는 것이다.

그러나 그 '애틋함'이 천지 만물을 한몸으로 여기게 하지만, 그것이 드러남에 있어서는 그 순서와 중요도, 두터움 및 가까움의 차이라는 측면에서 자연스러운 절도가 있다. 『대학』에서 말한 "'지극한 선'에 머문다"라는 것이 바로 이것이다. 이를 보태거나 덜어 내면 곧 '애틋한' 참핏줄이 아니다. 그래서 양명은 『대학』 첫 장을 해석하면서 "명덕과 친민을 하되 지극한 선에 머물지 않으면 그 근본을 잃어버리는 것"이라고 했다.

그런데 이미 한몸으로 여긴다고 말해 놓고 다시 두터움의 차이를 말하는 것은 무슨 까닭인가? '애틋함'이 간격이 없기 때문에 이것이 바로 한몸으로 여기는 것이며, 같은 '애틋함'이라도 내 부모에게서 시작해 남의 부모에게 미치고 내 친족에게서 시작해 먼 곳에까지 미치는 것이다. 내 부모와 내 친족을 남의 부모나 온 세상 사람들과 똑같이 여긴다는 말은 얼핏 생각하면 매우 고상한 듯도 하지만, 내 부모와 내 친족을 남의 부모나 온 세상 사람들과 정말로 마음속에서 똑같이 여길 수는 없다. 따라서 남의 부모나 온 세상 사람들을 내 부모나 내 친족처럼 사랑한다는 것은 결국 내 부모와 내 친족을 남의 부모나 먼 바깥 사람들과 같이 소원하게 만드는 것밖에 되지 않는다. 따라서 두터움의 차이가 없으면 '애틋함'의 참핏줄을 찾아낼 수 없다. 그러므로 한몸으로 여기는 '애틋함'이 자연적인 두터움의 차이에 따라 그 참핏줄이 사무치고, 그 사무침에 있어 두터움의 차이라는 절도가 정당성을 가질수록 한몸으로 여기는 것에 대해 더욱 간격이 없는 것이다.

나는 여기에 대해 이렇게 생각한다. 대개 본심이라야 진실하고, 본심이라야 독실하고, 본심이라야 용감하다. 본심이라야 생사를 초월해 희생적인 행동을 할 수 있고, 본심이라야 온갖 어려움을 무릅쓰고 오직 그 향하는 곳에 대한 '애틋함'을 스스로 어찌지 못할 것이다. 본심에서 우러나는 '애틋함'이 아니라면 그것은 이미 '편의적인 생각(私意)'이니, 어떠한 시시한 도모나 천박한 자랑조차도 실속 없는 허세일 뿐이다. 하루아침에 거기서 얻을 명예가 없고 거기서 생길 개인적 이득이 없다면 조금 전까지 신주 모시듯 하던 것도 한순간에 헌신짝 버리듯이 할 것이다. 학설이야 남든 사라지든 상관없지만, 그로 인해 본심의 '애틋'한 참핏줄을 스스로 부인하고 빈말의 헛된 경지만 좇아 마침내 사람이면 누구나 가지고 있고 언제나 가지고 있는 이 '애틋함'의 뿌리조차 뽑혀 버린 일이 어찌 원통하지 않겠는가.

옛사람들의 책을 보면, '우리 대명(我大明)'이라고 한 것이 있다. 허어, 대명이 우리 대명이란 말인가. 을지문덕(乙支文德)이 수(隋)나라 군대를 섬멸했다고 상국(上國)을 범한 죄를 이야기하는 사람도 있었다. 허어, 그대로 두 번 절하고 죽음을 맞이했으면 기분이 좋았을 것이라는 말인가. 어린애는 고사하고 바보천치에게 물어봐도 나와 남, 내 나라와 적을 구별하지 못할 리 없건만, 학문이 본심의 '애틋함'에서 떠났으니 본심 아닌 말, 본심 아닌 일을 해도 일시적으로 울리는 '본심 아닌 헛소리'를 추종하고 부르짖는 것을 도리어 빛나는 일로 안 것이다. '우리 대명'이라고 한 그 사람도 그 마음은 대명을 곧 자기 나라로 생각하지는 않았을 것이다. 을지문덕을 비난한 사람도 적을 대하게 되면 그가 말한 것처럼 상국이라고 항복을 청했으리라고는 생각되지 않는다. 그러니 더욱더 허위다. 독자는 이 말을 흘려듣지 말아야 한다.

지금 나의 이 말을 판단할 때 일부 특별한 무리를 제외하고는 누구나 내 생각과 다름이 없을 것이다. 그러나 글자는 다를망정 '본심 아닌 추종'에는 지금이라고 이러한 견해가 없으리라고 말할 수는 없다. 혹 더 심해서, 그때는 대명을 '우리'라고만 했지만 지금은 대명을 '조국'이라고 하지 않을지 누가 알겠는가.

양명은 철학자여서 한몸으로 여기는 자애(仁)를 말하고 또 두터움의 차이에 따른 절도를 이야기해서 어디까지나 한 토막 양지의 '애틋함'에다 준칙을 세운 것이다. 그러니 우주 안의 일을 자기 안의 일로 생각하려는 우리 현명한 대중은 모름지기 한몸으로 여기는 '애틋함'이 자연스런 두터움의 차이에 따라 사무친다는 것을 깊이 생각해야 한다.

11 오늘날 조선에서는 양명학을 말하는 것은커녕 그것을 듣기조차 어렵다. 왜 그런가 하면, 학술적 기풍이 단도직입적이고 쉬운 자기 마음에서의 공부는 제쳐두고, 괴팍한 언어·문자나 끌어모으며 시시콜콜한 감정이나 인식 문제를 나누어 탐구하고 있기 때문이다. 요즘은 이 것마저도 묵은 책장 같이 되고 대중의 취향이 그나마 마음이니 철학이니 하는 것은 버리게 되었으니, 단도직입적인 양명의 심학을 받아들을 까닭이 없다. 또한 남들은 바깥바람이 불어와도 자기 마음을 가지고 바람은 맞은 까닭에 혹시 비교라도 해 볼 수 있다. 그러나 우리에게 있어서 바깥바람은 바깥바람이 아니다. 바깥바람이 들어왔을 뿐 그 바람은 맞은 자기 마음의 자리가 모호하니, 어떠한 자기 마음이 있어 이를 비교할 것인가. 이것은 오늘날 조선의 잘못이 아니다. 앞에서 말한 바와 같이 '빈껍데기·거짓'의 해악이 오래 전부터 내려온 것임을 알아야 한다.

'일진무가(一眞無假)'(한결같이 참되고 조금의 거짓도 없음 - 옮긴이) 네 글자가 양명학의 근본이다. 남은 모르고 나만 홀로 아는 바로 이곳이 의(義)와 이(利), 선과 악의 갈림길이다. 여기서 소스라쳐 깨우치면 곧 참된 생활이 시작되는 것이다. 양명은 이렇게 말했다.

> "오직 세상에서 위대한 성인만이 밝게 들을 수 있고 밝게 볼 수 있으며 깊이 알 수 있다(惟天下至聖, 爲能聰明睿知)"(『중용』)라는 이 말이 이전에는 얼마나 오묘하게 생각되었던가. 그러나 이제 보니 원래 사람이면 누구나

당연히 가지고 있는 것이다. 귀는 원래 밝게 들을 수 있는 것이고 눈은 원래 밝게 볼 수 있는 것이며 마음은 원래 깊이 알 수 있는 것인데, 성인이 한 가지 다른 것은 다만 '능히' 그것을 할 수 있다는 것뿐이다. 능히 할 수 있는 곳은 바로 이 양지다. 보통 사람들이 능히 하지 못하는 것은 다만 지식을 얻지 못했기 때문이다. 이 얼마나 명백하고 쉬운가.

그러나 이것은 바로 사람사람이 함께 깨달은 지혜다. 양명은 이렇게 말한다.

동덕(同德)이 무엇인가? 어리석은 남녀와 같은 것이 동덕이다. 이단(異端)은 무엇인가? 어리석은 남녀와 다른 것이 이단이다.

함께 깨달은 지혜지만, 거기에 참되고 참되지 않은 차이가 있어 성인과 어리석은 사람이 나뉘는 것이다. 양명은 이렇게 말한다.

사람이 다만 선을 좋아하되 미인을 좋아하듯이 하고, 악을 싫어하되 악취를 싫어하듯이 하면 바로 성인이다.

대개 양명의 이론이 크게 한몸(同體)을 말하든, 절실하게 두터움의 차이를 말하든, 명덕을 분명하게 하고 민중을 친애하고 지극한 선(至善)에 이르는 것을 말하든, 그 정신은 오직 '치양지(致良知)'이며, '치양지'가 실제로 착수하는 곳은 '격물(格物)'이다. 격물을 하지 않으면 치지의 길이 없고, 지식이 없으면 격물할 밑천이 없다. 따라서 가장 문제가 되는 것은 '지식'인데, 우리는 어떤 지식이 본심의 양지인지 어떻게 밝혀낼 것인가? 생각이 있는 사람이면 이런 의문을 품을 것이다.

그러나 누구든지 자신의 본마음인지 아닌지 구별하기 모호한 것은 일단 그냥 내버려 두자. 자세하지 않은 것을 가리켜 말하는 것은 아니다. 오직 스스로 그렇게 하는 것이 그르다고 생각하지만 하지 않으면 내 명예를 얻고 재물과 이득을 얻는 데 해롭고, 스스로 하지 않는 것이 옳다고 생각하지만 한다면 내 명예를 얻고 재물과 이득을 얻는 데 이롭다고 하자. 남들은 모르겠지만 자신은 스스로 판단할 수 있지 않은가?

어떤 사람들은 큰 일에서든지 작은 행위에서든지 이 판단을 어떻게 믿느냐고 한다. 허어, 사람이 알맹이를 버리는 것이 이토록 심하구나! 아무런 조건 없이 제 속에서 우러나오는 옳고 그름에 대한 판단을 버리고 다시 어디에서 옳고 그름을 찾겠는가. 이 판단이 습관에서 나온 것이 아니냐고 하는 사람도 있을 것이다. 그러나 습관에는 명예와 이익을 추구하는 그림자가 희미하게 한구석에 자리 잡고 있다. 또 습관으로는 모든 명예와 이익을 초월해서 판단할 수 없다.

'양지에 의한 판단'은 사람마다 가끔씩은 경험하는 것이다. 그러나 역시 자신의 혼자 생각에 옳은지 분명치 않은 것을 말하는 것은 아니고, 역시 자신의 혼자 생각에 그른지 분명치 않은 것을 말하는 것은 아니다. 가장 분명한 것, 자신의 혼자 생각에 한편으로는 가책과 불안이 생기고 또 다른 한편으로는 긍정과 복종의 마음이 생기는 것, 이것이 자기 스스로 본마음으로 아는 것이다. 이러한 곳에서 먼저 옳다고 하는 것은 꼭 하고, 그르다고 하는 것은 당장 뽑아 버린다. 이렇게 오랫동안 하면 점점 불안해하는 정도가 예민해져 털끝만큼도 어름어름 지나치지 못하게 될 것이다. 하지 말아야 할 것을 하면 견디지 못하고, 해야 할 것을 하지 않으면 견디지 못한다. 그러면 나중에는 만 번 죽는 고통도 한순간의 불안에 비해 어려울 것이 없고, 백 번 꺾이는 어려움도 마음속의 깨달음을 통해 즐거워할 수 있다.

그러므로 별달리 양지에 대해서 연구할 생각은 하지 말고, 자신이 홀로 자신만 아는 가운데 스스로 속이지 못할 곳이 있다면, 그것이 분명하다면 양지로 생각하라. 이것을 깨달았다고 해도 그대로 바로잡지 않으면 점점 빛이 흐려진다. 속이려는 그'것'이 근절될수록 속일 수 없는 그 자신의 본체가 점점 더 뚜렷해진다. 속이려는 '것'을 뽑아내고 속일 수 없는 그 자신의 본체를 완성하는 것을 '치지'라고 한다. 이 '지식'은 학문적인 연구를 통해 찾아내는 것이 아니라 자기 마음에서 실제로 체험해 내야 한다. 낫 놓고 기역 자를 모르는 사람도 이를 모르는 것은 아니지만 흐지부지 가려 버리고, 고금의 책을 두루 읽은 사람이라도 이 지식 이외에 다른 본체가 없을 터이지만 대개 책 속에서만 방황하고 만다.

3

왕양명의 생애

12 양명의 성은 왕(王)씨이고, 이름은 수인(守仁), 자는 백안(伯安)이며, 중국 절강성(浙江省)의 여요현(餘姚縣) 사람이다. 진(晉)나라 때 명필 왕희지(王羲之, 303~361)의 후예다. 할아버지 천서(天敍)는 호가 죽헌(竹軒)이었고, 아버지 화(華, 1446~1522)는 명나라 무종(武宗) 때 남경(南京) 이부(吏部) 상서(尙書)를 지낸 효자이자 강직한 신하였다. 양명의 어머니 정씨(鄭氏)는 양명을 밴 지 열네 달 만에 그를 낳았다. 이때가 명 헌종(憲宗) 성화(成化) 8년(壬辰) 9월 30일(丁亥)이었다. 우리 조선의 성종 3년이며, 서기로는 1472년이다.

양명의 어린 시절과 방황

양명은 아버지가 수도에서 벼슬살이를 함에 따라 열한 살 때부터 북경(北京)에 와 있었다. 자질이 뛰어나고 의협심이 많았는데, 왕용(王勇)의 난이 일어나고 진중(秦中, 지금의 섬서성陝西省 일대 - 옮긴이)에서 석화상(石和尙)·유천근(劉千斤)의 난이 일어나자 몰래 거용관(居庸關, 북경 서북방 60킬로미터에 있는 관문 - 옮긴이) 밖으로 나가 관문 바깥 사람들을 따라다니며 말도 타고 활도 쏘고 관문 방어에 대한 방책을 두루 조사한 뒤 달을 넘겨서 집에 돌아왔다. 장차 조정에 글을 올려 스스로 출정을 청하려 했으나 아버지가 힘써 말렸다.

열일곱 살 때 결혼하기 위해서 강서성(江西省) 남창(南昌)에 갔는데, 결혼하던 날 놀러 나갔다가 철주궁(鐵柱宮)이라는 도교 사원에서 도사를 만나 양생(養生)의 비결을 듣고 밤늦도록 돌아올 줄을 몰랐다. 그 이듬해 부인 제씨(諸氏)와 같이 고향인 여요로 돌아오는 길에 강서 광신(廣信)에 있는 일재(一齋) 누양(婁諒, 1422~1491)을 찾아갔다. 그는 누양이 송나라 유학자의 격물학(格物學)을 이야기하자 이를 듣고 매우 좋아하면서, 꼭 배워 성인(聖人)이 될 수 있다고 했다.

약관(弱冠)의 나이에 절강성 향시(鄕試)에 뽑혔는데, 학문 수준이 이미 높고 병법에 대한 이해가 상당히 깊었다. 1499년(명 효종 홍치弘治 12년 己未)에 진사(進士)가 되었다. 흠차관(欽差官)으로 위령백(威寧伯) 왕월(王越, 1425~1498)의 묘지 공사를 감독했는데, 진법(陣法)을 사용해 일꾼들을 부리니 안목 있는 사람들은 그가 보통 인물이 아님을 알아보았다. 이때 서북 변방이 점점 더 소란스러워졌기 때문에 복귀 보고를 하면서 변방 현안 8조목을 올렸는데, 그 내용이 모두 분명하고도 절실해 모든 사람들이 칭찬했지만 보문(報聞)으로 그치고 말았다. 보문이란 임금에게 보고되었다는 사실을 회보하는 것이니, 옳다 그르다는 대답조차 없는 것이다. 얼마 뒤에 형부(刑部) 주사(主事)로 강북(江北)에 가서 옥에 갇힌 사람들을 심문해 판결한 후, 구화산(九華山)의 여러 명승지를 둘러보고 무상사(無相寺)·화성사(化城寺)에 들러 이듬해 오월에 돌아왔다.

양명이 처음에 송학(宋學)을 지세히 읽고 주희의 서서를 누부 읽었다. 하루는 '격물'에 대해 이렇게 생각했다.

> 옛 학자가 "어느 사물이든지 모두 안과 밖, 정밀한 것과 거친 것이 있으며, 풀 한 포기 나무 한 그루에 모두 지극한 이치가 담겨 있다"라고 했는데, 이것이 틀림없이 근거 없는 말은 아닐 것이다.

그러고는 아버지가 근무하는 관청에 대나무가 많으므로 곧 대나무를 가지고 그 이치를 궁구해 보았다. 그러나 고심하면서 궁리할수록 더욱 막연해져 마침내 병을 얻자 다시 '성현이 될 팔자는 따로 있나 보다'라고 생각했다. 이때부터 한편으로 남들이 높게 치는 문장 공부에 노력했지만, 지극한 도를 깨닫지 못한 것이 마음에 마뜩찮아 스승과 벗을 구하려고 했다. 그러나 그 또한 만나기가 어려워 어찌할 줄을 몰라했다.

하루는 주희가 송나라 광종(光宗)에게 올린 상소문에 "공경해 뜻을 붙잡는 것은 글을 읽는 근본이 되고, 차례를 따라서 정밀함을 이루는 것은 글을 읽는 방법이 됩니다(居敬持志, 爲讀書之本; 循序致精, 爲讀書之法)"라고 한 것을 보고 다시 뉘우치면서 이렇게 말했다.

"내 잘못이다. 내가 전날 찾기는 비록 널리 찾았지만, 일찍이 차례를 따라서 정밀함을 이루지는 못했으니 얻는 것이 없음은 당연하다."

이때부터는 무턱대고 나아가려는 생각을 버리고 순서대로 점점 들어가 나중에 얻는 것이 있기를 바랐다. 그러나 갈수록 사물의 이치와 자신의 마음이 완전히 둘로 나뉘는 것 같았다. 답답해한 지 오래되니 옛날의 병이 다시 도졌다. 이때는 성현 될 팔자가 따로 있음이 더욱 분명해진 것으로 보여 생각이 양생술 쪽으로 쏠렸고, 드디어 세상을 버리고 산속으로 들어가려고 했다.

그러다가 과거에 급제하고 벼슬살이에 붙들려 결행을 하지 못했다. 문장을 짓는 것 또한 재미있는 일 가운데 하나여서, 태원(太原)의 교우(喬宇, 1464~1531), 광신(廣信)의 왕준(汪俊), 하남(河南)의 이몽양(李夢陽, 1472~1529)·하경명(何景明, 1483~1521), 고소(姑蘇)의 고인(顧璘, 1476~1545)·서정경(徐禎卿, 1479~1511), 산동(山東)의 변공(邊貢, 1476~1532) 등과 함께 옛 시문(詩文)에 대한 공부로 서로 우열을 다투었다. 그러나 강북에서 돌아온 뒤에 또다시 탄식하며 이렇게 말했다.

"한계가 있는 정신을 가진 내가 어찌 쓸데없는 가짜 문장을 일삼는가!"

그러고는 병이 들었다며 여요로 돌아가 양명동(陽明洞)에다 집을 짓고 살았다. 양명이라는 호는 여기서 나왔다.

13 양명동에서 도 닦는 생활을 하면서, 처음에는 도인술(導引術)을 수련했다. 그것을 오래 하니 앞일을 아는 영험함이 생겼다. 하루는 친구 왕문원(王文轅, 자 사여司輿/思輿) 등 네 사람이 양명을 찾아오는데,

이들이 막 현성(縣城)의 오운문(五雲門)을 나오려 할 즈음에 이미 하인을 보내 마중하게 했다. 그러면서 그들이 오기는 어떻게 오며 어떠한 일이 생길 것인지까지 미리 일러 보냈다. 하인이 도중에서 일행을 만나 양명이 마중을 보낸 것과 일러 준 말을 하니, 모두 크게 놀라 양명이 도를 깨쳤다고 했다. 그러나 다시 얼마 지나자 또 깨달음을 얻고 말했다.

"이것은 부질없이 정신만 희롱하는 것이지 도가 아니다."

이때부터 양명은 신학(仙學)을 버렸고, 그 뒤에는 오랫동안 마음을 밝게 하고 고요히 수련하면서 세상을 떠나 멀리 가고자 했다. 이때 어머니 정씨는 죽은 지 오래였고 할머니 삼씨(岑氏)와 아버지만 생존해 있었으므로, 다른 것은 모두 괘념할 것이 없었지만 오직 할머니와 아버지를 잊을 수 없어서 머뭇거리며 결단하지 못하고 있었다. 그러다가 또 갑자기 깨달아서 말했다.

"아니다. 이 생각은 갓난아이 때부터 생긴 것이니, 이 생각을 버릴 수 있다면 이것은 인간의 본성을 끊어 버리는 것이다."

이때부터 양명은 참선의 즐거움을 버렸다. 그래서 다시 세상을 위해 일할 생각이 들어 병부(兵部) 주사(主事)로 기용되자 사퇴하지 않고 관직에 나갔다.

벽지 좌천과 깨달음

무종이 즉위하면서부터 내시 유근이 국가 권력을 혼자 휘두르면서 그

위세가 불붙듯 했다. 남경 급사중(給事中) 대선(戴銑, ?~1506)과 박언휘(薄彦徽) 등이 직언하자 이를 밉게 여겨 잡아다 옥에 가두니, 양명은 상소를 올려 이들을 구하고자 했다. 유근이 멋대로 황제의 명령서를 만들어 양명에게 곤장을 때려 기절시켰다가, 깨어나자 다시 귀주(貴州) 용장역(龍場驛)의 역승(驛丞)으로 좌천시켰다.

좌천되어 부임 길을 떠나 전당(錢塘)에 이르렀는데, 유근이 자기 사람을 시켜 뒤를 밟게 했다. 양명은 결국 뜻밖의 재난을 당할 줄 알고 옷과 신발, 글씨 쓴 종이 등을 강둑에 놓고 스스로 물에 빠진 것처럼 보이게 했다. 그러고는 몰래 장삿배를 얻어 타고 주산(舟山)까지 갔는데, 거기서 태풍을 만나 밤낮 하루 만에 복건(福建)에 도착했다.

뭍에 닿자마자 곧 산으로 들어가 밤중에 절을 찾아가 자고 가려 했으나 받아 주지 않았다. 할 수 없이 이리저리 헤매다가 오래된 사당에 들어가 향을 놓는 상에 기대어 잤다. 이곳은 바로 범의 소굴이어서 밤이 깊은 뒤에 범이 돌아다니며 크게 어흥거렸다. 새벽녘에 절의 중들이 서로 말했다.

"어제 왔던 그 사람은 오래된 사당에서 잤을 터인데, 거기에서 잤다면 범에게 물려 죽었을 것이다."

그러고는 양명의 여행 보따리를 뒤져 가려고 왔다가, 양명이 깊이 잠들어 불러서야 깨는 것을 보고 놀라 말했다.

"당신은 보통 사람이 아니구려. 그렇지 않고서야 탈 없이 있을 수가 있소?"

중들의 청에 따라 절에 가니, 뜻밖에도 철주궁의 도사가 그 절에 있었다. 양명이 그와 함께 행동 방향을 의논했는데, 양명이 멀리 도망쳐

숨을 생각을 밝히자 도사가 말했다.

"그것은 옳지 않소. 그대가 여기서 자취를 감춘다면 유근이 화가 나 그대의 아버지를 잡아다 놓고, 그대가 남쪽이나 북쪽의 딴 나라로 몰래 도망쳤다고 모함하면 어떻게 하겠소?"

양명은 이 말이 옳다고 여기고 결국 무이산(武夷山, 복건성과 강서성 사이에 있는 산 – 옮긴이)으로 들어가 광신(廣信)을 거쳐 팽려호(彭蠡湖, 鄱陽湖)를 건너고 원·상(沅·湘, 두 강 모두 남쪽으로부터 동정호洞庭湖로 흘러드는 강이다 – 옮긴이) 두 강을 지나 용장에 이르렀다.

그는 무이산으로 떠날 때 그 절의 벽에 이런 시를 남겼다.

> 험난하고 평탄한 것은 원래부터 가슴속에 없었으니
> 뜬구름이 아득한 하늘 지나가는 것과 무엇이 다르랴
> 고요한 밤 파도는 삼만 리에 뻗치고
> 달 밝은 밤길 가는 나그네에게 높은 바람 내려온다.
> (險夷原不滯胸中 何異浮雲過太空
> 夜靜海濤三萬里 月明飛錫下天風)

처음 용장에 도착했을 때는 거처할 곳이 없어서 덤불 속에 초막을 짓고 살다가, 다시 바위 굴로 들어가서 거처했다. 그때 용장 백성들은 거의가 야만족이어서 한족(漢族)이 오면 반드시 여러 가지 방법으로 독벌레(蠱)의 해를 입게 해서 죽였다. 양명이 오자 또 해치려고 고신(蠱神)에게 가서 점을 쳐 보았는데, 해치는 것이 자기들에게 좋지 않다고 하자 차차 양명을 따르게 되었다. 또 양명이 성실하고 인자한 데

감동되어 양명의 가르침이면 차마 어기지 못했다.

이때 양명의 나이 서른일곱이었다. 오지의 험한 땅에서 고향은 아득한 데다 유근의 앙심이 갈수록 심해져 언제 위험이 닥칠지 스스로 기약할 수 없었다. 스스로 생각하니 득실과 영욕 같은 것은 모두 초월한 지 이미 오래였지만, 오직 생사에 관한 집착만은 끝내 사라지지 않았다. 그래서 돌로 관을 만들어 방처럼 거기에 앉고 누우면서 스스로 이렇게 맹세했다.

"내가 이제 죽음을 기다릴 뿐 아니냐?"

그러고는 낮이나 밤이나 잠잠히 앉아 마음을 맑게 하고 생각을 가라앉혀 고요히 집중하는 가운데서 단서를 찾아보려 했다. 그러던 어느 날 밤중에 갑자기 '격물·치지'의 본뜻을 크게 깨달았다. 얼마나 기뻤던지 소리를 지르고 펄펄 뛰어 잠자던 사람들이 모두 놀랐다. 비로소 안 것이다. 성인의 도는 내 마음속에 이미 충분히 들어 있는 것이니, 전날 사물에 가서 이치를 찾았던 것이 잘못이었음을. 그래서 다시 외우고 있던 오경(五經)의 말뜻에 맞춰 보니 들어맞지 않는 것이 없었다.

14 양명의 이날 기쁨은 곧 그의 평생 계속되는 기쁨이었을 것이다. 양명은 이렇게 말했다.

> 도교에서는 '허(虛)'를 말했는데, 성인이 어떻게 그 '허' 위에 한 오라기의 '실(實)'을 얹을 수 있겠는가. 불교에서는 '무(無)'를 말했는데, 성인이 어떻게 그 '무' 위에 한 오라기의 '유(有)'를 얹을 수 있겠는가. 그러나 도교에서 '허'를 말한 것은 양생(養生)에서 나온 것이고, 불교에서 '무'를 말한 것은 삶과 죽음의 고해(苦海)에서 벗어나려는 데서 나온 것이다. 이것은 본체

(本體) 위에다 저 약간의 생각을 얹어 놓은 것이어서 '허'와 '무'의 본래 모습이 아니며, 오히려 본체에 장애가 된다. 성인은 오직 양지(良知)의 본래 모습으로 돌려보낼 뿐이요, 한 점의 생각도 붙여 두지 않았다.

양지의 '허'는 곧 하늘의 태허(太虛)요, 양지의 '무'는 곧 태허의 무형(無形)이다. 해와 달, 바람과 우레, 산과 내, 사람과 사물 등 무릇 모습과 형상이 있는 것은 모두 태허와 무형 속에서 드러나고 퍼져 나가는 것이어서, 일찍이 자연(天)에 장애가 된 적이 없다. 성인은 오직 그 양지가 드러나는 대로 따르니, 천지 만물이 모두 내 양지가 드러나고 퍼져 나가는 가운데 있다. 그러니 도대체 다시 어떤 무엇이 양지 밖에서 일어나 양지에 장애가 될 수 있겠는가. (『전습록』)

이를 보면 양명이 용장에서 어느 날 밤 깨달은 경지를 상상할 만하다. 용장 현지인들이 양명에게 귀의하는 것이 점점 더 정성스러워지고 양명의 가르침 또한 금세 그들의 본심을 되돌려 놓으니, 현지인들은 양명을 스승으로 알고 양명은 현지인들을 가족으로 여겼다. 나중에는 현지인들이 양명을 위해 서원을 만들어 주었고, 상급 기관에서 보낸 심부름꾼이 용장에 왔다가 양명에게 함부로 대하는 것에 분개해 그 심부름꾼을 혼내 보낸 적도 있었다.

귀신 같았던 지방 세력 토벌

유근이 처벌을 받아 죽은 뒤 양명은 강서 여릉현(廬陵縣) 지현(知縣)

이라는 좀 나은 자리로 옮겼다가 남경 형부 주사로 옮겼고 다시 이부
(吏部) 험봉청리사(驗封淸吏司) 주사로 갔다. 그 뒤 승진해 이부의 문
선사(文選司) 원외랑(員外郎)과 고공사(考功司) 낭중(郎中)을 역임하고,
남경 태복시(太僕寺) 소경(少卿)에 발탁되었으며, 남경 홍려시(鴻臚寺)
경(卿)에 이르렀다.

이때 병부 상서 왕경(王瓊, 1459~1532)이 양명에게 뛰어난 재능이 있
음을 알아보고 마침내 양명을 우첨도어사(右僉都御史)로 발탁하고 남
감(南贛, 강서江西의 남안南安·감주贛州를 말하며, 이 외에 복건福建의 정주汀
州·장주漳州도 함께 담당했다 - 옮긴이) 순무(巡撫)로 삼았다. 남감 순무에
는 제대로 된 사람이 온 것이 오랜만이었다.

남방에서는 도적이 여기저기서 일어났다. 사지산(謝志山)은 횡수(橫
水)·좌계(左溪)·통강(桶岡)을, 지중용(池仲容)은 이두(浰頭)를 각각 점
거해 모두 왕이라고 일컫고, 대유(大庾)의 진왈능(陳曰能), 낙창(樂昌)
의 고쾌마(高快馬), 침주(郴州)의 공복전(龔福全) 등과 연결해 지방 고
을들을 들이쳤다. 여기에 복건 대모산(大帽山) 도적 첨사부(詹師富)의
무리가 또 일어나니, 전임 순무 문삼(文森, 1462~1525)은 병을 핑계로
그곳을 피해 버렸다. 사지산이 낙창의 도적 무리와 합쳐 대유를 노략
질하고 남강(南康)·감주(贛州)를 치니, 감현(贛縣) 주부(主簿) 오빈(吳
玭)이 전사했다.

양명이 남감에 도착해서 보니 전후·좌우가 모두 적군의 정보원이었
다. 그래서 아무것도 염탐할 수 없게 하기 위해, 저렇게 하고자 할 때
이렇게 보이도록 하고 이렇게 하고자 할 때 저렇게 보이도록 함으로
써 그 정보들이 모두 엉터리가 되게 만들었다. 그리고 한편으로 자기

부대의 늙은 종 하나를 조용히 침실로 불러 문초하니, 그가 사실은 적군의 정보원 가운데 거물이었다. 모든 것을 실토하게 한 후 그 죄를 용서해 주고 적군의 상태를 정탐하게 했다.

복건·광동에 공문을 보내 군사를 모아 먼저 대모산의 도적을 토벌하기로 했다. 이듬해 정월에 부사(副使) 양장(楊璋) 등에게 명해 적을 장부촌(長富村)에서 치고 싱호산(象湖山)으로 들이몰았다. 지휘(指揮) 담환(覃桓)과 현승(縣丞) 기용(紀鏞)이 전사하자 양명이 직접 정예병을 거느리고 상항(上杭)에 진을 쳤다. 그러고는 거짓으로 후퇴했다가 적이 방심했을 때 공격해 산채(山寨) 사십여 개를 깨뜨리고 칠천여 명을 죽이거나 사로잡았다. 첨사부도 이 싸움에서 잡혔다. 양녕이 상소를 올렸다.

> 지휘관의 권한이 무겁지 않아서 장졸들에게 군령이 서지 않으니, 군기(軍
> 旗)와 패찰을 내리셔서 군사 업무를 지휘·감독하게 하고, 편의에 따라 처
> 리할 수 있도록 해 주소서.

상서 왕경이 이를 임금에게 아뢰어 그 청대로 하도록 했다. 이에 군사 편제를 고쳤다. 스물다섯 명을 오(伍)라 해서 오에는 소갑(小甲)을 두었고, 두 개의 오를 대(隊)라 해서 대에는 총갑(總甲)을 두었다. 네 개의 대를 초(哨)라 해서 초에는 장(長)을 두고 협초(協哨) 둘로 하여금 보좌하게 했다. 두 개의 초를 영(營)이라 해서 영에는 관(官)을 두었고 참모(參謀) 둘로 하여금 보좌하게 했다. 세 개의 영을 진(陣)이라 해서 진에는 편장(偏將)을 두었고, 두 개의 진을 군(軍)이라 해서 군에는

부장(副將)을 두었다. 이들은 모두 조정의 명령이 아니라 편의에 따라 선임했으며, 부장 이하는 차례로 자기 부하를 처벌할 수 있게 했다.

9月에 대유로 진군하자 사지산이 틈을 노릴 만하다 싶어 서둘러 남안(南安)을 공격하다가 지부(知府) 계효(季斅)에게 패했고, 부사 양장 등이 또 진왈능을 사로잡아 왔다.

15 계속해서 횡수와 좌계를 토벌하기로 하고, 도지휘(都指揮) 허청(許淸)과 감주 지부 형순(邢珣, 1462~1532), 영도(寧都) 지현(知縣) 왕천여(王天與) 등으로 하여금 각각 군사를 거느리고 횡수에, 그리고 계효와 수비(守備) 겹문(郟文), 지부 당순(唐淳), 현승(縣丞) 서부(舒富)로 하여금 각각 군사를 거느려 좌계로 모이게 했다. 길안(吉安) 지부 오문정(伍文定, 1470~1530)은 달아나는 도적의 무리를 막게 했다.

양명은 횡수에서 약 삼십 리쯤 되는 남강에 주둔하고 있었는데, 먼저 군사 사백 명을 보내 적군의 진지 좌·우에 매복하게 하고는 군사를 몰고 쳐들어갔다. 도적들이 막 맞서 싸우려고 하는데 좌·우 양쪽 산 위에서 깃발이 올랐다. 도적들이 뜻밖에 이것을 보고 여러 소굴이 다 관군에게 함락된 줄 알고 마침내 허물어졌다. 승세를 타고 짓쳐 나가서 횡수가 마침내 함락되고 사지산과 그의 도당인 소귀모(蕭貴模) 등은 모두 통강으로 도망쳤으며, 좌계 또한 함락되었다.

양명은 통강이 험준하고 견고해 들이친다면 피차 사상자가 많을 것이라고 생각하고, 진영을 그 근처로 옮긴 뒤 당근과 채찍으로 달랬다. 도적의 우두머리 남정봉(藍廷鳳)은 관군의 예리한 공격을 두려워해 어찌할 바를 모르고 있던 때여서, 양명의 사자가 오는 것을 보고 반겨 동짓달 초승에 항복하기로 했다. 그런데 형순과 오문정이 벌써 큰

비를 무릅쓰고 험준한 곳으로 공격해 들어가자 도적들은 물을 사이에 두고 진을 쳐 그것에라도 의존해 지켜 보려고 했다. 그러나 형순이 곧바로 앞으로 나아가 육박하고 오문정과 지현 장전(張戩)이 함께 오른쪽에서 치니 도적들이 황급해 달아나다가 당순의 군대를 만나 다시 패했다. 통강이 드디어 함락되고, 사지산·소귀모·남정봉이 모두 항복했다.

이때 호광(湖廣) 순무 진금(秦金)이 공복전을 쳐서 깨뜨리자 그 무리 친어 멍이 통킹 쪽으로 덤벼들었다. 이것을 니려 상누들이 맞아 죽이고 사로잡았다. 이에 횡수에 숭의현(崇義縣)을 만들어 여러 요족(猺族)들을 통세토록 하고, 삼주도 외군해 와서 다시 이누에 있는 도적을 토벌하는 문제를 논의했다.

앞서 양명이 첨사부를 토벌할 때 용천(龍川)에서 반란을 일으켰던 노가(盧珂)·정지고(鄭志高)·진영(陳英)이 모두 항복하기를 청하고 횡수를 칠 때에는 이두의 반란군 두목 황금소(黃金巢) 또한 부하 오백 명을 데리고 항복했는데, 지중용만이 홀로 항복하지 않았다. 그러나 횡수가 함락되자 지중용은 그제야 자기 동생 중안(仲安)을 보내 귀순시키고 방어 태세를 갖추도록 해 달라고 부득부득 졸랐다. 양명은 고기와 술을 보내 지중용을 위로하면서, 이미 귀순하려고 결심했는데 방어 태세는 왜 갖추려고 하는가 물었다. 지중용은 이렇게 대답했다.

"노가와 정지고는 나의 원수인데, 그들이 장차 나를 습격하려 해서 이를 방비하려는 것입니다."

양명은 짐짓 노가 등을 곧장 쳐 옥에 가두고 몰래 노가의 동생에게 군대를 모아 처분을 기다리게 했다. 그러고는 토벌군을 해산토록 명령을 내리는 한편, 마침 새해를 맞아 등불을 밝히고 풍악을 성대하게 베풀었다. 지중용은 한편으로는 마음이 놓이기도 하고 한편으로는 또 의심도 없지 않았다.

양명이 지중용에게 새해 책력을 주고 여러 가지로 달래어 성안에 들어와 사례하라고 하자, 지중용이 처음에는 의심하지 않다가 다시 돌려 생각하고 말했다.

"펴려면 먼저 굽혀야 한다. 왕(王) 감주(贛州)가 별 수단을 다 가지고 있다 할지라도 내가 직접 가 봐야 알 것이다."

그러고는 부하 아흔세 명을 데리고 떠났는데, 이들은 모두 사나운 도적의 두목들이었다. 성 밖에 도착해서는 교외 훈련장에다 군영을 만들고 스스로 몇 사람을 데리고 양명을 알현하니, 양명이 꾸짖었다.

"너희들은 다 우리의 새로운 백성인데, 모두들 들어와 보지 않고서 훈련장에 머무르는 것은 무슨 일인가? 나를 의심하는가?"

지중용이 황공해 말했다.

"처분대로 하겠습니다."

그래서 이들을 모두 상부궁(祥符宮)이라는 곳으로 인도해 보냈는데, 이곳은 미리 정해 놓은 처소였다. 거처와 음식이 어찌나 화려하던지, 지중용과 그 부하들은 도리어 원하던 것 이상이어서 더 이상 의심치 않고 안심하게 되었다.

사나운 적의 두목들이 모두 모여 있으니 이들을 한꺼번에 섬멸하면 이두의 난은 평정될 것이었다. 그러나 양명은 이들을 교화할 수 없을까 고민해, 처음에는 심복을 보내 접대하도록 하고 푸른 옷과 기름 먹인 신발을 주고 예절을 익히게 하면서 그들의 뜻을 살펴보았다. 하지만 아무리 해도 탐욕스럽고 잔악한 버릇을 고치지 못할 듯했고 백성들은 모두 길거리에서 "도적을 길러 해를 끼친다"라고 떠드니, 양명은 결국 결심을 하지 않을 수 없었다. 큰 잔치를 베풀고 무장한 군사를 문 옆에 매복시켜 두었다가 도적의 두목들이 들어오는 대로 모두 잡아 죽였다. 그리고 직접 군사를 이끌고 적의 소굴로 가서 상리(上浰)·중리(中浰)·하리(下浰) 세 곳을 연달아 격파했는데, 이천 명 이상을 죽였다.

남은 적의 무리는 구련산(九連山)으로 달아났다. 이 산은 수백 리나 뻗어 있고 험준해 올려 공격하기가 어려웠다. 양명은 장사 칠백 명을 뽑아 적병의 옷을 입히고 산 아래로 달아나게 하니, 산 위에 있던 석병이 이를 보고 자기네 무리로 여겨서 어떻게 하든지 불러 올리려고 따라 내려왔다. 가장한 장사들은 적병이 고지에서 내려오는 것을 보고 바로 산 위로 치달아 그곳을 점령하고 대군은 앞으로 진격해 안팎으로 협공하면서 잔당들을 소탕해 버렸다. 그리고 하리에 화평현(和平縣)을 만들어 수비병을 남겨 놓고 돌아오니, 이로써 남감이 완전히 평정되었다.

처음에 조정에서는 적이 너무 강하다고 생각해 광동(廣東)과 호광(湖廣)의 군사를 동원해 함께 토벌하기로 했는데, 양명은 상소를 올려 그럴 필요가 없다고 했으나 이미 결정된 일이었다. 그런데 호광 군사는 통강이 평정된 뒤에 비로소 도착했고, 이두를 평정했을 때에도 광동 군사는 미처 동원 지시도 받지 못하고 있었다. 양명이 거느리고 있던 자들은 서생(書生) 아니면 부장(副將)급의 하급 장교들인데, 수십 년 동안 버텨 온 큰 도적떼를 삭정이 꺾듯 평정하니 안팎에서 모두 놀라

귀신같다고 했다.

16 남감의 난을 평정한 뒤 양명은 우부도어사(右副都御史)로 승진하고 세습 금의위(錦衣衛) 백호(百戶)를 받았으며, 다시 부천호(副千戶)로 올랐다.

혼자 힘으로 진압한 황족의 반란

1519년(명 무종 정덕正德 14년) 6월에 복건의 반란군을 조사해 처리하라는 명을 받고 길을 떠나 풍성(豊城)에 이르렀을 때, 영왕(寧王) 주신호(朱宸濠, ?~1521)가 반란을 일으켰다는 소식을 들었다. 주신호는 명나라 태조의 열일곱 번째 아들인 영 헌왕(寧獻王) 주권(朱權)의 현손(玄孫)이다. 주권은 강서 남창(南昌)의 왕으로 봉해졌는데, 자손들이 대대로 반란할 뜻을 가지고 있었다. 주신호는 더욱 간악한 데다 무종의 방탕함이 도를 넘는 것을 기회로 삼아 그 지방에서 모든 일을 멋대로 했고, 그것이 점점 오래되자 대궐과 관청에 두루 눈과 귀를 심어놓고 사방의 세력들과 결탁을 했다. 그러다가 마침내 강서(江西) 순무 손수(孫燧, 1460~1519)를 죽이고 군사를 일으켰던 것이다.

이때 남감은 강서·복건·광동·호광의 근접한 지역 각 일부분을 편의에 따라 떼어내 경계를 지었으므로 강서에서도 남창 등 여러 주(州)는 따로 하나의 성(省)을 이루어 순무가 있었는데, 풍성은 남창에 소속된 현이었다. 양명은 자신의 관할 구역도 아니고 또 객지인 작은 고을에서 계책을 세워 대응할 도리가 없으므로 급히 뱃길을 따라 길안부(吉

安府)로 돌아갔다.

길안으로 가는 도중에 주신호가 보낸 군사가 급히 쫓아오는 것을 알고 참모인 뇌제(雷濟)·소우(蕭禹) 두 사람만 데리고 고깃배로 바꾸어 타고서 빠져나갔다. 그는 이렇게 생각했다.

'만약 주신호가 남경을 곧바로 습격하고 결국 북경을 침범하면 사태가 위중하게 될 것이니, 내가 꾀를 내어 주신호로 하여금 한 열흘 동안만 머뭇거리게 해야겠다.'

그러고는 배 안에서 양광 도어사(兩廣都御史)의 화패(火牌, 급한 전령)를 거짓으로 작성했다. 그 내용은 병부(兵部)와 도찰원(都察院)의 지휘에 따라 대군을 징발해 강서로 향했음을 말하고 군대가 지나는 지역에서 접대할 절차를 엄하게 명령해, 은연중에 조정에서 강서의 반란을 예측하고 이미 군대를 몰래 파견해 주신호를 습격해 잡으려는 듯이 보이도록 했다. 이 화패는 몰래 성 안으로 들여보내 주신호의 염탐꾼에게 발각되도록 했다.

길안에 도착한 뒤에 다시 군대를 영접하라는 문서를 거짓으로 작성했다. 도독(都督) 허태(許泰)·극영(郤永)은 변방 병사, 도독 유휘(劉暉)·계용(桂勇)은 수도 병사 각 사만 명씩을 거느리고 지금 수로·육로로 동시에 가고 있고, 남감의 왕수인과 호광의 진금(秦金), 양광의 양단(楊旦, 1460~1530)이 각각 휘하 병사를 거느리고 떠난 것이 모두 십육만이라고 했다. 이제 곧 남창을 공격할 터인데, 군대가 이르는 곳에서 담당자가 물자 공급을 잘못하면 군법으로 처단한다고 했다. 이것 역시 주신호의 손에 들어가게 했다.

이에 앞서 화패를 몰래 보내려고 할 때 뇌제가 양명에게 물었다.

"영왕이 이것을 보고 틀림없이 믿겠습니까?"

"그러면 의심 정도는 할까?"

"의심조차 하지 않을 수는 없을 것 같습니다."

양명이 웃으면서 말했다.

"그 한 번의 의심만으로 제 일은 끝나는 거지."

그러고는 다시 탄식하면서 말했다.

"주신호는 원래 포악무도해서 백성들을 잔인하게 해쳤다. 지금 비록 그에게 동조하는 사람들이 많다고 해도 이것은 그들의 본심은 아닐 것이고, 다만 겁에 질리고 이익에 꾀여 한때 구차히 동조한 것이다. 설사 자신의 병력을 분발시켜 바로 진군한다 하더라도, 그의 죄를 문책하는 나의 의로운 군대를 이끌고 천천히 그 뒤를 밟으면, 누가 대의를 따르고 누가 대의를 거역하는지가 이미 분명하니, 누가 이길지는 미리 알 수 있는 것이다. 그러나 적병이 어떤 지방으로 일찍 넘어오게 되면 그 지방 백성들의 생명이 짓밟히게 되니, 지금은 무엇보다도 주신호를 지체하게 하는 것이 제일 중요하다. 이 하루를 머뭇거리게 만들면 세상이 이 하루만큼 복을 받을 것이다."

또 주신호의 군사(軍師)인 이사실(李士實)·유양정(劉養正)에게 보내는 것처럼 밀서를 만들었다. 그들이 속으로 조정을 향한 정성이 있음을 낱낱이 적은 뒤에, 다시 그들로 하여금 주신호에게 힘써 권유해 빨리 군대를 남경으로 향하도록 하라고 은밀히 부탁하는 말을 덧붙여 은연중에 주신호가 출병하기를 기다리는 듯이 보이게 했다.

주신호는 거짓으로 작성된 문서와 화폐를 발견하고 점점 의심을 떨치지 못하고 있는 중에 다시 밀서를 입수하게 되었다. 시험 삼아 이사실과 유양정을 불러 공격할 방책을 물어보니, 모두 남경으로 곧바로 향할 것을 권했다. 그러자 주신호는 한편으로는 관군이 저렇게 철저히 준비하고 있구나 하는 생각과 또 한편으로 자기 심복들이 이렇게까지 자기를 속이는구나 하는 생각이 들어 북쪽으로 공격할 용기가 얼마간 줄어들었다.

그동안 양명은 길안에서 지부 오문정을 데리고 군량을 마련하고 병기와 배를 정비했다. 또 각지에 격문(檄文)을 전해 근왕병(勤王兵)을 모집하자 작은 고을 수령들과 시골 식인들이 속속 의서에 동참했다. 십여 일이 지난 뒤에야 주신호는 비로소 자신이 속았음을 알았다.

1/ 7월 3일, 주신호는 가까운 친척인 의춘왕(宜春王) 주공조(朱拱樤)로 하여금 남창에 머물러 지키게 한 뒤 부하 육만을 데리고 출병해 구강(九江)·남강(南康)을 함락하고 장강으로 들어가 안경(安慶)에 도착했다. 양명은 남창에 남은 군사가 적음을 알고 급히 오문정을 데리고 장수진(樟樹鎭)으로 진군했다. 지부(知府)로는 임강(臨江)의 대덕유(戴德孺), 원주(袁州)의 서연(徐璉), 감주의 형순이, 도지휘로는 여은(余恩)이, 통판(通判)으로는 서주(瑞州)의 호요원(胡堯元)·동기(童琦)와 무주(撫州)의 추호(鄒琥), 길안의 담저(談儲)가, 추관(推官)으로는 왕위(王暐)·서문영(徐文英)이, 지현(知縣)으로는 신감(新淦)의 이미(李美), 태화(泰和)의 이즙(李楫), 만안(萬安)의 왕면(王冕), 영도(寧都)의 왕천여(王天與) 등이 각각 자신의 군사를 거느리고 합류해 왔다.

어떤 사람이 안경을 구원하자고 하니 양명이 말했다.

"그렇지 않다. 지금 구강·남강이 모두 적의 땅이다. 우리가 남창을 건너 그리로 가서 대치하면 구강·남강 두 군의 군사가 우리의 뒤를 끊을 것이다. 이는 앞뒤로 적을 맞는 것이니, 곧바로 남창을 치는 것만 못하다. 지금 적의 정예는 모두 나갔으니 남창의 수비가 허술할 것이고, 우리 군대는 새로 모여 매우 날카로우니 공격하면 곧 함락할 수 있을 것이다. 남창은 적의 본거지이니, 남창이 함락당한 사실을 알면 반드시 안경의 포위를 풀고 돌아와 본거지 탈환을 꾀할 것이다. 이때 호수 가운데에서 맞아 싸우면 반드시 모조리 섬멸해 버릴 수 있을 것이다."

사람들이 모두 이 말이 옳다고 했다. 여기에서 말한 호수는 파양호(鄱陽湖)를 말하는 것으로, 남창과 남강 사이에 있는 큰 호수다.

18일에 풍성에 도착해 곧바로 남창으로 향했는데, 선봉은 오문정이었다. 19일 밤중에 오문정이 광윤문(廣潤門)에 도착하니 수비병들이 놀라서 흩어졌다. 20일 새벽에 여러 부대들이 사다리와 동아줄로 성벽을 타고 넘어가 주공조 등 적장들을 사로잡았다. 양명은 명령을 내려 병사 가운데 노략질한 자는 죽이고 억지로 따른 자는 사면해 현지인들을 안심시키는 한편, 또 명령을 내려 '죽음을 면하는 나무 패찰(免死木牌)' 수십만 개를 만들어 바치라고 하니 장졸들이 모두 이상하게 생각했다.

이틀 동안 군사를 머물러 쉬게 하고, 오문정·형순·서연·대덕유 등에게 방책을 지시해 각기 정예병을 데리고 나누어서 진격하게 했다. 그리고 호요원 등에게는 사방에 허수아비 병사를 만들고 복병들을 숨기게 했다.

주신호가 남창의 패전 소식을 듣고 예상대로 안경에서 회군하니, 24일에 양쪽 군대가 황가도(黃家渡)에서 만났다. 오문정이 또 선봉이었다. 적병이 곧바로 앞으로 달려들자 오문정이 일부러 도망치니 적군이 다투어 뒤를 쫓아왔다. 형순이 적의 등뒤에서 나와 적군의 한허리를 가로지르니 적이 다시 쫓기기 시작했다. 이때 억지로 끌려가서 적군이 된 사람들은 성이 이미 관군의 손에 들어간 줄 알고 도망치려고 했지만 방법이 없었는데, 강물을 따라 난데없는 '죽음을 면하는 나무 패찰'이 끝없이 떠내려 오는 것을 보고 이를 건져 가지고 흩어져 달아난 무리가 그 수를 셀 수 없을 만큼 많았다. 적군이 쫓기는 것을 보고 오문정과 여은이 맹렬히 뒤를 쫓고, 서연과 대덕유가 좌우로 협공했다. 이윽고 복병이 일어나 적이 크게 패한 뒤 물러나 팔자뇌(八字腦)라는 곳에 주둔했다.

거기에서 주신호는 다시 용감한 병사들에게 크게 상을 내리고, 구강·남강을 지키고 있던 병사들을 모두 풀어 증원군으로 삼았다. 이에 양명은 무주(撫州) 지부 진괴(陳槐)와 요주(饒州) 지부 임감(林瑊)을 보내 구강을 점령하게 하고, 건창(建昌) 지부 증여(曾璵)와 광신(廣信) 지부 주조좌(周朝佐)를 보내 남강을 점령하도록 했다.

25일에 다시 전투가 벌어져 관군이 퇴각하려 하자 양명은 급히 명령을 내려 먼저 도망치는 자의 머리를 베라고 했다. 오문정이 적의 총포를 무릅쓰고 나아가서 수염에 불이 붙는데도 그대로 돌진하니, 모든 군사들이 죽음을 무릅쓰고 힘껏 싸웠다. 적군의 기세가 꺾이게 될 즈음에 관군 앞에 커다란 패가 뚜렷하게 솟아올랐다.

영왕이 이미 잡혔으니, 우리 군사들은 이제부터 마음대로 살육하지 말라.

적군이 이를 보고 놀라 일시에 무너져 또 크게 패했다. 이에 주신호는 진영을 초사(譙舍)로 물리고, 배를 연결해 방진(方陣)을 친 뒤 금은보화를 내어 부하 군사들에게 음식과 상을 내리고 마지막 일전을 준비했다.

그런데 이튿날 새벽에 주신호가 막 아침 조회를 하는데 관군이 갑자기 달려들어 오면서 작은 배에 나무를 실어 가지고 바람을 이용해 불을 놓았다. 순식간에 불이 영왕의 부주(副舟, 왕이 탄 배의 바로 뒤에 딸린 배)에 붙으니, 영왕의 비(妃)인 누씨(婁氏)가 물로 뛰어들어 자살하고 부하들이 다 흩어졌다. 주신호가 하릴없이 도망치려 했으나 그가 탄 배가 얕은 여울에 걸려서 갑자기 벗어날 길이 없게 되었다. 그때 어선 한 척이 갈대밭 속에 있는 것을 보고 건네 달라고 소리를 질러서 그 배를 탔는데, 이 배는 양명이 몰래 명령을 내려서 미리 배치해 둔 배였다.

이렇게 쉽게 주신호를 잡아서 군영으로 데리고 왔는데, 이때까지도 장수들은 알지 못하고 있었다. 이사실과 유양정 및 적에게 항복한 관리들을 모두 사로잡고 남강·구강을 차례로 회복했다. 군사를 일으킨 지 한 달이 채 되지 않아 강서가 평정되었다.

양명은 전쟁터에서도 군부대의 막사 안에서 몇몇 제자와 함께 학문을 강론했다. 하루는 선봉 부대가 패했다는 소식이 전해지자 그 자리에 있던 사람들이 다 당황해하는데, 양명은 막사 밖으로 나가서 전령을 만나고 다시 들어와 태연하게 강론을 계속했다. 얼마 후 다시 적군이 대패했다는 소식이 전해지자 이번에는 그 자리에 있던 사람들이 다 기뻐했으나, 양명은 막사 밖으로 나가 전령을 만나고 다시 들어와 또 태연하게 강론을 계속해 얼굴색 하나 변함이 없었다.

18 주신호의 반란 소식이 처음 명나라 조정에 전해졌을 때, 여러 대신들이 모두 겁을 냈으나 왕경은 혼자 큰소리쳤다.

"왕백안(王伯安)이 상류(남감강이 남창강의 상류이므로 상류라고 한 것임)에 있으니, 반드시 적을 잡을 것이오."

그러고는 얼마 지나지 않아서 승전보가 왔다.

무종은 원래 방탕한 임금이었고, 그 좌우에서 총애를 받던 강빈(江彬, ?~1521)·허태(許泰)·장충(張忠) 등은 다 무뢰한 무리들이었다. 이 가운데는 주신호와 내통한 자들도 많았다. 양명은 풍성에서 주신호의 반란 상황을 상소로 올리면서 이렇게 밀했다.

> 황제의 자리를 엿보는 자가 영왕 하나만이 아니니, 간사하게 아첨하는 무리들을 내치시어 천하 호걸들의 마음을 일신케 하소서.

이런 때문에 황제의 총애를 받는 무리들은 모두 양명을 좋아하지 않은 지 오래였다. 주신호의 난이 평정되자 양명이 공을 세운 것에 대해 시기하고, 또 양명은 훌륭한 신하이며 새로 큰 공을 세운 지방관이라 천자를 뵙고 자신들의 죄를 폭로하면 정말로 쫓겨날 수도 있다고 생각했다. 그래서 우선 공식적인 승전보가 들어오기 전에 무종을 껴붙들어 직접 정벌에 나서게 하고 양명에 대해 온갖 모함을 다 했다. 또한 양명에게는 주신호를 잠깐 놓아 주어 황제 스스로 잡게 하라고까지 했다.

양명은 장충과 허태가 미처 남쪽으로 내려오기 전에 주신호를 묶어 남창을 떠났는데, 장충과 허태는 황제의 뜻이라고 하면서 길을 막고 주신호를 달라고 했으나 주지 않았다. 양명은 샛길로 옥산(玉山)으로 가서 상소를 올려 포로 바치기를 청하고 황제의 남방 정벌을 중지할 것을 간절히 빌었으나 윤허되지 않았다.

양명은 전당(錢塘)으로 가서 태감(太監)인 장영(張永, 1465~1529)을 만났다. 장영은 제독(提督)으로 군사 기밀을 다루는 중책을 맡아 장충이나 허태보다 높고, 이전에 양일청(楊一淸, 1454~1530)과 뜻이 맞아 유근을 제거한 세상에서 알아주는 내시였다. 양명이 몰래 장영을 만나서 그의 무던함을 칭송하고 나서, 현재 강서 지방이 극도로 피폐해져 천자의 군사까지 오면 그 번거로움을 견딜 수 없을 것이라고 역설했다. 장영은 그 말을 옳다고 여기면서도 이렇게 말했다.

"내가 이번에 나온 것도 임금을 보호하려는 것이오. 소인배 무리의 일을 모르는 것은 아니지만, 임금의 뜻과 충돌하다가는 수습이 더 어려울지도 모르겠소."

이에 양명은 임금이 남방으로 오는 것을 말릴 수 없음을 알고 바로 주신호를 장영에게 맡기고 장강 하류의 경구(京口)로 가서 행재소(行在所)의 임금을 뵈려 했는데, 마침 강서 순무를 겸임하라는 명이 내려 다시 남창으로 돌아왔다.

장충과 허태는 남창에 와서 주신호가 없자 원망을 품고 일부러 경군(京軍)을 풀어 여러 가지로 양명을 곤혹스럽게 했으나, 양명은 한결같이 그들을 무마했다. 병이 든 사람에게는 약을 주고, 죽은 사람에게는 관을 맞추어 주었다. 밖에 나갔다가 경군의 장례 행렬을 보면 반드시 수레를 멈추고 한참 동안이나 위문을 하고 갔다. 얼마 지난 뒤에는 경군들이 모두 "왕 도당(都堂, 순무도어사巡撫都御史의 존칭)이 우리를 아껴 준다"라고 하면서 더 이상 문제를 일으키는 사람이 없었다.

"영왕부(寧王府)는 온 나라에서 가장 부유한 곳이오. 그 저축해 놓은 것이 지금 어디에 있소?"

장충과 허태가 양명에게 이렇게 묻자 양명은 말했다.

"주신호가 거사하기 전에 모두 중앙 요인들에게 주고 내응할 것을 약속받았는데, 그 증거 문서가 있어서 조사할 수 있소."

장충과 허태는 본래 주신호에게서 뇌물을 받은 자들이라 다시는 감히 말하지 못했다. 그러고도 양명이 선비라고 깔보고 억지로 활쏘기를 권했다. 양명은 처음에는 군이 사양하나가 천천히 일어나 세 번 쏘아 세 번 모두 한가운데를 맞히니, 경군이 이를 보고 모두 환호했다. 장충과 허태는 기세가 더욱 꺾였다.

이때가 마침 동지(冬至) 때였는데, 양명은 주민들을 시켜 골목마다 제사를 지내고 또 무덤에 가서 곡을 하게 했다. 이때 사람이 많이 죽은 전쟁을 치른 지 얼마 되지 않았기 때문에 슬피 우는 소리가 사방에 가득하니, 경군이 모두 집을 떠난 지가 오래여서 이 소리를 듣고 눈물을 흘리면서 집으로 돌아갈 생각을 하지 않는 사람이 없었다.

장충과 허태는 하릴없이 군사를 돌려 남경으로 가서 무종을 뵙고 기공 급사중(紀功給事中) 축속(祝續) 및 어사 장윤(章綸, 1413~1483)과 함께 양명을 헐뜯었다. 또 강빈은 무종이 특별히 대우하는 사람이기 때문에 강빈을 보고, "왕아무개가 장차 나와 당신을 잘라내려 한다"라고 말했다. 또 무종에게는 이렇게 말했다.

"왕아무개는 반드시 반란을 일으킬 것입니다. 시험 삼아서 불러 보소서. 반드시 오지 않을 것입니다."

이전에 장충과 허태가 여러 번 황제의 뜻을 위조해 양명을 불렀지만 장영이 그 내용을 몰래 알려 주었기 때문에 가지 않았었다. 하지만 이번에는 진짜 임금의 부름인 것을 알고 곧 남경으로 달려갔다. 장충과 허태가 계책이 바닥나 다시 여러 가지 방법으로 임금을 만나지 못하도록 막았다. 그러자 양명은 구화산(九華山)으로 들어가 초막 암자에서 매일 좌선(坐禪)을 하고 있었다. 무종이 사람을 보내 이를 탐지하고 말했다.

"왕수인은 도를 배운 사람이다. 부르니 바로 오는데, 어찌 반란을 일으킨다고 하는가?"

그러고는 양명에게 도로 강서로 돌아가라고 하고, 다시 승전 보고를 올리라고 했다. 이에 양명은 이전 보고를 고쳐 위무대장군(威武大將軍, 무종이 스스로 호칭한 벼슬 이름)의 방책을 받들어 반란을 평정한 것처럼 하고 총애받는 여러 신하들의 이름을 적어서 올리니, 강빈의 무리가 이후로는 다시 말썽을 부리지 않았다.

환한 마음으로 떠나다

19 명 세종(世宗)은 제후 왕으로 있을 때부터 양명의 공적을 자세히 알고 있어서 즉위한 뒤에 곧 양명에게 입조해 봉작 받을 것을 재촉했다. 그러나 대신 양정화(楊廷和, 1459~1529) 등이 양명을 꺼려 이를 막고 남경 병부 상서에 임명했지만, 양명은 부임하지 않고 고향으로 돌

아가기를 청했다.

얼마 지난 뒤에야 공훈을 기록하는 의식을 거행해 특진광록대부(特進光祿大夫), 주국(柱國), 세습 신건백(新建伯)으로 봉하고 한 해 천 석의 녹봉도 주도록 했다. 그러나 공신 문서도 주지 않고 녹봉도 지급하지 않았으며, 함께 공적을 이룬 여러 부하들 가운데 오문정 한 사람 외에는 모두 옮겨 임명하는 것처럼 하고 속으로는 탄압해 거의 다 쫓아냈다. 양명은 스스로 마음이 편치 않고 또 원통해 아버지의 상중에도 여러 번 상소를 올려 봉작을 사양하고 부하들의 공적을 호소했지만 청이 받아들여지지 않았고, 부친상을 끝낸 뒤에도 오랫동안 관직 임명의 부름이 없었다.

1527년(세종 가정嘉靖 6년)에 광서 사은부(思恩府)에 속한 전주(田州)의 토착 세력가인 노소(盧蘇)와 왕수(王受)가 반란을 일으켰는데, 총독요막(姚鏌)이 제대로 조처하지 못했다. 이에 양명에게 원래의 관직에다가 좌도어사(左都御史)를 겸해 양광(兩廣) 총독에 순무(巡撫)까지 겸하게 했다. 이때 양명의 옛날 공로를 아뢰는 사람이 있어 공신 문서와 녹봉이 주어졌고, 아울러 난을 평정할 때의 부하들까지 공적을 인정받았다.

양명은 주신호의 반란과 장충·허태의 변고를 겪으면서 더욱더 양지의 완전무결함을 믿어, 제자 추수익(鄒守益, 1491~1562)에게 보낸 편지에서 이렇게 말했다.

요즘 들어서 '치양지(致良知)' 세 글자가 참으로 유학의 핵심 진리임을 믿게 되었다. 이전에는 오히려 미진한 점이 있지 않을까 의심했지만, 지금 수많은 일을 겪고 보니 오직 이 양지만이 완전무결하지 않음이 없었다.
비유하자면 배를 부릴 때 키가 있으면 작은 파도나 얕은 여울에도 뜻대로
하지 못하는 일이 없으며, 설사 거센 바람과 큰 파도를 만날지라도 키 자
루가 손에 있으면 물에 빠져 죽을 걱정이 없는 것과 같다.

부친상을 마친 뒤 양명정사(陽明精舍)에서 학문을 가르쳐 사방에서
제자들이 모여들었는데, 이때 양광으로 부임하게 되자 수제자 용계
(龍溪) 왕기(王畿, 1498~1583)와 서산(緖山) 전덕홍(錢德洪, 1496~1574)
이 각기 자신의 생각을 가지고 질문을 했다. 왕기는 똑똑한 사람이었
고, 전덕홍은 성실한 사람이었다. 양명은 천천교(天泉橋) 다리 위에 앉
아 다음과 같은 네 구절로 핵심 이론을 전했다.

> 선도 없고 악도 없는 것은 마음의 본체요
> 선하기도 했다가 악하기도 한 것은 생각의 움직임이다.
> 선과 악을 알 수 있는 것은 바로 양지요
> 선을 행하고 악을 제거하는 것은 바로 격물이다.
> (無善無惡是心之體 有善有惡是意之動
> 知善知惡是良知 爲善去惡是格物)

이것이 이른바 '천천상증(天泉相證)'이다. 이에 대해서는 나중에 전덕
홍과 왕기의 학설을 서술할 것이므로, 여기에서는 자세히 논하지 않
는다.
양명은 부임 도중에 상소를 올려 양광에 군사를 투입하는 것이 좋은

방책이 아니라고 말한 뒤 또 이렇게 말했다.

> 사은(思恩)에 유관(流官, 중앙정부에서 보내는 관리로, 현지의 고정된 세습 토관土官과 대응되는 말이다)을 두지 않았을 때는 토착 세력가가 해마다 삼천 명의 군사를 내어 관청의 조세 징수에 대비했는데, 유관을 둔 뒤에는 소성에서 도리어 해마다 수천 명의 군사를 보내어 방어하게 하니, 이것만 보아도 유관이 무익함을 알 수 있습니다.
>
> (…) 또 전주는 교지(交阯)의 기깊고 깊은 산골짜기는 노부 묘족(猫族)·농족(獞族)의 근거지입니다. 그래서 반드시 예전처럼 토관을 두어야 그 병력을 의시해 울타리로 삼을 것인데, 토관을 유관으로 바꾸니 변방의 걱정을 우리가 떠맡는 것이어서 나중에 반드시 후회하게 될 것입니다.

황제가 상소문을 병부에 내리자 상서 왕시중(王時中, 1466~1542)이 그것이 합당치 않은 이유 다섯 가지를 열거했다. 세종은 양명에게 다시 의논하게 했다.

12월에 양명이 심주(潯州)에 도착해 순안어사(巡按御史) 석금(石金)을 만나 반란군을 다독거릴 계획을 세운 뒤 모든 군사들을 해산시켜 돌려보내니, 며칠 동안에 돌아가는 병사가 수만에 이르렀다. 호광 병사 수천 명은 갈 길이 멀어서 아직 남녕(南寧)과 빈주(賓州)에 머물러 무장을 풀고 휴식을 취하게 했다.

노소와 왕수가 처음에는 평화적인 해결을 원했지만 이루어지지 않다가 양명이 양광에 온다는 소식을 듣고 더욱 두려워했었는데, 이렇게 되자 크게 기뻐해 양명이 남녕에 오자 사람을 보내 항복을 청했다. 양명이 자신의 군영으로 나오라고 하니, 두 사람이 서로 말했다.

"왕 공은 본래 모략에 뛰어난 사람이니 우리를 속일까 무섭다."

그러고는 호위병을 이끌고 들어와 양명을 만났다. 양명은 두 사람의 죄상을 꼽아 각각 곤장 백 대를 내린 후 사면하고 직접 그 병영에 들어가 군사 칠만 명을 위로했다.

조정에 보고를 올리면서, 기존 군사 운용의 열 가지 폐해와 이들을 달래는 것의 열 가지 좋은 점을 이야기했다. 이에 따라 전주의 일부를 나누어 따로 한 주(州)를 만들고 전주의 이전 토관인 잠씨(岑氏)의 자손을 토관 지주(知州)로 삼을 것과, 전주에 열아홉 개의 순검사(巡檢司)를 두고 노소와 왕수 등에게 나누어 맡게 하되 모두 유관(流官)인 지부(知府)의 통제를 받게 할 것 등을 조목조목 이야기했다. 세종은 모두 그대로 따랐다.

단등협(斷藤峽)의 요족들은 위로 팔채(八寨)와 연결되고 아래로는 선대(仙臺)·화상(花相) 등 여러 산굴의 야만족들과 내통하며 삼백여 리에 뻗쳐 있으면서 수십 년 동안 인근 고을에 피해를 입혀 왔다. 양명이 이를 평정하려고 짐짓 남녕에 머물면서 호광 병사들을 해산해 보내서 다시 쓰지 않을 것처럼 보이게 했다가 적의 방어 태세가 풀어졌음을 알아내고 진격해 우장(牛腸)·육사(六寺) 등 십여 개의 산채를 쳐부수니, 협곡 일대의 적이 모두 평정되었다. 그리고 횡석강(橫石江)을 따라 내려가면서 선대·화상·백죽(白竹)·석마(石馬)·고도(古陶)·나봉(羅鳳)에 있는 여러 적들을 쳐 이겼다. 그러고는 포정사(布政使) 임부(林富, ?~1540)와 부장(副將) 심희의(沈希儀, 1491~1554)를 지휘해, 임부에게는 노소·왕수의 군대를 거느리고 곧 팔채로 가서 석문(石門)을 깨뜨리게 하고 심희의에게는 도주하는 적들을 맞아 공격하게 하니, 팔채에는 더 이상 남은 병사가 없게 되었다.

양광은 풍토병이 심한 곳이고 협곡 지대는 더욱 무더운 곳이었다. 양명은 여기서 고치기 어려운 병을 얻었다. 양광에 도착한 이듬해 10월에 임부를 천거해 자신을 대신하게 하고, 11월에 양광을 떠났다.

남안(南安)에 이르러서는 병이 부쩍 위중해졌다. 11월 28일 저녁때 배가 뭍에 닿은 것을 알고 여기가 어느 땅이냐고 묻자, 모시고 있는 사람이 청룡포(靑龍鋪)라고 했다. 그날 밤이 지난 뒤 제자인 남안 추관(推官) 주적(周積)을 불렀다. 주적이 들어온 지 한참 만에 눈을 떠 보고 말했다.

"나는 가네."

주적이 울면서 유언할 것을 물으니, 양명은 미소를 지으면서 말했다.

"내 마음이 환한데, 다시 무슨 말을 하겠는가."

그리고 얼마 있다가 눈을 감으니, 나이가 쉰일곱 살이요 명나라 세종 가정 7년(戊子) 11월 29일 진시(辰時)였다.

4

「대학문」과 「발본색원론」

[20] 「대학문(大學問)」은 『대학』 첫머리의 요지를 문답체로 설명한 것
으로, 양명이 구술하고 서산 전덕홍이 기록한 것이다. 양명의 학문의
핵심 주장이 치지(致知)하는 데 있으니, 『대학』 첫머리의 해석은 양명
학에 있어 가장 중대한 부분이다. 뿐만 아니라 이 한 편의 구술은 양
광(兩廣)으로 길을 떠날 때의 일이니, 양명이 죽기 1년 전이다. 양명으
로서도 더욱이 '광명이 비치던' 때였고 또 전덕홍은 양명 문하의 수제
자로 양명의 학통을 가장 조심스럽게 지키고 전한 철학자였으니 그가
기록한 것이 어설프지 않았을 것임을 믿을 수 있다. 이제 이를 옮겨
번역하고 간간이 『전습록(傳習錄)』과 학문을 논한 여러 글들을 인용하
며 비교 논증하려 한다.

『대학』의 첫머리 해석

고본(古本)『대학』 첫머리의 본문은 이러하다.

대학의 도는 명덕을 분명하게 하는 데 있고, 민중을 친애하는 데 있으며, 지극한 선에서 머무는 데 있다. 머물(止) 줄을 안 뒤에야 안정(定)이 되고, 안정된 뒤에야 고요할(靜) 수 있고, 고요해진 뒤에야 편안(安)할 수 있고, 편안한 뒤에야 생각(慮)할 수 있고, 생각한 뒤에야 얻을(得) 수 있다. 사물에는 근본과 지엽이 있고 일에는 처음과 끝이 있으니, 먼저 할 바와 나중에 할 바를 알면 도에 가까워진 것이다.

옛날 세상에 명덕을 분명하게 하려는 사람은 먼저 자기 나라의 질서를 잡았고, 자기 나라의 질서를 잡으려는 사람은 먼저 제 집안을 잘 건사했고, 제 집안을 잘 건사하려는 사람은 먼저 자기 몸을 수양했고, 자기 몸을 수양하려는 사람은 먼저 그 마음을 바르게 했고, 그 마음을 바르게 하려는 사람은 먼저 그 생각을 참되게 했고, 그 생각을 참되게 하려는 사람은 먼저 지식을 얻고자 했으니, 지식을 얻는 방법은 격물을 하는 것이다. 격물을 한 뒤에야 지식을 얻을 수 있고, 지식을 얻은 뒤에야 생각이 참되고, 생각이 참된 뒤에야 마음이 바르게 되고, 마음이 바르게 된 뒤에야 몸이 수양이 되고, 몸이 수양이 된 뒤에야 집안이 잘 건사되고, 집안이 잘 건사된 뒤에야 나라에 질서가 잡히고, 나라에 질서가 잡힌 뒤에야 세상이 태평해진다.

옛 선비는 '대학'이 대인(大人)의 학문이라 했는데, 대인의 학문이 어째서 명덕을 분명하게 하는 데 있는가? 양명은 이렇게 말했다.

대인은 천지 만물과 하나가 되는 사람이다. 그는 온 세상을 한집 같이 보며 나라 사람들을 한 사람 같이 본다. 저 육신에 차별을 두고 너와 나를 나누는 사람은 소인(小人)이다. 대인이 천지 만물과 하나가 될 수 있는 것은 그렇게 하려 해서 되는 것이 아니라, 그 마음의 자애로움(仁)이 본래 이렇듯이 천지 만물과 하나가 되는 것이다. 어찌 대인만 그렇겠는가. 소인이라도 마음은 모두 그렇지 않은 사람이 없지만 자기 스스로 작게 만들었을 뿐이다.

그러므로 어린아이가 우물에 빠지는 것을 보면 반드시 짠하고 애틋한 마음이 생기는데, 이는 그 '자애로움'이 어린아이와 하나가 된 것이다. 어린아이는 그래도 같은 인간이라서 그렇다 치자. 짐승들이 슬피 울고 벌벌 거리는 것을 보면 반드시 '견디기 어려운(不忍)' 마음이 생기는데, 이는 그 '자애로움'이 짐승들과 하나가 된 것이다. 짐승들은 그래도 지각이 있는 것이라서 그렇다 치자. 초목이 꺾이는 것을 보면 반드시 불쌍해하는 마음이 생기는데, 이는 그 '자애로움'이 초목과 하나가 된 것이다. 초목은 그래도 생각이 있는 것이라서 그렇다 치자. 기왓장이나 돌이 깨지는 것을 보면 반드시 애석해하는 마음이 생기는데, 이는 그 '자애로움'이 기왓장이나 돌과 하나가 된 것이다.

이러한 그 '하나가 되는 자애로움'은 소인의 마음에도 역시 반드시 있다. 이것은 실로 타고난 본성으로부터 우러나 자연히 또렷하고 어둡지 않은 것이다. 그래서 명덕이라고 한다. 소인의 마음은 이미 분리되고 막혀 있지만, 그 '하나가 되는 자애로움'이 그래도 이렇게 어둡지 않게 될 수 있는 경우는 욕심에 움직이지 않고 이기심에 가리지 않을 때다. 욕심에 움직이고 이기심에 가려 서로 이득과 손해를 다투고 서로 분노를 부딪치면 모든 수단을 동원해 사물을 해치고 동류를 결딴내며 심하면 골육끼리도 서로 해치고 죽이니, '하나가 되는 자애로움'이 아주 없어지고 만다.

그러므로 진실로 사욕이 가리지 않는다면 비록 소인의 마음일지라도 그 '하나가 되는 자애로움'이 대인과 같으며, 한번 사욕이 가리면 비록 대인의 마음일지라도 그 분리되고 막힘이 소인과 마찬가지다. 그러므로 대인의 학문을 하는 사람은 오직 그 사욕의 가림을 버려 스스로 그 명덕을 분명하게 함으로써 천지 만물과 하나가 되는 본래 모습을 회복할 뿐이지, 본래 모습에서 더 나아가는 부분이 있는 것은 아니다. (「대학문」)

그러면 어찌하여 '민중을 친애함'에 있는가?

명덕을 분명하게 하는 것은 천지 만물과 하나가 되는 틀(體)을 세우는 것이며, 민중을 친애하는 것은 천지 만물과 하나가 되는 실제(用)를 이루는 것이다. 그러므로 명덕을 분명하게 하려면 반드시 민중을 친애해야 하고, 민중을 친애하는 것은 곧 그 명덕을 분명하게 하는 것이다.

그러므로 내 아버지를 친애해 남의 아버지에게 미치고 온 세상 사람의 아버지에게까지 미친 뒤에야 내 '자애로움'이 실제로 내 아버지, 남의 아버지, 세상 사람들의 아버지와 하나가 되는 것이다. 실제로 이렇게 하나가 된 뒤에야 효도(孝)의 명덕이 비로소 분명해진다. 또 내 형을 친애해 남의 형에게 미치고 온 세상 사람의 형에게까지 미친 뒤에야 내 '자애로움'이 실제로 내 형, 남의 형, 온 세상 사람들의 형과 하나가 되는 것이다. 실제로 이렇게 하나가 된 뒤에야 우애(悌)의 명덕이 비로소 분명해진다. 군신(君臣)이나 부부나 벗이나 산천·귀신·짐승·초목에 이르기까지 실제로 모두 빠짐없이 친애함으로써 하나가 되는 자애로움을 이룬 뒤에야 비로소 내 명덕에 분명치 않은 데가 없어 참으로 천지 만물과 하나가 될 수 있는 것이다. 이것이 이른바 세상에 명덕을 분명하게 하는 것이며, 이것이 이른바 집안을 잘 건사하고 나라의 질서를 잡으며 세상을 태평케 하는 것이며, 이것이 이른바 본성을 완전히 발휘하는 것(盡性)이다. (『대학문』)

21 그러면 또 어찌하여 '지극한 선'에 '머묾'에 있다 하는가?

'지극한 선'은 명덕·친민의 최고 준칙이다. 타고난 본성은 순수하게 지극히 선하니, 그 또렷해 어둡지 않은 것이 바로 지극한 선의 발현이다. 이것이 바로 명덕의 본모습이며, 곧 이른바 양지(良知)다. '지극한 선'의 발현에 따라 옳은 것은 옳은 것으로, 그른 것은 그른 것으로, 가볍고 무거움이나 두텁고 얇음에 따라 받아들이는 대로 응해 끊임없이 변동하는 것이니, 고정된 것은 아니지만 또한 스스로 자연적인 '중(中)'이 없는 때는 없다. 이것이 바로 최고의 인륜이고 최고의 사물 법칙이며, 여기서는 조금이라도 계획이나 가감이 허용되지 않는다. 거기에 조금이라도 계획이나 가감이 있으면 이는 사심이고 작은 지혜여서 지극한 선이 아니다. (『대학문』)

양명은 "저 한 점 양지가 바로 네 자신의 준칙이다"(『전습록』)라고 했다. 이 말을 자세히 연구해 보면 지극한 선에 대한 해답을 깨달을 수 있다.

'중(中)'이라는 것이 옛 경전에 자주 나왔을 뿐 아니라, 이것이 바로 '명덕·친민'에 핵심이 되는 것이다. 얼핏 생각하면 모호한 듯도 하고 또 미묘한 듯도 하지만, 실로 매우 일상적이고 특이할 것 없는 말이다. '중'은 곧 치우치지도 않고 기울지도 않음을 말하는 것이니, 양지 자체가 본래 이러한 것이다. 그러므로 어떠한 가감이 없이 양지의 발현에만 근거한다면 자연적인 '중'이 바로 여기에 있는 것이다. 쉽게 말하자면 어떠한 일에 임할 때 생각의 치우치고 기운 바가 있고 없음을 스스로 아는데, 치우친 것을 치우쳤다고 알고 기운 것을 기울었다고 아는 그 앎이야말로 곧 더할 수 없는 평형이며 이것이 이른바 자연적인 '중'이다. 그러므로 같은 양지지만 이를 지칭함에 있어 그 앎을 '양지'라 하고, 그 밝음을 '명덕'이라 하고, 그 자체의 자연적인 평형을 '중'이라 한다. 그리고 이것은 곧 지극한 것이어서, 여기에 대해 가감할 수 없음을 '지극한 선'이라 하는 것이다.

전에도 간단히 이야기한 바 있지만, 천지 만물과 하나가 되는 자애로움(仁)은 순전히 감통(感通)하는 데서 간격이 없는 것을 말한다. 그러나 감통하는 데 있어 가볍고 무거움, 두텁고 얇음에 따라 그 응함이 또 각기 서로 뒤섞여서는 안 될 것이니, 이는 바로 하나가 되는 감통이 어느 곳에서든지 그 참스럽고 실다움에 이르게 하는 것이다. 그러나 말과 글로 이를 합치거나 안배해 보라는 것은 아니다. 누구나 저 홀로 스스로 비추어 보고 스스로 깨닫는 그곳에서 이렇게 하는 것이 옹골찬지 빈껍데기인지, 저렇게 하는 것이 참인지 거짓인지 스스로 분명하게 판별하는 것을 행여 스스로 속이거나 스스로 숨기지 말라는 것이다. 조금이라도 이렇게 치우치면 빈껍데기가 아닐까. 조금이라도 이렇게 기울면 거짓이 아닐까. 만사가 비록 어수선하고 복잡할지라도 스스로 판별하는 이 한 곳만은 그 비추는 것이 가려진 때를 제외하고는 도저히 속이지 못할 것이니, 이것이 바로 또렷해 어둡지 않은 본모습이다. 치우치면 곧 치우쳤음을 알고 기울면 곧 기울었음을 아는 이 한 곳에서 준칙을 얻지 않고는 진실로 휑하니 비어 의존할 데가 없을 것이다. 양명은 이렇게 말했다.

> 내가 '양지'라는 한 방법을 제시한 것이 나로서는 온갖 죽을 고생을 겪으면서 비로소 발견한 것인데, 다른 사람에게 말하면 건성으로 들어 넘기고 마니 참으로 남이 고생해 얻은 것을 박차고 만다. (『전습록』)

이러한 이야기는 뜻 있는 사람으로서는 두고두고 나와 같은 감개를 일으키지 않을 수 없는 것이다.

> 진실로 홀로 있을 때 삼감(愼獨)이 지극해 '정세하고(精)' '한결같은(一)' 사람이 아니면 누가 여기에 미칠 수 있겠는가. 후대 사람들은 '지극한 선'이 내 마음에 있음을 알지 못하고, 그 혼자만의 좁은 소견을 가지고 바깥에서 찾고 계산해 사물마다 각각 정해진 이치가 있다고 했다. 그래서 이 '옳고 그름의 준칙'에 어두워 갈라지고 찢어지니 사람의 욕심(이기적인 생각)은 날뛰고 올바른 도리가 없어져 '명덕·친민'의 학문이 그만 세상에서 크게 어지러워진 것이다. (『대학문』)

[22] '홀로 있을 때 삼감'은 『중용(中庸)』 첫머리의 "숨은 것보다 더 잘

드러나는 것이 없고 작은 것보다 더 잘 눈에 띄는 것이 없다. 그래서 군자는 홀로 있을 때를 삼가는 것이다(莫見乎隱, 莫顯乎微. 故君子愼其 獨也)"라고 한 데서부터 이어지는 중요한 대목으로, 『대학』의 '격물'과 서로 대조되는 것이다. 양명은 이렇게 말했다.

> 이 홀로 아는 곳에서 노력할 줄 모르고 오직 남들이 모두 아는 곳에서만 노력한다면 이는 바로 거짓을 만들어 내는 것이요, 바로 '군자를 만난 뒤 겸연쩍어하는 것'이다. 이 홀로 아는 곳은 바로 '참됨(誠)'의 싹이다. 이곳 에서는 선한 생각이든 악한 생각이든 막론하고 더 이상 빈껍데기·거짓이 없다. 하나가 옳으면 곧 백이 옳고, 하나가 틀리면 곧 백이 틀린 것이다. 바로 이것이 왕도와 패도, 도리와 이익, 진실함과 거짓, 선과 악의 분계점 이다. 이곳에 한번 서서 그 선 것이 확고하면 그것이 바로 '근본이 바르고 근원이 깨끗한 것(端本澄源)'이요, 그것이 바로 '참됨을 세우는 것(立誠)' 이다. 옛사람의 그 많은 '자신을 참되게 하는(誠身) 공부'의 정신과 명맥이 온통 이 한 곳에 있을 따름이다. (『전습록』)

이 '홀로 아는' 곳은 모든 빈껍데기·거짓이 발붙이지 못하니, 여기서 삼가는 것이 곧 참학문(實學)의 핵심이다.

> 옛사람 가운데 그 '명덕'을 분명하게 하려 한 사람들이 있었다. 그러나 '지 극한 선'에 머무를 줄 알지 못해 그 사심이 지나치게 높은 기준을 추구 하니 허무·공적(空寂)의 오류를 드러내 집안·나라·세상에 도움이 되지 않았다. 불가·도가의 두 부류가 이것이다. 또 '민중'을 친애하려 한 사람

들이 있었다. 그러나 '지극한 선'에 머무를 줄을 알지 못해 그 사심이 자잘한 데 빠지니 권모·술수의 오류를 드러내 참된 사랑과 동정이 없었다. 패왕(霸王)들과 출세주의자들이 이것이다. 그것은 모두 '지극한 선'에 머무를 줄을 알지 못한 탓이다.

그러므로 '지극한 선'에 머무르는 것과 '명덕·친민'의 관계는 그림쇠와 도형, 자와 길이, 저울과 무게의 관계나 마찬가지다. 도형이 그림쇠에 머물지 않으면 도형이 잘못 그려지고, 길이가 자에 머물지 않으면 잘못 잘리게 되며, 무게가 저울에 머물지 않으면 그 정도를 알 수가 없다. 마찬가지로 '명덕·친민'이 '지극한 선'에 머무르지 않으면 그 근본이 없어진다. 그러므로 '지극한 선'에 머무름으로써 민중을 친애하며 '명덕'을 분명하게 하는 것이 대인의 학문이라는 것이다. (「대학문」)

"머물 줄을 안 뒤에야 안정이 되고, 안정된 뒤에야 고요할 수 있고, 고요해진 뒤에야 편안할 수 있고, 편안한 뒤에야 생각할 수 있고, 생각한 뒤에야 얻을 수 있다"라는 것은 무슨 말인가?

사람들은 내 마음에 지극한 선이 있음을 모르고 밖에서 구하려 한다. 그래서 일과 사물마다 모두 일정한 이치가 있다고 생각해 일과 사물마다에서 지극한 선을 구하니, 생각이 흐트러지고 갈라지며 복잡하고 어지러워 일정한 방향이 있음을 알지 못했다. 이제 이미 지극한 선이 내 마음에 있어 밖에서 구할 필요가 없음을 알았다면 뜻에 일정한 방향이 있어 흐트러지고 갈라지며 복잡하고 어지러워질 걱정이 없어지고, 흐트러지고 갈라지며 복잡하고 어지러워질 걱정이 없어지면 마음이 함부로 움직이지 않으니 고요해질 수 있다. 마음이 함부로 움직이지 않고 고요해질 수 있으면 그 일상사에 있어 조용하고 한가해 편안해질 수 있다. 그리고 편안해지면 하나의 생각을 떠올리고 하나의 일을 접하면서 모두 지극한 선이 되겠는가, 지극한 선이 되지 않겠는가를 내 마음의 양지가 스스로 자세히 살펴 생각할 수 있고, 생각할 수 있으면 모든 일을 잘 선택하고 합당하게 처리해 이로써 지극한 선을 얻을 수 있는 것이다. (『대학문』)

사물에 근본과 지엽이 있다는 것에 대해 옛 선비들은, 명덕이 근본이고 신민(新民)이 지엽이어서 두 가지가 안팎으로 짝을 이루는 것이라 했다. 또 일에 처음과 끝이 있다는 것에 대해 옛 선비들은, 머물 줄 아는 것이 처음이고 얻는 것이 끝이어서 한 가지 일의 머리와 꼬리가 이어지는 것이라고 했다. 그런데 양명의 학설로는 '신민'을 '친민'이라 했으니, 그러면 근본과 지엽에 대한 설명도 다르다는 말인가?

처음과 끝에 대한 설명은 대략 그와 같다. 근본과 지엽의 문제도, '신민'을 '친민'으로 바꾸더라도 명덕이 근본이고 친민이 지엽이라 하면 설명이 되지 않는 것은 아니다. 다만 근본과 지엽을 나누어 둘로 만드는 것은 옳지 않다. 나무의 줄기를 '근본(本)'이라 하고 나무의 우듬지를 '지엽(末)'이라 하는 것이니, 그 둘은 하나이기 때문에 본말이라 하는 것이다. 만일 둘이라 한다면 이미 두 개의 물건인데 어찌 본말이라 할 수 있겠는가.

23 '신민'의 의미가 이미 '친민'과 다르니 명덕 공부는 자연히 신민과는 둘이 되지 않을 수 없다. 그러나 명덕을 분명하게 해서 그 민중을 친애하고 민중을 친애해서 그 명덕을 분명하게 한다는 것을 알면 명덕과 친민을

어찌 둘로 가를 수 있겠는가. 옛 선비의 주장은 대개 명덕과 친민이 본디 하나임을 알지 못하고 둘로 생각한 것이니, 그래서 근본과 지엽이 마땅히 하나여야 함을 알면서도 어쩔 수 없이 둘로 나누어 놓게 된 것이다. (『대학문』)

마음속의 공부

"옛날 세상에 명덕을 분명하게 하려는 사람은"에서 "먼저 자기 몸을 수양했고"까지는 양명의 '명덕·친민' 이야기로 해석하면 깨달아 알 수 있다. 그런데 "자기 몸을 수양하려는 사람은"에서 "지식을 얻는 방법은 사물을 구명하는 것이다"까지, 그 공부의 순서는 어떻게 잡아 노력해야 하는가?

이것은 바로 명덕·친민·지지선(止至善)의 실제 공부를 자세히 말한 것이다. 대개 몸(身)·마음(心)·생각(意)·지식(知)·사물(物)은 그 공부에 쓰이는 조리(條理)다. 비록 각기 자체의 영역(所)이 있지만 사실은 하나의 사물일 뿐이다. 격(格)·치(致)·성(誠)·정(正)·수(修)는 그 조리에 대한 공부다. 비록 각기 그 이름이 있지만 사실은 하나의 일일 뿐이다.

무엇을 몸이라 하는가? 마음의 형체와 운용자를 말하는 것이다. 무엇을 마음이라 하는가? 몸의 지혜와 주재자를 말하는 것이다. 몸을 수양한다는 것은 무엇을 말하는가? 선을 행하고 악을 버리는 것을 말한다. 내 몸 스스로가 선을 행하고 악을 없앨 수 있는가? 그 지혜와 주재자가 선을 행하고 악을 없애려 한 뒤에야 그 형체이자 운용자가 비로소 선을 행하고 악을 버릴 수 있다. 따라서 그 몸을 수양하려는 사람은 반드시 먼저 그 마음을 바르게 해야 한다.

그러나 마음의 본체는 바로 본성(性)이다. 본성은 모두 선한 것이니, 마음의 본체는 본디 바르지 않은 경우가 없다. 그러면 어디서 바르게 하는 공부를 하는가? 대개 마음의 본체는 본디 바르지 않은 경우가 없는데, 그 생각이 발동한 이후에 바르지 않게 된다. 따라서 그 마음을 바르게 하려는 사람은 반드시 그 생각이 발동되는 데에서 바르게 해야 한다. 무릇 하나의 생각이 발동되어 그것이 선하면 꼭 미인을 좋아하듯 좋아하고, 하나의 생각이 발동되어 그것이 악하면 꼭 악취를 싫어하듯 싫어한다면, 생각이 모두 참되어 마음을 바르게 할 수 있다. 그러나 생각이 발동되는 데 있어 선하고 악한 것이 있어 그 선과 악을 분명하게 구분하지 않으면 참과 거짓이 뒤섞일 것이니, 참되고자 해도 참될 수가 없을 것이다. 그러므로 그 생각을 참되게 하려는 공부는 반드시 지식(知)을 얻어야(致) 한다.

'치(致)'는 '지(至)'이니, "상례는 슬픔을 지극히 한다(喪致乎哀)"의 '치(致)'와 같다. 『주역(周易)』에는 "이를 데를 알아 이르게 한다(知至至之)"라고 했는데, 이를 데를 아는 것(知至)은 '지(知)'이고 이르게 하는 것(至之)은 '치(致)'다. '치지(致知)'라는 것은 나중의 선비들이 말하듯이 그 지식을 채우고 넓히는 것이 아니라 내 마음의 양지를 이르게 하는 것(致)일 뿐이다. 양지라는 것은 맹자(孟子)가 말한 "옳고 그름을 가리는 마음은 사람이라면 누구나 지니고 있다(是非之心, 人皆有之)"라는 바로 그것이다. 옳고 그름을 가리는 마음은 생각을 해야 알 수 있는 것이 아니며 배워야 할 수 있는 것이 아니기 때문에 '양지'라고 하는 것이다. 이것은 곧 타고난 본성이고 내 마음의 본체이며, 자연적으로 분명하게 깨닫는 것이다.

무릇 생각이 발동할 때 내 마음의 양지는 스스로 알지 못하는 것이 없다. 그것이 선하다 해도 오직 내 마음의 양지가 스스로 알고, 선하지 않다 해도 오직 내 마음의 양지가 스스로 안다. 이것은 모두 다른 사람과는 관계가 없는 것이다. 그러므로 소인이 선하지 못한 일을 해서 할 짓 못할 짓 다 했더라도 그가 군자를 만나면 반드시 겸연쩍어서 선하지 못한 것은 가리고 선한 것만 드러낸다. 이것만 보아도 양지는 스스로 덮어 버릴 수 없는 것이다.

이제 선과 악을 구별해 그 생각을 참되게 하려면 오직 그 양지를 통해 안 것을 이루어 놓기만 하면 된다. 왜 그런가? 생각이 발동될 때 내 마음의 양지가 이미 그것이 선한 것임을 알았는데 진심으로 이를 좋아하지 못해 다시 이를 등지고 버린다면, 이는 선을 악으로 생각해 선을 알았던 양지를 스스로 덮어 버리는 것이다. 또 생각이 발동될 때 내 마음의 양지가 이미 그것이 선하지 않은 것임을 알았는데 진심으로 이를 싫어하지 못해 다시 이를 따르고 행한다면, 이는 악을 선으로 생각해 악을 알았던 양지를 스스로 덮어 버리는 것이다. 이렇게 한다면 비록 알았다 해도 알지 못한 것과 같으니, 생각이 어찌 참될 수 있겠는가. (「대학문」)

24 양명의 「대학문」을 읽으려면 반드시 양명의 선·악에 대한 기준이 어떠한지를 알아야 한다. 양명은 '지선(至善)'을 마음의 본체로 보고 본체 위로 조금이라도 넘치는 것이 있으면 이것이 곧 악이라 했다. 선이 있고 또 악이 있어 상대적인 것이 아니라는 말이다. 마음 '그대로'가 발현되는 데는 악이 없다. 여기에 치우치고 기우는 바가 있어서

비로소 양지로 지극히 선한 것을 이끌고 가로막아 악으로 나타나게 한다고 했다. 그러나 양지는 언제든지 평형이므로 치우치거나 기운 것을 스스로 비추어 아는데, 비추어 아는 양지 자체는 곧 지극한 선이며 이를 통과하지 못하는 것이 바로 악이다.

그러나 이 또한 느슨한 말이다. 가령 사람을 살리는 것이 선이라든지 사람을 죽이는 것이 악이라든지, 현실에서 분명하게 보여 줄 수 있어야 할 것 아닌가? 가령 선과 악은 시대를 따라 변화한다든지 처지를 따라 바뀐다든지, 신상에 대한 뚜렷한 근거가 있어야 할 것 아닌가?

아니다. 시대에 따라 변화하고 처지에 따라 바뀌는 것은 근본 되는 생명이 아니다. 살리고 죽이는 그것도 또한 주요한 규범이 아니다. 우선 선이나 악이라는 것은 스스로 생겨난 말이 아니라 사람이 설정한 것이다. 또 선이면 어쨌든 좋다고 하는 것이고 악이라면 어쨌든 밉다고 하는 것인데, 좋다거나 밉다고 하는 것은 누구인가? 좋다는 생각이 드는데 이를 부인해 미운 것인 줄 알고 밉다는 생각이 드는데 이를 부인해 좋은 것인 줄 알 때, 이렇게 아는 그 마음은 곧 나의 양지다. 양지로써 좋아하는 그것이 곧 선이요, 미워하는 그것이 곧 악이다. 살리는 것이 선일 때도 있지만 또 악일 때도 있고, 죽이는 것이 악일 때도 있지만 또 선일 때도 있다. 얼핏 보아 일정치 않은 듯하지만, 내 본밑 마음이 옳다거나 그르다고 하는 것을 표준으로 선·악을 구분하는 것은 언제나 바뀌지 않는 것이다.

그러므로 시대에 따라 변하고 처지에 따라 바뀐다고 하지만, 내 본밑 마음에 비추어 옳다거나 그르다고 하는 이 두 가지로 선·악의 구분을 하는 것도 혹 변하고 바뀐 적이 있을까? 표준을 내 마음의 옳고 그름에 세워 선과 악을 정하는 것이 양명의 참정신인 동시에, 선·악이 대등한 것이 아니라 본체에 조금이라도 모자라거나 넘치는 것이 있으면 이를 악이라 한다는 것이 또한 양명학의 큰 요점이다.

'머물' 줄을 안 뒤에야 '고요하다(靜)'고 한 것이 '적막하다'는 고요함이 아니다. 본심 그대로면 언제든지 고요한 것이니, 비록 미쳐 날뛰며 소리소리를 지르더라도 그것이 본심 그대로의 발현이요 거기에 아무런 잡스런 것이 개재되지 않았다면 이는 곧 고요함이다. 그러므로 양명은 본심에 있어 계획하거나 가감하는 것을 용납하지 않았다. 양명의 다음 말은 곧 이를 말한 것이다.

> 눈이 보는 그대로라면 곱고 미운 것이 저절로 구별될 것이니, 전혀 마음을 조작하지 않는 것을 명(明)이라 한다. 귀가 듣는 그대로라면 맑고 탁한 것이 저절로 구별될 것이니, 전혀 마음을 조작하지 않는 것을 총(聰)이라 한다. 마음이 생각하는 그대로라면 옳고 그름이 저절로 구별될 것이니, 전혀 마음을 조작하지 않는 것을 예(睿)라 한다. (『전습록』)

그러므로 "먼저 그 마음을 바르게 한다(先正其心)"의 정(正)도 그 마음을 '그대로'이게 하는 것이니, 그대로이기 때문에 치우치거나 기우는 바가 없이 지극한 선의 본체가 되는 것이다. 내 마음 그대로의 진실함이 곧 자연의 이치이며, 여기에 치우치거나 기우는 바가 있다면 이는 그대로가 아니어서 이를 욕심이라 한다. 양명은 이렇게 말했다.

> 공부로 이 한 고동을 깨달을 수 없다면 알차고 빛나는 결과를 어떻게 얼

을 수 있겠는가. 이를 깨달을 수 있으려면 네 총명과 지식으로 될 일이 아니니, 모름지기 가슴속 찌꺼기가 모두 없어져 터럭만큼도 붙어 있는 게 없어야만 이를 이룰 것이다. (『전습록』)

누구나 양명학을 알기 위해 총명과 지식을 가지고 확인할 수 없을 것이다. 총명과 지식을 가지고 확인할 수 없다면, 한 가지 악한 생각이 싹틀 때 스스로 비추어 깨닫는 그 자리는 총명이 필요한 것도 아니고 지식을 구할 것도 없다.

> 25 그러나 그 망시를 이루려 하는 것이 또 어찌 산섭석이고 어릿어릿해 알맹이 없이 허공에 걸린 것을 말하는 것이겠는가. 실제로 그 일이 있을 것이다. 그러므로 지식을 얻는 요체는 반드시 격물(格物)을 하는 데 있다. 여기서 '사물(物)'은 곧 '일(事)'이다. 무릇 생각(意)이 발동되는 데는 반드시 그 일이 있을 것이니, 생각의 소재인 일을 '물(物)'이라 하는 것이다. '격(格)'은 바르게 한다는 뜻이다. 바르지 않은 것을 바르게 해서 바른 상태(正)로 돌아가게 함을 말하는 것이다. 바르지 않은 것을 바르게 한다는 것은 악을 버리는 것을 말하고, 바른 상태로 돌아가게 한다는 것은 선을 행하는 것을 말한다. 이를 일러 '격'이라 한다. 『상서(尙書)』에 "하늘과 땅에 이르렀다(格于上下)," "종묘에 배알했다(格于文祖)," "옳지 않은 마음을 바로잡았다(格其非心)"라고 했는데, '격물'의 '격'이 실로 그 뜻을 아울러 지니고 있다.
> 양지로 아는 선을 정말로 좋아하려 해도 그 생각의 소재인 그 사물에 대해 실제로 행하지 않으면 이는 '격물'하지 못한 부분이 있는 것이어서, 좋

아한다는 그 생각이 아직 참되지 못한 것이다. 양지로 아는 악을 진실로 미워하려 해도 그 생각의 소재인 그 사물에 대해 실제로 버리지 않으면 이는 '격물'하지 못한 부분이 있는 것이어서, 미워한다는 그 생각이 아직 참되지 못한 것이다.

이제 그 양지로 아는 선에는 그 생각의 소재인 그 사물에 대해 실제로 남김없이 행하고, 그 양지로 아는 악에는 그 생각의 소재인 그 사물에 대해 실제로 남김없이 버린 뒤에야 '격물'하지 않은 부분이 없어 내 양지로 아는 것이 이지러지거나 가리지 않고 지극한 데에 이를 것이다. 무릇 그런 뒤에야 내 마음이 유쾌해져 아무런 유감이 없고 스스로 만족스러우며, 그런 뒤에야 생각이 발동하는 바가 비로소 스스로 속임이 없어 참되다고 말할 수 있는 것이다. (『대학문』)

양명의 일생 정력이 「대학문」 한 편에 응집되었다 해도 지나친 말이 아니다. 그러나 '격물·치지'의 해석은 『전습록』과 학문을 논한 글들을 뒤져 보면 더욱 분명하게 알 수 있다. 『전습록』을 보면 양명은 이런 말을 했다.

옛날 선비가 '격물'을 해석해 "세상의 사물을 궁구(格)한다"라고 했는데, 세상의 사물을 어떻게 궁구할 수 있을까? 또 "풀 한 포기, 나무 한 그루에도 모두 이치가 있다"라고 했는데, 이제 어떻게 궁구할 수 있을까? 설사 풀과 나무를 궁구했다 해도 여기서 어떻게 자기의 '생각'을 참되게 할 수 있을까? 나는 '격'을 '정(正)' 자의 뜻으로 해석하고 '물'을 '사(事)' 자의 뜻으로 해석한다.

『대학』의 이른바 몸(身)은 곧 귀·눈·입·코와 사지(四肢)를 말한다. 몸을 수양하려 한다는 것은 눈이 예법에 어긋난 것을 보지 않고, 귀가 예법에 어긋난 것을 듣지 않고, 입이 예법에 어긋난 것을 말하지 않고, 사지가 예법에 어긋난 행동을 하지 않아야 한다는 것이다.

여기서 예법(禮)은 곧 자연적인 중(中)이니, 양지의 본체가 발현되는 것을 가리켜 예법이라 이르는 것이다. 극기복례(克己復禮)라는 것이 곧 본체를 회복한다는 말이다.

이렇게 몸을 수행하려면 몸에 대해 어떻게 노력할 것인가? 마음(心)이라는 것은 몸의 주재자여서, 비록 눈이 본다고 해도 무엇으로 보는가 하면 마음으로 보는 것이고, 비록 귀가 듣는다고 해도 무엇으로 듣는가 하면 마음으로 듣는 것이고, 비록 입과 사지가 말하고 행동한다고 해도 무엇으로 말하고 행동하는가 하면 마음으로 말하고 행동하는 것이다. 그러므로 몸을 수행하려면 자기 마음의 본체에서 스스로 깨달아 언제나 탁 트이고 지극히 공평해 조금이라도 바르지 않은 곳이 없도록 해야 한다. 일단 주재자가 바르게 되면 눈에서 트여 스스로 예법에 어긋난 것을 보지 않을 것이고, 귀에서 트여 스스로 예법에 어긋난 것을 듣지 않을 것이고, 입과 사지에서 트여 스스로 예법에 어긋난 것을 말하고 행동하지 않을 것이다. "몸을 수행한다는 것은 그 마음을 바르게 하는 데 달려 있다"라는 것이 곧 이를 말하는 것이다.

그러나 지극한 선은 마음의 본체다. 마음의 본체 어디에 선하지 않은 것이 있겠는가. 이제 마음을 바르게 하려면 본체상 어느 곳에서 노력할 수 있을까? 반드시 마음이 발동하는 곳에서라야 비로소 힘써 볼 수 있다. 마음이 발동하면 선하지 않은 것이 없을 수 없으므로 꼭 이곳에서 힘을 써야 한다. 이것이 바로 "생각을 참되게 함에 달려 있다"라는 것이다. 가령 선을 좋아하는 생각이 발동되면 솔직하게 선을 좋아하고 악을 미워하는 생각이 발동되면 솔직하게 악을 미워해서, 생각이 발동되는 데서 이미 참되지 않음이 없으면 그 본체에 어찌 바르지 않은 것이 있겠는가. 그러므로 그 마음을 바르게 하는 것은 생각을 참되게 하는 데 달려 있는 것이다. 노력이 생각을 참되게(誠意) 하는 데 이르러야 비로소 분명한 출발점이 생긴다.

26 그러나 생각을 참되게 하는 근본은 또 치지(致知)에 있다. 이른바 "남은 비록 모르지만 내가 홀로 아는 것"이란 바로 내 마음의 양지다. 그러나 선함을 알았더라도 이 양지에 의거해 곧바로 행하지 않거나 선하지 않음을 알았더라도 이 양지에 의거해 곧바로 버리지 않으면 이 양지는 곧바로 가려져 치지를 이룰 수 없다. 내 마음의 양지가 이미 속속들이 확충되지 못했으므로 선을 좋아할 줄 알더라도 제대로 좋아할 수 없고 악을 싫어할 줄 알더라도 제대로 싫어할 수 없으니, 어찌 생각이 참될 수 있겠는가. 그러므로 치지는 생각을 참되게 하는 근본이다.

그러나 이 또한 허공에 매달린 치지가 아니다. 치지는 실제 일에 있어 바로잡(格)는 것이다. 생각이 선을 행하는 데 있다면 그 일에서 행하고, 생각이 악을 버리는 데 있다면 그 일에서 하지 말아야 한다. 악을 버리는 것은 실로 바르지 않음을 바로잡아 바름으로 돌아가게 하는 것이며, 선을 행하면 선하지 않은 것이 바로잡아지니 이 또한 바르지 않음을 바로잡아 바름으로 돌아가게 하는 것이다. 이렇게 하면 내 마음의 양지가 사욕에 가리지 않아 그 극치에 이를 수 있고, 생각이 발동되면 선을 좋아하고 악을 버리는 데 참되지 않음이 없을 것이다. 생각을 참되게 하는 노력이 실제로 착수할 곳은 격물에 있으며, 이렇게 격물한다면 누구나 다 할 수 있다. "사람은 모두 요·순이 될 수 있다"라는 것이 바로 이를 말하는 것이다.

또 「동교(東橋) 고인(顧璘)에게 보내는 답장」에서는 이렇게 말했다.

마음은 몸의 주인이니, 마음이 신통하게 깨닫는 것은 이른바 본연의 양지다. 그 신통하게 깨닫는 양지가 자극을 받아 움직이는 것을 생각(意)이라 한다. 지식이 있은 뒤에야 생각이 있는 것이니, 지식이 없으면 생각도 없다. 지식이 생각의 본체(體)가 아니겠는가.

생각을 운용하는 데는 반드시 그 사물(物)이 있는데, 사물은 곧 일(事)이다. 가령 생각을 부모 섬기는 데 쓴다면 부모 섬기는 것이 바로 하나의 사물이고, 생각을 백성 다스리는 데 쓴다면 백성 다스리는 것이 바로 하나의 사물이고, 생각을 책 읽는 데 쓴다면 책 읽는 것이 바로 하나의 사물이고, 생각을 재판하는 데 쓴다면 재판하는 것이 바로 하나의 사물이다. 무릇 생각을 운용하는 데는 사물 없는 것은 없다. 이 생각이 있으면 곧 사물이 있고 이 생각이 없으면 곧 사물이 없으니, 사물이 생각의 운용이 아니겠는가.

'격(格)' 자의 뜻을 '지(至)' 자로써 해석하는 경우가 있다. 예컨대 "종묘에 배알했다(格于文祖)"나 "묘족이 내부(來附)했다(有苗來格)" 같은 것은 '이르다(至)'로 해석한 것이다. 그러나 '종묘에 배알했다'라고 하면 반드시 효심과 공경을 다해 사람과 신명 사이에 조금이라도 이치에 어긋나는 일이 없어야 '격'이라 하는 것이고, 완악한 묘족은 실제로 문화적 감화를 크게 편 뒤에야 '격'하는 것이다. 따라서 그 안에는 '정(正)' 자의 의미가 아울러 담겨 있고, 오로지 '지' 자로만 다 풀 수는 없는 것이다. "옳지 않은 마음을 바로잡았다(格其非心)"나 "대신이 임금 마음의 잘못을 바로잡았다(大臣格君心之非)" 같은 것들은 모두 바르지 않은 것을 바로잡아 바름으로 돌아가게 한다는 뜻이니, '지' 자로 해석할 수 없다. 그러면 『대학』에 나오는 '격물'의 풀이가 '정' 자의 뜻이 아닌지 어떻게 알고 꼭 '지' 자의 뜻이라고 하는가? '지' 자의 뜻이라면 반드시 "궁구해 사물의 이치에 이르렀다(窮至事物之理)"라고 해야만 비로소 그 설명이 통한다. 그러면 노력의 핵심은 오로지 '궁(窮)' 자 하나에 있고 노력의 자리는 오로지 '리(理)' 자 하나에 있는 것이다. 만일 위에서 '궁' 자 하나를 떼고 아래에서 '리' 자 하나를 떼어 그저 "치지는 사물에 이르는 데 달려 있다(致知在至物)"라고만 한다면 뜻이 통하겠는가?

또 고인의 문의에 대해 이렇게 말했다.

이는 그대 스스로가 자신의 생각을 가지고 내 견해를 짐작해 한 말이지 내가 그대에게 이야기한 것이 아니다. 그대의 말대로라면 어찌 뜻이 통할 수 있겠는가. 대체로 내 견해는 이러하다.

가령 부모님을 보살피려 생각하고 부모님을 봉양하려 생각하는 것이 이른바 '생각(意)'이긴 하지만, 아직 '성의(誠意)'라고 할 수는 없다. 반드시 그 보살피고 봉양하려는 생각을 실제로 행하고 스스로 만족하는 데 힘써 스스로를 속이지 않은 뒤에야 '성의'라고 하는 것이다. 어떻게 해야 보살피는 예절에 맞고 어떻게 해야 봉양하는 도리에 맞는지 아는 것이 이른바 '지식(知)'이긴 하지만, 아직 치지(致知)라고 할 수는 없다. 반드시 어떻게 해야 보살피는 예절에 맞는지에 대한 지식을 습득하고 실제로 그렇게 보살피며, 어떻게 해야 봉양하는 도리에 맞는지에 대한 지식을 습득하고 실제로 그렇게 봉양한 뒤에야 '치지'라고 하는 것이다. 보살피는 일과 봉양하는 일은 이른바 사물이긴 하지만, 아직 격물(格物)이라 할 수는 없다. 반드시 보살피는 일에 대해 어떻게 해야 보살피는 예절에 맞는지 양지를 통해 안 그대로 한결같이 실천해 조금도 미진한 점이 없고, 봉양하는 일에 대해 어떻게 해야 봉양하는 도리에 맞는지 양지를 통해 안 그대로 한결같이 실천해 조금도 미진한 점이 없은 뒤에야 '격물'이라고 하는 것이다.

보살핀다는 사물이 바로잡힌(格) 뒤에야 보살피는 것을 안 양지가 비로소 이루어질(致) 것이며, 봉양한다는 사물이 바로잡힌 뒤에야 봉양하는 것을 안 양지가 비로소 이루어질 것이다. 그래서 "사물을 바로잡은 뒤에야 지식을 얻는다(物格而後, 知至)"라고 하는 것이다. 또 보살피는 것을 안 그 양지를 이룬 뒤에 보살핀다는 생각이 비로소 참될 것이며, 봉양하는 것을 안 그 양지를 이룬 뒤에 봉양한다는 생각이 비로소 참될 것이다. 그래서 "지식을 얻은 뒤에야 생각이 참되다(知至而後, 意誠)"라고 하는 것이다. '성의·치지·격물'에 대한 구구한 내 이야기는 대개 이러하다.

지식과 실천은 하나다

27 '치지'에 대해 양명은 '지행합일(知行合一)'을 제창했다. 지식(知)과

실천(行)을 나누어 보지 않아야만 그 지식이 참되고 독실한 지식이며, 그 실천이 비로소 분명하게 인식된 실천이다. 양명은 이렇게 말했다.

지식(知)은 실천(行)의 시작이요, 실천은 지식의 완성이다. 성인의 학문은 오직 하나의 공부이니, 지식과 실천을 두 가지 일로 나눌 수 없는 것이다. (『전습록』)

「동교 고인에게 보내는 답장」에서는 이렇게 말했다.

지식이 참되고 독실해지는 곳은 실천이요, 실천이 분명하게 인식되는 곳은 지식이다. 지식과 실천의 공부는 본디 뗄 수 없는 것인데 후세 학자가 이를 나누어 두 개의 별도 공부로 만들어 지식과 실천의 본체를 잃어버렸다. 그래서 합일설(合一說)이니 병진설(竝進說)이니 하는 것이 나왔다. 참된 지식은 곧 실천하는 것이니, 실천하지 않으면 지식이라고 하기에 미흡하다. 이는 보내온 편지에서 말한 "밥인 줄 알아야 먹는다(知食乃食)"라는 이야기에서도 볼 수 있는 것으로, 전에도 대강 이야기한 바 있다. 이는 폐단을 바로잡는 일이 중요해서 한 말이지만, 지식과 실천의 본체가 원래 이런 것이지 내 생각으로 거기에 보태고 빼서 잠시 이런 이야기를 만들어 내 일시적으로 써먹으려 한 것은 아니다.
"오직 본심에만 매달려 결국 사물의 이치는 빠뜨린다"라고 했는데, 이는 대개 그 본심을 잃은 것이다. 무릇 사물의 이치는 내 마음을 벗어나지 않으니, 내 마음을 벗어나 사물의 이치를 구하면 사물의 이치가 없을 것이다. 사물의 이치를 빠뜨리고 내 마음을 구한다니, 그러면 내 마음은 또 어떤 사물인가? 마음의 본체는 본성(性)이며, 본성은 곧 이치(理)다. 그러므로 부모에게 효도하는 마음이 있으면 효도하는 이치가 있고, 부모에게 효도하는 마음이 없으면 효도하는 이치가 없다. 또 임금에게 충성하는 마음이 있으면 충성하는 이치가 있고, 임금에게 충성하는 마음이 없으면 충성하는 이치가 없다. 이치가 어찌 내 마음에서 벗어나겠는가. 주희는 이렇게 말했다.

"사람이 공부하는 것은 마음과 이치뿐이다. 마음이 비록 한 몸을 주재하지만 사실은 세상의 이치를 주관한다. 이치는 비록 모든 일에 흩어져 있지만 사실은 한 사람의 마음에서 벗어나지 않는다."

이 말이 한 번 나뉘고 한 번 합지는 사이에 이미 배우는 사람들에게 마음과 이치를 둘로 나누는 폐단을 만들어 내지 않을 수 없었다. 이것이 후세에 "오직 본심에만 매달려 결국 사물의 이치는 빠뜨린다"라는 걱정이 생기게 된 까닭이며, 이는 바로 마음이 곧 이치(心卽理)임을 알지 못한 때문일 따름이다. 무릇 마음을 벗어나 이치를 구하기 때문에 어두워 통하지 못하는 곳이 있는 것이다. 이것이 도리(義)가 밖에 있다는 고자(告子)의 주장이며, 그래서 맹자는 그가 도리를 알지 못한다고 한 것이다.

마음은 하나일 뿐이지만, 그 온몸으로 가엾게 여기는 것을 자애로움(仁)이라 하고, 마땅함을 얻은 것을 도리(義)라 하고, 그 조리를 이치(理)라 한다. 마음에서 벗어나 자애로움을 구할 수 없고 마음에서 벗어나 도리를 구할 수 없는데, 유독 이치만은 마음에서 벗어나 구할 수 있겠는가. 마음에서 벗어나 이치를 구하기 때문에 지식과 실천이 분리되는 것이다. 이치를 내 마음에서 구하는 것이 성인의 지행합일의 가르침이니, 그대 또 무엇을 의심하는가?

또 이렇게 말했다.

무릇 배우고(學) 묻고(問) 생각하고(思) 판단하고(辨) 실천하는(行) 것이 모두 학문을 하는 것이니, 배우고도 실천하지 않는 경우는 없다. 가령 효도를 배웠다고 한다면 반드시 힘써 봉양해 몸소 효도를 실천한 뒤에야 배웠다고 말할 수 있다. 어찌 한갓 공허하게 듣고 전하는 것만으로 효도를 배웠다고 할 수 있을까. 활쏘기를 배웠다면 반드시 활시위를 얹고 화살을 먹여 팽팽히 당긴 뒤 과녁을 맞혀야 한다. 글씨를 배웠다면 반드시 종이를 펴고 붓을 잡아 글을 짓고 글씨를 써야 한다. 세상의 모든 배움이 실천하지 않고 배웠다고 말할 수 있는 것은 없으니, 배움의 시작은 바로 이 실천인 것이다.

'독(篤)'은 성실하고 두텁다는 뜻이니, 이미 실천하며 그 실천을 충실하게 하고 쉼 없이 노력하는 것을 말한다. 대개 배움에는 의문이 없을 수 없으니 묻게 되고, 묻는 것은 곧 배움이며 실천이다. 또 의문이 없을 수 없으니 생각하게 되고, 생각하는 것은 곧 배움이며 실천이다. 또 의문이 없을 수 없으니 판단하게 되고, 판단하는 것은 곧 배움이며 실천이다. 판단이 분명해지고 생각이 신중해지고 물음이 자세해지고 배움이 능숙해진 뒤에도 공부를 그치지 않는 것을 '독행(篤行)'이라 한다. 배우고 묻고 생각하고 판단한 뒤에 비로소 실천에 옮기는 것이 아니다.

28 그러므로 일에 능숙해지고자 하는 것을 일러 배운다고 하고, 의혹을 풀고자 하는 것을 일러 묻는다고 하고, 학설에 통달하고자 하는 것을 일러 생각한다고 하고, 자세히 살피고자 하는 것을 일러 판단한다고 하고, 실제로 해 나가고자 하는 것을 일러 실천이라고 한다. 대개 그 공부를 나

누어 말하면 다섯이지만 합쳐 말하면 하나일 뿐이다. 심리합일(心理合一)의 본체와 지행병진(知行竝進)의 공부에 대한 구구한 내 생각이 후세의 학설과 다른 것은 바로 이 때문이다.

지금 그대는 배우고 묻고 생각하고 판단해 세상의 이치를 궁구하는 것만 거론하고 독실하게 실천하는 것은 언급하지 않았는데, 이는 오로지 배우고 묻고 생각하고 판단하는 것만 지식으로 생각해 이치를 궁구하는 데 실천은 없다는 것이다. 세상에 어찌 실천하지 않고 배우는 것이 있겠는가. 어찌 실천하지 않고 마침내 이치를 궁구한다고 할 수 있는 것이 있겠는가.

송나라의 대유학자 명도(明道) 정호(程顥)는 "이치만 궁구해도 본성을 실현하고 천명에 이른다(只窮理, 盡性至命)"라고 했다. 그러므로 자애롭되(仁) 가장 자애로워야 자애로움의 이치를 궁구했다고 할 수 있고, 도리(義)를 지니되 가장 큰 도리를 실천해야 도리의 이치를 궁구했다고 할 수 있다. 자애롭되 가장 자애로우면 자애로운 본성을 실현하는 것이며, 도리를 지니되 가장 큰 도리를 실천하면 도리를 지닌 본성을 실현하는 것이다. 학문이 '이치를 궁구'하는 데 이르면 지극하다고 할 수 있는데, 그러면서도 아직 실천에 옮기지 않는 일이 세상에 어찌 있겠는가. 그러므로 실천하지 않고는 배움이라고 할 수 없음을 안다면, 실천하지 않고는 '이치를 궁구'한다고 할 수 없음도 알 것이다. 실천하지 않고는 이치를 궁구한다고 할 수 없음을 안다면, 지식과 실천이 합쳐서 하나요(合一) 함께 나아가는(竝進) 것이라 나누어 두 개의 일로 만들 수 없음도 알 것이다.

무릇 만사·만물의 '이치'는 내 마음에서 벗어나지 않는다. 그런데도 꼭 세상의 이치를 궁구한다고 하니, 이는 대개 내 마음의 양지가 부족하다고 생각해 반드시 바깥의 드넓은 세상에서 구해 보충하고 키우려는 것이다.

이는 여전히 마음과 이치를 쪼개 둘로 만드는 것이다. 무릇 배우고 묻고 생각하고 판단하고 힘써 실천하는 공부는 남들보다 백 배나 노력해서 한껏 확충해 본성을 실현하고 자연을 이해한다 해도 내 마음의 양지를 이루는 것에 지나지 않는다. 양지 외에 어찌 터럭만큼이라도 보탤 것이 있겠는가. 이제 꼭 세상의 이치를 궁구함만 말하고 돌이켜 그 마음에서 찾을 줄을 모른다면, 모든 선·악의 고동과 진·위의 판단을 내 마음의 양지 외에 장차 어디서 경험해 알겠는가.

그대가 말한 "감정(氣)에 제약되고 사물(物)에 가렸다"라는 것도 이 양지를 제약하고 가리는 것일 따름이다. 이제 이 가린 것을 걷어치우려 하면서 여기에 힘을 쏟을 줄을 모르고 밖에서 찾으려 한다. 이는 눈 어두운 사람이 약을 먹고 조리해 그 눈을 치료하는 데 힘쓰지 않고 그저 어쩔 줄 모르고 밖에서 눈이 밝아짐을 바라는 것이나 마찬가지니, 눈 밝아지는 것이 어찌 밖에서 얻을 수 있는 것이겠는가.

이런 것은 모두 양명이 고심 끝에 한 말이니, 「대학문」의 다음 구절과 서로 짝을 이루는 것이다.

그래서 "사물을 바로잡은 뒤에야 지식을 얻고, 지식을 얻은 뒤에야 생각이 참되며, 생각이 참된 뒤에야 마음이 바르게 되고, 마음이 바르게 된 뒤에야 몸이 수양된다"라고 한 것이다. 대개 그 노력의 조리가 비록 선후의 순서가 있다고 말할 수 있으나 그 본체는 오직 하나여서 사실은 선후의 순서로 나눌 것이 없다. 그 조리 공부가 비록 선후 순서로 나눌 것이 없으나 그 작용이 매우 정밀함은 진실로 추호도 빠뜨릴 수 없는 것이다. 이 격물(格物)·치지(致知)·성의(誠意)·정심(正心)의 이야기는 요·순의 바른 전통을 천명한 것이며, 공자가 마음으로 깨달은 것이다. 「대학문」

29 양명이 「대학문」을 강론한 것이 근본적으로 경학(經學) 선생 노릇을 하자는 것이 아니라 세상에 이러한 큰 원리가 있으니 이를 밝혀 후학으로 하여금 자기 마음에서 실제로 깨닫는 것이 있도록 하려는 것이다. 내가 지금 양명의 이 강의를 풀어 내는 것도 역시 구구하게 문사상으로 나서 보자는 것이 아니라 지금 우리의 입장에서 이 글을 검토함으로써 어떠한 실제적인 깨달음이 있기를 바라는 것이다. 또 양명 「대학문」의 뜻이 높고 미묘하다고 자랑하자는 것이 아니라 가장 중요한 것을 가볍게 이야기해 누구라도 곧 깨닫고 실천토록 하려는 것이니, 이 글을 보는 사람이 조금이라도 어리둥절하다면 이는 풀어 내는 나의 잘못이다. 그러나 불가에서 반복적으로 설명하듯이, 한두 가지 요체를 한번 더 구명해 보려 한다.

「대학문」의 가장 중심이 되는 착수처는 '격(格)·치(致)'다. '격'은 바로잡는다는 것인데, 무엇을 바로잡는가? '사물(物)'을 바로잡는 것이다. '치'는 이룬다는 것인데, 무엇을 이루는가? '지식(知)'을 이루는 것이다. 여기에 대한 것은 그동안 이 글과 인용한 것으로부터 누구나 조금은 이해되었을 것으로 믿는다. 또 사물을 어떻게 바로잡는가? 양지에 비추어 깨달음을 따라 바로잡는다. 이것도 이미 반복 설명한 것이 많다. 그러나 누구나 이에 대해 모호하다는 생각을 가졌을 것으로 생각한다. 왜 그런가? 세상 사물이란 복잡 또 복잡하고 다단(多端) 또 다단한 것이어서, 온갖 장인의 기예와 온갖 학문의 탐구, 구름과 파도가 변화하고 비바람이 몰아치는 구석구석의 온갖 방편들은 끝없이 크고 헤아릴 수 없을 만큼 미세하다. 이러한 것을 이제 크게 '양지' 두 글자만 가지고 여기에 의해 그것이 살피는 대로 하라 한다면 아무래도 모호하다고 할 것이다.

누구든지 이렇게 생각하는 사람은 한번 깊이 생각해 보라. 사람으로서 사물과 떨어지지는 못할 것 아닌가? 떨어지지 못한다면 이를 접하지 않을 수 없고 이에 응하지 않을 수 없는 것이 아닌가? 사물이 이미 복잡·다단할수록 점점 어찌할 줄을 모를 것 아닌가? 그러나 누구든지 이에 대해 '잘' 해야겠다는 생각은 모두 가지고 있다. '잘' 하지는 못할지라도 '잘' 할 생각은 있다. '잘' 할 생각까지 버린 사람이라도 '잘' 하는 것이 좋다고는 모두 생각할 줄 안다. '잘'이란 무엇인가? 그 일을 조처하는 데 가장 적당하고 극진한 것을 말하는 것이 아닌가.

그러면 양지대로 하면 다 '잘' 된다고 해 보자. 그러면 양지대로만 하면 글씨도 잘 써지고, 그림도 잘 그려지고, 밥도 잘 지어지고, 옷도 잘 지어지고, 심지어 과학자의 여러 발명이나 정치가의 모든 방책이 다 잘 될 것이라고 할 수 있을까? 내가 아는 어떤 선배 한 분이 풍수지리를 어찌나 굳게 믿던지, 이렇게 말씀하셨다.

"아이들 공부 시키지 말게. 묘만 잘 쓰면 다 되네."

이런 주장처럼, 양지대로만 하면 저 노릇이 하나도 잘 되지 않을 것이 없다고 하는 것이 참 어설픈 이야기인 듯하다. 그렇다. 양지가 곧 글씨 쓸 줄 알게 하고, 곧 그림 그릴 줄 알게 하고, 곧 밥 지을 줄 알게 하고, 곧 옷 지을 줄 알게 하고, 곧 과학자의 발명을 내고, 곧 정치가의 방책을 낸다는 것이 아니다. 배워야 할 것이라면 배우는 것이 곧 양지요, 고심참담하게 해야 할 것이라면 고심참담하게 하는 것이 곧 양지다.

이것만으로는 별 수 없을 것 같은가? 그러나 쓸 줄 모르는 글씨를 가장 잘 쓰는 체하며, 분명히 배워야 될 줄 알지만 창피하게 생각해 그대로 나간다 하자. 이는 배워야 될 줄 안 그 양지를 저버리는 것이 아닌가. 배워야 될 줄 알지만 교만과 게으름에 젖어 '귀찮아 배울 수가 있나?' 하고 보면 글씨 잘 쓰는 날이 오지 않는다. 이 또한 배워야 될 줄 안 그 양지를 저버리는 것이 아닌가.

글씨는 오히려 별것 아닌 재주라 그 해가 적겠지만, 과학자의 발명을 가지고 보자. 한 점의 허위도 이에 섞이지 않은 것이 곧 양지의 광명이 비추인 것이니, 성급한 명예를 추구해 엉성하게 하거나 요행의 이익을 탐해 속임수를 쓰는 것은 모두 그 학문을 망치는 것이다. 엉성함도 나만 알고 남은 모른다 하자. 속임수도 나만 알고 남은 모른다 하자. 성급한 명예는 한창 앞에 찬연하고, 요행의 이익은 곧 뒤를 따른다. 남들이 모두 모르는 이것을 나 혼자만 안다면 결국 스스로 속이고 마는 것이 아닌가. 과학이 이로써 결딴날 것이 아닌가.

30 그러므로 남은 모르고 나 홀로 아는 이 한 곳에서 스스로 속이려 하는 그 버릇이 없어진 뒤에야 비로소 사물에 응접할 때 그 '잘'을 이룰 수 있다. 양지가 바로 '잘'을 만드는 것이 아니라 양지의 비춤이 있어야 '잘'의 요지로 굽이굽이 진입할 수 있을 것이다. 그러므로 복잡 또 복잡할수록, 다단 또 다단할수록 조금의 속임도 없이 자신의 본체를 가리지 않는다면 구석구석 비추이지 않는 곳이 없을 것이다. 그래서 어떤 것은 직접 통찰하고 어떤 것은 간접 통찰하며, 어떤 것은 직접 깨치고 어떤 것은 간접 깨치며, 깨닫지 못한 것은 깨닫게 하고 이

해하지 못한 것은 이해하게 하며, 옳은 것은 바로 실천토록 하고 그른 것은 바로 버리게 하고, 옳은 듯도 하고 그른 듯도 한 것은 더욱 천천히 살피고 깊이 생각하게 한다. 이것은 모두 '타고난 지식' 즉 양지가 지닌 한 점 밝은 빛이다. 여기에 바탕을 두지 않으면 이를 거짓이라 하고, 이를 빈껍데기라 하는 것이다.

아아! 내 마음과 사물을 떼어 놓고서 학문을 말한 지 오래다. 이제 양지의 학문을 들을 때 양지만으로 어찌 모든 사물을 처리하는가 하는 의심은 그 뿌리가 오랜 것인 줄 알아야 한다. 오랫동안 빈껍데기를 들으니 옹골찬 것에도 그런 생각을 가지고, 오랫동안 거짓을 익히니 참된 것에도 그런 생각을 가지게 되는 것이다. 양지는 사물을 떼면 그 본체가 없는 것이다. 사물의 감응만 있고 거기에 대해 보태고 던 것이 아무것도 없기 때문에, 아주 텅 비어서 아주 꽉 차 있다. 이렇게 자극을 받으면 곧 이렇게 반응하는 이 밝음이 싱겁기도 지극히 싱거운 노릇이라 별반 신기할 것이 없지만, 이렇게 자극을 받으면 곧 이렇게 반응하니 눈에 보이듯이, 귀에 들리듯이 그대로여서 곧 지극한 올바름이요 곧 지극한 선이다. 이제 이 양지가 복잡·다단한 사물에 어떻게 반응할까 하고 묻는 것이 어찌 양지 자체를 모르는 것이 아니겠는가.

아들을 위하는 어머니의 그 마음에 온갖 보육의 방법이 샅샅이 미리부터 들어 있다가 나오는 것이 아니다. 사랑하는 어머니가 아들을 위함에 있어서 정신을 집중한다면 이 마음에 한순간의 쉼도 없다. 포대기의 지푸라기 하나라도 혹 껄끄럽지 않을까. 자다가 굴러가 맨바닥에 몸이 닿지 않을까. 우는 소리만 들으면 저절로 걸음이 빨라지고 병나려는 그 기미도 어머니가 가장 잘 알 때가 많다. 여기서 우유 끓이는 온도와 농도는 어떤 것이 적당한지, 옷 입히는 두께는 어떻게 해야 하는지가 모두 질서정연하게 이 한 마음을 따라 연속되는 것이 아닌가. 그러면 또다시 물을 수 있다. 우유도 잘 못 끓이고 옷도 잘 못 입히고 모두 잘 못하는 어머니는 어찌하여 그런가? 이는 위하는 그 마음이 집중되지 못한 탓이다. 배워야 할 줄 알지만 귀찮고 주의해야 할 줄 알지만 귀찮아, 그렁저렁하다가 어린아이에게 해로움이 미치는 것을 보고서야 후회한다. 이는 가장 일상적인 것이지만, 양지의 비춤을 통해 만사·만물이 곧 일시에 스스로 이루어지고 스스로 합당해지고 스스로 질서를 갖추고 스스로 정돈되는 것이 아니라, 이 비춤에 의하지 않고는 이루어지고 합당해지고 질서를 갖추고 정돈되는 방향으로 이끌 지침이 없음을 이 한 가지 일로도 미루어 알 수 있다.

양명의 양지설을 들은 어떤 하급 관원 한 사람이 양명에게 말했다.

[관원] "이 학문은 참으로 좋습니다마는, 문서 정리와 사건 처리가 하도 많아 배울 수가 없습니다."

[양명] "내가 언제 그대에게 문서 정리와 사건 처리를 떠나 허공중에서 학문을 하라고 가르쳤던가? 그대에게는 이미 관청의 일이 있으니 곧 관청 일에서 배워야만 그것이 참 격물이다. 가령 사건 하나를 조사할 때도 그 응대가 불손하다고 화를 내서도 안 되고, 그 말이 매끄럽다고 좋아해서도 안 된다. 부탁하는 것이 싫어서 괘씸죄로 다스려서도 안 되고, 간청 때문에 생각과 다르게 그대로 들어주어서도 안 된다. 자기 일이 많다고 멋대로 대강 처리해서도 안 되고, 주변 사람들이 헐뜯고 꾸며 댄다고 해서 남의 생각에 이끌려 처리해서도 안 된다. 이 수많은 의견들은 모두 사사로

운 것일 뿐이고 정말로 옳은 것은 오직 그대만이 아는 것이니, 모름지기
자세히 살피고 절제해 오직 이 마음이 털끝만큼의 치우침이 있어 남의 옳
고 그름을 왜곡시킬까 두려워해야 한다. 이것이 바로 '격물·치지'다. 문서
정리와 사건 처리에 참 학문(實學) 아닌 것이 없으며, 만일 사물을 떠나
학문을 한다면 허공에 매달리고 만다. (『전습록』)

이를 보면 양명의 핵심 주장을 분명히 알 수 있지 않은가.

발본색원해야 할 것은

[31] 「발본색원론(拔本塞源論)」은 양명이 동교 고인의 질문에 답한 글
월 속에 들어 있는 것이다. 대개 「대학문」은 배우는 사람으로 하여금
착수처를 얻도록 한 글이어서 '격물·치지'에 관해 가장 상세하게 말
했으므로 내가 양명의 학문을 논한 글과 『전습록』을 두루 인용해 교
차 확인할 때도 이를 주로 사용했다. 반면 「발본색원론」은 양지의 진
짜 피와 진짜 혼이 어떤 것인지, 그리고 이 피와 혼을 그대로 가지지
못하면 그 해독이 어떻게 모여서 뭉치는지를 절실하게 이야기한 것이
다. 간단히 말하면 '친민'에 대한 설명이요, 좀 더 자세히 말하면 '한몸
이 되는 자애로움(仁)'을 여기서 느껴 발동케 하도록 한 것이다.
무릇 '민중(民)'이란 '자신(己)'과 상대적인 의미로 말하는 것이니, 민
중을 친애하는 친(親)이 명덕을 분명하게 하는 명(明)과 하나다. 쉽게
말하면 내 마음의 타고난 '밝음'을 분명하게 하는 것과 집안·나라·세

상에 대한 '애틋함'이 둘이 아니라는 것이다. 이 밝음이 없으면 이는 애틋함이 없는 것이고, 애틋함이 없으면 이는 밝음이 없는 것이다. 학문의 골자가 이 한 곳에 있는 것이니, 한순간이라도 민중·사물과 내가 한몸이 되는 감통이 없다면 내 마음의 본체가 없어진 것이다. 저는 어찌되었든지 내 마음은 나대로 가지고 있다든지 내 학문은 나대로 닦을 수 있다든지 하는 것은 모두 목숨이 이미 끊어진 시체를 산 사람으로 아는 것과 같다.

한두 학자가 문 걸어 닫고 혼자 얽어낸 학설이 대단할 것 없을 듯하지만, 한번 자기 마음에서 홀로 아는 곳을 제치고 온통 밖에서 방황한 뒤 이 세상과 내 마음을 완전히 둘로 만들어 심지어 "도는 걱정하지만 나라는 걱정하지 않는다(憂道, 不憂國)"라는 소리를 거침없이 떠들게 되었다. 아아! 나라야 걱정하지 않아도 좋다. 그러나 이 걱정을 빼고 따로 도가 없으니, 그 도가 실제의 도, 진짜 도가 아님은 물을 것도 없다. 그러나 도란 무엇이냐. 그것까지 없어도 좋다. 이른바 도라는 것이 본래 미묘·황량한 추상적인 것이 아니라, 내 마음이 나면서부터 가지고 있는 그 지식'대로'가 옛사람이 말하는 이 도다. 도는 없어도 좋다 하자. 이 지식이 한번 사라지면 인생의 본명(本命)이 그만 끊어져 버리는 것이니, 그런 말이 거침없이 나오게 된 그 근본 원인을 한번 거슬러 살펴봄에 어찌 눈물을 흘리고 한숨을 쉬지 않을 수가 있겠는가.

천지 만물이 한몸이라는 것은 억지로 지어내고 거짓으로 얽은 말이 아니다. 이는 본심과 감통되는 그 한 곳으로부터, 본심에는 나와 너의 간격이 없음을 실제로 비추어 보고 하는 말이다. 하물며 인류로부터 자기 부류에 한 걸음 한 걸음 더욱더 가까워지는 경우겠는가. 그러므로 백성의 고통이 곧 내 고통이고 백성의 어려움이 곧 내 어려움으로, 그 감통됨에 있어 너와 나 사이의 간격이 없는 것이 바로 본심의 모습이다.

이렇게 말하면 이를 반대하는 사람은 "그런 사람도 있을까? 혹시 있다면 이는 특수한 일이다"라고 할 것이다. 그러나 이렇게 말하는 그 사람도 자기의 사사로운 꾀가 단단히 봉하지 않은 어느 곳으로부터 갑자기 외부의 사물을 접할 때 상관도 없는 남의 일에 짠한 것이 스스로 당한 것 같은 때가 있을 것이다.

간격만 없으면 감통이 있다. 그러나 간격 때문에 감통이 다 막힌 듯하지만, 스스로 옳고 그름을 홀로 판단할 때는 언제든지, 그르다는 것에는 간격으로부터 생긴 어떤 것을 볼 수 있고 옳다는 것에는 감통으로부터 나타난 어떤 것을 볼 수 있다. 이는 체험해 보면 곧 알 수 있다. 따라서 옳다 그르다 하는 그 자체가 곧 민중·사물과 한통속이니, 이로부터 비춘 것이 아니라면 이는 양지가 아니다. 그러므로 민중·사물과 나와의 감통에 간격이 있으면서 내 생명이 있다는 것은 우스운 말이다. 민중·사물과 나와의 감통에 간격이 없어야 비로소 양지의 진짜 본체가 분명해진 것이다.

그러므로 『대학』에서 명덕보다도 친민이 더 중요하다. 명덕을 모르더라도 민중만 친애한다면 명덕은 여전히 스스로 존재하며 없어지는 것이 아니다. 그러나 '친민'을 일단 고쳐 '신민(新民)'을 만든 뒤에는 명덕을 분명하게 하는 그 일이 연결되는 데가 없어 마침내 방황하고 빙빙 돌게 되고 만 것이다. "도는 걱정하지만 나라는 걱정하지 않는다"라는 말이 '명덕·친민'과 정반대이니, 이 둘이 상반되는 것만 알면 양명학의 핵심 주장 열 가운데 열을 통찰했다고 할 수도 있는 것이다.

32 본심이란 감통에서 살고 간격에서 죽는다. 만일 백성의 고통이 곧 내 고통이고 백성의 어려움이 곧 내 어려움으로 그 감통됨이 내 몸에 있는 것과 같다면 스스로 바삐 뛰어다니며 돕고 구제하지 않을 수 없을 것이니, 그 몸이 거꾸러졌을지라도 본심은 살아 있는 것이다. 이것은 본래 한두 사람만 특수하게 타고나는 것이 아니라 사람이면 다 같이 감통되는 것인데, 쩨쩨하고 이기적인 개인의 잔꾀가 제석망(帝釋網) 같이 골고루 돌아 얽혀 이 감통이 그만 중단된 것이다. 이 감통이 중단되면 곧 양지가 가리고 막히며, 양지가 가리고 막히면 곧 생명이 끊어지는 것이니, 어느 때든지 한 점 양지가 잠깐 반짝하는 곳에는 여전히 민중·사물과 한몸이 되는 감통이 있는 것이다. 보통 사람들도 옳고 그름을 아는 지혜는 있다. 그러나 감통은 갑자기 얻을 수 없다. 옳고 그름은 감통에 의해 분별해 내는 것이니, 누구나 자기 마음에서 자세히 검토해 보면 대번에 얼핏 깨달을 수 있을 것이다.

뜻 있는 사람은 알라. 감통은 언제든지 하나지만 간격은 천차만별이다. 감통이 된다면 기쁨(喜)·화남(怒)·슬픔(哀)·즐거움(樂)이 다른 사람들과 서로 합치하게 된다. 비록 정도의 차이는 있다 할지라도 자연법칙이 서로 통하는 것이 있어 피차 서로 맞게 된다. 그러나 간격이 있다면 부자·형제 사이라도 금성철벽이 가리고 말 것이다. 감통이여, 감통이여! 이 한 구멍이 곧 천지 만물이 한몸 되는 자애로움(仁)의 원천인 동시에, '우주'와 '개인'이 하나지 둘이 아니라는 대(大)원리가 이로써 증명되는 것이다. 육구연이 "우주가 사람과 경계를 둔 적은 없다. 사람이 스스로 우주와 경계를 두었을 뿐이다(宇宙不曾限隔人. 人自限隔

宇宙)"라고 한 것이 실로 이 한 곳을 보고 한 말이다.

그러므로 민중을 친애하는 것이 없다면 양지가 어디서 나타나며, 양지의 발현이 아니라면 무엇으로 민중을 친애하겠는가. 백성의 고통과 어려움이 간격 없이 감통된다면 잠시라도 이를 바삐 뛰어다니며 돕고 구제하지 않고는 스스로 편안치 못할 것이며, 이렇게 스스로 편안치 못하다면 이를 달성하고야 말 것이다. 물이 낮은 데로 흐르고 불이 위로 오르듯이, 정성을 다하면 여기서 신묘함이 생기는 것이다. 이러한 앞에는 명예욕이나 재물욕이 끼어들지 못할 것이니, 이 중요한 한 지점에서 참 핏줄이 터져 나온 뒤라야 학문과 인생이 비로소 따로 돌지 않을 것이다. 감통을 따로 말할 필요가 없다. 양지가 곧 감통이다. 간격을 따로 말할 필요가 없다. 이기심이 곧 간격이다.

양명이 이 논문을 쓰게 된 원인은 물론 오랜 과거를 두루 살펴 수많은 사람들의 쩨쩨한 이기심에 대해 슬픈 눈물을 흘린 지 오래였기 때문이다. 그러나 가깝게는 그 당시 양명을 향해 문제를 제기하는 사람들이 대개 양명의 양지설을 너무 간략한 것으로 알아 이것으로 어찌 고금의 옳고 그름을 알며 무궁한 사태 변화에 대응할 수 있을까 의심했기 때문이다. 또 사물과 제도의 구명 같은 것이 이 양지로만 해결할 수 있는 것이 아니라고 사람들이 생각하는데, 동교 고인이 다시 이를 가지고 문의하자 양명이 그 물음에 따라 대답하고 나서 스스로 한없는 감동이 촉발되는 것을 참을 수 없었던 것이다.

천고의 사태 변화를 개괄해 말하자면, 감통이 되면 질서가 잡히고 간격이 있으면 혼란스러워진다는 것이다. 이 한 곳을 제외하고 무엇이 어떠니 무엇이 어떠니 하는 것은 모두 한가한 소리다. 또 간격의 해독이 무릇 얼마의 세월을 뻗쳤는가. 역대의 정치가 이 하나를 뿌리박게 한 것이며, 수많은 학문이 이 하나를 달성하고 말았다. 지금도 이것을 자꾸 더욱더 왕성하고 깊게 할 뿐이다. 공(公)을 말하지만 그 속은 이기심이요, 의(義)를 말하지만 그 속은 이기심이다. 무어니 무어니 말은 좋다. 좋은 말일수록 이기심을 싸고도는 것은 더욱 심하다. 그러므로 이 뿌리를 뽑고 이 근원을 틀어막지 않고는 인생의 참 생명을 찾아낼 수가 없다. 그래서 양명은 이 논문에 들어가기 전에 이렇게 말했다.

지금 내가 말한 것들은 다 그대가 미심쩍어하는 것에 대해 대강 설명한 것이며, 아직 '발본색원론'은 이야기하지 않았다. 무릇 발본색원론이 세상에 밝혀지지 않는다면 세상에서 성인의 학문을 배우는 것이 장차 날로 복잡해지고 날로 어려워져 사람이 짐승이나 야만인과 같은 상태에 빠지더라도 스스로는 성인의 학문을 한다고 할 것이다. 내 말이 비록 한때 잠깐 밝혀졌다 해도 마침내 서쪽에서 얼음이 풀리면 동쪽에서 얼고 앞에서 안개가 걷히면 뒤에서 구름이 일어나듯이, 암만 고생을 하며 죽도록 떠들어 대도 결국 세상에는 조금도 도움이 되지 않을 것이다.

33 다음은 양명의 「발본색원론」 본문이다.

무릇 성인의 마음이란 천지 만물과 한몸이 되는 것이다. 온 세상 사람을 안과 밖, 멀고 가까움이 없이 무릇 피와 기운이 있는 부류는 모두 형제나 자식처럼 가깝게 보아 아무쪼록 이를 보호하고 가르쳐서 그 만물과 한몸이 되는 생각을 이루려 하는 것이다.

세상 사람들의 마음인들 처음에야 성인과 달랐겠는가. 그러나 '자신'의 이기심이 틈을 만들고 '물욕'의 가림이 장벽을 이루어 큰 것이 작아지고 통한 것이 막히니, 사람의 마음이 각기 달라 나중에는 부모와 자식과 형제를 원수 같이 보는 사람까지 생겼다. 성인이 이를 걱정해 그의 천지 만물과 한몸이 되는 자애로움(仁)을 미루어 온 세상을 가르치되, 그 이기심을 극복하고 그 덮인 것을 벗겨내 저 똑같은 마음의 본체로 돌아가도록 한 것이다.

그 가르침의 핵심은 요(堯)·순(舜)·우(禹)가 서로 주고받은 "인심은 불안하고 도심은 희미하니 오직 찬찬하고 집중해야만 그 핵심을 붙잡을 수 있다(人心惟危, 道心惟微, 惟精惟一, 允執厥中)"라는 말이며, 세부 사항은 순임금이 설(契)에게 말한 부자유친(父子有親)·군신유의(君臣有義)·부부유별(夫婦有別)·장유유서(長幼有序)·붕우유신(朋友有信)의 다섯 가지다.

요·순 시대와 하(夏)·상(商)·주(周) 세 시대에는 가르치는 사람은 오직 이 것을 가르치고 배우는 사람은 오직 이것을 배웠을 뿐이다. 이때에는 어떤 사람이라도 생각이 다르지 않고 어떤 집이라도 풍습이 다르지 않아, 이를 쉽게 하면 성인이라 하고 이를 노력해 하면 현인이라 했으며 만일 이에 어긋나면 비록 요임금의 아들 단주(丹朱)처럼 슬기롭고 똑똑하더라도 못난이(不肖)라 불렀다. 그래서 아래로 골목과 논밭의 천한 농사꾼·기술자·장사치에 이르기까지 누구나 이 학문이 없는 사람이 없었으니, 그 덕행을 이루는 것만을 힘써 할 일로 알았다. 왜 그랬을까? 여러 가지를 체험하고 번거롭게 외우며 지겹게 글을 짓고 명예와 재물을 탐하지 않고 오직 부모에게 효도하고 어른을 공경하며 친구 간에 신의를 지켜 그 똑같은 마음의 본체로 돌아가도록 했기 때문이다. 이는 대체로 본성적으로 지니고 있는 것이지 밖에서 빌려올 것이 아니니, 누군들 그것을 할 수 없었겠는가.

학교에서는 오직 '능력을 기르는(成德)' 일만 했다. 그런데 재능이 각기 달라서 누구는 예법과 음악에 밝고 누구는 정치와 교육에 뛰어나며 누구는 농사에 재능이 있어, 그 능력을 기른 뒤 학교에서 이를 통해 그 재능을 더욱 발전시키도록 했다. 그리고 능력이 있어 벼슬자리에 임용하면 평생 그 자리에 머물게 하고 바꾸지 않았다. 임용하는 사람은 오직 한마음 한뜻으로 세상 사람들을 모두 편안케 하는 것만 생각했으며, 재능이 적합한지 여부만 보았지 높고 낮음으로 중요하고 하찮은 것을 구분하거나 편하고 힘든 것으로 좋고 나쁨을 가리지 않았다. 임용되는 사람도 오직 한마음 한뜻으로 세상 사람들을 모두 편안케 하는 것만 생각했으며, 정말로 그 재능에 맞으면 평생 바쁘게 일하더라도 힘들다고 하지 않고 자질구레한 일에도 스스로 만족해 천하다고 생각지 않았다.

이때는 세상 사람이 밝고 너그러워 모두 서로를 일가친척 같이 생각했다. 또 재주가 모자라는 사람은 농사꾼·기술자·장사치의 직분에 만족하고 각기 자기 일에 부지런해 서로 도울 뿐이요, 높은 것을 바라거나 남의 것에 군침을 흘리는 마음이 없었다. 고요(皋陶)·기(夔)·후직(后稷)·설(契)처럼 재능이 뛰어나면 벼슬길에 나아가서 재능을 발휘하되 한 집안 살림 하듯이, 누구는 먹고 입는 것을 관리하고 누구는 물자를 유통시키고 누구는 도구들을 마련했다. 생각을 모으고 힘을 합쳐 어버이를 섬기고 처자를 보살피는 소원을 이루기만 원해, 오직 그 일을 맡은 사람이 어쩌다 게을리 하지나 않을까만 걱정했다. 그의 게으름이 곧 나의 잘못이라고 생각했기 때문이다. 그래서 후직은 농사에 부지런하되 교육에 문외한인 것을 부끄러워하지 않고 설이 교육 잘하는 것을 자기가 교육 잘하는 것으로 생각했으며, 기는 음악을 담당하되 자신이 예법에 밝지 못한 것을 부끄러워하지 않고 백이(伯夷)가 예법에 정통한 것을 자기가 예법에 정통한 것으로 생각했다.

대개 심학(心學)이 깨끗하고 밝아 천지 만물과 한몸이 되는 자애로움을 온전히 이루었으므로 정신이 관통해 흐르고 지기(志氣)가 통달해 나와 남의 구분이나 나와 사물의 간격이 없었다. 한 사람의 몸에 비유하자면 눈은 보고 귀는 듣고 손은 붙잡고 발은 걸어 다녀 한 몸의 작용을 이루는 것과 같다. 눈은 듣지 못하는 것을 부끄러워하지 않고 귀에 들리는 곳으로 눈이 꼭 향하며, 발은 붙잡지 못하는 것을 부끄러워하지 않고 손이 찾는 곳으로 발이 꼭 나아간다.

대개 그 원기가 두루 충만하고 혈맥이 죽죽 뻗어 가렵고 아프거나 숨을 내쉬고 들이쉬면 감촉하는 것에 귀신같이 응해 말하지 않고도 깨닫는 신묘함이 있다. 이는 성인의 학문이 매우 쉽고 간단해 알기 쉽고 따르기 쉬운 까닭이다. 학문이 이루기 쉽고 재주가 익히기 쉬운 것은 바로 그 핵심이 오직 똑같은 마음의 본체로 돌아가는 데 있기 때문이니, 지식과 기능은 함께 이야기할 필요가 없다.

34 하·상·주 세 시대가 기울면서 왕도가 꺼지고 패술(霸術)이 일어났다. 공자·맹자가 죽고 나자 성인의 학문이 쇠퇴하고 요사스런 학설이 횡행해, 가르치는 사람은 다시 그것을 가르치지 않고 배우는 사람은 다시 그것을 배우지 않았다. 패도를 이야기하는 무리는 선왕들과 비슷한 것을 훔쳐 내어 겉을 꾸미고 속으로 그 개인의 이기심을 채웠다. 세상이 온통 그리 쏠려 떠받드니, 성인의 도는 마침내 잡초 속에 묻혀 버렸다. 서로 모방하고 본받으며 날마다 찾는 것은 부국강병의 설과 속이고 공격하는 계

책이었다. 모두가 하늘을 속이고 사람을 함정에 빠뜨려 그저 일시적인 이득으로 명예와 재물을 차지하는 기술이었다. 그래서 관중(管仲)·상앙(商鞅)·소진(蘇秦)·장의(張儀) 같은 무리가 이루 헤아릴 수 없을 만큼 쏟아져 나왔다. 그런 상태가 오래 지속되자 투쟁과 겁탈로 그 재앙이 이루 말할 수 없어, 사람들이 짐승이나 야만인과 같은 상태에 빠지고 패술조차도 통용될 수 없었다.

후세 학자가 이를 분통하고 슬프게 생각해 옛 성왕의 문물·제도를 긁어 보으고 샛너비 쓱에 남는 것을 짜 맞수고 기워 냈으니, 그 마음이야 참으로 선왕의 도를 회복하려는 것이었다. 그러나 성인의 학문은 이미 멀어졌고 패술은 이미 깊게 쌓이고 물들어 비록 현명한 사람도 모두 물들지 않을 수 없었다. 따라서 그들이 밝혀내고 다듬어 세상에 널리 퍼뜨리고 다시 빛을 회복하려 했지만 겨우 패술의 울타리나 늘렸을 뿐, 성인의 학파는 결국 다시 볼 수 없었다. 그런 가운데 훈고학(訓詁學)이 있어 이를 전해 명예롭다 하고, 기송학(記誦學)이 있어 이를 말해 박학하다 하며, 사장학(詞章學)이 있어 이를 뽐내 아름답다 한다. 이렇게 복잡하게 세상에 떼지어 일어나 우뚝우뚝 서 있는 것이 또 몇 파인지 알 수 없으니, 천 갈래 만 갈래의 크고 작은 길 가운데 어디로 가야 할지 알 수 없었다.

세상의 공부하는 사람들은 마치 놀이판에 들어간 것 같았다. 시끄럽게 떠들고 멋대로 날뛰며, 이상한 짓이나 해서 재주를 다투며, 웃음을 팔아 교태를 짓는 자들이 사방에서 다투어 나온다. 그래서 앞을 보고 뒤를 돌아보느라 이루 응접할 수 없어 귀와 눈이 어둡고 정신은 어지럽다. 밤낮으로 놀며 그 속에 머무르니, 마치 미친 증세가 나타나 정신을 놓은 사람 같이 그 가업이 어떻게 되어 가는지 스스로 알지 못하는 것 같았다. 당시의 임금들도 모두 그 학설에 정신없이 나뒹굴어 평생 쓸데없는 빈껍데기 글에 매달리면서도 무슨 말을 해야 할지 자기 스스로도 알지 못했다. 간혹 그것이 공허하고 거짓이며 갈피가 없고 정체된 것임을 깨달아 우뚝 스스로 일어나 모든 행위와 일의 실제를 찾아 보려 하는 사람이 있어도 기껏해야 부국강병이나 명예와 재물을 추구하는 패도의 일에 그치고 말았다. 성인의 학문은 날로 멀어지고 날로 어두워졌으며, 명예와 이득을 탐하는 습성은 갈수록 더 심해졌다. 그 사이에 불교와 도교에 미혹된 적도 있었지만, 불교와 도교의 학설 또한 결국 명예와 이득을 탐하는 마음을 이길 수 없었다. 또 여러 유학자들의 학설을 절충해 보기도 했으나, 그 절충론도 끝내 명예와 이득을 탐하는 생각을 깨뜨릴 수 없었다.

대개 명예와 이득을 탐하는 마음의 해독이 사람의 골수에 배어 습관화되고 본성이 된 지 이제 몇천 년이 되었다. 서로 지혜를 뽐내고, 서로 힘으로 부딪치며, 서로 이득을 다투고, 서로 제 기술과 능력이 낫다고 우기고, 서로 명성을 쟁탈하려 한다. 그들이 나아가 벼슬을 하면 재정을 담당하는 사람이 군사와 형벌을 아울러 맡으려 하고, 예법과 음악을 담당한 사람이 인사에까지 간여하려 한다. 군(郡)·현(縣)의 수령은 더 높은 포정사(布政使)·안찰사(按察使)를 바라고, 대간(臺諫)에 있으면 재상의 요직을 탐낸다. 본래 그 일에 능숙치 않으면 그 벼슬을 겸할 수 없고 그 학설에 통달하지 않으면 그 영예를 추구할 수 없다. 널리 기억하는 것으로는 오만을 기를 뿐이고, 많은 지식으로는 악을 행할 뿐이며, 풍부한 경험으로는 궤변이나 늘어놓을 뿐이고, 넘치는 문장으로는 거짓을 꾸밀 뿐이다. 35 그러므로 고요·기·후직·설이 겸해 할 수 없었던 일을, 지금의 처음 배우는 어린 학생들은 모두 그 학설에 통달하고 그 기술을 궁구하려 한다. 멋대로 이름붙이는 것이야 언제나 "나는 세상 일을 함께 이루려 한다"라는 것이지만, 그 진짜 마음과 실제 의도는 "이렇게 하지 않으면 내 이기심을 충족하고 욕심을 채울 수 없다"라는 것이다.

아아! 이런 오랜 습속과 이런 생각을 가지고 또 이러한 학술을 강론하니, 성인의 가르침에 대해 내가 하는 말을 듣고 그들이 군더더기라느니 맞지 않는다느니 하는 것이 당연하다. 그래서 양지로는 부족하니 성인의 학문이 쓸데없다고 하는 것도 형세상 그렇게 되는 것이 당연하다. 아아! 선비가 이 세상에 태어나 어떻게 성인의 학문을 추구하겠는가. 어떻게 성인의 학문을 논하겠는가. 선비가 이 세상에 태어나 학자가 되려고 하면 수고롭고 복잡하지 않겠는가. 막이고 험난하지 않겠는가. 아아! 슬플 따름이다. 그래도 다행한 것은 자연의 이치가 사람의 마음에 있어 끝내 없앨 수 없고 양지의 밝음은 만고불변이라는 것이다. 나의 발본색원론을 들으면 반드시 측은히 여겨 슬퍼하고 근심스레 생각해 아파하며 분연히 일어나 장강과 황하를 터놓은 것처럼 거세게 터져 나와 막을 수 없는 사람이 있을 것이다. 생각지도 않게 일어나는 저 뛰어난 선비가 아니면 내가 누구에게 바라겠는가.

이 한 편의 논문이 이른바 「발본색원론」이니, 건성으로 읽어 보면 뽑을 뿌리와 막을 샘이 분명치 않을 것이다. 그러나 천여 년간 세상이 끝도 없이 변해 여러 훌륭한 임금이 정치와 교화에 마음을 썩이기도 했고, 여러 현인들이 학문에 정신을 모으기도 했다. 하지만 어떠한 정치든, 어떠한 학문이든 이 세상에 없었으면 모르지만 있기만 하면 결국 각자 개인적인 속셈을 키우는 데 이바지할 뿐이지, 정치면 정치답게, 학문이면 학문답게 되어 본 적이 없다.

큰 종기를 앓는 사람은 보약을 먹으면 보약이 결국 피고름만 돕는다는 것처럼, 세상에 나오는 것 쳐놓고는 옳은 것이건 그른 것이건 모두 개인적인 속셈을 키우는 것이다. 어떠한 뿌리가 있다면 그 뿌리가 반석 같을 것이요, 어떠한 샘이 있다면 그 샘이 장강이나 황하와 같을 것이다. 그렇듯 근원이 깊고 크지 않다면 어찌 저렇듯이 천고를 집어삼킬 수 있었겠는가. 그러니 이 뿌리를 뽑지 않고 이 샘을 막지 않는다면 이른바 정치와 교화도 없을 것이며 이른바 학문도 없을 것이다.

전에도 여러 번 말했지만 학문이 자기 마음을 떠난 지 오래다. 본체의 밝음을 잃고 개인의 이기적인 속셈만 홀로 판을 치니, '감통'은 물을 곳이 없고 실제 있는 것은 '간격'뿐이다. 그러므로 과거 오랜 세월의 득실은 그만두고라도 그 은미한 속을 한번 오르내려 본다면, 이긴 자나 진 자, 재주가 있는 자나 어리석은 자, 뛰어난 자나 열등한 자, 똑똑한 자나 흐리멍덩한 자를 막론하고 이기적이라는 독소의 뿌리와 재앙의 샘을 싹 쓸어버린 사람이 무릇 몇이나 되는가? 개인으로는 그러한 사람이 있다 할지라도 세상은 여전히 저 뿌리가 뻗고 저 샘이 흐르고 있다.

그러나 오랜 세월 누적된 습속이라도 못 씻을 것은 아니다. '감통'의 본체로부터 스스로 우뚝 선다면 간격이 붕괴되고 이기심이 거꾸러질 것이니, 한순간 나쁜 생각의 해독이 천고에 뻗칠 수 있는 동시에, 천고의 해독이 손가락 한 번 퉁기는 사이에 깨끗이 사라질 수도 있다. 그러므로 양명이 이 논문을 쓸 때 "한집의 살림을 함께 하는 데 잘되기만 바랄 뿐이지 너와 나를 따지지 않는다"라는 가상의 경지를 그려

내 한몸이 되는 자애로움이 간격 없이 감통되는 참모습을 보인 것이니, 이를 아는 날은 곧 저 뿌리를 뽑는 날이다. 감통에서 살고 간격에서 죽으며 감통에서 본체이고 간격에서 이기심임을 한번 깨닫고 났다면, 곧 뿌리가 뽑히고 샘이 막히는 시원한 모습을 보게 될 것이다.

이제 가까운 예를 들어 보면, 친구가 잘한 것을 들으면 겉으로는 좋은 체하면서도 한 점 질투가 가만히 일어나는 것이 보통이다. 간혹 이를 솔직하게 드러내며 내가 이렇게 천박하다고 하는 사람도 있다. 그러나 천박함을 스스로 말하는 속에는 이렇게 말하는 것으로 좀 우월해지려 하는 속셈이 있다. 간혹 이것까지 다 말해 조금도 숨김이 없는 듯한 사람도 있다. 그러나 이것까지 말하는 것으로 더 우월하자는 속셈이 또 있다. 백 번 천 번 돌리고 만 번 억 번 구부려도 이기심에 대한 옹호를 한가운데 놓지 않는 것이 없다. 한 사람이 그렇고, 백 사람, 천 사람이 그렇고, 만 사람, 십만 사람, 세상이 모두 그러니 이 뿌리, 이 샘을 그냥 두고도 보전할 무엇이 있을까.

그러므로 세상을 움직이는 것은 사람의 마음으로써이지만, 마음에서도 선이건 악이건 가장 은미한 그 한 곳이 가장 맹렬하다. 그러니 은미하다고 하지 말라. 은미한 이것이 가장 참된 것이다. 이것이 바로 깊은 뿌리요 큰 샘이다.

5

양명학의 계승자들

36 양명의 제자들은 절중(浙中)으로부터 강우(江右)·남중(南中)·초중(楚中)·북방(北方)·태주(泰州)에 퍼져 있어 『명사(明史)』에서 말한 "제자가 세상에 가득하다"라는 말이 정말 과장된 것이 아니다.

피우지 못한 꽃 서애와 기원형

그 가운데 양명의 학문을 가장 먼저 믿고 따르며 가장 먼저 그를 스승으로 모셨던 사람은 서애(徐愛, 1487~1517)다. 그는 덕성이 순수해 양명이 평생 잊지 못했다. 서애의 자는 왈인(曰仁)이고 호는 횡산(橫山)이며, 절강 여요(餘姚) 사람으로 양명의 매부다. 그는 양명이 감옥에서 나왔을 때부터 스승으로 섬겼으며, 양명이 남경에서 벼슬할 때 그 역시 남경 관리로 있어 아침저녁으로 양명을 떠나지 않았다. 양명으로부터 배우는 사람들 가운데 혹시 반신반의하는 사람이 있으면 그가 설명해 주어 그들의 의혹을 풀게 했다. 양명은 항상 "왈인은 우리의 안연(顔淵, 공자가 가장 아꼈던 제자로 젊은 나이에 요절했다 - 옮긴이)"이라고 말했는데, 1517년(명 무종 정덕 12년)에 서른한 살의 한창 나이로 요절했다.

양명은 주신호의 난 이후에는 오로지 '치양지(致良知)' 세 글자를 내세워 간명하게 깨닫도록 한 것이 용장(龍場)·남경 때보다 나았는데, 서애는 그 전에 죽어 이를 보지 못했기 때문에 양명의 어록 중 그가 기록한 『전습록(傳習錄)』 제1권의 내용이 그 뒤의 기록에 비해 오히려 양명의 깊은 깨달음을 유감없이 모두 드러내지 못한 점도 있다고 한다. 그러나 양명이 성인의 학문을 시작하던 때의 것이기 때문에 그대로 진실하고 순수한 점이 있다. 따라서 그것은 석가의 『아함경(阿含經)』과 같이 귀중한 것이다.

서애의 학설을 보면, 성찰(省察)과 극기(克己)의 부분이 특히 엄격하다.

> 배우는 이들에게서 가장 큰 문제는 이름 내기를 좋아하는 것이다. 지금 이름 내기 좋아한다는 것은 대체로 부귀나 화려함의 과시를 가지고 말하지만, 그러한 것은 지엽적인 일에 불과하다. 무릇 그 하려는 것이 어떤 '의도'가 있어서 하는 것이라면, 그것이 비록 효제(孝悌)나 충신(忠信)이나 예의(禮義)에 부합하는 측면이 있다고 하더라도 바로 이름 내기 좋아하는 것이며 사사로움을 추구하는 것이다.

사물과 감응할 때 온당치 못하게 되는 것은 '사사로움'이 방해하기 때문이다. 나의 사사로움이 거기에 덮이면 고집이 생기는데, 이 고집은 이기기를 좋아하는 마음이다. 무릇 온 세상의 계산·시기·방종·오만·약탈·소란과 같은 악한 것이 모두 이를 따라 생겨난다. 나의 사사로움이 거기에 의탁하면 바라는 마음이 생기는데, 이 바라는 마음은 굽히기를 좋아하는 마음이다. 무릇 온 세상의 아첨·모함·나약·탐닉·오욕·저주와 같은 악한 것이 모두 이를 따라 생겨난다. 이 두 가지 사사로움이 마음속에서 어울리게 되면, 나의 감응하는 자리가 공평하고 올바른 본체(體)가 될 수 없다. 이러한 고동(機)을 가지고 사물과 감응하니 어떻게 온당함을 얻을 수 있겠는가.

내가 처음 선생님에게서 배울 때에는 그 궤도만 따라갈 뿐이었는데, 얼마 지나서는 크게 의심하고 또 놀라기도 했다. 그러나 바로 아니라고 하지 않고 반드시 돌이켜 생각했다. 생각해서 조금 통하자 다시 몸과 마음에서 시험해 보았다. 얼마 지나 밝게 보이는 것이 있고, 또 얼마 지나 의심 없이 깨달아 자신도 모르게 덩실덩실 춤을 추면서 이렇게 말했다.

"이것이 도의 본체(道體)다. 이것이 마음이다. 이것이 학문이다. 사람의 본성은 본래 선한 것이고, 사악함은 밖에서 들어온 감정이다. 그것에 걸려드는 것도 한 생각(一念)에 달려 있고, 그것을 버리는 것도 한 생각에 달려 있다. 어려운 일도 없다. 여러 가지 방법이 있는 것도 아니다."

또 스스로 품성이 유순함을 알기 때문에 커다란 악행을 저지르려고 해도 할 수 없음을 믿어, 이만하면 내 일생을 잘 마칠 수 있겠다고 생각하며 평온하게 걱정이 없었다. 그러나 얼마 지나 사사로움과 걱정이 또다시 생겨날 것이라고 누가 생각했겠는가. 이 세상에 고질병이 두 가지가 있는데, 하나는 글이고 하나는 공명심이다. 내가 처음에는 아직 악행을 저지르지 않아 마음에 거리끼지 않으면 그만이지 끊어 없앤다는 것은 너무 심하지 않은가 하고 생각했다. 그러나 이 두 가지 적이 본래의 내 마음을 빼앗아 버린 지 오래였음을 누가 알았겠는가. '아직'이라는 것은 바로 이를 '용인' 하는 것이다. 그러므로 반드시 그것을 끊어 없애야만 도(道)로 나아갈 수 있다. 그러지 않으면 결국은 헛된 생각이고, 스스로를 속이는 것에 지나치지 않는다.

37 서애의 이러한 몇 가지 주장은 자신의 사사로움을 이겨내는 데 있어서 다른 어떤 것과 비교할 수 없을 만큼 깊고 절실하다. 이기심에 이끌릴 수 있는 빌미를 찾아내는 동시에, 이기심이 아닌 듯한 것에 실제로는 이기심이 뿌리 깊이 숨어 있음을 절실히 깨닫고 이에 대해 눈곱만큼은 고사하고 아주 보이는 것이 없는 데서까지도 큰 적의 소굴을 쳐서 깨려는, 그 홀로 깨닫고 열심히 수양하는 경지는 참으로 느껴울 만하다.

기원형(冀元亨, 1482~1521)은 자가 유건(惟乾), 호는 암재(闇齋)이고, 호광(湖廣) 무릉(武陵) 사람이다. 양명을 따르면서 배웠는데, 그는 '속이지 않음(不欺)'을 학문의 중심 과제로 삼았다. 양명이 남감(南贛)에 있을 때 기원형을 데려다가 자제를 가르치게 하고 또 염계서원(濂溪書院)을 맡겼다. 그는 평범한 말 속에서도 깨우침을 주어 여러 동문들이 모두 그를 높이 떠받들었다.

그는 주신호가 반란을 일으키기 전에 양명의 비밀 부탁을 받고 주신호에게 가서 학문적인 강설을 빌미로 그 흉계를 없애 보려고 노력한 일이 있었다. 양명이 큰 반란을 평정하자 장충·허태가 양명의 공을 시기해 온갖 방법으로 모함하려 하던 차에, 기원형이 일찍이 양명의 제자로서 주신호에게 가서 강론한 일이 있음을 듣고 터무니없이 얽어 넣었다. 그는 감옥에서 오랫동안 고초를 받다가 명나라 세종 초년에 비로소 풀려났으나, 풀려난 지 닷새 만에 세상을 떠났다.

기원형이 얼마나 성실하고 인자했던지, 감옥에 있을 때 여러 죄수들을 형제 같이 위해 주어 그들이 모두 감격의 눈물을 흘렸다고 한다. 처음 그가 잡혔을 때 법을 집행하는 관리들이 그의 부인 이씨(李氏)도 함께 가두었는데, 이씨 또한 여자 선비였다. 안찰사 이하 여러 관리의 부인들이 그 명성을 듣고 찾아가 위문하다가 말김에 그 남편의 학문에 대해서 물었는데, "우리 남편의 학문은 안방과 침석 사이를 벗어나지 않는다"라고 해서 듣는 사람들이 모두 오싹했다고 한다. 이씨의 이 말 한마디는 기원형의 학문을 너무도 극명하게 표현했다고 할 수 있다. 안방과 침석이란 일상적이고 편안한 곳이다. 그곳은 엄숙함이 없어 타락하기 쉽고, 보통 한가한 곳이어서 대개 절도가 없다. 또 다른 사람이 없으니 혼자 가려진 곳에서 좋지 않은 생각을 하는 경우가 많다. 그런데 안방과 침석을 제외하고 그 밖에 달리 학문이 없다고 하니, 기원형이 '속이지 않음'에 주력하는 것이 참으로 어느 정도나 엄격했는지 상상할 만하다. 학문이 안방과 침석을 벗어나지 않는다면 어느 곳인들 학문의 대상이 아닌 것이 있겠는가. 이씨의 생각이 뛰어남은 말할 것도 없거니와, 이 말을 들은 사람들이 오싹했다 한 것을 보면 그들 또한 학문적 식견이 있는 것이다. 이 말을 듣고 오싹해하는 그것이 바로 학문이다.

서애·기원형 외에 정문덕(程文德, 1496~1559)·하정인(何廷仁, 1483~1551)·황홍강(黃弘綱, 1492~1561)·유방채(劉邦采)·유양(劉陽)·위양정(魏良政)·설간(薛侃, 1486~1545)·계본(季本, 1485~1563)·동운(董澐, 1457~1533)·육징(陸澄)·추수익(鄒守益, 1491~1562)·구양덕(歐陽德, 1496~1554)·섭표(聶豹, 1486~1563)·진구천(陳九川, 1494~1562) 등이 모두 양명 문하의 뛰어난 제자들로, 후학들을 이끌고 일으켜 세운 인물들이다. 그러나 일일이 다 상세하게 기술할 수 없어 우선 서애·기원형의 말과 행동을 대략 나열해 양명 문하의 정채를 미루어 헤아릴 수 있도록 한 것이다.

대체로 양명이 평생 반복한 이야기는 자신만이 아는 한 점 타고난 양지(良知)를 깨달아 얻으라는 데 있었고, 제자들도 그것을 배웠다. 그러나 학문은 양명에게서 배웠지만 깨달음은 모두 자기 마음에서 찾았지, 스승의 가르침이라고 해서 그대로 따르지는 않았다. 그래서 양명 문하의 뛰어난 제자들은 모두 각기 자신만이 얻은 것이 있어, 다른 학자들의 문하처럼 그 이론이 한 판에 박은 것 같지 않았다.

그들 가운데 서애는 일찍 죽었고 기원형은 뜻밖의 화를 만나 죽는 바람에 그 학설이 널리 전해지지 않았다. 정문덕 이하 여러 문인들 가운데에는 지위가 높아진 사람도 있고 오래 산 사람도 있어, 동곽(東廓) 추수익 같은 사람은 스스로 한 학파를 이루었고 그 밖에도 제자를 사방으로 퍼뜨린 이들이 많다. 그러나 양명으로부터 직접 가르침과 인정을 받고 뚜렷한 유파를 가장 크게 드리워 학풍을 진작하고 각기 주장하는 바대로 이채를 발한 사람으로는 서산(緖山) 전덕홍(錢德洪,

1496~1574), 용계(龍溪) 왕기(王畿, 1498~1583), 심재(心齋) 왕간(王艮, 1483~1541) 세 사람을 들 수밖에 없다.

이 셋의 차이점과 장단점을 알아야 비로소 양명의 제자들에 대해서 아는 것이다. 또한 양명이 평생을 걸쳐 이룩한 학문의 함축된 핵심 이론이 이 세 사람을 통해 더욱 분명해졌으니, 이 셋의 차이점과 장단점을 찾아 살피는 것이 곧 양명을 간접적으로 접하는 것이라고 생각할 수도 있다. 그러나 이 셋은 장단점이 없을 수 없지만, 같다고 해도 실제로 증험(證驗)해 같아진 것이며 다르다고 해도 각자가 찾아냄으로써 달라진 것이니, 다른 유학자들처럼 사사로운 입장을 내세워 달라지고 당파를 지어 같아진 것이 아님을 알아야 한다.

양명 문하의 쌍두마차 전덕홍과 왕기

[38] 세 사람 가운데 왕간은 특별히 따로 서술하기로 하고, 우선 절친한 친구이면서 좀 다른 색깔을 가지고 있고 좀 다른 색깔을 가지고 있으면서 큰 차이가 있는 전덕홍과 왕기를 비교해 서술하고자 한다.

전덕홍의 자는 홍보(洪甫)이고 왕기의 자는 여중(汝中)으로, 같은 절강성 사람이다. 다만 전덕홍은 여요(餘姚) 사람이고 왕기는 산음(山陰) 사람으로 출신 현(縣)이 다르다. 양명은 이 두 사람을 특별히 사랑해서, 관직에서 물러나 집에 머물면서 새로 배우러 오는 문인들을 가르칠 때 전덕홍을 부르기도 하고 왕기를 부르기도 해서 자기 대신에 그들을 가르치게 했다. 또 왕기는 총명한 사람이고 전덕홍은 심지가 굳은 사람이니 서로서로 도움을 주라고도 했다.

양명이 일평생 주장한 것이 '치양지(致良知)'이고, '치양지'의 가장 중요한 방법은 '격물(格物)'에 있다. 이렇게 말하면 아주 쉬운 것 같지만, 가령 양지를 이룬 뒤에는 그 모습(體)이 어떠한가만 생각해 보아도 벌써 미묘하지 않은가. 양지는 선을 선인 줄 알고, 악을 악인 줄 안다. 그러나 받아들이는(感) 그대로 반응(應)한다면 그 자체는 지극히 허한(至虛) 것이어서, 여기에는 선과 악의 구분이 없다. 그러므로 지극히 허한 것의 모습 또한 생각의 대상이 된다. 이 얼마나 황량한 것인가. 가령 격물이라는 과정을 애써 추구할 것 없이, 양지가 본디 투명한 것이라고 하면 사물로부터 거슬러 올라갈 필요가 전혀 없다. 본체 그대로 스스로 흘러갈 수 있지 않은가. 그렇다고 보면 격물부터가 최고의 진리를 접하는 가르침이 아닐 수 있지 않은가.

왕기는 투명한 양지 바로 그곳에서 첫 발걸음을 떼어 보려는 사람이어서 이렇게 말한다.

> 선천적인 마음 본체에 뿌리를 박게 되면 생각(意)이 움직이는 것이 스스로 선하지 않음이 없어 속된 감정이나 욕구가 스스로 용납되지 않을 것이니, 치지(致知)의 노력이 자연히 간단하고도 쉬워져 힘들 것이 없다. 그러나 후천적으로 생각 움직이는 데에 뿌리를 박으면, 아무래도 속된 감정이나 욕구가 마구 끼어들어 '치지'의 노력이 갈수록 번잡해질 것이다.

그러나 전덕홍은 이렇게 말한다.

그렇지 않다. 전에 우리 선생님께서 가르침을 세우실 때 '생각을 참되게 하는 것(誠意)'을 내세워 『대학』의 요지라고 하셨고, 격물·치지가 생각을 참되게 하는 노력의 내용이라 하셨다. 그 문하 제자들은 모두 이 말씀을 듣고 곧바로 어디서 시작하고 어디서 힘써야 할지 알게 되었다. 부지런히 노력하는 사람은 이 앎의 본체를 끝까지 궁구해 자연법칙이 널리 펼쳐지고 추호의 장애도 없도록 한다면 천 번 만 번 감응할지라도 참된 본체는 언제나 그대로 적연(寂然)할 것이니, 이것이 '생각을 참되게 하는 것'의 궁극점이다. 그러므로 생각을 참되게 하는 노력이란 초심자가 하게 되면 곧 시작할 곳을 얻게 되는 것이고, 성인이 하게 되더라도 깊은 곳으로 나아가는 것이 또한 끝이 없게 될 것이다.

우리 선생님께서 돌아가시자 우리들 사이에서, 선악의 고동이 하도 끊임없이 생겨났다 사라지는 것을 문제로 여겨서 본체에 대한 주장이 지나치게 많아졌다. 그러자 이 말을 듣는 사람들은 마침내 생각을 참되게 하는 노력만으로는 도(道)를 다하지 못할 것이니 먼저 깨달음(悟)이 있어야 생각(意)이 저절로 일어나지 않을 것이요, 격물은 노력이라고 말할 수 있는 것이 아니어서 먼저 고요함(寂)으로 돌아가야 사물이 저절로 변화할 것이라고 생각했다. 이렇게 모두들 공상을 통해 깨달음을 추구하게 되니 사람의 도리나 사물의 법칙의 상도(常道)에 딱 들어맞지 않으며, 본체를 붙잡아 고요함을 추구해도 원만하고 활발한 고동이 없다. 높은 곳만을 바라면서 순서는 무시하고, 그림자와 메아리뿐이라 그릇되고 틀려, 우리 선생님의 쉬우면서도 절실한 학설이 막혀 펼쳐지지 못했다.

선생님께서는 "생각을 참되게 하는 노력의 궁극점은 지극한 선(至善)에 머무는(止) 것일 뿐"이라고 하셨으니, 이에 따르자면 지극한 선에 머무는 것이 생각을 참되게 하는 노력을 떠난 적이 없었다. 머묾을 이야기하면 고요함을 말하지 않아도 고요함이 그 속에 있고, 지극한 선을 이야기하면 깨달음을 말하지 않아도 깨달음이 그 속에 있다. 그러나 이는 모두 생각을 참되게 하는 것에 바탕을 둔 것이다. 왜 그럴까? 대개 마음이란 시작할 본체가 없는 것이니, 마음에서는 노력을 말할 수가 없다. 자극에 반응해 생각을 일으킴으로써 좋아하고 싫어함이 나타나니, 여기에서 잘 살피고 절제하는 노력이 있게 되는 것이다. 생각을 참되게 하는 노력이 지극해지면 본체는 저절로 고요하게 되고, 자극에 대한 반응도 저절로 이치에 따르게 된다. 공부를 처음 시작해 학문을 이루기까지 시작도 이것이요 끝도 이것이니, 결코 두 가지 노력이 있는 것이 아니다.

39 양명이 이야기한 학설을 가지고 두 사람의 의견을 검토해 보면, 전덕홍의 주장이 옳다고 할 수 있다.

그 말만 가지고 보면 왕기는 신묘하고 전덕홍은 노둔한 것 같지만, 바라보이는 그것이 실상은 실천해 나가는 그 자체의 반영이므로 일상적이고 비근한 곳일지라도 한몸이 되는 감통이 간격 없이 발현된다면 아득한 몸이 곧 우주와 융화되어 하나가 될 수 있을 것이다. 이러한 경지에 이르는 데는 특별한 길이 있는 것이 아니다. 다만 옳다 그르다 하는 그 한 가지 스스로의 안 바에 따라 간격을 없애고 본래적인 감통을 회복시키는 것이니, 지식은 힘을 쏟아야 할 곳이 아니다. 지식으로 비추는 그 생각 속에 비로소 일이 있는 것이요, 그 생각은 그저 일어나는 것이 아니라 접촉이 있어야 비로소 반응하는 것이다. 따라서 힘을 쏟아야 할 곳은 반응해 일어나는 생각에 있지, 지식에 있는 것이 아니다. 지식에 대해 힘을 쏟는 것이 있다면 그것은 벌써 지식과 거리가 생기는 것이다.

지식의 본체를 분명하게 보았다고 하자. 그것도 가장 가까이에서 보았다고 하자. '봄(見)'은 '체험(體)'과 달라서 터럭 하나라도 사이가 벌어져 있기 때문에 눈에 들어오는 것이다. 따라서 아직 나타나지 않은 고요한 대상을 찾아보는 것보다 생각과 사물을 바로잡는 것이 참 학문(實學)일 터이니, 이를 바로잡는 것이 급한 일이지 나타나지 않은 것을 찾는 것이 급한 일은 아니다.

그러므로 명덕과 친민에 대해 말하자면 친민이 바로 명덕이요, 격물과 치지에 대해 말하자면 격물이 바로 치지다. 이를 다시 대조해 따져 보자면, 명덕이 없을진대 어찌 민중을 친애하며 양지가 없을진대 어찌 사물을 바로잡겠는가. 명덕이 있으면 민중은 저절로 친애하게 될 것이며, 양지가 있으면 격물은 저절로 될 것이다. 근본을 닦아서 지엽을 다스리는 것이 옳지 않겠는가 할 수도 있겠지만, 그렇지 않다. 명덕이 따로 있는 것이 아니라 민중을 친애하는 것이 바로 명덕이요, 양지가 따로 있는 것이 아니라 격물을 하는 것이 바로 양지다. 실제로 있어 힘을 쏟아야 할 곳을 제쳐두고 헛되고 먼 곳으로만 향한다면 생각해 낸 그 자신의 견해라 해도 체득하는 것과는 어느 정도 거리가 있는 것인데, 하물며 생각해 낸 것을 이어 다시 생각해 내는 것이겠는가. 그러므로 전덕홍의 주장이 옳다.

전덕홍은 한평생을 착실하게 산 사람이다. 그는 왕기에게 보낸 편지에 이렇게 썼다.

평소에 항상 편의적이고 인습적인 종류의 하찮은 생각에 대해 도를 행하는 데에 문제될 것이 없다고 스스로 생각했었는데, 이제 보니 티끌 하나가 눈을 덮을 수 있고 손가락 하나가 하늘을 가릴 수 있으니 참으로 두렵다. 아아! 옛사람은 움직임에 있어 본성을 참음으로써 보탬을 얻었다고 하는데, 나는 무슨 보탬을 얻었다는 것인지 이해할 수가 없다. 덜어내고 깎아 버리는 것은 이미 다 해 보았다.

또 나산(羅山) 주녹(周祿)에게 답한 편지에서는 이렇게 말했다.

선생님께서는 "선도 없고 악도 없는 것이 마음의 본체다"라고 말씀하셨다. 쌍강(雙江) 섭표는 이에 대해 이렇게 말했다.

"양지는 본래 선과 악이 없어 아직 나타나지 않은(未發) 고요한 대상이다. 이것을 기르면 격물은 저절로 이루어지게 될 것인데, 이제 그 사물과 접촉함에 따라 격물의 노력을 더하려 한다. 이는 그 본체는 모르는 채 운용을 모색하고 그 근원은 흐린데 흐름을 맑게 하려는 것이어서, 노력이 이미 지엽적인 곳으로 떨어졌다."

말이야 좋다. 그러나 '아직 나타나지 않은' 고요한 대상이 언제나 집안·나라·세상과의 접촉을 떠나 따로 한 사물로 존재하는 것이 아니니, 집안·나라·세상과의 접촉 그 속에 '아직 나타나지 않은' 고요함이 있음을 알지 못했다. 그러므로 격물은 치지를 위한 실제적인 노력이어서 고요한 상태로 있든 접촉을 하든, 본체든 변용이든 모두 간격이 없는 것이니, 이것이 바로 본성을 궁구하는 학문이다.

그리고 염암(念庵) 나홍선(羅洪先, 1504~1564)에게 보낸 편지에는 이러한 추론도 없이 단호하게 말했다.

> 무릇 보통 사람들을 위해 기준을 세운 것은 모두 성인의 말이지만, 성인을 위해 도의 오묘함을 이야기하고 본성의 참모습을 드러낸 것은 성인의 말이 아니다.

이로써 흔한 듯하지만 실질적인 의미가 있는 것과 신묘한 듯하지만 실체가 없는 것과의 경계를 통렬히 깨닫게 했다.

그러나 이것은 모두 시작할 곳에 대한 말일 뿐이고, 학문의 근본은 전덕홍이나 왕기가 다 같은 양지학파다. 따라서 왕기처럼 마음의 본체에서 깨닫는 것을 중시하든 전덕홍처럼 생각과 사물을 바로잡는 것을 중시하든, 모두 한순간의 생각 속에서도 스스로를 속임을 용인하지 않기는 마찬가지다.

40 그러므로 왕기의 어록을 보면 이런 말들이 적혀 있다.

> 지금 사람들은 학문을 이야기하면서, 정신은 매우 깨끗한 것으로 생각해 입만 열면 성(性)에 대해 말하고 명(命)에 대해 말한다. 그리고 일상적인 먹고 마시는 것이나 음악과 여색, 그리고 경제 활동 따위는 매우 더러운 것으로 생각해 남 앞에서 말하기를 싫어한다. 그러나 사실을 알고 보면 아무리 성과 명을 풀이해 지극히 오묘한 곳에까지 이르렀다고 할지라도, 생각이 머무는 곳은 오직 비교하고 헤아리는 것뿐이다. 그것은 본래 삶의 요소들과는 아무런 관련이 없으므로 결국 속된 학문이 되고 말 것이다.

만일 일상적인 것이나 재물 및 여색 따위와 관련시켜 항상 자연법칙을 가지고 대응한다면 일상적인 것을 벗어나고 지극히 깨끗해져 분명한 효과를 보게 될 것이다.

성인이 성스러운 것은 모든 정신과 명맥 전체를 오로지 안으로 쓰고 남에게 알려지기를 바라지 않는 데에 있다. 그러므로 항상 자기 몸의 허물을 보아 스스로 만족하지 않음으로써 그 경지가 날로 끝없는 데로 나아가게 된다. 그러나 '향원(鄕愿)'(시골구석에서 젠체하는 위선자 - 옮긴이)은 그의 마음이 오직 세상에 잘 보이려고 하는 데 있을 뿐이어서 전체 정신이 모두 바깥만을 마라보고 있으므로 스스로 옳다고 생각하더라도 요임금과 순임금의 경지에 들어갈 수 없다.

치지(致知)의 핵심 이론은 말할 때와 침묵할 때, 움직일 때와 움직이지 않을 때를 가리지 않고 사람의 마음과 사물의 변화에 대해 철저히 익혀 본원으로 돌아가게 하려는 것이다. 비유하자면 순금에 구리와 납이 섞여 있을 때 뜨거운 불로 녹여 내는 과정을 거치지 않으면 순수해질 수 없는 것과 같다. 우리 선생님의 문하에서 '깨달음을 얻는' 세 가지 방법이 있다. 지식을 탐구해 깨달음을 얻은 경우를 해오(解悟)라고 하는데, 이는 끝내 말로 하는 탐구를 벗어나지 못한다. 마음을 고요히 해서 깨달음을 얻은 경우를 증오(證悟)라고 하는데, 이것도 여전히 어떤 상황(境)에 의존하는 측면이 있다. 그러나 사람의 일을 가지고 단련해 깨달음을 얻은 경우는 말이나 상황을 벗어나, 닿는 곳마다 근원을 만난다. 흔들릴수록 고요해지니, 이렇게 되어야 비로소 철오(徹悟)라고 할 수 있다.

이렇게 보면, 왕기의 학풍은 전덕홍의 그것과 일치한다. 다만 왕기는 총명해서 높은 경지 쪽에서 체득한 부분을 이야기하는 일이 많았고, 전덕홍은 침착하고 곧아서 실제적인 일이나 사물과 같이 아주 가까운 일들을 이야기하는 일이 많았다.

양명이 죽은 뒤 전덕홍과 왕기는 양명의 제자들 가운데에서도 따르는 사람들이 많았고, 두 사람 모두 장수해서 오래도록 스승의 가르침을 펼쳤다. 전덕홍은 고향 땅에 있을 때에도 민중들에게 고통이 있으면 몸소 나서서 이를 해결했다고 하며, 왕기도 젊었을 때 협객(俠客)이어서 시원시원하고 통이 컸다고 한다. 전덕홍은 1574년(명 신종 만력 갑술)에 죽었으니 일흔아홉 살이었고, 왕기는 전덕홍보다 10년을 더 살다가 여든여섯 살에 죽었다.

왕간과 이단아들

심재 왕간의 자는 여지(汝止)이고, 태주 안풍(泰州安豊) 사람이다. 어려서 집이 가난해 마음껏 공부를 할 수 없었으나, 『대학』『효경(孝經)』『논어(論語)』는 배웠다. 그의 아버지는 불을 때는 일을 했는데, 추운 겨울에 관청의 새벽일을 하는 것을 보고 울면서 말했다.

"아버지로 하여금 저 고생을 하게 하니, 어찌 자식이라고 하겠는가?"

그러고는 그 뒤부터 아비의 일을 대신 했다.

왕간은 비록 책을 많이 읽지는 못했으나 본래 머리가 뛰어나 입에서 나오는 대로 하는 말들이 모두 고개가 끄덕여지는 내용이었다. 그 후

천지 만물이 나와 한몸임을 깨달아 경지가 더욱 드넓었다.

이때 양명이 강서에 있으면서 양지의 주장을 펼치자 장강 이남의 학자들이 모두 이를 받아들이고 따랐지만, 왕간은 동떨어져 있어서 그 가르침을 듣지 못했다. 황문강(黃文剛)이라는 사람이 길안(吉安) 사람으로 태주에 옮겨와 살았는데, 왕간이 강론하는 것을 듣고 놀라서 말했다.

"그대의 말이 왕 순무(巡撫)의 말과 같소."

왕간은 이 말을 듣고 바로 양명을 찾아가 세상 일을 두루 이야기했다. 양명은 은근히 그의 열정이 지나침을 경계했다.

"군자는 생각하는 것이 자신이 처한 자리를 넘지 않는 법이오."

"저는 비록 초야에서 살아가는 필부에 불과하지만, 임금과 백성을 요·순 시대처럼 만들 생각을 하루라도 잊은 적이 없습니다."

"순임금께서 깊은 산속에서 살면서 평생 세상을 잊은 것은 무슨 까닭이겠소?"

"그때에는 요께서 임금 자리에 있었기 때문입니다."

이런 문답이 이어지자 양명이 옳게 여겨 점점 다가앉게 되었다. 41 이야기가 '치양지'에 이르자, 왕간은 탄식하면서 말했다.

"쉽고도 간단하군요. 저는 여기에까지 미치지 못했습니다."

그러고서 양명에게 절하고 제자라고 자처했다. 물러나와 양명에게서 들은 것을 다시 검토해 보니, 간혹 맞지 않는 것이 있어서 다시 뉘우치면서 말했다.

"내가 경망했구나!"

이튿날 양명에게 가서 그 뉘우침에 대해 말하니, 양명이 말했다.

"좋소! 그대는 받아들이고 따르는 것을 가벼이 하지 않는구려."

왕간은 다시 윗자리로 올라가 앉아 오랫동안 서로 토론을 했고, 마침내 왕간이 크게 탄복해 사제 간의 관계를 확정했다. 양명은 문인들에게 이렇게 말했다.

"내가 전에 주신호를 잡았는데도 마음이 움직이지 않았는데, 이제 이사람에게 마음이 움직였다."

예로부터 유학자들이 강학을 할 때는 관학(官學)이건 사학(私學)이건 사방에서 무리들이 모여들면 가르쳤을 뿐이지, 거리와 산골짜기를 가리지 않고 돌아다니고 쫓아다니면서 학설을 전파한 적은 없었다. 그러나 왕간은 양명이 '치양지'에 대해 강설하는 것을 듣고 나서 그를 스승으로 모시더니, 스스로 탄식해 말했다.

"이는 오랜 세월 끊어졌던 학설이다. 이 세상에 이것을 듣지 못한 사람이 있게 할 수는 없다."

그러고는 직접 작은 수레를 만들어 타고 이르는 곳마다 사람들을 향해 학설을 전파해 듣는 사람들이 모두 감동했으나, 노선이 다른 무리들은 왕간을 가리켜 '괴물 두령(怪魁)'이라고 했다. 그는 양명 사후 고향으로 돌아가 강학으로 일생을 마쳤다.

왕간은 비록 양명을 존중해 섬겼지만, 학문상으로는 양명의 격물 이해와는 다른 해석을 했다.

격(格)이란 격식(格式)의 격이며, 자기 자신으로부터 집안·나라·세상이 모두 사물(物)이다. 그것이 모두 사물이지만 근본(本)과 지엽(末)이 있다. 자기 자신은 근본이고, 집안·나라·세상은 지엽이다. 지엽이 바르지 않은 것은 그 근본이 바르지 않기 때문이니, 지엽을 바르게 하려면 근본을 바르게 해야 한다. 근본은 바로 지엽의 모범(式)이다. 그러므로 격물(格物)이라고 한다.

이것을 '회남격물설(淮南格物說)'이라고 하는데, 왕간이 태주 사람이고 태주는 회남 지방이기 때문이다. 왕간은 또 '지극한 선에 머무름(止至善)'을 이렇게 다르게 해석한다.

지극한 선에 머무른다는 것은 자기 몸을 편안케 하는 것(安身)이다. 자기 사신을 편안케 하는 것은 세상의 큰 근본을 세우는 것이다. 명덕을 밝히고 민중을 친애함에 있어서 자기 몸이 편안치 않으면 근본이 서지 않는 것이니, 이래 가지고는 천지를 주재하고 조화를 이끌어내지 못할 것이다.

그러므로 이 천지와 이 만물에서 자기 자신을 위태롭게 한다면 이를 가리켜 근본을 잃었다(失本)고 하고, 이 천지와 이 만물에서 자기 몸만 깨끗하게 한다면 이를 가리켜서 지엽을 버려두었다(遺末)고 한다. 자기 몸이 곧 세상·나라·집안의 근본임을 안다면 천지와 만물이 자기 몸에게 의지하게 할지언정 자기 몸이 천지와 만물에 의지해서는 안 된다.

성인이 도(道)를 가지고 천하를 건지니 따라서 매우 귀중한 것은 도이며, 사람은 도를 베풀 수 있으니 따라서 매우 귀중한 것은 자기 몸이다.

이러한 해석은 양명의 학설과 다르며, 또 그 정밀함도 양명에 미치지 못한다. 그러나 대체로 보면 왕간은 정열적인 사람이어서 양명의 친민 문제를 용감하게 받아들여 세상·나라·집안에 대한 자기 자신의 책임을 중심 주장으로 삼은 것이다. 자기 몸을 편안하게 한다는 것을 얼핏 생각하면 구차하게 육신의 안위를 도모하는 것 같지만, 이 자기 몸이란 것은 세상·나라·집안에 대해 책임을 지고 있는 몸을 가리킨다. 이러한 자기 몸을 편안케 하는 것은 곧 그 책임이 매우 무겁다는 것을 확실히 하기 위한 것이다. 다른 사람들이 자기 자신을 말하지 않음에도 불구하고 홀로 부르짖는 것이 구차하게 육신의 편안함을 도모하려는 것이 아님은 굳이 말할 필요가 없다.

그는 양명보다 더 간단함을 중시해 항상 이렇게 말했다.

백성들이 일상생활에서 살아가는 이치가 바로 성인의 이치다. 다만 성인들은 이를 알기 때문에 잃어버리지 않지만, 백성들은 이를 알지 못하기 때문에 잃어버리기 쉽다.

성인의 도가 백성의 일상생활에서 살아가는 것과 어찌 다르겠는가. 무릇 이와 다른 것은 모두 이단(異端)이다.

이 학문이 별다른 것이 아니다. 보통 사람들도 잘 알 수 있고 잘 실천할 수 있는 것이다. 성인의 도라는 것은 모든 사람이 다 알게 하고 다 실천하게 하려는 것일 뿐이니, '천지에 참여한다(位天地)'거나 '만물을 기른다(育萬物)'라는 것이 바로 이것이다.

왕간은 또 '대성가(大成歌)'라는 노래를 지었다.

> 내 장차 크게 이루고 학문을 인정받아
>
> 말을 따르고 깨달음을 따라 수시로 진보하리.
>
> 이것만 내 마음속에 있으면 바로 성인이요
>
> 이것을 남에게 말해 주면 바로 스승이라네.
>
> (我將大成學印證 隨言隨悟隨時躋
>
> 只此心中便是聖 說此與人便是師)

이런 이야기들은 모두 아주 가까운 데 있는 것에서 아주 큰 것을 드러내는 특징이 있다.

42 왕간이 사람들을 가르치는 것은 언제나 가깝고 일상적인 것에서 가장 알기 쉽게 본심을 가르침으로써 누구나 한마디 말로 훤히 알고 꿰뚫어 볼 수 있게 했으니, 민중을 교화한 공이 양명에 못지않다고 한다. 그는 세상·나라·집안에 대해서 저렇듯이 책임을 부르짖었기 때문에 '자기 처신만 올바르게 하는 것(獨善)'을 나쁘게 여겼으며, '은둔하는 삶'을 도가 아니라고 해서 항상 이렇게 말했다.

> 선비가 비록 세상에서 쓰이지 않는다고 해도, 자기 몸을 수양하고 학문을
>
> 강론하는 것이 모두 세상·나라·집안에 자신을 내어놓는 것이니 하루인
>
> 들 숨을 때가 있겠는가.

또 왕간은 종래의 학설 가운데 '명(命)'에 대한 이야기가 대체로 열렬

하지 못함을 불만으로 여겨, "대인(大人)은 명을 만들어 간다(大人造命)"라고 주장했다. 그런 까닭에 그가 왕기에 비해 총명함이 미치지 못하고 전덕홍에 비해 독실함이 미치지 못하지만, 명덕과 친민의 학문을 곧바로 실천에 옮기는 그 맹렬함에 있어서는 왕기·전덕홍이 모두 그를 따를 수 없을 것이다. 염대(念臺) 유종주(劉宗周, 1578~1645)는 왕간의 격물설이 옳다고 하면서 "뒷날 학자들이 격물설은 마땅히 회남격물설이 옳다고 할 것"이라고 말했다.

왕간은 1541년(명 세종 가정 19년)에 죽었다. 그때 나이 쉰여덟 살이었다. 비록 벼슬을 하지 않은 채 일생을 마쳤지만, 그의 학문은 중국 동남 지방에 전파되어 이를 '태주학파'라고 한다.

왕간의 둘째 아들은 이름이 벽(襞, 1511~1587)이고, 자는 종순(宗順), 호는 동애(東崖)다. 그는 왕기·전덕홍을 스승으로 모시면서 월중(越中) 지방에 오래 있었는데, 왕간이 회남에서 강학할 때에는 왕간을 모시고 지냈다. 왕간이 죽은 뒤 왕간이 강학하던 자리를 이어받아 학풍을 더욱 크게 떨쳤다.

왕간도 안배(安排)를 배척하고 자연(自然)을 주장했는데, 왕벽은 아버지의 학문을 이어받은 데다가 왕기의 가르침을 받았기 때문에 이렇게 말했다.

> 요즘 사람들은 학문이라는 글자만 꺼내면 벌써 몇 겹의 생각을 일으켜, 토론하고 강설할 때나 재고 경계할 때 힘을 쏟으면 쏟을수록 마음은 날로 피로해지고 부지런하면 부지런할수록 움직임은 날로 무뎌진다. 욕망을 참고 명예를 바라면서 선을 좋아한다 자랑하고, 생각을 붙잡아 기틀을

감추면서 잘못을 고쳤다고 말하니, 심신이 진동하며 혈기가 편치 못하다. 알고 보면 본래 어떤 사물도 없고, 본래 그냥 그렇게 된 것이다. 오직 그 움직이는 본체만 방해하지 않으면 진정한 즐거움이 스스로 드러나 보일 것이니, 학문은 그 즐거움을 온전케 하는 것이다. 즐겁지 않으면 학문이 아니다.

대개 왕간·왕벽 부자의 학문을 알고자 하면, 먼저 양명의 명덕·친민에 대한 핵심을 파악하고 사람의 마음이 홀로 아는 그 한 곳에 자연법칙이 있음을 거듭 확인한 뒤에 보아야 비로소 도움을 받아 촉발하는 깨우침을 얻을 수 있고, 허술함에 떨어질 위험이 없을 것이다.

왕간의 학문은 지극히 가까운 곳에서 지극히 큰 의미를 찾아내 제시하는 동시에 민중에 대한 가르침을 주장하는 것이다. 그 당시 비천한 사람이지만 왕간의 말을 듣고 깨달아 배움을 얻은 사람이 몇 있는데, 나무꾼 주서(朱恕, 1501~1583)와 옹기장이 한정(韓貞, 1509~1585), 농사꾼 하정미(夏廷美) 등이 모두 유명하다. 이 가운데 한정은 글자도 모르는 사람인데, 왕간의 핵심적인 주장을 듣고 스스로 민중을 교화하겠다고 나서, 공인·장사치·노동자·노비들을 모두 모아서 가르쳐 감화를 받은 사람이 천여 명에 이르렀다. 그는 죽을 때까지 해마다 추수가 끝나면 이 마을 저 마을로 돌아다니면서 강학을 했다.

이들 외에도 왕간의 문인 중에 덕이 높고 행실이 돈독해서 후세에 알려진 사람들이 한둘이 아니지만 이루 다 기록할 수가 없다. 청나라 때 와서는 강학하는 풍속이 아주 없어졌지만, 태주의 청봉(晴峯) 이광흔(李光炘, 1808~1885)이 함풍(咸豊, 1850~1861)·동치(同治, 1861~1875)

연간에 왕간의 주장을 천명해 제자가 수백 명에 이르렀다. 그러나 그 학설이 당시에 금기가 되어 다시 전해지지 않았기 때문에 지금은 살펴볼 수가 없다. 그러므로 이들에 관한 논의는 일단 접어두고, 좀 번다한 듯하지만 쓰지 않을 수 없는 사람들이 있다. 다름이 아니라 안균(顔鈞, 1504~1596)과 하심은(何心隱, 1517~1579)에 대한 것이다.

처음에 양명이 양지설을 제창한 이후에 학파를 갈라 나왔다는 이유로 다소의 비방이 있었으나, 양명의 마음과 행실이 순수한 데다 지위가 높고 공도 많으니 흠을 잡을 수가 없었고, 왕간의 열정과 왕기의 철저한 깨달음에 대해 하나는 스스로를 단속하는 것이 부족하고 다른 하나는 선(禪)에 가깝다는 시비가 있었지만 그래도 모두 높은 수준에 이른 사람들이었기 때문에 더 이상 건드리지는 못했다. 그런데 안균·하심은이 등장한 뒤에는 왕간 계열에 이러한 미치광이들이 있으니 왕간이 바르지 않았음을 입증할 수 있다 해서 이를 근거로 양명까지 거슬러 배척하게 되었다. 그래서 우선 안균·하심은이 어떤 사람이며 그들의 생애가 어떠했는지를 여기에 덧붙여 기록하고자 한다.

43 대체로 명나라 말엽의 절의(節義)가 중국 역사에서 거의 그 유례를 찾아보기 힘들 정도로 장렬했음은 누구나 다 알고 있는 일이며, 이 명나라 말엽 절의의 고동을 울리게 한 북채가 양명학이라는 것도 누구나 대개 아는 사실이다. 그래서 청나라 초 방포(方苞, 1668~1749)와 같이 양명학을 배척하는 사람도 여기에 대해서는 이의를 달지 못했다. 그런데 양명학의 문도 가운데 왕간이 이미 유학자의 품위 있는 규범에서 벗어나는 정열적 행동을 보여 주었고, 안균·하심은은 좀 더 나아가 현실 사회의 더럽고 천한 부분도 꺼리지 않았던 사람들이다. 그러

므로 학문을 구불구불 시답잖은 속에서 찾아보던 안목으로 이들을 냅다 지워 버린 것이지, 결코 얕잡아 보거나 저평가할 사람들이 아니다.

안균의 호는 산농(山農)이고, 길안(吉安) 사람이다. 왕간의 문인인 파석(波石) 서월(徐樾, ?~1551)에게서 배웠는데, 타고난 기품이 매우 고상해 항상 이렇게 말했다.

> 본성(性)은 깨끗한 구슬과 같아서 원래 먼지가 묻지 않는다. (…) 그 본성 그대로 행하는 것이 바로 도(道)다.

안균은 협객이어서 남을 재난에서 잘 구해 주었다. 태주학파의 중진이었던 대주(大洲) 조정길(趙貞吉, 1507~1576)이 귀양 갈 때 다른 사람들은 모두 상대하기를 피했지만 안균이 홀로 그와 동행해, 조정길이 뼛속 깊이 고마워했다고 한다. 서월이 원강부(元江府)에서 전사하자 그의 시신을 업어다가 선산에 묻어 준 사람 역시 안균이다.

정치가 혼란스럽고 백성이 곤궁함을 보고 차마 가만히 있지 못해 여러 가지로 세상 구제의 뜻을 펴 보려 했지만, 소인들은 그를 원수처럼 여기고 현명하다는 사람들도 그의 번잡스러움을 싫어해 마침내 남경 감옥에 갇혀 죽게 되었다. 그의 제자인 근계(近溪) 나여방(羅汝芳, 1515~1588)은 그를 구호하느라 땅과 재산을 모두 팔아 없애고, 육 년 동안 과거 시험에도 나가지 못했다. 나여방은 은퇴한 뒤에도 이미 늙었건만 안균이 찾아오면 차 한 잔, 과일 한 접시라도 반드시 직접 갖다 드렸고, 여러 손자들에게 "우리 선생님은 너희 무리쯤으로는 섬길 수 없다"라고 했다 한다.

하심은은 길주 영풍(吉州永豐) 사람이다. 원래 이름은 양여원(梁汝元)이고 호는 부산(夫山)이었는데, 나중에 하심은으로 고쳤다. 젊어서 안균에게서 배우면서 왕간의 '근본을 세우는(立本)' 학문에 대해 듣고, 집안을 잘 다스리는 것이 바로 책임을 다하는 첫걸음이니 우선 이를 실행하겠다고 말했다. 그리고 췌화당(萃和堂)이라는 큰 집을 지어 일족을 그곳에 모으고는 몸소 일족의 일들을 처리했다. 관혼상제와 부역 등 모든 일들에서 서로 있는 것과 없는 것을 나누게 하니, 이렇게 한 지 일 년 만에 집안일에 질서가 잡혔다. 마침 그때 그가 살던 읍의 수령이 세금 외의 돈을 거두자 하심은이 편지로 꾸짖었는데, 읍의 수령이 노해 그를 모함하는 바람에 거의 죽을 뻔했다.

그 뒤에 북경에 가서 사방의 선비들을 모아 강학을 했는데, 방사(方士)나 잡류까지 모두 따라와 모였다. 이때 엄숭(嚴嵩, 1480~1567)이 정권을 잡아, 간언하는 신하가 여럿이 죽어도 끄떡도 하지 않았다. 하심은은 방사 남도행(藍道行)이 점술로 세종의 총애를 받는 것을 이용해 비밀 계략을 가르쳐 주었다.

"엄숭이 봉서 바칠 것을 미리 정탐한 뒤에, 귀신이 내린 말이라고 하면서 오늘 한 간신이 정사를 품의할 것이라고 하라."

남도행이 그대로 하자 세종은 그의 말을 듣고 속으로 확인해 보자고 생각하고 있는데 엄숭의 봉서가 들어왔다. 세종은 귀신을 좋아하는 임금인지라 엄숭에 대해 깊이 의심하던 차에 어사 추응룡(鄒應龍)이 엄숭을 탄핵해 내쫓아 버렸다. 하심은이 일개 서생으로 나라의 권력을 잡고 있던 대신을 비밀 계략으로 골려 준 것을 보면 그의 재능을 알 수 있다. 아울러 그의 속마음은 아마 이런 것이었으리라고 추측할 수 있다.

"벼슬이 없어도 국가에 대한 책임은 있다. 음모라고 하더라도 내 책임
을 스스로 다하는 것이요, 속임수라도 온 세상 사람들에게 도움을 줄
수 있다면 내가 좀 잡류가 된들 어떠랴."

하심은은 그 뒤 사방을 두루 돌아다녀 안 간 데가 거의 없었다. 그런
데 장거정(張居正, 1525~1582)이 정권을 잡자 마침 어사 부응정(傅應
禎)과 유대(劉臺)가 그를 탄핵했다. 이들은 모두 길안 사람이었다. 이
때문에 장거정은 길안 사람이라고 하면 모두 원수로 대했는데, 하심
은은 길안의 이름 있는 선비일 뿐만 아니라 이전에 술책을 써서 재상
을 쫓아낸 사람이라 더욱 두려워하고 꺼려 결국 하심은을 잡아 감옥
에 가뒀고, 그는 옥중에서 죽었다.

하심은이나 안균 모두 일생을 너무 바쁘고 경황없이 마쳤기 때문에
시기와 질투를 받았으며, 또 이 때문에 화를 입었다. 그러나 그 자취
가 고결하지 않으면 않을수록 어떤 정도의 고충이 한층 더 거세진다
는 사실을 생각해야 할 것이다. 아아! 민중의 이해(利害)를 나의 이해
로 아는가 그렇지 않은가, 오직 이것만 물어야 한다. 진실로 거기에
간격이 없다면, 전덕홍이건 왕기건 왕간이건, 아니면 비난을 많이 듣
는 안균이나 하심은이건 어느 누군들 진실된 학문이 아니겠는가.

나홍선·유종주의 이론과 실천

44 나홍선의 자는 달부(達夫)이고, 호는 염암(念庵)이며, 강서 길수

(吉水) 사람이다. 열다섯 살 때 양명의 『전습록』을 보고 좋아해서, 양명에게 가서 스승으로 섬기려 했지만 아버지가 굳이 말려서 실행에 옮기지 못했다. 그러나 나홍선의 학문이 양명의 정통 이론을 체득함에 있어서는 전덕홍이나 왕기나 왕간 못지않다. 왕간은 열정적인 실천이 위주여서 그의 학설이 깊고 자세한 데서는 부족함이 있고, 왕기는 시원스런 깨달음의 경지를 위주로 했기 때문에 그의 학설이 절실함에서 부족함이 있다. 전덕홍과 나홍선은 모두 깊고 자세한 것과 절실함을 겸비했다. 그러나 또 얼마간 다른 부분도 있다. 전덕홍은 극기(克己)에 힘을 쏟은 사람이고, 나홍선은 고요함(靜)을 중시하고 거기서 출발한 사람이다.

『주역(周易)』「계사(繫辭)」에는 "고요히 움직이지 않다가, 감응하게 되면 결국 세상의 모든 이치와 통하게 된다(寂然不動, 感以遂通天下之故)"라는 말이 있다. 얼핏 보면 『능엄경(楞嚴經)』이나 『원각경(圓覺經)』에 나오는 말 같지만, 사실은 평범한 말이다. '고요하다(寂然)'는 것은 언제나 그대로임을 말한다. 남이 보기에는 열광적인 것처럼 보여도, 내 본밑 마음 그대로라면 움직임이 있어도 움직이는 것이 아니다. 이것은 바로 고요한 본체다. 만일 온갖 관계를 끊고 온갖 일을 버리고서 스스로 고요히 움직임이 없게 하려 한다면, 그렇게 되려는 것부터가 본밑 마음 그대로가 아니다. 본밑 마음의 입장에서 보면, 이것은 이미 움직인 것이니 고요한 본체가 아니다. 이 '그대로'는 본디 민중과 간격이 없는 것이어서 고통이 서로 통하지 않을 수 없으니, 세상의 일을 세상의 일로 통하는 것이 아니라 바로 내 한 몸의 일로 느끼는 것이다. 송나라 때의 염계(濂溪) 주돈이(周敦頤, 1017~1073)가 "욕망이 없으니 고요하다(無欲故靜)"라고 한 것은 바로 이를 간단명료하게 해석한 것이다. 욕망은 본밑 마음 그대로가 아니라 개인의 사욕으로 인해 움직이는 것이니, 개인의 사욕으로 인해 움직이지 않으면 그것이 곧 고요함이다.

따라서 『주역』「계사」의 말이나 주돈이의 말, 그리고 양명이 명덕·친민을 해석하고 격물·치지를 논한 것이나, 모두 맥이 통하는 것이라고 보아야 한다. 그래서 나홍선은 항상 이 두 말을 들어서 제자들을 가르쳤다. 그리고 또 이렇게 말했다.

유학자들의 학문이란 세상을 경영하는 것이다. 그런데 그 근본은 무욕(無欲)이다. 오직 욕망이 없어야 나아가 세상을 경영할 때 그 '지식'이 자세하고 그 힘이 크다.

따라서 나홍선이 고요함을 중시해 출발점으로 삼은 것은 그 뿌리가 있음을 알 수 있다.

대체로 양명이 죽은 뒤 그 문인이 사방으로 퍼져 양지설을 제창했는데, 양명의 가르침이 스스로 속이는 것(自欺)을 배격했기 때문에 누구나 구차하게 남을 따라가는 것을 부끄러워했고 그래서 각기 직접 깨달은 바에 따라 주장을 내세웠음은 앞에서도 잠시 언급했다. 그 폐해가 가장 크게 미친 것은, 양지와 개인의 사욕에 대한 경계를 철저히 구분하지 않고 그저 "네가 아는 대로 실천하라"라거나 "네가 하려는 것이 곧 선(善)이다" 같은 구절을 들어, 조금의 사욕도 일어나지 않는 곳에 '그대로'가 있고 "미인을 좋아하고 악취를 싫어하듯" 하는 생각의 참됨(誠意)이 지극해야 하려는 것이 선하게 된다는, 이렇듯 엄격하고 분명한 사실을 쉽게 개인의 사욕과 뒤섞어 지름길이라고 떠벌린 일파다. 이는 근본적으로 말한 사람이 잘못이 아니라 들은 사람이 잘못 해석한 것이지만, 그 말이 이만큼 잘못 듣기 쉽게 된 것은 말한 사람도 책임을 면할 수 없다. 따라서 왕기가 "생각이 일어나는 부분에 대한 공부는 번잡한 것"이라 하고 또 '선도 없고 악도 없음(無善無惡)'에 관해 한 단계 뛰어넘는 깨달음을 제기한 데 대해 전덕홍은 옳지 않다고 생각해 이렇게 말했다.

도의 오묘함은 말하지 말라. 평범한 사람들을 위해 기준을 세운 것이 바로 성인의 말이다.

나홍선은 전덕홍과 이론적으로 가까운 동시에, 젊었을 때 쌍강 섭표의 '귀적(歸寂)' 설을 듣고 마음속으로 동의했었다. 그러나 나홍선은 한몸이 되는 자애로움(仁)을 여기에서 세워, "세상의 학자들이 선생의 말로 인해 양명의 진수를 얻었다"라고 한 이주(梨洲) 황종희(黃宗羲, 1610~1695)의 말이 지나가는 찬사가 아니었다.
나홍선은 만년에 전덕홍의 문의를 받고 양명의 연보(年譜)를 정리했는데, 전덕홍은 이렇게 말했다.
"그대가 돌아가신 선생님의 문인이라고 하지 않은 것은 직접 문하에서 배운 제자가 아니기 때문이지만, 그대가 돌아가신 선생님의 학문을 공부한 지 30년이고 학문의 성숙도에 있어서도 부족함이 없으니, 문인 자격에 대해 더 말할 필요가 있겠는가."

그러고는 곧 나홍선을 양명 연보 속에 문인이라 적었다.

45 나홍선은 이렇게 말했다.

> '양지'란 그렇게 쉽게 말할 것이 아니다. 내 마음의 선함도 내가 알고 내
> 마음의 악함도 내가 알고 있으니, 지식이 아니라고는 할 수 없다. 그러나
> 지금의 이 지식에 과연 이치와 욕구가 뒤섞여 있지 않다고 할 수 있을까?
> 이러한 위험이 없지 않다면 지식은 언제나 분명하다고 할 수 없고, 지식
> 에 분명시 못한 심이 있는데 이것에 따라 행동하면서 사리에 어긋나는 일
> 이 없다고 할 수는 없다. 그러므로 먼저 '분명하게 마음속에 있는(炯然中
> 存)' 이 한 곳으로부터 중심이 잡혀야 할 것이니, 죽은 듯하고 적막한 듯한
> 과정을 거치지 않고 여기에 이를 수는 없는 것이다.

그래서 그는 이 노력이 어떤 편의적 방법으로 도달할 수는 없다고 주
장하고, 이에 '고요한 상태'에서 '욕망'이 있는지 없는지를 살피게 했
다. 그러나 그 욕망이 꼭 탐내거나 좋아하는 종류만은 아니고 계산에
의한 안배 또한 욕망이니, 안배는 언제나 이기적인 욕망에서 시작되
는 것이다. 욕망이 있는지 없는지를 살필 때에는 그 자리에서 미미하
게 깨닫는 곳을 중심으로 삼아야 한다고 했다. 그래서 양명은 양지를
제창하되 직접적인 것을 중시했지만, 나홍선은 이렇게 역설했다.

> 양지를 이렇게만 말할 수는 없다. 양지를 이루려면 남들은 모르는 그 자
> 리에서, 나타나는 것보다 작은 것에서, 작은 것보다도 더욱 미미한 것에
> 서, 또 이러한 미미한 것과도 비교할 수 없을 정도로 미미한 것에서 지극

히 고요한 상태에서 분명한 것이 나타나고, 분명한 것이 나타나서 욕망의 뿌리가 숨지 못해야 비로소 거기에 가까워졌다고 할 수 있다. 분명한 것이 나타나게 하려면 이에 대해 모여들게(凝聚) 해야 하고, 섞여 뭉치게(融結) 해야 한다.

그는 이렇게 역설해 철저하지 않은 무리들이 욕망과 이치를 뒤섞어 학문을 그르치는 것을 막으려 했다. 그 말이 전덕홍과 가깝지만 생각의 추구가 전덕홍보다 더 철저한 것이 바로 나홍선의 경지다.

『중용』에서는 이렇게 말했다.

하늘이 내린 것을 본성(性)이라 하고, 본성에 따르는 것을 도(道)라 하며, 도를 닦는 것을 배움(敎)이라고 한다. 도는 잠시도 떨어질 수 없는 것이니, 떨어질 수 있는 것이라면 도가 아니다. 그러므로 공부하는 사람은 남이 보지 않을 때를 경계하고 조심하며, 남이 듣지 않을 때를 두려워한다. 숨어 있는 것보다 더 잘 드러나는 것은 없고, 미미한 것보다 더 잘 나타나는 것은 없다. 그러므로 공부하는 사람은 홀로 있을 때를 조심하는 것이다. 희로애락이 아직 드러나지 않은 상태를 중(中)이라 하고, 그것이 드러나 모두 법도에 맞는 것을 화(和)라고 한다. 중은 세상의 근원적인 바탕(大本)이고, 화는 세상에서 공인된 도리(達道)다. 중과 화를 이루면 하늘과 땅은 제자리를 찾고, 만물이 자라나게 된다.

경계하고 조심하되 왜 남이 보지 않을 때 그렇게 하라고 했는가? 두려워하되 왜 남이 듣지 않을 때 그렇게 하라고 했는가? 남이 보지 않고 남이 듣지 않는 곳은 곧 자기 마음의 가장 은미한 부분이다. 그러나 나는 안다. 이 앎은 이른바 홀로 아는 것(獨知)이다. 가릴 수 없으니 이보다 더 드러나는 것이 있겠는가. 속일 수 없으니 이보다 더 잘 나타나는 것이 있겠는가. 이것이 바로 인생의 생사 문제다. 가장 은미하니 가장 참되고, 가장 참되니 이것이 곧 생명이다. 양명이 격물을 하라고 한 것은 이 은미한 곳에서 경계하고 두려워하는 데서 출발하는 것이다.

나홍선의 수상은 실제로 자기 마음속에서 고생하면서 힘껏 나아간 실화다. 그러나 모여들고(凝聚) 섞여 뭉친다(融結)는 말은 '이룬다(致)'는 말보다 못하다. 민중과 간격이 없다면 이것이 바로 양지의 본체가 이루어진 것이다. 양지가 따로 모여들고 뭉친다고 말한 것이 행여 생뚱스러운 문제가 있지 않을까 싶다.

그러나 나홍선은 경세가(經世家)였다. 그는 관직에 있으면서 바른말을 하다 쫓겨나 고향으로 돌아와 있었지만, 천문·지리·전곡(錢穀)·하천·변방·병진(兵陣)·공수(攻守) 등에 대한 탐구가 깊고 정확했으며, 또한 말타기·활쏘기를 연습해 은연중 양명과 닮아 갔다. 지방의 토지세에 묵은 폐단이 많음을 보고 담당 관리에게 정리하도록 권하자 곧 나홍선에게 그 일을 맡으라 했고, 원래 국가 정책에 익숙한 그는 최선을 다해 직접 살피고 모든 일을 바로잡았다. 흉년이 들면 직접 구제를 도왔고, 한번은 도적떼가 길안으로 쳐들어오자 수령이 어찌할 줄을 몰라하는 것을 보고 방어 계획을 세워 마침내 물러가게 했다. 학우인 형천(荊川) 당순지(唐順之, 1507~1560)가 변방 일을 맡게 되자 나홍선에게 함께 가자고 끌었으나 그는 이렇게 말했다.

"세상 일을 하는 데 이 사람이 나서지 않으면 저 사람이 하면 된다. 내가 하려는 일을 그대가 하면 그만이니, 반드시 내가 갈 이유가 무엇이겠는가."

그는 환갑이 되던 해에 죽었다. 그해가 1564년(명 가정 43년)이었다.

46 양명의 제자들은 대체로 그 문하생을 각기 나누지 않고 피차간 서로 넘나들었으므로, 한 스승의 학문만을 계승한 사람은 적고 오직 양명의 학설만을 널리 퍼뜨렸을 뿐이다. 또 학설은 비록 하나지만 타고난 재능과 깨달음의 차이로 인해 주장과 행적들이 각기 독특한 데가 있었다. 거기에서 배운 사람들 가운데 혹 자기 스승의 학풍을 이어받음직도 하건만, 겉모습에서 배움을 구하지 않는 학파인 까닭에 아무리 스승의 학설이라도 자기 마음에 비추어 미심쩍은 점이 있으면 구차하게 따르지 않았다. 양명 제자들의 각파는 특히 스승의 학설과 다른 주장을 하는 이들이 많았다.

왕기의 학문이 부수적인 폐단이 없지 않은 것도 사실이지만, 이것도 타고난 재능과 깨달음이 비슷한 사람들에게 전수되었을 뿐이고, 직접 그의 문하에서 배운 제자들이라 해도 그의 학설을 판박이한 것은 아니다. 우선 왕기의 제자 가운데 정우(定宇) 등이찬(鄧以讚, 1541~?)과 양화(陽和) 장원변(張元忭, 1538~1588)은 모두 독실한 사람이어서 차라리 전덕홍에 가깝다. 오직 왕간을 이어받은 계통은 어느 정도 계보를 만들 수 있는데, 왕간은 양명의 제자 가운데에서도 가장 직설적이고 행동이 앞서는 사람이어서 깨우침은 있지만 설명이 적기 때문에 자연히 들쑥날쑥함이 비교적 적었던 것으로 생각된다.

명나라 말 유명 인사들이 가졌던 굳은 절개는 말할 것도 없거니와, 그들에게 이해득실에 대한 타산이 없었던 것은 실로 고금에 그 유례가 없었으니, 학문의 힘이 어떠한 것인지 알 수 있지 않은가. 또한 학문을 통해 자신의 마음을 계발한 보람이 어떠한 것인지 알 수 있지 않은가. 여기서는 양명의 제자들과 그 뒤를 이어 등장한 여러 인물들에 대해 서술할 뿐이고, 명나라 말 유명 인사들이 양명의 영향을 받아 행한 여러 사실들은 『명사』에 기록되어 있어 여기에 다시 기록하지는 않는다. 그러나 사실 양명학도는 그가 가르친 제자들 가운데서 찾는 것보다 민중을 위해 자신의 목숨을 바친 그 사람들부터 꼽아야 할 것이며, 양명의 학설은 『전습록』 속에서 찾는 것보다 이해득실을 따지지 않는 이 일념으로부터 직접 들여다보아야 할 것이다. 그러나 나면서부터 가지고 있는 지식이 남김없이 밝혀지게 되는 그 진정한 길을 제쳐두고 따로 학설이 있을 수 없다. 동시에 이 학설이 곧 마음의 이야기이니, 각각의 사람들이 평생토록 힘들게 경험해 얻은 여러 가지 소득을 찾아 검토하는 것도 실로 헛된 탐구만은 아닐 것으로 생각한다.

나홍선 이후에 나홍선과 생각의 탐구에 동조하면서 '성의 본바탕(性體)'에 대한 보취(保聚)를 절실하게 주장한 사람은 염대 유종주다. 유종주는 자가 기동(起東)이며, 절강 산음(山陰) 사람이다. 그의 학문은 '홀로 있을 때 삼감(愼獨)'을 핵심 주장으로 삼았다. 이는 생각의 탐구와 비슷한데, 삼가는 것이 아주 철저하면 성의 본바탕을 깨달을 수 있고 이 깨달음을 조심스럽게 모으고(保聚) 그것을 '궁극적인 근본(大本)'으로 삼는다는 점에서 나홍선의 응취설(凝聚說)과 비슷하다. 그러나 유종주에 이르러서는 양명의 전통이 어느 정도 변해 점차 논란이 많았다. 유종주는 처음에는 허부원(許孚遠, 1535~1596)에게서 배웠는

데, 허부원은 곧 감천(甘泉) 담약수(湛若水, 1466~1560)의 학통이다. 원래 들어선 길이 다르다고 할 수 있지만, 유종주의 학문은 담약수와도 또 다르다. 그래도 가까운 사람을 찾는다면 나홍선이다.

유종주는 명나라 말기의 대신이다. 의종(毅宗)의 미움을 받았어도 꾸짖음을 충직함으로 대하다가 여러 번 위기를 겪었지만, 나라를 잊지 못함은 한결같았다. 그는 청나라의 침략으로 남경(南京)마저 함락된 뒤 곡기를 끊고 굶어 죽었다. 그의 제자인 축연(祝淵, 1614~1645)과 왕육시(王毓蓍, ?~1645)도 모두 죽음으로써 절의를 지켰는데, 특히 축연의 경우는 학자들을 깨우칠 만하다. 그는 원래 유종주와 아는 사이가 아니었는데, 유종주가 임금의 뜻을 거슬려 파직되었다는 말을 듣고 상소를 올려 구하고자 했다. 나중에 유종주를 찾아가니, 유종주가 물었다.

"그대가 나를 구하려 한 것이 그래야 할 것으로 생각해서 한 것인가, 아니면 혹시 명예욕이 있어서 한 것인가?"

그는 유종주의 이 말을 듣고 시원스레 말했다.

"선생님의 이름이 세상에 가득한데 정말로 선생님의 문하에 들지 못함을 부끄럽게 생각해 그렇게 했습니다."

그러고는 곧 유종주를 스승으로 받들었다.

유종주의 학문은 그가 어떤 과정을 거쳤는지 하는 관점에서 양명과 차이가 있다고 할 수 있다. 그러나 이 한 구절만 보더라도 적나라한 본심에서 바로 들어가는 분명한 양명학파의 바탕이다. 이렇듯 숨어 있는 생각을 몰아내 한 오라기도 숨어 있지 못하게 한다면 만날 양명과 다른 말을 한다고 할지라도 이것이 곧 양명의 정통일 것이요, 양명의 학설에 조금도 어긋나지 않는다 해도 이런 투철한 탐구가 부족하다면 민중과의 간격이 사라질 날이 없을 것이니 이것이 곧 다른 학설이 아니겠는가.

47 응취(凝聚)니 보취(保聚)니 하는 것은 얼핏 보아서는 분명히 알기 어렵다. 대개 '모은다'는 말은 그 전에는 완전히 다 갖추지 못했음을 나타내는 말이다. 옳고 그름이나 선과 악에 대해서, 보이지도 않고 들리지도 않는 이 은미(隱微)한 곳에 스스로 속일 수 없는 한 점 지혜가 항상 이를 비추어 깨치고 있는 것이다. 그러나 이 항상 비추는 것을 항상 가리면 은미한 곳에서 홀로 비추는 지혜의 본체가 온전하게 드러나지 못해 결국 극히 일부만 존재하는 데 그치게 되고, 이 일부의 존재조차도 가장 은미한 속이기 때문에 좀처럼 드러나지 않는다. 그러므로 그 비추는 곳으로부터 지혜의 본체를 찾고 행여 그것이 가려질까 걱정하는 것이 곧 '지킴(保)'이요, 가린 것을 끊임없이 타개해 지혜를 남김없이 뚜렷하게 하는 것이 바로 '뭉침(凝)'이고 '모음(聚)'이다. 그러므로 유종주는 '홀로 있을 때 삼감'이라는 한마디를 항상 주장했다. 유종주는 이렇게 생각했다.

이 한 점 지혜는 나 혼자만 아는 은미한 곳에 아물아물하면서도 끊임없이 존재한다. 그러므로 가장 은미한 속을 찾아보지 않으면 속일 수 없는 본체를 알 수 없을 것이다. 따라서 잘못된 생각을 하고 난 뒤에 그것을 살펴본다면 이미 그 잘못을 꾸미려는 나쁜 생각이 동시에 일어나니, 그 잘못된 생각이 일어나기 전에 그 낌새부터 깨끗이 쓸어버려야 한다.

유종주는 천품이 참으로 깨끗한 사람이어서 자제력이 지극했다. 따라서 잘못의 뿌리를 추호도 용납함이 없이 파헤쳤으므로 은미한 가운데 홀로 아는 것에 대해 아주 분명하게 체득했다. 그러나 생각이 일어나기 전에 그 낌새조차 깨끗이 쓸어버리는 것은 입문 단계의 공부가 아니다. 대개 학문이란 힘쓸 수는 있어도 억지로는 못 하는 것이니, 억지로 한다면 그것은 벌써 참된 것이 아니다. 유종주는 실제로 실천한 사람이다. 그러나 이것은 전덕홍이 말하는 이른바 보통 사람들을 위해 표준을 세우는 것이 아니다.

그러므로 양명이 '격물'을 풀이하면서 "생각에 대해 그 옳지 않은 것을 바로잡(格)아야 하며, 옳지 않은 생각이 바로잡혀야 양지에 미진함이 없다"라고 한 것이 아주 적절한 말이다. 이러한 노력을 쌓아 양지의 예민함이 추호의 옳지 않음도 용납하지 않으면 그 작은 것도 큰 것처럼 뚜렷해지고, 그렇다면 금세 생겨났다 사라지는 것이라 할지라도 소홀히 여길 수 없을 것이다. 고양이가 쥐를 잡을 때처럼 바삭 소리만 나도 쥐가 있다는 것을 알고, 이 소리조차 없는 단계에서도 그 소리가 나려는 것까지 아는 지극히 신령스러운 경지에 이를 수 있다. 그러나 노력을 쌓는 것을 가지고 제시할 뿐이니, 노력을 쌓은 뒤에 그 쌓음으로 인해서 생기는 미묘함이나 지혜 등은 노력과 뒤섞어 말할 것은 아니다. 그러므로 처음 노력하는 사람이 몸소 실천할 수 있는 그곳에 참된 학문의 씨앗을 뿌리는 것이다.

그러나 이 '홀로 앎(獨知)'을 제창하고 이 한 곳에서부터 참과 거짓이 갈린다는 것을 극력 주장한 것이 사실은 양명으로부터 비롯했으니, 유종주의 학풍도 여기서 파생한 것이다. 그러므로 유종주는 이렇게 말한다.

> 학문은 우선 참과 거짓을 구분해야 한다. 만약 참 위에 입각하지 않는다
> 면 천 번 닦고 만 번 닦아 봐야 짐승의 상태로 가고 있는 사람일 뿐이다.

어떤 사람이 유종주에게 "사람으로서 삶과 죽음의 문제를 깨치지 못
하면 도리(義)와 이득(利)에 대해 깔끔하지 못할 것이 아닌가"라고 묻
자, 그는 이렇게 대답했다.

> 삶과 죽음의 문제를 깨치려 한들 어떻게 그렇게 할 수 있겠는가. 오직 도
> 리와 이득을 분명하게 구분하고 지식이 참되면 삶과 죽음이 무슨 대수겠
> 는가. 다시 말할 필요도 없다. 도리에 비추어 마땅히 살아야 한다면 사는
> 것이고, 거기에 비추어 마땅히 죽어야 한다면 죽는 것이다. 눈앞에 보이
> 는 것은 오직 도리 하나뿐이며, 삶이니 죽음이니 하는 것은 눈에 보이도
> 록 존재하는 것이 아니다.

유종주는 이것을 실천한 사람이다. 그러나 유종주 이후 그의 학문을
계승한 사람은 이주 황종희 정도고, 그 뒤로는 거의 찾아볼 수가 없
다. 물론 청초 이후에 강학하는 풍습이 사라지고, 또 청대의 여러 황
제들이 송학(宋學)을 숭상해 양명의 주장이 받아들여지지 못한 것이
이유일 것이다. 그러나 그의 학문은 각고의 노력을 먼저 생각하는 것
인 만큼, 수준이 높은 선비를 대상으로 한 학설이어서 처음 배움에 들
어서는 사람이 따라가기가 어렵다. 그래서 쇠락해 가는 시대에 어려

움 속에서 민중과 함께 전개해 나가기에는 좀 부족한 점이 있었던 까닭도 있지 않았나 한다.

명말·청초 3대 석학 손기봉·황종희·이옹

48 명말(明末)에서 청초(淸初)로 들어와 양명의 후학으로 볼 만한 세 학자가 있다. 한 사람은 손기봉(孫奇逢, 1585~1675)이고, 또 한 사람은 황종희이며, 또 한 사람은 이옹(李顒, 1627~1705)이다. 손기봉은 자가 계태(啓泰)이고 호는 하봉(夏峰)이며, 황종희는 자가 태충(太沖)이고 호는 이주(梨洲)다. 이옹은 자가 중부(中孚)이고 호는 이곡(二曲)이다. 손기봉은 북직례(北直隷, 명대 北京을 중심으로 한 중앙 직할 행정 구역 - 옮긴이)의 용성(容城)에서 태어났으며, 처음에는 협객이었다. 위충현(魏忠賢, 1568~1627)이 한창 세상을 어지럽히고 있을 때 충신이나 곧은 선비들이 한번 잡히면 아무도 감히 돌볼 사람이 없었는데, 그는 처음부터 끝까지 바삐 구원해서 이름이 세상에 알려졌다. 그 뒤 지조 있는 협객에서 학자로 변신했지만, 지조 있는 협객 손기봉이 바로 학자 손하봉이므로 결코 다른 사람이 된 것이 아니었다. 그러므로 그는 은근히 책임감이 강해 이렇게 말했다.

> 살아감에 있어서는 따름(順)을 귀하게 생각하고, 죽음에 있어서는 편안함(安)을 귀하게 생각한다. 그러므로 죽음으로써 그 책임을 다했다고 하지 않을 것이다.

따름(順)이나 편안함(安)은 모두 양지를 표준으로 삼고 한 말이다. 그는 또 이렇게 말했다.

"보통 사람이라고 해도 그 뜻을 빼앗을 수는 없다"라고 한다. 뜻을 빼앗을 수 없기 때문에 그것이 곧 명을 만드는 것(造命)이고 명을 세우는 것(立命)이다.

이는 한 사람의 확고한 뜻이 세상을 바꾸어 놓고야 말 것임을 보여 준다. 또 누군가가 "오늘날 선비가 어떻게 하는 것이 도(道)인가?"라고 묻자, "몸을 욕보이지 않는 것이 도다"라고 대답해 굴하지 않는 정신을 주장했다.

청나라의 명신 탕빈(湯斌, 1627~1687)이 손기봉의 제자라고 하지만, 손기봉의 입장에서 보면 차라리 탕빈이 이광지(李光地, 1642~1718) 당파의 혈통이라 할지언정 그의 제자가 아니다.

황종희는 양명과 같은 고을에서 태어난 후배다. 그의 아버지 황존소(黃尊素, 1584~1626)가 위충현 문제로 간언하다 죽어 충신의 유족으로 어려서부터 의분을 느끼고 스스로 노력했다. 명나라 의종 즉위 직후 그는 화를 당한 집안의 열아홉 살짜리 고아로 소매에 쇠송곳을 넣고 북경으로 가 원수를 찔러 거의 죽게 만들었다.

그는 평생토록 불행했던 사람이다. 명나라 말 쫓겨 다니는 조정에 고생을 하며 충성을 다 바쳐 심지어 비밀리에 일본에까지 가 원병을 요청하기도 했지만, 지난한 사업을 결국 이루지 못하자 고향으로 돌아가 두문불출한 채 청나라의 부름에 죽음으로 거부했다.

황종희는 어렸을 때부터 유종주의 문하에서 배워 항상 보취설(保聚說)을 이야기했으나, 그의 평생 자취는 유종주의 법도보다 왕간의 정신이 많았다. 그는 거친 파도와 험한 산을 넘으며 기꺼이 위험을 무릅쓴 것에 대해 "말려고 해도 말 수 없는 그것을 이루었을 뿐이다"라고 해서, 학문과 지조를 하나로 설명했다.

그는 『명이대방록(明夷待訪錄)』을 지었는데, 겉으로는 기자(箕子)가 무왕(武王)에게 전했듯이 천자(天子)의 도를 공개적으로 제시한 것처럼 보이지만 그의 정신은 사실 「원군(原君)」 편에 있다. 그 요지는 전제군주의 폐해를 강력히 주장해 청나라 황제에 대한 존숭을 근본적으로 뿌리 뽑자는 것이었다. 황종희가 안 해 본 운동이 없음은 여기서도 짐작할 수 있다.

이옹은 서안 주질(西安盩厔) 사람이다. 아버지 이가종(李可從, ?~1642)은 명나라 숭정(崇禎) 연간에 왕교년(汪喬年, ?~1642)의 부하로 적을 토벌하러 갔다가 전사했다. 그는 위에서 말한 세 명의 큰 유학자 가운데에서도 가장 외롭고 힘든 가운데서 자라나, 그의 학문도 근본적으로 스승과 벗의 도움에 의지한 것이 아니라 자기 생각에 따라 스스로 세워 손기봉이나 황종희보다 오히려 탁월했다. 그는 이렇게 말했다.

세상의 큰 근본은 사람의 마음이고, 세상에서 가장 중요한 것은 세상 사람의 마음을 일깨우는 것이다.

사람의 마음을 일깨우는 것이 바로 학문이요, 학문에서 가장 힘을 쏟을 것은 잘못을 뉘우치는 것이다.

그러므로 그는 '잘못을 뉘우쳐 스스로 새로워지는 것(悔過自新)'을 핵심 주장으로 삼아 이렇게 말했다.

잘못을 뉘우치되, 그 근원에 가서 그것을 없애 버려라.

무릇 잘못을 뉘우치는 것은 몸에서 하는 것이 아니라 마음에서 해야 하며, 마음에서 하려 한다면 반드시 그 생각의 움직임에서 구해야 한다. 이렇게 한 뒤에라야 잘못을 알고 잘못을 뉘우치고 잘못을 고쳐 스스로 새로워질 것이다.

이옹은 일찍이 돌아가신 아버지의 유골을 찾아 나서려 했으나 어머니가 노인이라 차마 떠나지 못하다가, 어머니의 상을 치른 후에 곧바로 걸어서 전쟁터로 향했다. 성 아래에서 유골을 샅샅이 찾아보았으나 찾지 못했는데, 그곳 관리와 백성들이 그의 지극한 효심에 감동해 그의 아버지를 위한 사당을 세우기로 했다. 그 공사를 하는 중에 남쪽 지방에서 그를 초청하는 사람이 있어서 한편으로 선현들이 남긴 책을 교열하고 한편으로 강학을 하다가 갑자기 눈물을 비 오듯 흘리고 뉘우치며 이렇게 자신을 꾸짖었다.

"불효로다. 너의 이번 길이 무슨 일을 위한 것이기에 여기서 무어니 무어니 하고, 이러고도 사람의 마음을 가진 자라 하겠는가? 선현들이 남긴 책을 본들 무엇 하랴."

그러고는 곧 사당 공사장으로 갔고, 공사가 끝난 뒤 제사를 지내면서 통곡했다.

돌아와 두문불출한 채 스스로 삼가고 있었는데, 청나라 조정에서 기어이 그를 불러 쓰려 했다. 이옹은 곧 칼을 뽑아 자신을 찔렀으나, 사람들이 구해 다시 살아났다. 그 뒤부터는 다시 강제로 부르지 않았다. 그는 토굴 속에서 힘들게 절개를 지키면서 살다 일생을 마쳤는데, 고염무(顧炎武, 1613~1682) 이외에는 그가 정성스레 대한 이가 없었다고 한다.

6

조선의 양명학파

49 조선에는 양명학파가 없었다. 양명학은 내려오면서 어떤 이단(異端)·사설(邪說) 같이 몰아, 그 책이 책상 위에 놓인 것만 들켜도 사문난적(斯文亂賊)이라는 비난을 각오해야 했다. 그래서 한두 학자가 비록 양명의 학설을 홀로 공감했다 하더라도, 밖으로는 드러내지 못했다. 그러니 양명학파가 없었다는 말이 사실이 아니라고는 할 수 없다. 조선에는 주자학파뿐이었다. 수백 년 동안 누구를 막론하고 주자학을 받들어야만 입신양명(立身揚名)의 길을 얻을 수 있었다. 모두가 주자학이었으니 따로 주자학파라는 이름조차도 없었다.

그러나 학문이 입신양명의 수단이 되면 빈껍데기(虛)와 거짓(假)의 문제가 생기기 쉽다. 반면에 이 학문이 입신양명은커녕 온 세상에서 배척당하는 표적임에도 불구하고 '내 생각에 이 학문이 옳으니 나는 홀로 이를 공부한다'라고 하면, 이것이야말로 '일진무가(一眞無假)'의 본래 혈맥이다. 그러니 없었다고 하는 조선 양명학파가 실제로는 가장 귀한 존재가 아닐는지 누가 알겠는가.

이제 양명학자이면서도 밖으로 드러내지 못했던 우리나라의 이전 학자들을 찾아보면 참으로 쓸쓸하기 그지없다. 그런 가운데서도 이들은 대략 세 부류로 나눌 수 있다. 첫 번째는 뚜렷한 저서가 있거나 아니면 그의 말 가운데라도 분명히 증거할 만한 것이 있어서, 다른 사람들은 몰랐다 하더라도 양명학파라 하기에 의심이 없는 사람들이다. 또 하나는 양명학을 비난한 말이 있지만 그 전후를 종합해 보면 이는 발림수이고 속으로는 양명학을 주장했음을 숨길 수 없는 사람들이다. 또 하나는 양명학을 한마디도 언급한 적이 없고 주자를 받들었지만, 양명을 말하지 않으면서도 그 평생 주장의 핵심적 정신을 보면 두말할 필요도 없이 양명학자임을 알 수 있는 사람들이다.

최명길·장유의 양명학 흔적

우선 첫 번째 부류에 속하는 양명학자로 지천(遲川) 최명길(崔鳴吉)이 있다. 그는 1586년(선조 19년 병술)에 태어나 1647년(인조 25년 정해)에 죽었다. 최명길이 혼자서 양명학을 공부한 사실은 이전 사람들이 언급한 적이 없었고, 최명길처럼 사림의 비난을 도맡아 듣는 사람으로서 만일 그의 학문이 왕양명을 주장했다고 한다면 더더군다나 죄목이 늘었을 텐데 도무지 아는 사람이 없었다.

신진익(申晉翼, 1602~?)이가 와서 편지 두 통을 받아 보고 이응징(李應徵)이 편지 한 통을 또 전해 주니, 동시에 부친 것이기는 하지만 갑절이나 든든하구나. 편지 보낸 후의 소식은 또 어떠하냐? 최명후(崔鳴後, 1609~?)가 곧 돌아올 것이니 그 편만 고대하고 있다.

네 편지에서 "본래 모습(本來面目)이 어릿어릿한 사이로 희미하게 보일 뿐이니, 이것은 공부가 미숙해 그런 것 같습니다"라고 했는데, 네가 이러한 것을 깨달았으니 그동안 점검하고 성찰한 공을 알 수 있어 무척 기쁘나. 방냉의 색에 "마음은 본래 살아 있는 것이어서, 오랫동안 한곳에만 매달려 있으면 마음에서 병이 생길까 걱정된다"라고 했는데, 이는 틀림없이 직접 본 것이고 또 자기가 체험한 결과 분명하기에 이렇게 말한 것일 게다. 양명 같이 고명한 사람도 이러한 걱정이 있거늘, 하물며 당장 역경에 처해 있는 네가 어떻게 보통 사람처럼 태연할 수 있겠느냐.

이러한 때에 급하게 고통스런 노력을 하고 지나치게 이를 지키려 하면 혹시 다른 병이 생길까 걱정하지 않을 수 없다. 그저 일상적인 언동에서라도 때때로 정신을 가다듬어 이 마음이 흐트러지지 않게만 하고, 자주 고요히 앉아 말없이 바라봄으로써 천기(天機)의 오묘함을 깨닫도록 해라. 항상 내 마음의 본체로 하여금 솔개가 날고 물고기가 뛰어오르는 자연법칙에 맞게 한다면, 비록 붙잡혀 감옥에 있는 몸일지라도 "무우(舞雩)에서 노닐고 시를 읊조리면서 돌아오는" 멋을 느끼고 스스로 그것을 즐겨 시름을 잊을 수 있을 것이다. 하물며 너야 거처하고 먹는 데에 아무래도 자유로움이 있고, 접하는 사람들이 말과 풍속은 다를지라도 모두 내 동포들이어서 하늘에서 얻은 오성(五性)·칠정(七情)이 우리와 서로 크게 다르지는 않을 것이니 목석이나 짐승들과 지내는 것보다야 어찌 낫지 않겠느냐.

50 그리고 '본래 모습'이라는 것은 매우 밝고 맑은 곳에 있다가 희로애락의 감정들 사이로 나타나는 것이다. 이러한 까닭에 옛사람들이 노력을 함에 있어 움직임(動)과 멈춤(靜)을 구별하지 않은 것이다. 해와 달, 추위와 더위가 번갈아 나타나고 바람과 구름, 안개와 비가 모양을 바꾸는 것도 모두 도의 본체가 움직이는 것인 동시에 내 마음이나 지혜의 작용과 어우러져 하나가 되는 것이다. 깨달음이 여기에까지 이르러 항상 몸소 깨닫게 되면 '희미'하다던 것이 저절로 분명하게 될 것이며, '어릿어릿한 사이'라고 하던 것이 저절로 영원히 무르익게 될 것이다.

낸들 이 경지에 도달한 사람이겠는가마는, 마음은 늘 여기에다 두고 살아왔으므로 종종 힘을 얻기도 했다. 내가 평생에 걸쳐 별별 못 당할 일을 수없이 만났지만 크게 낭패하지 않은 것이 바로 이 힘 때문이었던 것으로 안다. 그래서 너에게 말하는 것이니, 뒷날 우리 부자가 서로 만나서 헤어진 뒤 각자 깨달은 바를 말하면서 괄목상대하게 되기를 바란다.

봉길(鳳吉)이가 어제 숙천(肅川)에서 왔는데, 의길(誼吉) 아우도 무던히 잘 견디더란다. 몇 달 정도 거기 묵게 한 뒤에야 무슨 수가 있을 듯하다.

다른 말은 별지(別紙)에서 하겠다.

이 한 통의 편지는 『지천집(遲川集)』 권17에 있는 「후량에게 보내는 편지(寄後亮書)」로, 정묘·병자호란 이후에 대신의 자제들이 심양(瀋陽)에 볼모로 잡혀갔을 때 보낸 글로 안다. 편지 전체의 의미를 살펴보면, 최명길의 학문이 어디에서부터 출발했는지를 분명히 확인할 수 있다. 또 그 문집 권17에 있는 「복잠(復箴)」 6장의 "남은 모르는데 자기 마음이 홀로 안다(人所罔覺, 自心獨知)"라는 구절과 대조해 보면, 오직 양지(良知) 한 길만을 주장한 양명학을 계승하고 있음이 의심의 여지 없이 분명하다.

최명길의 자는 자겸(子謙)이다. 인조반정(仁祖反正)의 으뜸 공신으로 벼슬이 영의정에까지 오르고 시호는 문충(文忠)이었다. 학자로서 가장 현달(顯達)한 이라고 할 수 있겠지만, 그의 일생을 살펴보면 기구하고 험난해 그가 편지에서 말했던 것처럼 별별 못 당할 일을 수없이 당한 궂은 팔자였다. 반정의 으뜸 공신이 된 것부터가 험난함의 시작이었지만, 그의 인생에서 가장 기구했던 것은 정묘·병자호란 전후다. 앞서 정묘년(1627)에 청나라가 쳐들어와 임금이 강화도로 피신할 때, 최명길이 나서 혼자서 청나라 사절을 맞아 강화 진해루(鎭海樓)에서 화의(和議)를 맺어 청나라 군대의 화를 모면케 했다. 그 뒤 괴롭지만 절실한 주장으로 외교 정책과 내치 방안을 내놓았으나, 조정의 의견이 하나로 모아지지 않아서 하나도 시행되지 못했다.

병자년(1636)부터 청나라의 침략 조짐이 날로 가까이 다가오는데도 우리 조정에서는 한갓 큰소리만 난무해 전쟁이나 화친의 두 방책이 모두 아득했다. 이에 최명길은 홀로 걱정이 태산이어서 아무쪼록 외교 문서를 유순하게 만들어 화를 늦추어 놓은 뒤 그 사이에 백성들을 안정시키고 병사들을 훈련시켜 방어할 계획을 세우려 했다. 그러나 이런 말을 벙긋만 하면 바로 남송의 화친파 진회(秦檜)와 같은 무리로 그를 몰아붙였다. 그는 자신을 그렇게 몰든지 말든지 모두 한쪽 귀로 흘려 버리고 계속해서 말하고 또 말하지 않을 수 없었다.

병자년 겨울에 청나라 군대가 곧장 수도 부근까지 쳐들어왔다. 임금이 황급히 피란하려고 남대문을 나설 즈음에 청나라 군사가 벌써 서쪽 근교까지 밀어닥쳤다. 임금과 신하 모두 낯빛이 변해 어찌할 바를 모르는데, 최명길이 임금 앞에 나아가 아뢰었다.

"신(臣)이 단신으로 오랑캐 진영에 가서 맹약을 깨고 군대를 동원한 것에 대해 문책하겠습니다. 신을 죽이면 할 수 없지만, 다행스레 이야기가 되기만 하면 말을 주고받는 사이에 피하실 틈을 얻을 수 있을 것 같습니다."

그러자 인조는 최명길의 이야기를 듣고 말했다.

"그러면 다행이다. 경(卿)이 만 번 죽음을 무릅쓰고 몸을 범의 아가리에 던져 넣어서 임금의 위급함을 늦추려고 하니, 이것은 고금을 막론하고 처음 보는 일이다."

그러고는 금군(禁軍) 20명을 주어 데리고 가게 했다. 성문을 나서자마자 금군 20명은 하나도 남지 않고 모두 달아나 버렸다. 청나라 진영에 도착해 짐짓 말을 주고받으면서 어떻게 끌었는지, 해가 저물도록 진격을 멈추게 했다. 물론 최명길은 지략이 남보다 뛰어난 사람이어서 어떻게 하면 어떻게 되리라는 자신감도 있었겠지만, 생사·화복을 염두에 두지 않는 순수하고도 정성스런 마음이 없었다면 이렇게 밀고 나가지 못했을 것이다.

51 임금의 행렬이 이미 남한산성에 도착한 뒤에 최명길이 아슬아슬하게 청나라 장수의 칼날을 피해 임금이 있는 행재소(行在所)로 가니, 포위된 이 성의 함락이 또 박두해 있었다. 최명길은 이렇게 말했다.

"지금으로서 할 수 있는 계책은 화친 아니면 싸우는 것뿐인데, 싸우려고 하니 믿을 만한 군사가 없고 화친에 대해서는 모두들 두려워 기피만 하고 있다. 한 조각 외로운 성에다 임금을 모셔 놓고 나라 일을 장차 어찌하려는가."

그러고는 화친을 떠맡았다. 화친을 주장한 것이 곧 최명길의 죄목이었다. 그러나 실제로는 화친을 주장한 것이 그의 죄가 아니라, 임금과 나라를 제쳐두고서라도 당시 사람들이 모두 이야기한 '대의(大義)'를 차마 표방하지 못했던 것이 그의 죄목이었다.

대의! 대의! 나라가 망하고 임금이 죽는 것은 부차적인 문제이고, 좀 더 나아가서 나라가 망하고 임금이 죽더라도 이 '대의'를 세우자는 것이 과연 본마음(本心)의 발현이라 할 수 있을지 알 수 없는 노릇이다. 아아! 임금을 보호하고 나라를 지키는 것이 부차적인 문제라면 진실로 가장 중요한 것은 물론 그 어디에도 없는 것이다. 그러나 학풍이 오래 전수되어 옛 것을 높이고 지조를 숭상하는 수많은 석학들마저 다시 의심할 것조차 없는 이런 이치를 그냥 지나쳐 보았다. 그들이 근본적으로 결백무구(潔白無垢)하지 않은 것은 아니지만, 사실은 존왕양이(尊王攘夷)라는 전래의 가르침에 잘못 기댄 것이지 자기 마음속에서 스스로 어쩌지 못할 그 무엇이 있어서가 아니다.

최명길은 이런 학자가 아니었다. 내 임금이 위험에 빠지고 내 나라가 망하는 것을 차마 태연히 보아 넘길 수 없었다. 당시 사람들이 모두 이야기하는 '대의'는 돌아보지 않을 수 있어도, 자신의 마음속에서 홀로 아는 편치 않음은 스스로 속여 넘길 수 없었다. 옛날 성현들 말씀의 진수를 탐구해 보면, 도리(義)와 이득(利)의 구분은 오직 홀로 아는 그곳에 있어 편안하고 편치 않음에 따라 구별되는 것이지, 근본적으로 어디에 견주어서 도리를 얻어 오는 것이 아니다. 이렇게 볼 때 최명길은 과연 도리를 따라 나간 사람인가, 도리를 저버린 사람인가?

그 비난, 그 공격을 받으면서도 '억제할 수 없는(不容已)' 순수한 마음은 추호도 줄어들지 않았다. 최명길이 대의를 몰랐다고 하지만, 그는 오직 은미한 자기 마음이 밝게 비추는 것을 차마 스스로 버리지 못한 사람이다. 인조 임금을 돌아보지 않을 수 있지만, 조선조차도 상관하지 말자고 할 수 있지만, 자기 마음속에서 스스로 드러내는 이 한 자리는 최명길로서도 어찌할 수 없었던 것이다. 어찌할 수 없으니 인조 임금을 돌아보지 않으려 해도 돌아보지 않을 수 없고, 조선을 상관하지 않으려 해도 상관하지 않을 수 없었던 것이다. 그러므로 최명길로서는 인조 임금을 위하는 마음에 털끝만 한 사욕(私欲)이라도 섞여 있을까 그것이 걱정이었고, 조선을 위하는 마음에 실낱같은 이욕(利欲)이라도 끼어들까 그것이 근심이었을지언정, 한 시대의 비난·공격은 말할 것도 없고 심지어 백세·천추·영겁에 이르도록 자기를 극악한 사람으로 몰아붙인다 해도 이것은 가슴속에 조금도 담아둘 것이 아니라고 생각했다. 만일 이러한 생각이 오간다면 그것이 바로 사욕이니 이것이야말로 참으로 걱정해야 할 일이요, 또한 그것이 바로 이욕이니 이것이야말로 참으로 근심해야 할 일이었다.

오늘날 최명길을 평가하면서 아직도 그가 대의에 어긋났다며 잘못이라 생각하기도 하고, 아는 사람들은 임금을 보호하고 나라를 지킨 그 공적이 두드러진다며 기리기도 한다. 하지만 전자는 말할 것도 없고 후자마저도 사실은 최명길의 참모습을 파악한 것은 아니다. 최명길이 남한산성에서 홀로 화의를 떠맡은 것은 바로 그의 학문에서 힘을 얻은 것이니, 최명길의 학문을 알아야 그 표리·본말이 어떠한 것인지를 깊이 알 수 있는 것이다.

남한산성에 포위되어 있을 때 기평군(杞平君) 유백증(兪伯曾, 1587~
1646)이 때 아닌 새벽에 혼자 성 위에 앉아 이렇게 탄식했다.

"허어, 여섯 자도 채 되지 않는 몸으로 온갖 시비를 도맡아 가며 정성
을 다해 나라를 구하려 하니, 무던하다. 무던하다."

이를 고효열(高孝悅)이라는 구실아치가 몰래 듣고서 말했다.

"이것은 분명히 완성(完城, 최명길에게 내려진 군호君號가 '완성군'이다 - 옮
긴이) 대감을 두고 하는 말이다."

남몰래 하는 칭찬이 진짜 칭찬임을 알아야 한다. 누가 들으라고 하는
것이 아니기 때문이다. 최명길의 생애에서 만일 공명심이 있었다면
최명길이 되지 못했을 것이다. 공명심이 있었다면 최명길이 되지 않
았을 것이다.

그렇다면 최명길의 화친 주장을 비난·공격하는 그 대의란 어떤 것인
가? 중화(中華)인 명나라를 위해 나라를 잃어버리는 것이 옳고, 오랑
캐인 청나라와 화친해 춘추대의(春秋大義)를 더럽히는 것은 옳지 않
다는 것이었다.

52 최명길도 명나라 조정에 대한 옛 우의를 생각하지 않은 사람은
아니다. 그러나 조국이 유지되고 망하는 문제에 있어서는 그의 안중
에 명나라라는 것이 있을 리 없다. 그러면서도 국가로서 지켜야 할 신
의는 또 국가를 위해 지켰다. 남한산성의 화친 조약 이후 청나라가 조
선의 병사를 징발해 명나라를 치려고 하자 최명길은 임금에게 이렇게
아뢰었다.

"청나라와 화친을 맺긴 했지만, 그들을 도와 명나라를 공격하는 것은

도리가 아닙니다. 대신 몇 사람이 이 일로 인해 목숨을 버려야 할 것인데, 신 스스로가 가장 먼저 당하려고 합니다."

그러고는 스스로 심양에 가서 죽을 각오로 이를 저지했다. 또 청나라와 화친 조약을 맺은 뒤 명나라 조정에 밀서를 보내 옛날의 우의를 저버린 것을 사과함이 옳다고 해서 독보(獨步)라는 비구승을 보내자, 명나라 숭정제(崇禎帝)도 험난한 길을 스스로 찾아온 것에 대해 탄복했다. 독보가 다시 또 바닷길로 거듭 왕래하다가 마침내 꼬리가 잡히자 최명길이 스스로 떠맡고 나서 압록강을 건너가 조사를 받았다. 이때 청나라 사정을 잘 아는 사람이 최명길에게 말했다.

"직접 배를 꾸려 승려를 보낸 사람은 임경업(林慶業, 1594~1646)입니다. 대감께서 화를 당한다고 해도 임경업은 어차피 벗어날 수 없을 것이니, 그에게 미루고 화를 피하십시오."

그러자 최명길이 말했다.

"아니다. 그 사람과 함께 일을 해 놓고서 생사의 기로에 서서는 그에게 미루고 스스로 벗어나는 것은 도리가 아니다."

말하던 사람은 최명길의 이 말을 듣고 문밖에 나가 목 놓아 울면서 이렇게 말했다 한다.

"참으로 충신·열사로다. 이런 이도 다 있는가!"

심문하는 자리에 가서도 분연히 자신을 지목하며 말했다.

"이 일을 주장한 사람은 나 한 사람뿐이다. 임금께서 아시는 것도 아니고, 조정 신하들 가운데도 아는 사람이 없다."

임경업에 대해서 묻자 이렇게 대답했다.

"그 사람은 다 내 명령을 받들어서 시행했을 뿐이다."

그러자 청나라 사람들이 서로 돌아보고 이렇게 말하며 최명길의 고심 지극한 진심에 경의를 표했다.

"최 각로(閣老), 그 사람은 일마다 모두 자신이 했다고 하니, 마음이 쇠나 돌처럼 굳구나."

그러나 결국 심양까지 잡혀 가서 북관(北館)에 갇혔다가 다시 남관(南館)으로 옮겨졌으며, 전후 사 년 만에 고국 땅을 밟았다.

최명길의 가까운 벗이면서 또 함께 공부한 사람이 있었는데, 바로 계곡(谿谷) 장유(張維, 1587~1638)다. 그는 사람들이 모두 최명길을 비난하고 공격하는 가운데 유독 그에게 탄복했다. 그는 『계곡만필(谿谷漫筆)』에서 정묘호란 당시 최명길의 진해루 교섭에 대해 이렇게 말했다.

> 이때 청나라 군대가 평산(平山)에 진을 치니, 강화 도성과의 거리가 백여 리였다. 그러나 임금을 수비하는 군사는 너무 약해 사람들이 모두 두려워했다. 화친을 반대하는 사람도 겉으로는 큰소리를 쳤지만 사실 속으로는 화의가 이루어지는 것을 다행으로 여겼다. 그래서 남의 입길에 오를까봐 아무도 감히 분명하게 말하지 못하고 있었는데, 최명길만은 무슨 일이든지 떠맡고 나서 뒤돌아보거나 피하는 법이 없었으므로 결국 이 때문에 탄핵을 받아 물러났다.

이것을 보면 당시 조정의 상황을 짐작할 수 있지 않은가. 속으로는 화의가 이루어지는 것을 다행으로 여기면서도 겉으로는 큰소리를 치는 것이 어찌 이 한 가지 일뿐이겠으며, 어찌 화의에 대해서만이었겠는가. 겉으로 떠들어 대는 큰소리가 본심이 아닌 것은 말할 것도 없지만, 속으로 다행으로 여기는 그것도 사실은 본심이 아니다. 똑같이 화의가 이루어지기를 바랐지만 최명길의 눈에는 임금과 나라가 보이고, 이들의 눈에는 자기 일신과 제 집안이 보인 것이다.

속으로 화친하는 것을 다행이라고 생각하는 사람들이 왜 화친을 배격하는가? 이것도 자기 일신과 제 집안을 위한 배격이다. 화친을 배격하는 것은 남들의 신망을 얻기 위한 밑천이 아닌가. 속으로 다행스러운 일은 최명길을 빌려 이루고, 겉으로 나타나는 큰소리는 최명길이 있어 화살받이까지 되어 주었다. 화친을 이루어 다행이라 생각하는 것이야 내 자신이나 알지 남이 어떻게 알겠는가. 큰소리치며 배격하는 것은 남이 다 아는 것이다. 남이 보기에는 어느 틈으로도 속으로 다행이라 생각하는 것이 드러나지 않으니, 이럴수록 겉으로는 더욱 준엄하게 큰소리쳐 신망을 더 모으리라. 참으로 오묘한 방책이고 기묘한 전략이다. 그러나 장유의 명철함은 이를 훤히 알아냈다. 장유까지도 몰랐다 하자. 그러나 '나'나 알지 남이 아느냐고 한 그 '나'까지 속일 수가 있을까?

53 장유의 자는 지국(持國)이고, 1587년(선조 20년 정해)에 태어나 1638년(인조 16년 무인)에 죽었다. 장유도 최명길과 같은 반정 공신으로 벼슬은 우의정까지 올랐으며, 시호는 문충(文忠)이라 했다. 조선의 문장가 가운데 농암(農巖) 김창협(金昌協, 1651~1708) 이전은 실로 장유가 유일한 정종(正宗)이다.

그러나 장유는 문장가로서만 볼 사람이 아니다. 최명길과 장유는 모두 양명학을 옳다고 생각해 홀로 우뚝 그것을 지켜 간 사람들이다. 최명길보다도 장유는 저술에 특기가 있어, 실제로 공부한 것을 글로 기록한 것이 얼마간 남아 있다. 장유는 양명학을 불교의 선종(禪宗)과 같다고 비난하는 것을 반박해 이렇게 말했다.

> 양명의 양지에 대한 가르침은 그 노력의 실제가 오로지 살피고 확충하는 데 있다. 그러므로 '고요함을 좋아하고 움직임을 싫어함(喜靜厭動)'을 늘 학자의 경계로 삼았다. (『계곡만필』)

비록 말한 것이 많지 않으나 치지(致知)에 대한 뛰어난 견해는 중국의 나홍선과 매우 비슷하다. 그는 또 은미한 곳에서부터 사사로운 욕망의 싹을 제거할 것을 주장해 이렇게 말했다.

> 남에게 기대어 일어서는 것은 어린아이고, 남에게 붙어 자라는 것은 담쟁이덩굴이고, 남을 따라서 변하는 것은 그림자와 도깨비고, 남에게서 훔쳐 자기를 이롭게 하는 것은 좀도둑이고, 남을 해쳐 자기를 살찌우는 것은 승냥이다. (…) 아래의 두 가지는 큰 범죄이니 오히려 하지 않기가 쉽지만, 위의 세 가지는 작은 허물이니 살피기가 더욱 어렵다.

이 말은 양명학에서도 가장 골자가 되는 것이다. 학문이 참마음(實心)을 바로 향하지 않으면 생각에 대한 검토도 이루어질 수 없다. 나홍선의 '무욕론(無欲論)'이 이것이요, 유종주의 '신독론(愼獨論)'이 이것이며, 이옹의 '지기론(知幾論)'이 이것이다.

그러므로 장유는 평생 동안 겉으로 세상 유학자들의 의젓함을 흉내 내지 않은 채 엄격하게 주관을 세워 나갔다. 장유는 최명길과 평생 동안 서로 좋은 관계를 유지했는데, 장유가 모친상을 당했을 때 거상(居喪)을 면제하고 정승에 임명하는 명령이 내리자 한사코 사절했다. 최명길이 직접 가서 보고 말했다.

"한음(漢陰) 이덕형(李德馨, 1561~1613)의 선례도 있네. 그대가 한음 정도만 되면 충분하지 않은가?"

"그렇지 않네. 한음이 한 일 가운데 배울 것이 많은데 그것은 다 배우지 않고서 오직 상중에 벼슬 받는 것만 배운다면 그것이 어찌 옳은 일이라 하겠는가?"

장유가 구차하게 따르지 않았음은 이 일 하나로도 상상하고 남음이 있다.

동명(東溟) 정두경(鄭斗卿, 1597~1673)이 만년에 이미 죽은 재상들과 여러 대신들을 추억하면서 이렇게 말했다.

"자겸(최명길)과 지국(장유)은 모두 그 사람됨이 밝았는데, 직부(直夫)부터는 조금 의뭉해졌다."

직부는 백강(白江) 이경여(李敬輿, 1585~1657)의 자다.

장유는 주희가 주석을 단 『중용장구(中庸章句)』 맨 첫 장에 대해 이렇게 지적했다.

"하늘이 명한 것을 본성(性)이라 하고, 본성을 따르는 것을 도(道)라 하고, 도를 닦는 것을 가르침(敎)이라고 한다"라고 했으니, 『중용』은 도를 닦는 가르침을 위해 지은 것이다. 그래서 그 아래의 글에서 "도라는 것은 잠시도 떠날 수 없는 것이니, 떠날 수 있다면 그것은 도가 아니다"라고 이어갔다. 그리고 계구(戒懼, 경계하고 두려워함 - 옮긴이)와 신독(愼獨, 홀로 있을 때 삼감 - 옮긴이)과 치중화(致中和, 중中과 화和를 이룸 - 옮긴이)의 일을 말했는데, 이것이 도를 닦는 실제다.

'닦는다(修)'는 것은 밝히고(修明) 다스린다(修治)는 말이니, "군자는 닦음으로써 길하게 된다(君子修之, 吉)"(주돈이, 「태극도설」)에 나오는 닦는다는 것과 같은 의미다. 그런데『중용장구』에서는 "닦는다는 것은 등급을 정해 절제하는 것"이라 했고, "가르침은 예악(禮樂)·형정(刑政) 따위와 같은 것"이라고 했다. 그러나 등급을 정해 절제하는 것으로 닦음을 풀이하는 것은 아무래도 절실함이 부족하다. 그리고 예악이라는 것이 비록 몸을 다스리기 위한 것이기는 하지만, 계구·신독에 비교하면 조금 느슨한 느낌이다. 게다가 형정은 백성을 다스리기 위한 도구여서 본래 학자들이 몸과 마음을 닦는 것과는 관계도 없는 것인데, 이것을 가지고 도를 닦는다고 하면 빗나간 이야기가 되지 않겠는가.

대저 이 장에서 말하고 있는 계구·신독·치중화 등 우리에게 아주 가까운 가르침을 버리고, 멀리서 예악·형정을 끌어다가 그것이 가르침이라고 하니, 이것이 내가 의문을 품는 한 가지 일이다. (『계곡만필』)

이 한 편의 문제 제기는 양명의 핵심 주장을 그대로 펼쳐 놓은 것이니, 양명이 「대학문」에서 친민(親民)을 해석한 것과 서로 통하는 것이다. 54 장유의 생각이 이같이 탁월했으므로 조선의 학문 풍토에 대해 남모르는 한탄을 품어 이렇게까지 말했다.

중국의 학술은 다양해서, 유가의 학문(正學)도 있고 불가의 학문(禪學)도 있고 도가의 학문(丹學)도 있다. 또 정자(程子)·주자(朱子)를 배우는 사람도 있고 육구연을 배우는 사람도 있어 학문의 길이 한 가지만 있는 것이 아니다. 그런데 우리나라의 경우는 유식·무식을 막론하고 책 끼고 글 읽는 사람은 모두 정자·주자만 칭송할 뿐 다른 학문이 있다는 말을 들어 보지 못했다. 그것이 어찌 우리나라 선비들의 학문이 정말로 중국보다 훌륭해서 그런 것이겠는가. 그렇지 않다. 중국에는 학자가 있지만 우리나라에는 학자가 없기 때문이다.

대체로 중국은 인재와 취향이 결코 녹록하지 않다. 이따금씩 뜻있는 선비가 있어 '참마음(實心)'으로 학문을 하기 때문에, 각자 좋아하는 바에 따라 공부한 것이 서로 같지 않을지라도 가끔씩 각자 '실제로 얻는 것(實得)'이 있는 것이다. 우리나라는 그렇지 못하다. 도량이 좁고 제약이 많아 도무지 기개가 없다. 그저 정자·주자의 학문이 세상에서 귀중하게 여겨진다는 말을 주워듣고는 입으로 뇌까리고 겉모양으로 떠받들 뿐이다. 이른바 잡학(雜學)이라는 것이 없을 뿐 아니라, 도대체 정학(正學)에서도 얻은 것이 있었던가. 비유하자면, 땅을 파고 씨를 뿌려 이삭이 패고 열매를 맺은 뒤라야 곡식과 피를 구별할 수 있는 것과 같다. 너른 맨땅 위에 곡식이 어디 있고 피가 어디 있는가. (『계곡만필』)

아아! 이 몇 줄의 수필이 실로 조선 유학사의 총론이라 해도 별로 지나친 말이 아닐 것이다. 입으로만 뇌까리고 겉모양으로만 떠받드는 것이 이미 학문의 진실성을 잃은 것은 물론이지만, "세상에서 귀중하게 여겨진다"라는 말을 주워듣고 이렇게 하는 이 한 조각 이기심이 결국은 학문을 빌어다 온갖 이기적인 계책을 이것을 통해 해결하고 말았다. 그 뒤의 상황을 가지고 보면 장유가 이 수필을 쓸 때만 해도 오히려 괜찮은 때였다고 할 수 있다.

최명길의 손자인 명곡(明谷) 최석정(崔錫鼎, 1646~1715)은 양명학을 배척했고, 심지어 자신의 할아버지는 양명학파가 아니었다고 힘써 변론했다. 최명길의 증손자인 곤륜(昆侖) 최창대(崔昌大, 1669~1720) 역시 자신의 아버지 최석정의 이야기를 부연해, 최명길은 장유와 같이 젊었을 적에는 육구연과 왕수인을 좋아했지만 최명길은 나중에 그것이 옳지 않음을 알았고 장유는 끝끝내 처음의 견해를 버리지 않았다고 했다.

최석정도 『예기유편(禮記類編)』이란 책을 지었다가 주희의 주석에 어긋나는 부분이 있다는 이유로 책이 불태워지고 목판이 파기되는 수난을 당했으니, 당시 이른바 학문계란 것이 얼마나 무시무시했는지를 짐작할 수 있다. 최석정·최창대가 최명길은 양명학자가 아니라고 역설한 것도 속내는 틀림없이 화를 피하려는 계책이었을 것이다. 또한 최명길처럼 감당할 능력이 매우 뛰어난 사람이 아니고서는 워낙 무섭기 때문에 자신들 스스로도 깨닫지 못하는 사이에 자신을 위한 사사로운 생각이 앞서 분명히 양명이 옳지 않다고 보았을 뿐이며, 이렇게 보는 그 눈이 이미 이해관계에 따라 좌우되는 마음에 지휘를 받고 있음을 미처 깨닫지 못하기도 했을 것이다. 그러니 최명길의 『지천집』 속의 희귀한 편지 한 장은 아마 상당 부분이 잘려 나간 끝에 요행히 남은 것일지도 모른다.

그러면 장유는 처음의 견해를 버리지 않았다고 숨김없이 말한 것은 어찌해서인가? 장유는 문장으로 한 시대를 풍미했으니 그의 말들을 갑자기 숨기기에는 어려움도 있었을 것이지만, 장유는 최명길과 조금 다른 점이 있다. 최명길은 이미 춘추대의에 죄를 지은 사람이라고 너도나도 떠들어대는 욕감태기인 데다 그 손자인 최석정은 조정에 나온 뒤로 당쟁의 소용돌이에 휩쓸려 재앙의 구덩이가 앞뒤로 있었으니 그 무서움이 더했을 것이다. 그러나 장유는 효종의 장인이어서 현종·숙종 이하의 여러 임금이 모두 그의 외손들이었다. 그러니 그 지위가 드높아 죄를 성토하는 칼날을 들이대기가 만만치 않았다. 또 『계곡만필』 등 남아 있는 글들을 어떻게 할 수 없으니, 처음의 견해를 지켰다고 해도 문제 될 것이 없었다. 장유가 문제가 되지 않는다면 그와 같이 공부한 최명길도 따라서 문제가 안 될 수 있지 않겠는가? 이것은 공개적인 이야기여서, 이러한 경위가 있는데 어떻게 그들에게 무시무시한 상황이 닥치겠는가?

조선 양명학의 상징 정제두와 그 제자들

55 하곡(霞谷) 정제두(鄭齊斗, 1649~1736)의 자는 사앙(士仰)이고, 포은(圃隱) 정몽주(鄭夢周, 1337~1392)의 후손이다. 조선 양명학파에서는 정제두가 첫 번째 부류 학자 가운데서도 가장 으뜸이니, 그의 평생에 걸친 저작들은 오로지 양명학을 자세히 연구한 학설로서 책수로만 수십 권에 달한다. 최명길은 한 통의 편지로 그가 양명학을 공부했던 흔적을 드러냈고 장유는 몇몇 단서 될 만한 글이 있다고 해도 단편적인 것에 지나지 않지만, 정제두는 아주 포괄적인 학설을 세워서 양명 문하의 여러 사람들도 따라오지 못할 중요한 저작을 남긴 사람이다.

정제두는 젊은 시절에 주자학을 공부해 『주자대전(朱子大全)』과 『주자어류(朱子語類)』의 정밀한 뜻을 샅샅이 통달하고 연구했지만, '격물·치지'를 풀어 "사물을 가지고 이치를 궁구하는 것(即物窮理)"이라고 한 부분은 아무래도 맞지 않는 것 같아 다시 주돈이와 정호(程顥)·정이(程頤)의 학설로 거슬러 올라가 여러 경전의 대의를 탐색했다. 그러다가 중년에 양명의 책을 얻어 '치양지'와 '지행합일'의 가르침을 보고 비로소 생생하게 깨달아 그 뒤로는 평생 학문을 이곳에 집중했다.

정제누의 시대에는 최명길·장유 등은 이미 죽은 지 오래였고, 명재(明齋) 윤증(尹拯, 1629~1714)과 성재(誠齋) 민이승(閔以升, 1649~1698) 등은 모두 정제두의 학문을 마땅치 않게 생각했다. 특히 민이승은 정제두와 비슷한 연배이고 서로 친하게 지냈기 때문에 논박하는 일이 매우 많았다. 명곡 최석정은 최명길의 손자였지만 정제두의 학문에 대해서는 줄곧 이견을 가졌다.

정제두의 저서는 양명 이후 양명학파의 저서로서는 가장 정밀하고 가장 쉬우며 또 가장 상세하게 기술되어 있다. 왕간의 직관이 있으면서도 전덕홍의 법도를 아울러 가지고 있으며, 왕기의 깨달음이 있으면서도 나홍선의 꼼꼼함을 합친 것이 정제두다. 정제두는 단지 조선 양명학파 가운데서만 으뜸인 것이 아니다. 양명도 당시에 이단이라고 배척을 받았지만 문하에는 많은 제자들이 몰려들었고, 왕기·전덕홍은 지위가 보잘것없었지만 은연중에 온 세상의 모범이 되었다. 이를 정제두가 홀로 외로이 양명학을 지켜나간 것과 비교해 볼 때, 정제두가 저렇듯 체계를 세운 것에 더한층 감탄하지 않을 수 없다. 정제두가 평생 스승이든 벗이든 알아주는 사람을 만나지 못하고 반대 속에서 늙어 간 것이 그에게 불행이 아닐 수 없지만, 반대측의 창끝이 사방을 에워싸고 있었던 탓에 그의 학문 체계가 한층 더 정밀해진 것도 사실이 아닐 수 없다.

정제두가 양명학을 받아들인 것은 앞서 말한 바와 같이 주자학에서 출발한 깊은 고민을 품고 주돈이와 정호·정이 등의 여러 학설로부터 옛 경전들을 직접 연구해 어떤 황홀한 경지가 열리려고 할 즈음에 한 알의 금단(金丹)을 양명에게서 얻어 깨달음을 얻자 일생을 여기에 바친 것이다. 정제두가 살았던 당시에 조선의 학풍은 형체는 없는 가운데서도 막 새로운 기운이 돌려는 때였다. 정제두는 심학(心學)을 가지고 여기에 대응한 대유학자였다.

학문을 빈껍데기 주장에서 구해서는 안 된다. 타고난 한 점 양지의 속일 수 없는 그 자리에서부터 선과 악의 분별을 중심 과제로 삼아 나아가지 않으면 참된 학문을 바랄 수 없다.

이런 뛰어난 견해는 정녕코 양명의 책들을 보기 전에도 부지불식간에 마음속에 맴돌았을 것이며, 이런 생각을 불러일으킨 것은 나라를 위하기보다는 자신을 위하고 시시비비를 가리기보다는 이해를 따지며 서로 다투면서도 경전의 비슷한 말들을 빌어 꾸미고 끌어 붙이는 빈껍데기·거짓의 폐해로부터였을 것이다. 이 커다란 폐단이 바로 그러한 생각을 불러일으켰고, 이런 실제적인 학문은 바로 그런 생각에 부합했다. 따라서 단지 경전만 검토해 묵은 의문을 풀고 새로운 해석을 얻은 것으로 그친 것이 아니었다.

지금 전하는 정제두의 연보를 봐서는 그의 일생 동안의 핵심 주장이 무엇인지 알 수가 없다. 양명학자라기보다는 주자학을 고수한 사람처럼 발라 버렸다. 이것을 보면 정제두의 학문이 그의 집안에서부터 전수되지 못했음을 알 수 있다. 그가 죽은 뒤 저촌(樗村) 심육(沈錥, 1685~1753)은 "하곡이 남긴 저작들을 정리하되 알 수 없는 것은 빼자"라고 했다. '알 수 없는 것'이 무엇인지 분명하게 가리키지는 않았지만, 정제두가 가장 열심히 공부했던 양명학의 핵심 주장을 가리키는 것이 아닐는지 모르겠다. 다행히 정제두의 문인 가운데 항재(恒齋) 이광신(李匡臣, 1700~1744) 등 몇 사람이 스승의 학설을 외로이 지켜, 밖으로 퍼뜨리지는 못했으나 강력하게 주장을 했고, 정제두가 남긴 저작도 원래의 모습으로 남아 조선 양명학의 빛나는 모습을 영원히 드리우게 되었다.

56 정제두가 평생 동안 지은 저술 가운데 『존언(存言)』(3권)은 양명의 『전습록』과 같은 것이요, 또 『서(書)』(7권), 『성학설(聖學說)』(1권), 『논어해(論語解)』(1권), 『대학설(大學說)』(1권), 『중용해(中庸解)』(1권), 『맹자설(孟子說)』(1권)은 모두 양명학의 핵심 주장을 서술한 것이다. 그 당시 아주 가까운 사이가 아니면 감히 말하지 못했지만, 스스로의 믿음은 더욱 굳건했다.

도(道)가 분명해지려면 오직 적당한 사람을 얻어서 몸소 실천해야 한다. 이 세상을 향해 떠들면서 적당치 않은 사람에게 이기려 할 것인가. 뜻 있는 사람을 만나지 못하면 잠잠히 있을 뿐이요, 오직 그 방향이나 전해 뒷날의 지혜와 능력이 있는 사람을 기다릴 뿐이다. 이것은 마치 양웅(揚雄,

전53~후18)의 『태현경(太玄經)』이 명문장인 줄을 세상에서 모르고, 주돈이의 학문이 도임을 세상에서 모르는 것과 같다. 나중에 아는 사람이 그 글을 보면 스스로 이를 알아보고 드러내게 될 것이라 믿고 기다릴 뿐이다. 이 도가 어떻게 한 사람의 개인적인 일이겠는가.

공부를 하면서 이처럼 거듭 논쟁하는 것은 이기려는 것이 아니라 보탬을 추구하는 것이며, 알아주기를 바라는 것이 아니라 올바름을 추구하려는 것이다. 모두가 이 도를 밝혀서 스스로 얻는 바가 있도록 힘쓰려는 때문이지, 털끝만큼이라도 남이 알아주기를 바라고 행여 그의 인정을 얻으려는 때문은 아니다.

우리의 학문은 안에서 구할 뿐, 밖에서 구하지는 않는다. 이른바 안에서 구한다는 것은 되돌아보고 안을 살펴 바깥 사물을 끊는 것이 아니다. 오직 자기 안에서만 만족을 추구할 뿐, 바깥의 이해득실에는 신경 쓰지 않는 것이다. 오직 자기 마음에서 내리는 옳고 그름에 충실할 뿐, 남이 내리는 옳고 그름에 휘둘리지 않는 것이다. 사물의 근본에서 그 실상을 파악할 뿐, 일이 이루어진 자취에 구애되지 않는 것이다. 내 마음속에 있을 뿐이니, 어찌 남을 따르겠는가. (『존언』)

정제두는 당시 학계의 빈껍데기·거짓의 폐단에 대해 말하면서, 이것은 주희마저 저버린 것이라고 했다.

주희의 학문이라고 그 설이 근본적으로 좋지 않은 것이겠는가. 다만 양지를 이루는 양명학과 비교해 볼 때, 노력을 하는 데 있어서 돌아감과 곧바로 감, 느림과 빠름의 차이가 있고 그 본체에 있어 나뉘고 합침의 차이가 있을 뿐이다. 실상 모두 성인의 학문을 하는 것이니, 근본적으로 좋지 않은 것이겠는가. 다만 후대에 주자학을 공부하는 사람들이 대체로 그 근본을 잃어버렸을 뿐이다.

오늘날 그 학설을 이야기하는 사람들은 주희를 배우는 것이 아니라 단지 주희를 빌리는 것이요, 주희를 빌리는 것이 아니라 주희를 억지로 끌어붙여 자기 의사를 관철하는 것이다. 주자를 끼고 위세를 부려 개인적인 욕심을 채우는 것이다. (『존언』)

정제두는 양명학을 계승하는 데 평생을 바쳤기 때문에 홀로 깨달은 것이 많아, 양명이 넌지시 한 말들을 더욱 분명하게 했다. 먼저 양명의 이른바 '천천상증(天泉相證)' 네 구절 가운데 "선도 없고 악도 없는 것이 마음의 본체다(無善無惡, 心之體)"라고 한 것을 황종희 같은 사람은 매우 불만스럽게 생각해 "이것은 왕기 일파가 끌어 붙인 것이지 양명의 진짜 가르침이 아닐 것"이라고까지 의심했지만, 정제두는 이렇게 말했다.

선과 악은 정해진 형태가 없다. 본연의 이치(理)에 따른 것을 선이라고 하고, 감정(氣)에 따라 움직인 것을 악이라고 한다. 그 행동이 비록 선하다고 해도, 감정에 따라 움직인 부분이 있다면 선의 본래 모습이 아니다. 그러므로 선이란 어떤 정해진 것을 선이라고 할 수 없으며, 이치를 따라 잘못을 저지르지 않는 것을 '지극한 선(至善)'이라고 한다. 본성(性)은 선할 따름이니, 사실 선이란 고정되게 이름 붙일 선이 없다. 그래서 무선(無善)이라고 하는 것이다. 그러므로 '무선'이라고 할 때의 '선'은 고정되게 이름 붙일 수 있는 선을 가리키는 것이지, '지극한 선'의 선을 가리키는 것은 아니다. (『존언』)

이 한 구절은 무선에 대한 가장 정밀한 해석으로, 그 이전 사람들이 찾아내지 못한 것이다. 고정되게 이름 붙일 선이 없으니 자연스런 이치에 따르면 온갖 선이 나타나게 되고, 자연스런 이치에 따라 온갖 선이 나타나면 이것을 지극한 선이라고 하는 것이다. 이 지극한 선이 무엇인지 안다면 무선이라는 말에 대해서도 의심할 것이 없다. 무선이 곧 지극한 선이다.

57 "세상 만물을 향해 그 이치를 궁구하라"라고 한 것과 "마음이 곧 이치다"라고 한 것이 주희와 왕양명의 학문적 분기점이다. 정제두가 주희에 대해 의문을 품었던 것이 이 부분이며, 양명과 일치했던 것도 이 부분이다. 정제두는 장유가 말한 이른바 '참마음(實心)으로 학문을 대한 사람'이니, 애초부터 문자·언어를 희롱해 거짓된 학문으로 살아가는 속된 유학자들과는 천품이 아주 달랐다. 그래서 산더미처럼 쌓인 이학(理學)의 학설을 받아들이지 않고 실제로 자기 마음에서 체험해 "이치가 마음 밖에 존재한다면 이것은 거짓 조리이지 실제 이치가 아니다"라고 말했다.

무릇 사물은 수천, 수만으로 달라지고 변화해 끝이 없다. 그러나 사물은 사물대로, 내 마음은 내 마음대로 따로 떨어져 있는 것이 아니다. 마음이 사물과 감응하는 데에는 분명하면서도 꼭 맞는, 어지럽히려고 해도 어지럽힐 수 없는 조리가 있다. 이치라는 것은 다른 것이 아니라 이 조리가 바로 이치다. 그러므로 일상적인 일들 가운데서라도 실제로 체험해 보면 이 조리를 저 일 속에서 찾을 것인가 말 것인가, 찾으면 실제로 나올 것인가 아닌가를 쉽게 판단할 수 있는 것이다. 그러므로 정제두는 거짓된 조리와 실제 이치를 분석한 동시에, 이 말이 옳으니 저 말이 옳으니 빈말로 다툴 것 없이 실제로 그런가 그렇지 않은가를 스스로 실험하라고 했다.

그래서 정제두는 말끝마다 허(虛)와 실(實)의 구분을 들어 이로써 양지 학설의 실제적인 역할을 환기시켰다. 뿐만 아니라 그의 밝은 눈이 이미 허와 실을 가르는 데 투철해 무엇에든지 실(實)을 세우는 데 노력했다. 정치에 있어서도 옛것을 지키기보다 변화를 중시해 "어떻게 하든지 나라에 이익이 되고 백성들을 편안하게 할 수 있는 것이면 하자"(『차록(箚錄)』)라고 말했다.

송시열(宋時烈, 1607~1689)과 윤증 사이의 그 심한 논란에 조정이나 사림(士林)이나 편을 갈라 서로 다투었지만, 정제두는 이러한 것들을 일절 돌아보지 않아 마치 세상에 그러한 일이 있는지조차 모르는 사람 같았다(『석천유고(石泉遺稿)』「하곡유문(霞谷遺聞)」). 오직 고심참담하며 양반 제도를 쓸어 없애고 토지소유상한제를 도입하는 것을 연구해 평생에 걸쳐서 『차록』을 쓰는 데 노력해 마지않았으니, 그의 학문의 본령이 어떤 것이었는지를 이런 점에서도 짐작할 만하지 않은가. 정치와 학문에 대한 연구도 결코 중국 요·순과 하·상·주 시대를 공상하거나 중화 문물을 빌려다 붙이자는 것이 아니었다. 모든 일을 이 땅, 이 때에 비추어 보고 근거해서, 실행하면 실익이 있도록 한 것이다. 그는 또 천문·역법(曆法)을 명확히 이해하고 자세히 연구했으며, 성음(聲音)·문자(文字)에 대해서도 상세한 분석을 계속해 각각 관련 저술이 있다.

정제두는 1649년(인조 27년 己丑)에 태어나 1736년(영조 12년 丙辰)에 죽었다. 이처럼 그는 장수를 누렸고, 또한 여러 임금으로부터 예우가 융숭해 유학계의 큰 어른으로 벼슬이 우찬성(右贊成)에 이르렀다. 시호는 문강(文康)이다. 그의 일생을 보면 학자로서 현달하지 못한 것은 아니지만, 사실 자기가 혼자 깨달은 학문을 밖으로 전파해 보지 못한 불운한 철학자였다.

그의 아들인 정후일(鄭厚一) 역시 성실한 학자로, 특히 수학에 정통해 정제두가 일으킨 학문을 후대에 전했으며, 외증손자인 석천(石泉) 신작(申綽, 1760~1828)은 정제두의 실제 학풍을 경학(經學)에 적용해 불후의 업적을 이루었다. 성음·문자의 학문은 원교(圓嶠) 이광사(李匡師, 1705~1777), 신재(信齋) 이영익(李令翊, 1738~1780), 초원(椒園) 이충익(李忠翊, 1744~1816), 현동(玄同) 정동유(鄭東愈, 1744~1808)에게로 직접 혹은 간접적으로 전해지다가 서파(西陂) 유희(柳僖, 1773~1837)에게 와서 뛰어난 저작이 나왔으나, 이것은 모두 정제두가 평생토록 힘을 쏟았던 부분이 아니었다.

정제두는 모든 정신을 양명학에 집중해 이를 통해 민중을 친애(親民)하는 실제를 크게 전파하려 한 것인데, 남은 말할 것도 없이 그 자손부터 정제두가 양명학에 심취했던 것을 크게 꺼려 연보가 그러할 뿐만 아니라 글 속에서 양명을 배척하며 여전히 이단시했다. 이것이 어찌 정제두가 바랐던 것이겠는가. 그의 저서는 다행히 남아 있으나, 초벌 원고가 있을 뿐이다. 권마다 거의 줄줄이 몇 겹씩 수정이 붙어 있고, 어떤 것은 초고본과 개정본의 구분이 분명치 않은 것도 있다. 양명학자로서 정제두만큼 저작이 많은 사람이 없는 반면, 정제두 같이 저작이

묻혀 숨겨진 사람도 없다. 아아! 이 책이 진작 좀 유포되었더라면!

58 정제두는 일찍이 학파를 표방하지 않아서 그 제자가 많지 않다. 하지만 적막하고 황량한 바닷가에서 현세의 영화를 던져 버리고 온 세상이 비난하는 이 학문을 연구한 일파는 그 수가 많지 않은 만큼 더욱 귀중하다고 하겠다.

항재(恒齋) 이광신(李匡臣)은 1700년(숙종 26년 경진)에 태어나 1744년(영조 20년 갑자)에 죽었다. 자는 용직(用直)이다. 어릴 때부터 성인의 학문을 하겠다고 마음먹고 뜻을 같이한 벗 민옥(閔鈺, ?~1741)·조진빈(趙震彬) 등과 함께 열심히 공부했다. 그러다가 강화에 가서 정제두의 양지 학설을 듣고 얼핏 깨달아 「의주왕문답(擬朱王問答)」을 짓고 갈피 못 잡는 속된 학문을 비판했다. 그리고 서재 벽에 이런 내용을 써 붙였다.

> 공부는 마땅히 마음속 깊은 곳 미세한 데서 힘써야 저절로 독실하고 빛나게 될 것이다. 큰 근본이 바로 서면, 비록 사사로운 욕심이 싹튼다 해도 걱정할 것이 없다. 만일 겉만 꾸며 놓는다면 오만함을 기를 수도 있는데, 자기 스스로 이미 높고 밝은 경지에 이르렀다고 말하면서 흉악함과 시샘에 빠진 것을 깨닫지 못하니, 그저 불쌍할 뿐이다.

그러나 이것만으로 이광신의 학문 경지를 논의하기에는 오히려 부족한 면이 있다. 지금 전하는 글 가운데 그의 학문을 가장 잘 드러내고 있는 것으로는 정제두에게 바친 제문(祭文)을 꼽을 수 있다. 이 제문은 죽고 사는 것의 슬픔을 기술한 것이 아니라, 학문에 대한 독자적인 견해를 밝히고 있는 것이다.

아아! 도를 아는 사람이 드무니, 명분과 실제가 분명치 않고 같음과 다름을 구분키 어렵다. 보라색을 보고 빨간색이라고 하는 사람은 정말 잘못된 것이지만, 빨간색을 가리켜 보라색이라고 하는 사람 또한 미혹된 것이다. 세상에서 선생은 양명학을 공부해 주자학과는 다른 길이라 해서 존경하고 사모하는 사람이 드물고, 심한 경우 출발점이 다르고 과정이 다른 것이 흰색과 검은색처럼 정반대여서 보라색과 빨간색의 차이 정도가 아니라고 한다. 그러나 이것은 다만 생각해 보지 않았기 때문일 따름이다.

양명과 선생의 학문이 사물을 끊어 버리고 문자를 떠나서 지식을 장애로 여기고 깨달음을 궁극적 목표로 삼았다고 하면 주자에 등을 돌렸다고 해도 좋고 이단이라 해도 좋다. 그러나 양명의 학설은 단지 한 조각 양지에서 오묘하게 부합하는 것을 전하는 것만이 아니라 또다시 경전의 가르침과 견주어 보고 이치를 자세히 연구한 뒤 현실에 적용하고 문장으로 표현했으니, 공적(空寂)에 물들었다고 할 수 없음이 분명하다. 또 선생의 학문 역시 큰 것을 먼저 세웠을지언정, 매우 박학다식했다. 위로 요·순과 공자의 세세하고 깊은 가르침으로부터 아래로 주돈이·이정(二程)·장재(張載, 1120~1077)·주희, 그리고 유초(游酢, 1053~1123)·양시(楊時, 1053~1135)·사양좌(謝良佐, 1050~1103)·채원정(蔡元定, 1135~1198)에 이르기까지 수많은 학설들을 비교하고 헤아려 마치 자기 말을 외우듯이 했다. 또한 예악(禮樂)과 산수(算數), 천문과 지리까지 무릇 이치가 깃들어 있다고 생각되는 것은 널리 통하지 않는 것이 없었다. 이러한 선생을 가리켜 양명학자라 할까, 주자학자라 할까(어느 한 쪽으로 치우침이 없다는 뜻이다)? 세상에서 선생을 헐뜯고 비방하는 것은 다만 주관도 없는 남 따라 하기일 뿐이다.

아아! 양명학과 주자학의 구분은 대체로 '격물(格物)'에 대한 해석 차이에서 시작되었다. 주희는 '격(格)' 자를 '이르다(至)'로 보아 "궁구해 사물의 이치에 이른다(窮至事物之理)"라고 해석했고, 양명은 '바르게 하다(正)'로 보아 "근본을 참되고 바르게 하는 공부(誠正本原之工)"라고 해석했다. 여기에서 후대의 학자들은 각기 중시하는 바가 있어서, 양명을 중시하는 사람들은 주희가 사물을 앞세우고 본원을 뒤로 돌려 자신을 되돌아보는 요체가 없고 지리(支離)한 병폐가 있다고 비판하고, 주희를 중시하는 사람들은 양명이 본원에만 매달린 채 사물은 버려 이치를 궁구하는 공부가 없고 단계를 뛰어넘는 폐단이 있다고 비판했다.

나는 그렇지 않다고 본다. '격(格)' 자를 '이르다'나 '바르게 하다'로 해석하는 문제는 누가 옳고 누가 그른지는 모르지만, 두 사람의 학설이 반드시 거기에 한정되어 치우친 것은 아니다. 왜냐하면 누구든지 자포자기한 사람이 아니라면 이미 배움에 뜻을 두고 있다고 할진대 '이치를 궁구하는 것(窮理)'과 '자신을 참되게 하는 것(誠身)'의 두 가지 노력을 함께 하지 않을 수 없기 때문이다.

59 우리가 날마다 부딪치는 사물이 수천, 수만 가지이고 눈만 뜨면 널려 있어 가리거나 막으려 해도 그럴 수 없으니, 반드시 일을 따라 공부하는 것이 필요하다. 또 마음이란 사방 한 치의 그곳에서 얼음을 얼게도 하고 불을 타오르게도 하며 뒤집어 생겨났다 없어져서 그대로 지나치려 해도 그럴 수 없으니, 반드시 곳곳에서 보살피는 것이 필요하다. 이는 '이르게' 하거나 '바르게' 하거나, 그것이 결정되고 난 뒤에야 비로소 공부하거

나 보살펴야 함을 아는 것은 아니다. 수레의 두 바퀴와 새의 두 날개는 본래 어느 한쪽만 택하고 나머지 한쪽을 버릴 수 없는 것과 같다.

그러니 주희가 어찌 '지(至)' 자 한 글자만 죽도록 지켜 사물의 이치를 궁구하기 전에 본원의 공부를 버릴 수 있겠으며, 양명이 어찌 '정(正)' 자 한 글자에만 집착해 본원이 이미 바르게 됐다고 해서 사물의 이치가 쓸데없다고 할 수 있겠는가. 진실로 그렇다면 주희는 정말로 지리하고 양명은 정말로 단계를 뛰어넘은 것이다. 그러나 주희는 일생을 두고 고심하고 진력하면서 정이의 "앎을 이루고서도 공경하지 않는 일은 없다(未有致知不在敬)"라는 구절 해석에 매달렸으니 그가 사물을 앞세우고 본원을 뒤로 돌리지 않았음을 알 수 있으며, 또한 양명이 평상시 말하고 행동하는 데서 늘 '동(動)'과 '용(用)' 쪽이 상당한 비중을 차지했으니 그가 본원에만 매달려 사물을 버리지 않았음을 알 수 있다.

그러므로 나는 이것이 특히 『대학』의 뜻을 해석하는 데서 각기 어떤 주장을 했느냐를 말하는 것이지, 두 사람의 학문이 반드시 여기에 국한되어 치우쳐 있다는 것은 아니라고 생각한다. 그러니 후대의 학자들이 이 두 학문을 논할 때는 다만 그 학설의 옳고 그름이나 장단점만 말해야지, 이것을 바탕으로 지리하다거나 단계를 뛰어넘었다고까지 의심하는 것은 옳지 못하다. 설사 초입에서 조금 다른 점이 있다고 할지라도, 그것은 역시 "인자한 이가 보면 인자함이라 하고 지혜로운 이가 보면 지혜로움이라 한다(仁者見之謂之仁 知者見之謂之知)"(『주역周易』「계사」)라는 것이나, 공자 제자 가운데 자공(子貢)은 지혜롭고 자로(子路)는 용감하다고 하는 것에 지나지 않는다. 어찌 꼭 학파를 나누어 서로 헐뜯고 등질 일이겠는가.

이 제문의 말뜻을 자세히 살펴보면, 이광신의 학문은 명나라 말 유종 주와 비슷할지언정, 정제두의 안연(顏淵)은 아니다. 양쪽 학문을 합치 시켜 함께 흘러가게 하는 것이 좋지 않은 생각은 아니지만, 이렇게 이 야기하면 피할 수 없는 모순에 빠진다. 공부하는 것을 보살피는 것과 완전히 구분한다면, 그 공부는 어디에다 표준을 둔다는 것인가? 또 "본원이 이미 바르게 됐다고 해서 사물의 이치가 쓸데없겠는가" 한 말 은 본원에 철저하지 못한 말이다. 사물에 응하는 것이 이치에 맞는다 면 이는 곧 본원이 바르게 된 것이다. 세상·나라·집안과 내 마음의 본 체가 본디 둘이 아니니, 본원이 바르게 된 뒤 천천히 사물의 이치를 섭렵한다는 것도 그 말 자체에 모순이 있음을 가리지 못할 것이다.

이광신의 동문으로 김택수(金澤秀)라는 사람이 있는데, 이 사람은 호 와 자도 모두 찾아볼 수가 없고 그 관향(貫鄉)이 어디인지도 알 수 없 다. 그러나 정제두가 죽은 뒤 쓴 제문을 보면 직선적이고 슬픔이 깊어 서 참으로 정제두의 진수를 접하는 것 같다.

> 학문이 끊어지고 도가 사라진 지 몇백, 몇천 세대이던고! 한없이 긴긴 밤
> 에 사람들이 모두 더듬거리고 있는데, 양명이 월(越) 땅에서 태어나 등불
> 하나를 높이 달았다. 그것이 온 세상을 두루 비추어 성학(性學)이 크게 일
> 어났다. 동방에서는 캄캄하기가 중국보다도 더 심해, 적막한 가운데 천
> 년 동안에 반딧불의 번득임조차 전혀 없었다. 선생께서 우뚝 서서 심지
> 하나를 홀로 밝히시니, 88년 동안 스스로 비추고 스스로 깨달으셨다.
> 격물을 해서 지식에 이르는 것은 '생각을 참되게 하는 것(意誠)'에서 분명
> 해졌고, 마음과 이치, 지식과 실천은 '하나로 아우르는(一竝)' 데에서 분명

해졌고, 머무름을 아는 것과 지극한 선은 '자기에게 있음(在己)'에서 분명해졌고, 이간(易簡)과 박약(博約)은 '나누지 않음(不貳)'에서 분명해졌고, 덕성(德性)과 문학(問學)은 '하나가 됨(一致)'에서 분명해졌다. 날마다 사물과 교섭하면서 양지를 통해 그 옳고 그름을 판단해 하나하나 욕심을 다스리니, 마음은 이를 통해 바르게 되고 몸은 이를 통해 닦여진다. 이것이 학문의 올바른 맥이요, 성인이 되는 진수다. 60 앞에서는 양명이, 뒤에서는 선생께서 하나의 등불을 이루어 더욱 빛나고 더욱 밝히셨는데, 슬프다, 그 빛이 이미 꺼졌으니 누가 다시 이 빛을 이을 것인가.

이전에 내가 학문은 모르지만 생각은 정미함을 추구하려 했으나 경전이 들어맞지 않아 의문이 많았는데, 안산 추곡(楸谷)의 눈 속에서 다행히 춘풍을 만나 맺혔던 것을 일깨워 주셔서 덮였던 것이 얼핏 벗겨진 듯했다. 아는 것 같지만 알지 못하고 깨달은 듯하지만 깨닫지 못해, 그 뒤에 때때로 나아가면 격려하심과 사모함이 더욱 두터워졌으나, 안개가 걷히면 구름이 이는 것과 같아서 배우려 해도 배울 수 없었다. 지난 봄에 찾아뵈니 몸은 여위시고 말을 주고받으시는 것이 옛날과 다른 점이 많기에 물러나와 생각하니 고령이시라 참으로 크게 걱정을 했는데, 어찌 알았으리오, 이 작별이 영원히 아득하게 갈라놓을 줄이야. 자상한 달램을 어느 곳에서 다시 받으리오.

아아, 비통하다! 초상을 치르고 발인하는 것을 내게 일러준 사람이 없어 제때 듣지도 못하고 몸은 또 병에 걸려 지팡이 짚고 조문 온 것도 이렇게 남에게 뒤지니, 지난날을 돌아봄에 인정과 의리 모두 버리고 말았구나. 이 슬픔이 어디까지 닿을까. 눈물이 샘물처럼 솟는구나.

엎드려 생각하노니, 정령(精靈)은 밝은 모습으로 하늘에 계시리라. 저의 게으름을 깨우쳐 주시고 저의 어두움을 밝혀 주시어 죽기 전에 스스로 닦을 수 있도록 해 주소서. 또 사방을 돌보아 같은 생각을 가진 사람들을 일으키셔서 각기 마음의 등을 빛나게 하고, 모두 본령(本靈)을 밝혀서 가린 곳에 비치지 않는 데가 없도록 해서 다 같이 큰 밝음으로 돌아가게 하소서!

원문은 사언(四言) 운문이어서 문체의 제약으로 오히려 마음속에 품은 생각을 다 표현하지 못했을 듯도 하다. 그러나 이 한 편의 짧은 글만으로도 김택수의 학문에 대한 입장이 걸출하고 탁월함을 알 수 있다. 지금 정제두 문인들의 차례를 매겨 본다면 김택수의 위치가 이광신보다 높았을 것이건만, 겨우 남은 이 한 편마저 『하곡전서(霞谷全書)』 부록에 실리지 않았더라면 흔적조차 없어지고 말았을 것이니 이 어찌 슬픈 일이 아니겠는가. 몇백 년에 걸쳐 이러한 철학자가 얼마나 되는지 알 수 있겠는가.

이광신은 오히려 지리한 듯하지만, 김택수는 본심으로 바로 들어간 사람이다. 양명의 제자로 말한다면 전덕홍과 왕기에 비견할 수 있다. 대개 문자의 해석에 몰두한 사람들은 자신의 마음에서 실제로 노력하는 것은 적어서 그 해석이 치밀할수록 더욱 직접적이지 못하다. 그러나 타고난 품성이 특별한 사람이 자기 마음속에서 스스로 깨달은 바가 있는 경우에는 몇 마디 넘어가지 않아도 바로 진수를 건드리게 된다. 김택수는 바로 후자에 속하는 사람이니, 그야말로 문자의 헛된 나열이 아니다.

그도 젊었을 때에는 의문이 있어 오랫동안 고민하다가 정제두를 만나 본원을 깨달은 실제 이력이 이 한 편의 글에 나타난다. "격물을 해서 지식에 이르는 것은 생각을 참되게 하는 것에서 분명해졌고, 마음과 이치, 지식과 실천은 하나로 아우르는 데에서 분명해졌다"라고 한 말이 가장 학문의 진수를 통찰한 것이다. 격물의 뜻을 "궁구해 사물의 이치에 이른다(窮至事物之理)"라고 해석한다면 "생각을 참되게 한다(誠意)"와 아무런 관련이 없게 된다. 또한 마음과 이치가 하나이고 지식과 실천 역시 둘이 아니라고 해야만 비로소 마음이 드러나고 지식이 드러난다. 이를 구분한다면 모두 희미해지고 말 것이다. 남아 있는 이 몇 줄 문구가 실로 우리 학술사에 매우 뚜렷한 업적을 남기고 있음을 알아야 한다.

또 문인 가운데 이진병(李震炳, 1679~1756)은 제문에서 이렇게 적고 있다.

> 세상에 참된 선비가 없어 학문이 끊어지고 도가 사라진 지 오래되었다. 그 이른바 학문이라는 것이 모두 문장의 뜻에만 얽매이고 구절에 빠져 있어서, 근본을 버리고 지엽을 추구하며 참된 것을 가리고 거짓된 것만이 유행한다. 밖으로는 인의(仁義)의 명분을 내세우지만, 안으로는 개인의 공명과 이익을 추구한다. 이러한 때에 진실로 세상에서 큰 지혜와 큰 용기를 가진 사람이 아니면, 누가 능히 참으로 성인의 일에 뜻을 두어 세상의 큰 흐름에서 벗어나 참된 근원으로 돌아갈 수가 있겠는가.

이 글을 통해 이진병의 학문적 깊이를 알 수 있는데, 상세히 서술할 근거가 없는 것이 유감이다.

'십자가 밟기' 이광사·이영익·이충익

[61] 두 번째 부류에 속하는 양명학자로는 원교 이광사, 신재 이영익, 초원 이충익을 들 수 있다.

이광사는 1705년(숙종 31년 을유)에 태어나 1777년(정조 원년 정유)에 죽었다. 자는 도보(道甫)이고, 직접 정제두의 문하에서 배운 사람이다. 이광신의 행장(行狀)이 이광사가 지은 것일 뿐 아니라 이광사가 홍재(弘齋) 민옥과도 절친한 친구였으니, 당시 재야에 묻혀서 공부하던 같은 부류였음을 알 수 있다. 월암(月巖) 이광려(李匡呂, 1720~1783)가 지은 이광사 묘지(墓誌)에는 이런 부분이 있다.

> 공은 여러 경전과 사서(四書)에 대해 자신을 굽히고 옛 유학자들의 견해를 따를 수 없는 부분이 많아 하곡 정제두 선생을 받들어 섬겼다. 정제두 선생은 왕양명의 학문을 주로 했는데, 공은 왕양명의 치양지설과도 딱 맞지는 않았지만 평소에 정확한 의미를 찾거나 특이한 이야기를 들으면 늘 정제두 선생에 의존했다. 선생이 돌아가셨을 때는 상복을 입고 장례에 참여했다.

정제두가 평생 공부한 학문은 양명학이고 양명학의 핵심은 치양지설인데, 이광사가 이에 대해 딱 맞지는 않았다면 이광사와 정제두의 관계는 소원했을 것이다. 그런데 상복을 입었다는 것은 무슨 말이고, 늘 정제두에게 의존했다는 것도 이상하지 않은가. 하물며 여러 경전과 사서에 대해 자신을 굽히고 옛 유학자를 따르지 않은 이광사가 정제두를 섬기고 정제두에게 의존하며 정제두를 위해 상복을 입었다면 소원하지 않았음을 알 수 있지 않은가.

또 이광사가 쓴 홍재 민옥 제문에서 '안과 밖, 허와 실'에 대해 깊이 있는 논의를 한 것이 나홍선의 학설과 아주 일치함을 볼 수 있다. 또 항재 이광신 제문에서는 이광신까지도 "결국 왕양명이 주희처럼 순수하지 않았다는 것을 알았다"라고 말하고, 그 끝에 이렇게 적고 있다.

근엄한 모습은 남이 볼 때나 혼자 있을 때나 마찬가지였다. 그러나 근엄하다고 해서 고목 같지는 않았으니, 부지런히 일하면서 중(中)과 화(和)의 경지에 이르고자 했다. 이 '마음'을 공자에게 맞춤으로써 근원을 기르고 통달해, 이로써 모든 일을 하려 했다. 이 들머리에서 참된 지식을 귀하게 여기니, 불교에서처럼 곧바로 큰 깨달음을 얻으려고 하는 것과 같지 않았다. 또 송대 이후 주석가인 요씨(饒氏)나 호씨(胡氏)처럼 지엽적인 것을 충층이 파고들고 주석·교정에 매달리다가 늙어 죽은 것과도 달랐다.

이를 근거로 보면 양지의 골자가 분명하다. 여러 가지를 종합해 보면, 이광사가 양명학에 대해서 맞지 않는다고 한 것은 사실상 거짓말이니, 속으로는 양명학을 주장했음을 숨길 수 없다. 1755년(영조 31년 乙亥) 이후로 집안의 화(禍, 백부 이진유李眞儒가 나주 괘서 사건에 연루되어 이광사도 유배됐다 - 옮긴이)에 연루되어 남·북으로 유배를 다니면서 후반 생애를 보내는 가운데 간간이 위기가 닥쳐, 신지도(薪智島) 귀양지에서 부름을 듣는 것은 오히려 바라지도 않는 바였다. 이광사가 화를 두려워해 스스로 속였음은 의심의 여지가 없다.

신재 이영익은 1738년(영조 14년 무오)에 태어나 1780년(정조 4년 경자)에 죽었다. 자는 유공(幼公)으로, 이광사의 작은아들이며, 연려실(燃藜室) 이긍익(李肯翊, 1736~1806)의 동복동생이다. 열여덟 살 때부터 아버지 이광사를 따라서 남·북 유배지를 다녔는데, 학문이 깊어서 이광사가 지기(知己)로 여겼다.

이영익은 육촌 간이었던 이충익과 학문의 같고 다름을 서로 비교 토론했다. 이영익은 항상 이충익이 양명학에만 매달리는 것을 넌지시 지적했지만, 이 또한 거짓으로 하는 말이었다. 이영익은 실로 양명학을 깊이 연구해 깨달은 사람으로, 그가 이충익에게 보낸 마지막 편지는 이렇게 되어 있다.

> 이치(理)를 체득하고 도리(義)를 모으는 것이 내가 말하는 배움이고, 사물에서 먼저 구하는 것은 내가 딱하게 여기는 병폐다. 그러나 마음을 통해 사물의 이치를 구하는 사람은 모든 사물에 대해 그 이치를 깊이 궁구하려 한다. 따라서 마음에는 지키려 하는 것이 있고 일에는 얽혀 있는 것이 있어, 작은 것이 쌓여 방종하는 데까지 이르지는 않는다. 그러나 나는 이미 학문이 사물에서만 구할 수 없다는 것을 알고 있으므로 결국 사물에 대해 소홀히 하게 되고, 마음에서 구한다는 것도 실제적인 이치를 쌓기 어렵고 겉모습이 먼저 드러나게 되는 것이 늘 걱정이다. 결국 마음이 노닐 곳이 없어 도리어 시문(詩文)이나 잡기(雜技) 같은 것에 빠지고 마는 것이다.

이것은 자신의 실제 생활에 대한 경계의 마음으로 솔직하게 말한 것이다. 62 이영익은 또 이렇게 말했다.

자네는 "그 양지를 이루어 이 생각을 참되게 한다"라고 했고, 나는 "근본과 지엽을 바로잡아(格) 이 생각을 참되게 한다"라고 했다. 이것은 모두 홀로 있을 때 삼감에만 힘을 쏟는 것이다. 성찰하는 때에 사물에서 이치를 구하는 것은 밖으로 달려 나가는 것과 같다고 했지만, 그 학문의 명분이야 어찌 절실하고 돈독해 조금의 부잡(浮雜)함도 없는 것이 아니겠는가. 그러나 하는 바인즉 가장 허황된 옛날 학자도 부끄러워할 일이니, 이를 어떻게 할 것인가.

이영익은 이렇게 양명학 일파의 실제 노력이 적음을 경계하고 있으며, 또 이충익이 양명학을 주장하는 것에 대해 이렇게 경고했다.

자네가 이전에 주희를 믿었던 것과 지금 왕양명을 믿는 것은 요컨대 모두 실제로 체험하고 거기에 믿을 만한 것이 있어서는 아닌 것 같다. 처음에는 객기(客氣) 위에서 중심 주장을 정하고, 마침내 중심 주장 속에서 의리를 세운 것이다. 마음을 세운 지 오래되면 스스로 자신의 마음을 돌아보아도 정말 참마음인 듯하지만, 아무래도 그 처음은 객기에서 시작된 것이다. 그러니 지금 '중요하고 매우 절실한 것'이라고 말하는 것이 과연 정말로 중요한 것을 체득한 것이라고 할 수 있겠는가. (『신재집(信齋集)』)

이영익이 이렇게 쓴 속내는 이충익의 신념을 한층 더 격발시켜 털끝만 한 것도 실제에서 미진함을 스스로 용납지 않게 하려는 것이었다. 그러면서도 간간이 양명학에 대해 붕 뜬 것이라고 한 부분이 있으나, 그의 본심을 글 속에서 가릴 수 없음을 짐작할 수 있다.

초원 이충익은 1744년(영조 20년 갑자)에 태어나 1816년(순조 16년 병자)에 죽었다. 자는 우신(虞臣)이다.

이영익이 쓴 편지의 뜻을 보면, 이충익이 지나치게 맹렬히 양명학을 주장해 이영익이 이를 억제하면서 권면해 충고하는 도리를 다한 것이다. 그런데 이충익이 남긴 문집에는 이러한 종류의 왕래 편지가 하나도 실려 있지 않다. 그는 신재(信齋) 가전(家傳)을 지어 평생토록 같이 공부한 이영익의 생애를 이렇게 기록하고 있다.

> 내가 일찍이 왕양명의 치양지설을 좋아하니, 선생(이영익)께서 "왕양명의 학문은 붕 떠 있고 선(禪)에 물든 것이니, 주자학을 배우는 것이 옳다"라고 말씀하셨다. 나는 한참 지난 뒤에야 그 말씀이 옳다고 생각했다. 선생께서 고문(古文) 『상서(尙書)』가 가짜가 아니냐고 의문을 제기하셔서 나는 그렇지 않다고 했는데, 선생께서 편지글을 왕복하면서 철저하게 따지시므로 내가 마침내 굴복했다. 선생께서는 "『대학』의 격물은 사물에 근본과 지엽이 있음을 가리키는 것이고, 치지는 먼저 해야 할 것과 나중에 해야 할 것을 안다는 바로 그 앎을 이루는 것"이라고 말씀하셨다. 그러나 나는 "격물·치지는 바로 생각을 참되게 하는 방법"이라고 했다. 만일 "사물에 근본과 지엽이 있다"의 '사물'과 "앎에 선·후가 있다"의 '앎'이 '격물·치지'의 '물(物)'과 '지(知)'라고 하면 문장의 뜻이 맞지 않는다는 것이었다. 결국 서로 의견의 일치를 보지는 못했지만, 둘 다 고본 『대학』에는 잘못되거나 빠진 글자가 없다는 점, 그리고 이 한 편은 오로지 근본과 지엽, 선과 후를 말한 것이며 앎에 선·후가 있음을 아는 것이 그 요점이라는 점에서는 다르지 않았다고 할 수 있다.

이렇게 말함으로써 이충익 자신도 이영익과 같이 양명학을 신봉하지 않았다고 슬쩍 이야기하고 있다. 그러나 격물·치지가 생각을 참되게 하는 방법이라고 한다면 양명의 치양지설이 아니면 이를 해석할 수 없다. 또 "사물에 근본과 지엽이 있다"의 '사물'을 '바로잡아(格)' "앎에 선·후가 있다"의 '앎'을 '이룬'다는 것은 왕간의 학설과 비슷하니, 이 것 역시 주자학이 아니다. 이뿐만 아니라 『대학』 고본을 살린다면 '친민(親民)'의 뜻은 저절로 정해지는 것이고, "앎에 선·후가 있음을 아는 것"이 요점임을 말한다면 "궁구해서 사물의 이치에 이른다(窮至物理)" 라는 주자 학설과는 동떨어진 것이다. 이를 가지고 추론해 보면 이영익이 이충익에게 한 말이 거짓인 동시에, 이충익이 이영익의 말이 옳음을 한참 뒤에 알았다는 말도 역시 거짓말이다. 이것은 모두 화가 닥칠 것을 두려워해 스스로 속인 것이다. 이러한 속에서 학파의 이어짐을 찾는 것이 어찌 느껍지 않겠는가.

이충익이 이영익과 주고받은 편지글은 모두 자신의 견해를 솔직히 표현했던 것인 듯한데 남긴 문집에는 실린 것이 없으니, 그 까닭은 다시 물을 필요가 없다. 그래서 이충익의 학문은 겨우 이영익 전기를 빌어 대략 드러났을 뿐이다. 특히 눈에 띄는 그의 작품으로는 「가설(假說)」 이라는 것이 있어 당시의 빈껍데기·거짓의 병폐를 은근히 풍자했는데, 참 학문에 대해서는 감히 제기하지 못하고 그저 거짓의 폐해를 통해 생각을 드러내려 했으니 이 또한 느꺼운 글쓰기라 할 수 있겠다.

내용적 양명학자 홍대용

63 세 번째 부류의 양명학자로는 담헌(湛軒) 홍대용(洪大容)을 들 수 있다. 그는 1731년(영조 7년 신해)에 태어나 1783년(정조 7년 계묘)에 죽었다. 자는 덕보(德保)로, 연암(燕巖) 박지원(朴趾源, 1737~1805)과 아정(雅亭) 이덕무(李德懋, 1741~1793) 등이 가장 믿고 따랐던 석학이었다.

그는 특히 천문과 역산학(曆算學)에 뛰어난 조예를 가지고 있어서 '천원해(天元解)' '기윤해(朞閏解)' '천의분도(天儀分度)' '구고총률(勾股摠率)' '팔선총률(八線摠率)' '환의율(圜儀率)' '구의율(矩儀率)' '평구고(平勾股)' '비례구고(比例勾股)' '중비례구고(重比例勾股)' '환의(圜儀)' '방의(方儀)' '구의(矩儀)' '측량설(測量說)' '변방(辨方)' '정척(定尺)' '정률(定率)' '제기(製器)' '양지(量地)' '측북극(測北極)' '측지구(測地球)' '천지경위도(天地經緯度)' '지평경차(地平經差)' 등 여러 글들은 모두 고심해 정밀하게 연구한 흔적이다. 그러나 이것들은 모두 기능적인 작업일 뿐이고, 홍대용의 평생 학문의 큰 성과는 『의산문답(毉山問答)』이라는 문답체의 논술을 빌려 대체적으로 드러내었다.

『의산문답』은 '허자(虛子)'라는 사람과 '실옹(實翁)'이라는 사람을 설정하고 이 둘이 서로 문답을 나누는 내용이다. 허자는 동해에 사는 사람이고 실옹은 의무려산(毉巫閭山)에 은둔하고 있는 사람인데, 허자가 실옹을 의무려산에서 만남으로써 문답이 시작된다. 여기에는 이미 조정의 교화와 백성의 풍속이 무너진 원인이 어디 있으며 그 대책으로 어떠한 방책을 써야 하는지 깨달았음이 보인다. 또 실옹을 구태여 나라 밖에서 찾은 것 역시 온 세상이 모두 빈껍데기와 거짓으로 병들어 있음을 단언한 것으로 보인다.

> 백성들의 미혹됨이 세 가지다. 음식과 여색에 미혹되면 그 가정을 망치고, 이익과 권력에 미혹되면 나라를 망치며, 도술에 미혹되면 온 세상을 어지럽히게 된다.

이렇게 세상의 미혹됨을 세 가지로 나열한 뒤에 다시 도술에 미혹됨을 통렬히 비판한다.

> 정학(正學)을 받드는 것은 사실은 스스로 잘난 척하는 마음에서 나온 것이고, 이단사설(異端邪說)을 배격하는 것은 사실은 남 이기기를 좋아하는 마음에서 나온 것이며, 자애로움(仁)으로 세상을 구하겠다는 것은 사실은 권력을 잡으려는 마음에서 나온 것이고, 명철함으로 자신을 보호하겠다는 것은 사실은 자기를 이롭게 하려는 마음에서 나온 것이다. 이 네 가지 마음이 어우러지면 진실한 뜻은 나날이 없어지고, 세상은 막힘없이 날로 빈껍데기를 향해 치닫게 된다.

이 구절을 보면 양명의 「발본색원론」과 짝을 이룸이 분명하다. 마음의 작용은 은미한 곳에서부터 실질적인 공부를 하지 않고서는 이러한 빈껍데기·거짓의 병폐를 고칠 수 없다는 고심과 지극한 뜻이 행간에 드러난다. 그래서 일언반구도 양명학을 언급하지는 않고 있으나, 학문을 마음 밖에서 구함으로써 빈껍데기·거짓이 꾸며짐을 지적한 것은 깊이 따질 필요도 없이 분명하며, 그때 온 나라를 뒤덮은 학문은 유일 지존인 주자학뿐이었으니 그 지적이 무엇을 향하고 있었는지는 묻지 않아도 알 수 있지 않은가.

홍대용은 당시 유학의 해독에 대해 분노한 사람이어서, 빈껍데기·거짓의 재앙을 낱낱이 입증하고 있다.

처사(處士)들이 마음대로 떠들어대자 주(周)나라의 도가 날로 움츠러들었고, 진시황(秦始皇)이 책을 불태우고 난 뒤 한(漢)나라의 왕업은 조금 나아진 듯 보였으며, 석거각(石渠閣)에서 편을 갈라 싸우니 신(新)나라의 왕망(王莽)이 제위를 찬탈했고, 정현(鄭玄)·마융(馬融)이 경전을 풀이하니 삼국으로 분열되었으며, 동진(東晉) 때 청담(淸談)에 빠지니 중국이 침입을 받아 망해 버렸다.

이렇게까지 과격하게 이야기해 거의 학문망국론에 가까운 말을 부르짖었다. 여기서 옛날 일은 짐짓 내세운 것일 뿐, 그 본뜻이 향하는 바는 바로 조선의 수백 년간의 학술계를 신랄하게 비판한 것이다. 이로써 보아도 홍대용의 학문이 스스로 깨달은 바가 있음을 알 수 있다.

홍대용은 또한 춘추관(春秋觀)과 화이관(華夷觀)에 있어서 이전 선배들이 언급하지 않은 뛰어난 생각을 가졌다. 『의산문답』 끝에 이러한 구절이 있다.

사방 변방 민족이 중국 땅을 침략하면 중국에서는 그것을 도둑(寇)이라 하고, 중국이 함부로 무력을 동원하면 사방 민족은 그것을 도적(賊)이라고 한다. 서로 도둑이라고 하고 도적이라고 하는데, 그것은 사실상 같은 의미다.

공자로 하여금 바다로 가서 구이(九夷) 땅에 살게 해서 중원의 제도로 변
방 민족을 변화시키고 주나라의 도를 외국에서도 일으켰다면, 안과 밖의
구분 및 높이고 물리치는 도리를 통해 저절로 외국의 춘추대의가 생겼을
것이다.

이 구절은 종래 학자들 사이에서 철칙으로 내려온 명나라 중심의 가
치관을 뿌리째 뽑아 버렸다.

『의산문답』은 바로 허와 실을 대립시켜 토론한 것이다. 허하면 망하
고 실하면 살아남는다는 원리를 하나하나 추론해 나가다가 화(華)·이
(夷)의 구분으로 끝을 맺은 것은 홍대용이 붓 가는 대로 쓴 것이 아니
다. 도술에 심하게 미혹되어 자기 민족조차 외국으로 생각하는 데까
지 이르는 것을 통탄하는 한편, 이 한 가지 일에서 본심을 불러일으키
기 시작해 우리 민족을 중심에 두는 참학문(實學)과 우리 땅을 지키는
참정치(實政)를 제기하려는 깊은 생각을 여기에 담은 것이다. 누구나
조선의 양명학파를 살펴보려면 우선 홍대용의 이러한 고심에 대해서
부터 경의를 표해야 옳을 것이다.

학문은 오직 허와 실로 나뉠 뿐이다. 정제두의 『존언』과 홍대용의 『의
산문답』은 모두 똑같은 '실(實)' 자를 표방한 것이니, 이것이야말로 후
학들이 주목해야 할 부분이다.

7

글을 마치며

[64] 양명학의 핵심 주장과 양명의 행적, 그리고 양명이 한 말의 개략과 그 학풍의 점진적인 전파는 대개 앞에서 이야기한 바와 같다. 그러나 내가 지금 번거롭고 중복됨을 무릅쓰고 이렇게 죽 적는 것은 근본적으로 하나의 커다란 학통을 만들어 신기한 이야기를 해 주자는 것이 아니라 실로 마음속 깊은 곳에서 나오는 나 혼자만의 울분이 있어 스스로 마지못한 때문이다.

양명이 일생 동안 역설한 내용과 그 후학들이 힘껏 주장하고 애서 지킨 내용은 별다른 것이 아니다. 스스로 가릴 수 없는 선천적인 이 지식에 의해 조금도 유감이 없게 하자는 것뿐이다. 이러한 것은 근본적으로 지적 활동에 바탕을 둔 것이 아니다. 낫 놓고 기역 자도 모른다고 해도 이 지식은 없으란 법이 없는 것이지만, 또한 아무리 수많은 책을 읽었더라도 이 지식에 의지할 줄을 모른다면 모든 것이 빈껍데기일 뿐이다.

이 지식이란 매우 엄격해서 추호의 구차함도 없으므로, 어떠한 재주나 계교로도 이를 속이지 못하는 것이다. 오직 나 혼자만이 아는 것이므로 가장 은미해서 소리와 냄새도 없는 곳이니 마음조차도 비교될 수는 없지만, 나 혼자만은 아는 것이므로 가장 절실해 목숨이 맡겨져 있는 곳이다. 이것을 제쳐 두고 인간의 옳고 그름에 대한 표준으로 삼을 만한 것이 없을 것이다.

무릇 내가 온갖 일에 감응하지 않는다면 모르되, 또 내가 취사선택을 하지 않는다면 모르되, 내가 취하는 것이 나 및 집안과 바꾸게 되고 내가 버리는 것이 생명과 관계된다고 해도 구차하게 그것에 신경 쓰지 않고 대수롭지 않게 여긴다면 모르지만, 만일 그렇지 않다면 이 지식을 놔둔 채 무엇을 가지고 그것과 감응할 수 있을 것이며, 이 지식을 놔둔 채 무엇을 가지고 취사선택할 수 있을 것이며, 또 이 지식을 놔둔 채 어느 누가 취하는 바를 나 및 집안과 바꾸고 버리면서 생명도 아끼지 않을 것인가.

힘이란 내가 하고 싶은 데에서 나오는 것이다. 그러나 하고 싶은 그것이 나 혼자만이 아는 그곳에서 옳지 않은 것이라면, 이는 몸뚱이에서 생각을 일으키는 것이기는 하지만 본심에서 '생각을 참되게 하는 것(誠意)'이 아니다. 그러니 엄격하게 말해서 내가 하고 싶은 것이 아니다. 그러나 만일 나 혼자만이 아는 그곳에서 이를 옳다고 하는 하고 싶음이라면, 그 어떠한 것도 이를 막을 수 없을 것이다.

어떤 생각이 일어나고 사라지는 것을 나만은 안다. 몸뚱이에서 생각이 일어나면 언제나 간격이 생기지만, 본심에서 생각을 참되게 하면 언제나 감통을 일으킨다. 감통을 일으키기 때문에 은미한 가운데 한 점 밝은 빛이 곧 한몸 되는 자애로움의 씨앗이 발아하는 것이다. 민중의 아픔이 나의 아픔인 것은 실로 내 마음의 본체가 그러한 것이지, 일부러 큰소리치는 것이 아니다.

그러므로 누구나 내 본밑 마음의 천부적인 지식을 찾으려면 스스로 속일 수 없는 곳을 조용히 살펴보라. 스스로 속일 수 없는 그곳의 진실한 모습을 찾으려면 민중과 감통하는지 아니면 간격이 있는지를 스스로 헤아려 보라. 이 밝음은 어디에서든지 찰나 동안이라도 멈추는 일이 없으므로, 뜻 있는 사람들이 한번 깊고 멀리 생각해 보면 결코 대충대충 하고 날 일이 아니다.

우리는 본심을 가리고 막아 버린 지 오래다. 옳고 그름도 본심을 통해 판단한 옳고 그름이 아니요, 취사선택도 본심을 통한 취사선택이 아니다. 본심을 통한 것이 아니기 때문에 옳고 그름은 남을 따라갈 뿐이고 취사선택도 밖으로만 향할 뿐이다. 그 하고 싶다는 것이 실제로 내가 하고 싶은 것이 아니니 여기서 어떠한 힘을 바랄 수 없음은 이미 말할 것도 없거니와, 남을 따라가고 밖을 향하더라도 감통함이 없으니 결국 간격이 있을 수밖에 없는 것이다. 창피스러운 몸뚱이의 생각은 언제나 그 고동이 될 것이니, 비록 상태가 수만 가지로 다르고 그 모습이 수백 가지로 다르지만 한 곳 그윽한 속에서 싸고도는 것은 바로 이 일념인 줄로 안다.

그러므로 일생 백 년을 지식 탐구에 몰두해 학문이 동양과 서양을 관통한다 자신하고 재능이 고금을 꿰뚫는다고 자부해도, 혼자만이 아는 그곳에서 실질적인 격물 공부를 하지 않으면 머릿속의 창피스러운 몸

뜻이 생각은 여전히 존재한다. 사물이 와서 접하면 그 사람의 재능과 학문이 많건 적건 모두 헛일일 뿐이다. 얼마 안 되는 재물에 대한 비루하고 천박한 의욕으로 경솔하게 대응하는 것이야 그런가 하고 말 수 있지만, 그 재능과 학문으로 인해 오히려 욕심이 더 심해질 수 있다. 그러나 그 비루하고 천박함은 스스로가 안다. 아는 바로 그곳에서부터 시작해야 비로소 자제할 힘이 생겨난다.

65 나는 양명학자다, 그러니까 어떻게 해서든지 양명학을 세워야겠다고 생각한다면 그 속에는 어떤 생각이 잠복해 있겠는가? 나는 양명학자가 아니다, 그러니까 어떻게 해서든지 양명학을 배척해야겠다고 생각한다면 또 그 속에서는 어떤 생각이 이어져 있겠는가? 내 본마음에 따른 옳고 그름대로 분별하는 것이 아니라면 이것은 모두 사심(私心)이니, '그러니까'라는 네 글자가 바로 세상 모든 시대의 공론을 어지럽히는 원천이다. '그러니까'라는 네 글자가 없다면, 무슨 일이든지 본마음에 따라 일치시켜 어떠한 빈껍데기·거짓도 없을 것이다. 그러므로 내가 양명학을 말하지만 누구나 양명학이 좋다고 하는 선입견을 가지고 이것을 긍정하기를 바라지 않는다. 반드시 자신의 마음에서 스스로 진정한 옳고 그름의 분별이 서야 비로소 빈껍데기·거짓의 영역에서 벗어나는 것이다.

양명학을 가리켜 지나치게 빠르다고 한다. 그러나 언제 이 학문대로 가 보기나 했는가? 빨리 들어갈 길이 있다면 구태여 돌아갈 까닭은 무엇인가? 일부러 돌아간다면 갈 곳에는 '생각을 참되게 함'이 없는 것 아닌? 양명학을 가리켜 너무 간단하다고 한다. 그러나 언제 이 학문대로 해 보기나 했는가? 간단하게 이룰 수 있다면 구태여 번거롭게 할 까닭은 무엇인가? 일부러 번거롭게 한다면 이루는 데는 '생각을 참되게 함'이 없는 것 아닌가?

원래 학문에서 중요한 것은 자기 마음에서 홀로 아는 곳에서부터 그 생각의 잘못됨이 없게 하는 것이다. 참으로 간단하다. 그러나 너무 간단하다고는 할 수 없다. 여기에 조금이라도 더 노력을 기울인다면 이것이 바로 개인적인 작위(作爲)다. 참으로 빠르다. 그러나 너무 빠르다고는 할 수 없다. 이 이외에 한 구비의 다른 길을 찾는다면 이것이 바로 잘못된 것이다. 그러나 간단하다고 하지만, 온갖 변화에 응하면서도 다함 없이 잘 맞아떨어진다. 빠르다고 하지만, 일생토록 경계하고 두려워한다고 해서 간신히 도달할 수나 있을까.

아아! 참마음(實心)을 죽여 남의 학설이나 살리는 그 말을 가지고 맞는지 틀리는지 조사할 뿐, 자신의 마음을 가지고 맞는지 틀리는지 살피지 않는 그런 빈껍데기·거짓의 삶이 하루 이틀에 이루어진 것이 아니다. 수백 년 동안 부형들이 한 말들이 어느 것 하나 마음 밖에서 짐짓 꾸미지 않은 것이 없다. 가령 비근한 경우를 보더라도 어른이 아이를 꾸짖을 때, 늘 이렇게 말한다.

"너는 남부끄러운 줄도 모르느냐?"

"이게 무슨 모양이냐?"

"그런 체면이 있나?"

"저런 꼴이 어디 있단 말이냐?"

이런 말들은 어느 것이나 모두 밖으로 꾸미는 것이 잘못됐다고 나무라는 것이지, 자기의 마음속 혼자만 아는 그곳에 대해 깨우친 것이 아니었다. 평생 학문이 오직 모방일 뿐이었다.

"그것이 왜 옳습니까?"
"응, 주자께서 옳다고 하셨으니까."
"주자께서 왜 옳다고 하셨습니까?"

여기에 이르면 대답할 말이 없었을 것이다.

참으로 애달프지 않은가. 나는 나일 뿐이지, 누가 옳다고 해야만 옳다고 할 것인가. 주희의 말을 끌어대는 것도 내 마음과 일치할 경우에나 하는 것이지, 덮어놓고 옳을 리는 없지 않은가. 이것은 자신을 말살하는 것이며, 동시에 주희에 대해서도 조금도 알지 못하는 것이 아닌가. 가까운 세속의 말이건 엄중한 학문의 표현이건, 모두 마음 밖에서 꾸미는 것일 뿐이다. 이미 마음 밖의 것이면 그것은 늘 변화해 일정치 않으니, 남에게 부끄러운 것도 변하고 모양도 변하며 체면도 변하고 꼴도 변했다. 그러나 남에게 부끄러워할 줄만 아는 것은 옛날이나 지금이나 마찬가지고, 겉모양만 보는 것도 옛날이나 지금이나 마찬가지며, 체면만 아는 것도 옛날이나 지금이나 마찬가지고, 꼴이나 좋게 꾸미는 것도 옛날이나 지금이나 꼭 마찬가지다.

"그것이 왜 옳습니까?"
"응, 누가 옳다고 하셨으니까."

그 '누가'가 꼭 주희만이 아닐 뿐이지, 자기 마음에 실제로 비추어 보아 참으로 옳은 것을 구하지 않기는 옛날이나 지금이나 꼭 마찬가지다.

헛된 것인 줄 알아야 한다. 저 말을 가지고 옳고 그름을 따지건 이 글을 가지고 옳고 그름을 따지건, 이것은 모두 헛된 것인 줄 알아야 한다. 자기 마음 이외에는 옳고 그름을 따질 기준은 없다. 아아! 이것이 도대체 강론을 듣고야 알 일이란 말인가.

66 내가 우리 옛 역사를 살펴보니, 신라의 김흠운(金歆運, ?~655)이 양산(陽山, 지금의 충북 영동 - 옮긴이)에 주둔하고 있다가 백제 대군의 야간 습격을 만나 그 상황이 매우 위급했다. 그 부하가 김흠운의 말고삐를 잡고 말했다.

"장군님, 피하십시오. 이렇게 어두운데 적을 만났으니, 돌아가신들 누가 장군의 충성과 용맹을 알겠습니까?"

"아니다. 대장부가 나랏일을 위해 죽는데, 남이 알건 모르건 마찬가지다. 감히 명예를 찾겠는가?"

그러고는 한 걸음도 물러서지 않았다. 남이 알아주고 알아주지 않는 것이 관계되면 이것은 벌써 본마음에서 나오는 뜻을 참되게 하는 것이 아니다. 본마음에서 뜻을 참되게 하는 것이라면 남이야 알건 모르건 아무런 관계가 없다. 김흠운의 말이 참으로 옳다. 이렇게 된 뒤라야 참이다.

이제 누구든지 자기 마음속 혼자만이 아는 그곳에 비추어 보아서, 정당한 일이라도 남이 알든 모르든 과연 동일하게 여긴다고 자신할 수 있는가? 동일하게 여기지는 못하지만 겉모습으로만 관계없는 것처럼 보이게 하지는 않는가? 어떻든 모든 작위적인 행동은 본마음에서 스스로 즐겁고자 하는 것이 아니라 밖에서 아는지 모르는지, 비난하는지 청찬하는지 그것만 계산하면서 수백 년 전이나 지금이나 똑같이 내려온 것이 사실이다.

자꾸 그런 척하고 또 그렇지 않은 척하지만, 사람이 스스로 속이지 못하는 한 곳은 그대로다. 그대로이니 어쩔 수 없이 자신을 비천하게 여기고 소인으로 여기고 간사하게 여기게 되며, 그럴수록 남에게만은 그렇게 보이지 않으려고 온갖 방법으로 겉모습을 꾸미게 된다. 그렇지만 스스로 보기에는 더욱더 비천하고 더 소인 같고 더 간사해 보인다. 다만 이렇게 자신을 바라보는 정도는 몸뚱이에서 이기적인 생각이 일어나는 상황에 따라 점점 미약해지며, 결국에는 자신이 비천하고 소인이고 간사하다는 사실조차 아예 알지 못하게 되는 수도 있다. 그러니 세상과는 간격이 있을 뿐이고, 아주 가까운 사람들과의 사이에서조차 조금도 감통함을 발견하지 못하게 된다.

김흠운의 그 말이 길이길이 후대의 사람들 마음속에 박혀 있었다면 모든 것을 자기 마음속 혼자만이 아는 곳에 비추어 해결하려 했을 것이다. 자기가 옳다고 여겨서 하는 것과 남이 옳다고 생각해 주기 때문에 하는 것을 일자무식인 사람에게 판단해 달라고 하면, 묻는 사람이 너무나 실없다며 비웃을 것이다. 이것이 어찌 심사숙고한 뒤에 그 옳고 그름을 판단할 문제겠는가. 그러나 자기가 옳다고 여기는 그 한 곳에서부터 스스로 서자는 근본적 소원을 가진 사람이 수백 년에 걸쳐 왜 그리도 적었던가.

나는 양명의 학설을 볼 때 이 말이 양명의 말이 아니라고 생각한다. 사람들이 모두 인정하는 것을 말하는 것이 그 말하는 사람의 말이라 할 수 있겠는가. "너는 네 마음, 네 본밑 마음이 선천적으로 가지고 있는 그 지식에 따라, 하려 하거나 하지 말려 하거나 마음이 생기려 하면 그것을 바로잡으라"라고 하는 것이 과연 이상한 말이라 할 수 있을까.

말에 대해 말로써 옳다 그르다 하는 것은 아무런 알맹이가 없다. 가만히 자기 마음에 비추어 살펴보라. 어떤 생각이 생겨나려 할 때, '당연하다. 그렇지만 그렇게 하면 나에게 불리하니 어떻게 하나?' 또는 '옳지 않다. 그렇지만 그렇게 해야 나에게 유익하니 어떻게 하나?' 하고 생각해 보지 않은 사람은 아무도 없을 것이다. '당연하다'거나 '옳지 않다'고 하는 생각과 '어떻게 하나?' 하는 생각이 곧 나의 생명과 적(賊)을 나누는 경계선이다. '당연하다'고 생각되면 하고 '옳지 않다'고 생각되면 하지 말아야 하되, 이를 머릿속에서부터 확실하게 해야 한다는 것이 이상한 말이라고 할 수 있겠는가. 해 보니 그렇지만 익숙하게 들어 본 것이 아니라 의심스럽고, 해 보니 그렇지만 일반적인 의견이 아니라 시원찮다고 하면, 그것이 어떤 판단이라고 할 수 있겠는가. 나는 각기 다른 취향을 구태여 같게 하려는 것은 아니다. 재능이 다르고 자질에서 차이가 있는 것은 저절로 일치될 수 없는 것이다. 그러나 백 개, 천 개의 갈랫길도 출발은 모두 자기 마음에서 비롯된다. 여기에서 노력하는 것이 없다면 백 개, 천 개의 갈래가 모두 빈껍데기·거짓일 뿐이니 어떻게 하겠는가. 그러므로 외람되지만 이렇게 쓴소리를 드려, 기도하고 간절히 비는 지극한 정성으로 사랑하고 존경하는 분들에게 바치고자 하는 것이다.

붓을 놓으면서, 나의 스승 난곡(蘭谷) 이건방(李建芳, 1861~1939) 선생으로부터 이 학문의 대의를 전수받았음을 명확히 밝힌다. 또한 생각이 같은 고하 송진우 씨가 이 학문을 널리 알리려고 고심한 것에 대해 깊이 감사하고, 구천에 계신 겸곡(謙谷) 박은식(朴殷植, 1859~1925) 선생께 이 글을 바로잡아 달라고 부탁드리지 못함을 안타까워하는 마음 덧붙여 적는다.

양명학연론(陽明學演論)
교주(校注)

일러두기

· 이 校注本은 『陽明學演論』의 『東亞日報』 연재분(1933. 9. 8부터 12. 17까지 모두 66회)을 교정하고 주석을 단 것이다. 이를 위해 이후 이 글을 수록해 재출판한 잡지 『思想界』(1953년 6월호 및 7월호)와 단행본들인 『薝園國學散藁』(1955, 文教社), 『三星文化文庫 11』(1972, 三星文化財團), 『薝園鄭寅普全集 2』(1983, 延世大學校出版部) 등을 참조했다.

· 誤字를 바로잡거나 이해를 돕기 위해 표기 형태를 바꾼 경우 바뀐 글자를 진한 글자로 표시하고 바로 뒤 [ ] 안에 원래의 글자를 넣었다(그러나 번거로움을 피하고 원문을 최대한 살리기 위해 쉽게 알 수 있는 誤字나 당시의 표기 형태는 그대로 두었다). 뒤에 [ ]가 없이 진한 글자가 있는 것은 빠졌다고 판단되는 글자를 추가한 것이다. 필요 없는 글자가 잘못 들어갔다고 판단되는 경우는 ( )로 묶고 흐린 글자로 바꾸었다. 연재본에 있던 강조점은 잘못된 것으로 보이는 경우도 많고 현재의 관점에서 큰 의미가 없어 이 책에선 별도로 표시하지 않았다.

· 띄어쓰기는 현재의 방식을 참조해 전면적으로 손을 보았으며, 쉼표·마침표·가운뎃점 등도 문맥을 보아 적절히 추가했다. 따옴표도 ' '와 " "로 적절히 정리하고, 한쪽 따옴표가 빠진 것도 판단해서 보충했다.

· 단락은 연재본에서 그다지 신경을 쓰지 않은 듯한 모습이어서 교주자의 판단에 따라 임의로 구분했으며, 인용 부분을 들여쓰기 처리한 것은 연재본에 일관성이 없어 교주자의 판단에 따라 들여쓰기 처리를 했다. 두 가지 모두 일일이 주석을 달 수 없어 별도 표시는 하지 않았다.

· 주석은 원문의 오류 등 설명이 필요한 사항과 이후 재출간본들의 오류에 대한 교정 내용, 인용 원전의 한문 원문, 기타 내용 이해에 필요한 사항 등을 달았다. 三星本·全集本의 간단한 오류들은 본문에 * 표시를 하고 권말에 표로 정리했으며, 오류가 더욱 많은 思想界本· 散藁本은 위의 두 후대 판본까지 이어진 오류들에 한해 같은 표의 '비고' 항목에 참고로 제시했다.

一. 論述의 緣起

1 어느 글이든지 쓰는 사람으로서 볼 사람에게 向하야 마음 드려 보아 주기를 바라는 것은 共通되는 바이라. 그러나 그 바람*도 種類를 따라 더 심할 때도 잇고 좀 덜할 때도 잇는 것인데, 내가 지금 이 글을 씀에 當하야는 바란다는 것만으로는 내 情懷를 말하기에 오히려 不足하다. 곧 懇乞코자 하며, 곧 祈祝하랴 한다.

嗚呼라. 過去 數百 年間 朝鮮의 歷史는 실로 '虛와 假'로서의 演出한 자최이라. 最近 數十 年來로 風氣 점점 變하게 되매, 三尺童子라도 前人의 잘못한 것을 指摘할 줄 안다. 그러나 前人을 攻駁하면서 依然히 도로 그 자최를 따르지 아니하는가. 이 말을 누구나 反對하리라[다].

첫재로, "數百 年間 朝鮮의 歷史가 오즉 虛·假의 자최라니, 그럴 수가 잇나" 하리라. 이 反對 前에 나도 過한 말인 줄 안다. 過한 줄 알면 어찌 이 말을 하는가. 내가 過하다 함은 事實에 잇어 過하다 함이 아니다. 말이 좀 禮敬을 버서나 過激함에 가깝다는 것이다. 그러나 한 거름 나아가 말하면, 뜬말로 僞飾하지 아니하고 實을 實로써 表明하는 것이 오히려 過去에 向한 禮敬이 아닐가. 總括한 앗가 말을 차차 따지어 說明하리라.

數百 年間 歷史를 細列하지 말고 우선 큰 자최만 드러 보자. 末期를 結로 하여 가지고 가론 黨爭이오 가론 殺戮이오 가론 勢道이니, 지는 패는 죽이어 업새게 되고 죽이고 나면 勢力이 한편으로 모인다. 이러케 업치락뒤치락하는 동안에 萬事ㅣ 임의 大去하엿다. 다른 나라라고 黨爭이 없음이 아니로되 數百 年 繼續되는 分派는 요새 말로 破記錄이오, 殺戮이 업음이 아니로되 彼此 서로 이 궁리와 이 수단만으로* 悠久한 歲月을 뻗히어 나려온 것은 또한 古今에 없는 일이다.

이것은 딴 이야기가 아니냐. 이것과 虛·假와 무슨 關係이냐. 아니, 虛와 假의 演出이 아니고는 이러케 되는 법이 없다.

朝鮮 數百 年間 學問으로는 오즉 儒學이오 儒學으로도* 오즉 程·朱를 信奉하엿스되 信奉의 弊 대개 두 갈래로 나누엿으니, 一은 그 學說을 비러* 身·家[1] 便宜를 圖하랴는 私營派이오, 一은 그 學說을 배워 中華 嫡傳을 이 땅에 드리우자는 尊華派이다. 그러므로 平生을 沒頭하야 心·性을 講論하되 實心과는 얼러 볼 생각이 적엇고, 一世를 揮動하게 道義를 標榜하되 自身밖에는 보이는 무엇이 없엇다.

그런즉 世降·俗衰함을 따라 그 學은 虛學뿐이오 그 行은 假行뿐이니, 實心으로 보아 그 學이 虛인지라 私計로 보아 實이오, 眞學으로 보아 그 行이 假

---

1 『思想界』 연재본(이하 思想界本)과 蒼園國學散藁本(이하 散藁本)·三星文化文庫本(이하 三星本)·鄭寅普全集本(이하 全集本)은 모두 '身家'를 '自家'로 고쳤다. 그러나 '身·家'도 의미가 통하지 않는 것은 아니며 뒤에도 이런 표현이 계속 나오므로 원문을 존중해야 할 듯하다.

인지라 僞俗으로 보아 實이다. 그러므로 數百 年間 朝鮮人의 實心·實行은 學問 領域 以外에 구차스럽게 間間 殘存하엿을 뿐이오, 온 세상에 가득 찬 것은 오즉 假行이오 虛學이라.

虛면 虛인 대로만 그저 잇는 것이 아니라. 學이 임의 虛인 바에는 이 虛를 타 가지고 가루 뛰고 세루 뛰는 一種의 産物이 잇으니,* 이는 다른 것이 아니라. 原來 人生의 修養이라는 것은 實心의 힘을 비러 가지고 偏狹한 自私念을 누르는* 것이어늘, 學이 이미 虛인지라 自私念만이 歲月을 만나 날로 隆盛*하는대, 그동안 實心을 떠난 學問이 이 自私念을 顧護 또는 修飾하는데 잇어서 巧妙한 效能을 내어 私念이 드디어 假行으로 變하게 되엇다.

그러므로 殺戮을 互行하고도 經傳의 聖言을 끌고 派爭이 交騰하지만 道義의 古訓에 대어 一言·一事ㅣ 假托 아님이 없고, 또 殺戮·派爭을 이로써 資할 뿐 아니라 經傳上*·道義上 不得不 派爭과 殺戮을 繼續하도록 서로서로 떠들어 왔다. 다른 까닭이냐. 學問이 實心과 關係없으매 自私念이 自然히 主되게 되고, 이것이 主가 된즉 學問이 **이를 싸고**[이싸를고]돌게 된 것이다.

[2] 둘재로, "最近 數十 年來로도 依然히 도로 옛 자최를 따른다니, 이것이야 더욱 그럴 니가 잇나" 하리라. 이것이야말로 내가 이 글을 草하게 되는 大動機이니, 過去는 엇더하얏던지 그 過去가 지금 우리에게 잇서 何等의 惡影響이 미치지 아니할진대 過去를 檢討할 必要가 없다. 그러나 過去는 恒常 當今을 斡運하는 隱勢力을 가지게 됨으로 이를 閑視하지 못하는* 것이다.

삼가 告하노니, 우리 伯叔이여 昆弟여 姑姊여 戚友여. 지금 우리 무엇을 올타 할 때 과연 實心으로서 올케 **아**[하]는[2] 것을 올타는 것인가. 或 행세로

---

2 連載本의 '하는'은 '아는'의 오류로 보인다. 思想界本 이하 여러 재출간본들은 모두 '하는' 그대로 두었다.

가 아닌가. 무엇을 하랴고 할 때 과연 實心으로서 해야 하것다는 것이 잇서서 함인가. 或 남 따라서 외양 보이는 것이 아닌가. 무에라 무에라 하야 팔을 뽑고 기운을 내어 스사로 慷慨自高하는 그 속에 과연 악착스러운 내 노릇을 남모르게 圖謀함이 없는가. 어떠니 어떠니 大公을 主하되, 어떠니 어떠니 全體를 論하되, 어떠니 어떠니 事業·學術을 說하되, 그 가운데 과연 내어놀 수 없는 어떠한 自爲心이 없는가. 그 사람 홀로 아는 속에서는 照破되리라.

내 敢히 當世를 輕視함이 아니로되, 浩劫* 哀淚가 두 눈을 히미하게 한 채로 내 視力의 미치는 것을 바라보건대, 合한다 團結한다 하드라마는 派爭은 더 激化하는 것 갓더라. 새남터·당고개의 사람 죽이든 곳에 비록 劊手가 없어진 지 오래다마는, 心鋒[봉]·意刃으로 서로서로 견우는 것은 前보다도 몃 칭 더 甚한 것 갓더라.

學問에 對한 態度ㅣ 前부터 임의* 冊張에서만 힘을 어드랴 하든 것이 더 한 칭 느러서, 가론 英吉利 가론 佛蘭西 가론 獨逸 가론 露西亞ㅣ 紛然 竝進하지만, 대개는 工巧하다는 者ㅣ 幾多 學者의 言說만에다가 標[表]準을 세워, 어떠타 무에라 함이 대개는 저 '言說'로부터의 그대로 옴겨짐이오 實心에 비추어 何等의 合·否를 商量한 것이 아니니, 今으로써 古에 比하매 과연 엇덧타 할가. 하고 아니 하고, 올타 **하**고 그르다 함이 떠어 노코 말하면 **누**[구]구나 自心의 發表로 볼 것이나, 그 사람더러 무러 본대도 저 '말'로서의 合·否를 調査할지언정 제 '마음'으로서의 合·否를 그윽히 살피어 본 적이 업슴을 自認할 줄 안다.

그런즉 今日 學問의 꼼꼼함·똑똑함이 놀랠 만큼 發展되얏다 하자. 우리의 實心은 依然히 孑孑하야 누구나 도라보는 사람이 업스매,* 衣服은 襤褸하고 面目은 黧黑하야 罪 없이 빗슬빗슬하면서 골목길 으슥한 대로 넉 일흔 드시 떠도라다닌다. 그러면서도 차마 人間을 내어바리고 멀리 가지는 못하야 때때로 얼굴을 보인다. 보이어도 누가 눈도 거들[듭]뜨는 사람이 업것만, 그래도 或 떠 볼가 하고 아조 가지는 못한다. 그리다가도 或 떠 보게 될 때는 엇더한 明鏡 가치[지] 획 한번 비치며 올타던 것도 그른 것으로, 안 해야 한다든 것도[3] 꼭 해야 할 것으로, 가릴 수 없이 分別된다.

이것은 어대서 어더 온* 것도 아니오, 무엇에 因한 名利心도 아니다. 그러나 英吉利 某 學者, 佛蘭西 某 大家, 獨逸 某 博士, 露西亞 某 동무[4]의 '言說'에 비추어는 아니다. 꼭 이래야 올코 꼭 아니 하여야겟다, 이 '마음'이야 그까짓 것 우수운 것이지만 저 '말슴'이야 世界的 大學問이다. 그럼으로 '實心'을 죽이어 '他說'을 살린다. 사람이란 身·家를 主로 삼는 自私念에게 古今 없이 부려먹히는 것이어늘, 實心의 是·非 分別로써 制止 또는 裁節함이 없이 오즉 '他說'에만 依[倚]支할진대, '他說'은 언제던지 밧그로만 回翔하는 것이라[5] 實心을 만만히 보는 그 속에는 自私念이 쉽사리 드러서 잇게 되고 그럴수록 '實心'에 對한 輕視 더하야지며, 實心으로서 照察*하지 아니한 他說인지라 어느듯 自私念에 對한 利用物로 變하게까지도 된다.

嗚[嗚]呼라. 過去의 因果ㅣ 임의 明白하거늘, 이제 또 往轍을 重踏한단 말가. 나는 '實心'에 對한 喚醒을 話題 삼아 온 지 오래다. (間者 東亞 社長 宋古下[6]로부터 '陽明學'에 關한 論文을 要求하는 것을 밧고,) 이것이 或 '實心' 喚

---

3 思想界本과 散蘂本·三星本은 '그른 것으로, 안 해야 한다든 것도' 부분이 누락돼 있다.
4 三星本은 '某 동무'가 '某某'로 돼 있다. 冷戰 시대에 '동무'가 禁忌語여서 이렇게 얼버무린 듯하다. 그러나 전쟁 중과 휴전 직후에 나온 思想界本과 散蘂本에는 오히려 '동무'가 그대로 들어 있다.
5 思想界本과 散蘂本·三星本은 '것이라'를 '것이다'로 고쳐 문장을 끊었으나, 뒷부분과 이어지는 것으로 보아야 할 듯하다. 三星本은 여기서 단락까지 나누었다. 全集本은 '것이라'를 그대로 두었지만, 역시 문장을 끊었다.
6 '古下'는 宋鎭禹(1890~1945)의 호다.

醒의 한 機會가 아닐가 하야 (要求의 範圍에 지나도록) 이 長論을 始作하는

것이다.[7]

---

7 이 문장의 두 군데 괄호 안 부분은 連載本에만 있고 思想界本 이후의 여러 재출간본들에서는 모두 삭제됐다.

二. 陽明學이란 무엇인가

[3] 陽明은 明나라 中世 大儒 王 文成公(守仁)의 號이니, 그 學說로는 「大學問」, 論學 諸書, 『傳習錄』 等이 잇다.

陽明學을 말하라면 먼저 陽明의 力主하는 것과 밋 痛斥하는 것을 알어야 하나니, 그의 力主함이 무엇임을 알면 저절로 痛斥[한]할 바를 알 수 잇스며, 그의 痛斥함이 무엇임을 알면 저절로 力主한 바를 알 수 잇다. 그는 무엇을 力主[說]8하얏는가. '致良知'라 함이오. 그는 무엇을 痛斥하얏는가. "卽凡天下之物, 而窮其理, 一朝豁然貫通"9이라 한 말이다.

'致良知'라 함은, '致'는 '이룬'다는 뜻이니 무엇이던지 이루엇다 하면 그 限

8　連載本의 '力說'도 의미는 비슷하지만 앞에 계속 '力主'로 나오는 것과 호응되려면 '力主'여야 한다. 思想界本 이하 여러 재출간본들은 '力說' 그대로 두었다.

9　朱熹 『大學章句』의 다음 구절이 이 내용을 담고 있다. 是以大學始敎, 必使學者卽凡天下之物, 莫不因其已知之理而益窮之, 以求至乎其極. 至於用力之久, 而一旦豁然貫通焉, 則衆物之表裏·精粗無不到, 而吾心之全體大用無不明矣. 『陽明學演論』(이하 『演論』)에서는 '一旦豁然貫通'을 '一朝豁然貫通'이라 했는데, 조선 건국자 太祖 李成桂가 즉위 후 고친 이름인 '旦'을 避諱하던 전통 때문이 아닌가 싶다.

度를 다한 것이오. '良知'[10]라 함은 '천생으로 가진 아름'이라는 뜻이니, 사람으로서는 잘난 사람이던지 못난 사람이던지 심지어 극히 고약한 무리일지라도 천생으로 가진 이 '아름'은 누구나 다 갓흔 것이다. 이 '아름'은 다 갓지마는, 저바리기도 하며 가리기도 하며 심하면 아조 분탕하야 없어지도록 하기도 하므로 이 '아름'이 '아름'다웁게 다 이루어지지* 못하는 것이라. 그러므로 이를 이루어 노차 하는 것이니라. 아즉 이것쯤만 말하야 두고.

'卽凡天下之物, 而窮其理'라 함은 왼 세상 갓가지의 事物에 向하야 그 '이치'를 궁구*한다는 뜻이오, '一朝豁然貫通'이라 함은 하로아츰에 시원하게 꿰어뚤린다는 뜻이니, 왼 세상 갓가지 事物에 向하야 그 이치를 궁구한즉 各個의 眞理가 모드인* 데서 하로아츰에 시원하게 꿰어뚤리는 것을 어드리라는 것이니, 이는* 南宋 大儒 朱晦菴[11]의 主張한 바이다.

이러케만 말하면 讀者는 어리둥절하리라. 나도 이 말만을 내어놓아 가지고 分明하려니 하고 생각하지 못한다.

대개 孔氏의 正派로서 師門의 宗旨를 傳한 이 곳 曾子이라. 孔子ㅣ 曾子를 불러 이르되, "參(曾子 이름)아, 우리 道는 하나로써 꿰이느니라." 曾子ㅣ 곳 "녜"라고 대답하얏다 하는 것이니,[12] 孔氏·曾氏의 師弟 間 주고바듬이 어떠한 簡易한 不二門이 잇음을 대개 짐작할 수 잇다.

曾子ㅣ 『大學』을 述하되,

　　大學의 道는 明德을 밝힘에 잇고, 民을 親함에 잇고, 至善에 그침에 잇나

10　'良知'는 『孟子』 「盡心(上)」에 나오는 말이다. 人之所不學而能者, 其良能也; 所不慮而知者, 其良知也.
11　'晦菴'은 朱熹(1130～1200)의 號다.
12　子曰: "參乎! 吾道一以貫之." 曾子曰: "唯." (『論語』 「里仁」)

니라. 옛 天下를 平治코자 하는 者는 먼저 그 나라를 다스리느니. 그 나라를 다스리랴 하는 者는 먼저 그 집을 整齊하느니. 그 집을 整齊하랴는 者는 먼저 그 몸을 닥느니.[13]

天下로부터 몸까지 이르기에 밧삭밧삭 넓은 데로부터 좁은 데로, 먼 데로부터 갓가운 데로 한 거름 한 거름씩 조여[어]들어 한 源頭가 나올 때까지 이 例로 쪼차 들어가랴 하는 것이라.

그 몸을 닥그랴 하는 者는 먼저 그 마음을 바르게 하느니. 그 마음을 바르게 하랴 하는 者는 먼저 그 意(하랴는, 말랴는 等의 念)를 정성스럽게 하느니. 그 意를 정성스럽게 하랴 하는 者는 먼저 '知'를 致하나니.[14]

마음을 바르게 함이 源頭일 듯하지만, 엇더케 하야 바르게 할가, 여기에서 '誠其意'라는 것을 指示하고, 意는 엇더케 하야 誠할가, 여기에서 '致知'라는 것을 指示하얏는데, 竿頭 一步를 더 나아가, 그러면 知는 엇더케 하야 致할가 함이 없을 수 없나니.

知를 致함은 物을 格하는 대 잇느니라.[15]

하는 一節이 곳 結句이다.

---

13 大學之道, 在明明德, 在親民, 在止於至善. (…) 古之欲明明德於天下者, 先治其國; 欲治其國者, 先齊其家; 欲齊其家者, 先修其身. 『演論』의 인용에서는 '欲明明德於天下者' 부분이 조금 의역되어 있다.
14 欲修其身者, 先正其心; 欲正其心者, 先誠其意; 欲誠其意者, 先致其知.
15 致知在格物.

그러나 物을 格한다 함이 文句 자못 異常한지라. 이것이 千門萬戶를 열어 노흘 一個[介] 열쇠인 채로 千年·百世를 두고 學者의 聚爭點이 되얏더니,* 晦菴이 이를 解釋호대,

格은 窮盡이오, 物은* 事物이다. 天下 諸般 事物에 다 각각 그 原理가 잇나니, 여기 對하야 窮究함을 싸흐면 各物·各理의 모드이는 곳에 한 개의 會通되는 原理가 透悟될지라. 各理에 대한 窮究를 格物이라 하고, 한 개의 會通되는 原理를 透悟함을 致知라 **한다.**

하얏다. 晦菴은 가장 綿密하고 周詳한지라. 이 分究·合悟할 수 잇는 『大學』說이 실로 前古 學者의[에] 미치지 못할 卓見이니라. 卓見일진대 陽明은 엇지하야 이를 痛斥하얏던가.

4 그 文勢로 보아 身 以外는 모다 外部이오, 이미 '마음'에로 더듬어든 뒤에는 '意' '知' 모다 으슥한 마음속 일이라 새삼스럽게 外物의 物이 드러올 次例가 아니라 함은 그러치 아니함이 아니로되, 文勢上 解釋만은 陽明의 本懷 아니다.

우선 '物'은 엇지하야 '格'하려느냐. 知를 致하랴고. 知는 致하면 무엇을 하느냐. 意를 誠하랴고. 意는 誠하야 무엇을 하느냐. 마음을 발리우랴고. 그러면 中心은 마음 발리는 것이 아니냐. 올치 아니하고는 못 견댈 만한 意의 誠이 잇서야 마음의 바름을 이루리라. 올치 아니하고는 못 견대는 것은 '知'를 '致'함에 잇고 '知'를 '致'함은 '物'을 '格'함에 잇다 하얏나니, 올치 아니하고는 못 견댈 意가 이 '知'에서 바로 생겨야 할지며 이 物을 格함에서 곳 이 知가 이루어저야 할 것이니, 實驗하야 되지 아니할 것 가트면 의심스러운 解釋이다.

各個 事物을 窮究 또한 綜察하얏다 하자. 分別로 조차 獨到한 觀察이 잇게는 될지언정 各理의 總合을 어데까지로 限度 삼을 것도 模糊하려니와, 이는 考究이라 博學의 類요 올치 아니하고는 못 견델 그 意를 만드는 心境 속 生活이 아니다. 宇宙의 大體로 말하면 各分이 곳 一合이니, 一草·一石의 가지고 잇는 原理 곳 大宇宙의 原理라. 흐[허]터져 各分한 것이매 갈래로 조차 研究하야 大本으로 通할 수 잇다. 晦菴의 卓見은 이를 獨照함이다. 그러나 學者로서 宇宙의 生成을 討究하는 學究的 方法과 修行하는 사람으로서 心境 속[쏙] 切近한 生活을 獨做하는 要諦왜 다르니라.

陽明은 처음에 晦菴의 敎訓에 依하야 뜰 압 대나무부터 좀 格하야 보자 하다가, 外物에 對한 考究가 內心을 悟徹케 함에 何等의 效益을 엇지 못하는[할] 것을 自歎하얏다. 그리다가 權奄 劉瑾의 亂政함을 劾論한 까닭으로 貴州 龍場驛에 謫補하야 잇슬 때 '格物·致知'의 大旨를 깨다라, "聖人의 道[造]가 自性에서 自足한 것이라 밧갓 事物에 求할 것이 아니라"[16] 하얏다. 이에 '格物'을 解호대,

'格'은 발르게 한다는 뜻이오, '物'은 事物의 物이 아니라 조곰이라도 뜻이 [개] 잇는 것은 다 物이다(이는 心中의 物이다). '知'는 이른바 '良知'이니 本然으로 固有한 '아름'을 이름이오, '致'는 이 固有한 '아름'을 完成하는 것이라.

하얏다.

이 '아름'이 곳 마음으로서의 아름이로되, 마음이 그 발름을 일흔즉 이 아름

---

16 聖人之道, 吾性自足, 向者求理於事物者, 誤也. (『陽明年譜』)

이 가리게 되고, 이 아름이 가리게 된즉 마음이 발른 自體를 일른* 것이라.
間或 이 '아름'이 빗미주룩이 나타나드라도 잠간 만에 도로 가리어, 비록 나타날 때 그른 대 對한 苛責과 오른 대 對한 歆慕가 업섯슴이 아니나, 暫間 보이다가 도로 업서진지라 歆慕에 대하야 하랴 하는 뜻이나 苛責에 대하야 말랴 하는 뜻이나 다 純一하지 못하야, 하랴다가 고만두어 바리고 말랴다가 도로 하는 것이라.

오즉 '아름'이 完全히 이루어진 뒤라야 是非·可否ㅣ 極度로 밝어지며 感度ㅣ 無上히 銳敏하야, 하랴 하매 뒤따를 死亡·覆滅이 이를 沮止*하지 못하고 말랴 하매 압헤 올 富貴·尊榮이 이를 牽引하지 못할 뿐 아니라, 電流가 鐵線을 通하드시 아니 通하지는 못하고 고양이가 쥐를 차드시 아니 차지는 못하나니, 이 만일 천생이 아닐진대 이러한 스사로 마지못하는 境界가 없을 것이다.

그러나 이 '아름'을 完全히 이루랴 할진대, 이 '아름'의 批判한 대로 뜻 가는 곳마다 그 不正함을 곳 발르게 하여야,* 다시 말하면 卽 이 '아름'의 容受되지 아니할 뜻을 이 '아름'에 依하야 校正하야, 한 번 두 번 작고 싸힐수록 '良知' 더욱 밝[밝]어지게 되고 밝[밝]어질수록 점점 더 銳敏하야 나종은 '良知'의 完成을 보게 되는 것이니, 이것이 陽明의 主張인 同時 晦菴 說을 排斥하게 되는 것이다.

그러나 『大學』이야 잘 解釋하얏던지 못 解釋하얏던지, 解釋으로 因한 彼此의 實際上 內的 生活의 分岐와 밋 世間에 끼처 주는 影響을 이어 檢論하리라.

5 學問이라는 것은 세상 사람의 아든 모르든 標[表]準을 두는 곳이라. 晦菴 說에 依하면 공부가 心外에 向하게 되고, 陽明學에 依하면 心 떼이고는

着手할 곳[것][17]이 없게 되얏다. 그러므로 『大學』의 第一章의 이른 "明德을"
明함에 잇고" "民을 親함에 잇다"(明德은 마음을 禮讃한 稱號) 함이 우선 上
述한 頭腦的 解釋에 依하야 分岐되나니. 晦菴은,

> 親 字는 誤이다. 맛당이 新 字로 고치어 볼 것이다. 백성을 가르처 새롭게
> 한다 함이다.[18]

하얏고, 陽明은,

> 아니다. 古本이 올타. 明德을 밝히는 것과 民衆을 親하는 것이 한 일이라.
> 만일 民衆과 間隔이 잇서 그의 利害와 安危가 내 몸의 痛痒 가치 感通되지
> 못하면 明德의 本體가 무엇이 밝엇다 하리오. 그럼으로 民衆을 親하는 것
> 을 제처 바리고 明德의 밝음이 업고,[19] 明德의 밝음이 업고는 民衆을 親할
> 무엇이 업다. 民衆을 親하는 것이 곳 내 마음을 밝힘이오, 내 마음을 밝히
> 는 것이 곳 民衆을 親함이다.

두 學說이 이러케 달럿다. 新은 教訓에 對한 말이니 발서 心外로 外事에 屬
하는 것이나, 親은 곳 마음의 感通이라 그대로 明德 本體이니, 하나는 外求
이오 하나는 內索이라.

---

17 連載本의 '것'은 내용상 '곳'의 오류로 보인다. 思想界本과 散藁本·三星本은 이를 바로잡았으나 全集
本은 '것'을 그대로 두었다.
18 連載本과 이를 그대로 따른 思想界本·散藁本·三星本은 마지막 '백성을~함이다' 부분을 따옴표 밖으
로 처리했으나, 문맥상 따옴표의 위치가 잘못된 것으로 보인다. 全集本은 이 부분을 따옴표 안에 넣었다.
19 三星本은 '明德의 밝음이 업고' 부분이 누락돼 있다.

그럼으로 "民을 新함에 잇다" 함도 民衆을 위하지 아니함이 아니로대, 마음을 밝히는 일 따루 잇고 民衆을 가르치는 일 또 따루 잇으매* 저 가르치는 것이 발서 一步의 距離가 잇는지라 가르치랴다가 못 가르첫드라도 明德을 밝힘에는 何等의 損이 업스나, 民衆을 親하는 이것은 心內의 일이라 이 親함이 至極하지 못하고는 明德의 存在까지를 의심하게 됨으로 民衆과 나와의 關係가 조고만한 間隔을 容納할 수 업도록 感通하게 된다.

그럼으로 晦菴은 禮儀의 密解, 箋注의 詳述에다가 偉蹟을 남기엇스나 後學으로는 或 "憂道, 不憂國"이라는, 民衆 밧갓헤 따로 걱정할 엇더한 道가 잇는 것 같은 말을 함에 미치엇지만, 陽明은 늘 사람으로서 固有한 '아름' 卽 '良知'를 提唱한지라 "冊에만 求하지 마라. 네 '良知'에 求하라" 하야 心外 一步를 내드듸지 못하게 함으로 國家·民衆을 心內事로 痛感하야 明末에 이르러 粉身碎骨을 단꿀 가치 여기고 奔走 號叫하야 마지아니한 것이니, 올홀서(善哉), 黃宗羲의 張煌言 墓文에 張公의 九死自苦하든 義烈을 敍述할 때 "이 하상 別것이냐. 오즉 말랴 해도 스사로 마지못함을 이루엇슬 뿐이라" 한 말이여. 말랴 해도 스사로 마지못하는 것이 이 이른바 意의 誠이다.

대개 東方 古學의 眞髓는 簡易함에 잇고 繁博함에 잇지 아니하니, 簡易라함은 一切의 法을 오즉 本心에 依하야 그 實과 眞을 求함을 이름이라. 晦菴의 學이 纖密·周到함이 唐·五代·宋初 以後 禪宗의 猖狂·自恣에 薰染되얏던 學風을 整頓함에 잇서 對症[證]의 藥이 아님이 아니로되, 조여 드러가는 學問의 源頭를 散漫한 外物로 向하게 하매* 自然[20] 博考·廣究의 智的 範圍만 恢拓하려 함에 기울게 되며, 先頭의 最初 倚着할 곳인 '知'를 虛遠한 데로 보

---

20 思想界本과 散藁本·三星本은 '自然'을 '博考·廣究'와 함께 나열된 명사로 처리했으나, '자연히'라는 부사어다.

낸즉 主腦 저절로 꼭 박이지 못하야 學者] 空蕩無依함을 感하게 되며, 이에
임의 倚[依]着이 업고 또 博考·廣究함이 法門이 된즉 學者의 終年 웅얼거림
이 오즉 禮儀·箋注 等에나 치웃칠 뿐이지 內心에 잇서 엇더한 實際的 正路
를 어든 적이 업섯다. 그런즉 學問이라고는 禮儀·箋注이며 조곰도 自心上
致知 업슴으로 外物이 接하매 依然히 淺薄*한 自私念이 이를 應하게 되고,
저 禮儀와 저 箋注로는 小毫도 得力할 것이 업섯다. 陽明이 이에 發憤하야
'致良知'를 主張하고 民衆과 내 마음과] 둘이 아님을 苦心으로 演述하니라.

[6] 晦菴의 '格·致'의 大義 만일 事物을 나누어 考究하는 分治的 精神으로
實際에 應用하얏던들 物質에 對한 發明이 或 遠西와 竝驅하얏슬지도 모를
것을, 이러케 活用치는 못하고 그 解釋 그대로 心·性을 修養하는 거기에다
가 붓백이 要路를 삼고 보니, 學者] 말로는 敷演할 수 잇스나 自心上 엇더
한 着手處는 업고 그런즉 學問은 실상 自心과 멀어지고 말앗다.

이 學問이 自心과 멀지마는 그래도* 學問이란 群衆의 向慕하는 對象[像]이
라, 먼저 學問으로 自立할 생각이 없슬 수 업고 다음 學問으로서 號召*할 생
각이 나지 아니할 수 업다. 事實로 着手處] 업지마는 잇다고 할 밧게 업고,
잇다고 한 바에는 心頭上 提醒을 제치고 오즉 文字上 드리마추는* 데에만
努力하게 된지라, '明德' '親民'의 용소숨치는 熱烈함은 거기 차질 것이 아니
오, 이미 文字上만에 努力이 저러한즉 自然 私念의 萌[萠]芽*가 따라 점점
자라며 이로부터 自用과 排他] 날로 盛하얏스며, 이러면서도 經傳 文字에
는 드리마춤이* 점점 더 巧妙한지라. 여기서부터 禍亂이 비롯한 것이라 알
라.[21] 虛는 假의 本이니라.

---

21 思想界本과 散藁本·三星本·全集本은 모두 '알라' 앞에서 문장을 끊고 '알라, 虛는 假의 本이니라'로 처
리했다. 그런 이해도 가능하나, 여기서는 '알라'를 앞 문장에 붙였다. 連載本에 문장부호가 없어 어느 쪽이

이 글을 보는 이 중에 아즉도 習染에 저저 道學의 門戶를 생각하는 이는 내 말을 곳 異端으로 排斥하리라.* 그러나 心頭 一步를 回進하야 自身에 向하야 그 虛·實을 照考하야 보라.

또 當世 新思潮에 游泳한 名士네는 우수리라. "참 썩은 소리로군. 지금 우리에게 『大學』 解釋이 바르건 틀렷건 털끗만치나 關係가 잇서야지. 우리는 『大學』이라는 것부터 名字도* 모르는데." 이러케 말하리라. 나도 이 말에 아조 反對하고자 아니한다. 그러나 數百 年間 一部 學者ㅣ 學風을 세우매 農村 窮民까지도 이를 欽慕하얏섯고, 오래 두고 나려와 派爭·殺戮까지 모다 '實心 以外의 考究'를 뿌리 삼아 擴大한 것이라. 그 源은 보이지 아니하되 流派[波]는 아직도 우리의 속에 남어 잇슴을 알라.

"무슨 關係가 잇나" 하는 그 사람도 엇지하야 熱情보담 冷薄함이 만흐며, 엇지하야 自心의 實感보담 남 흉내만이 盛하며, 이러면서도 熱情이 잇는 것처럼, 實感[得][22]이 잇는 것처럼 外面으로 나타내이는 것이 잇는가 업는가. 당연히 늣거워야* 할 것이 엇지하야 痲痺되얏스며, 당연히 나아가야 할 거름이 엇지하야 停頓한가. 심지어 우리의 情[정]으로 참아 못할 것, 우리의 마음으로 어느 모로나 可타 할 수 업는 것도 한번 먼 저기로부터 떠드는 것만 잇스면, 그 말이 번연히 제 속에 反對되는 것이로되 당연히 해야 할 것이라 하며 당연히 올타고 아니할 수 없다 하지* 아니하는가.

心中의 反對, 口頭의 附隨, 나종은 自心조차 自口로서 否認하게 된즉, 自心은 아조 滅絶하야도 저 學說을 살려야 내 名譽도 나고 내 黨類도 생길 것이

저자의 의도인지 알 수 없다.

22 連載本의 '實得'도 의미는 통하지만 앞의 '熱情-實感'이 이어진다고 보면 '實感'의 오류일 가능성이 높다. 思想界本 이하 여러 재출간본들은 '實得' 그대로 두었다.

매 自心 滅絶은 조곰도 顧念하지 아니하지 안는가. 이러면서도 이러함을 또 否認하지 아니하는가. 누구나 이 말을 反對하리라마는, 萬一이라도* 沈思·默省하면 多少 그러함도 自照할 줄 안다.

이것이 一朝一夕의 故ㅣ 아니다. 積癏한 病을 猛治로 一掃치 아니하고는 生全함을 바랄 수 업고,[23] 一掃하랴면 그 病根을 深査하지 아니할 수 업다. 根因은 모르는대 病症[證]은 日劇하니, 그 病의 오램을 이만으로도 짐작할 수 잇지 아니하냐. 遠西의 學術이 輸入된 뒤도, 그 중에 幾分은 病이 이를 바드매 발서 膿汁으로 化한 것도 잇고 그 중에 幾分은 이상하게도 '實心 以外의 考究'ㅣ 가튼지라 이에 다시 또 病根*을 북도다 점점 心外로 더 다라나게* 되고 마는 것이 실로 可哀롭지 아니하냐.

한번 心頭 一路에 眞實地를 向하게 될진대 비로소 새것을 바더 우리 民衆*의 福利를 圖할 수 잇고, 비로소 옛것을 整頓하야 또한 우리 民衆의 福利를 圖할 수 잇다. 우리 民衆의 福利를 圖하는 데서 우리의 實心의 眞相을 볼 수 잇슴을 알라. 이를 圖하랴 하매 自心上 自發이 엇더케 하여야 純一할가, 여기서 陽明의 學說을 한번 演論코자 함이니, 前述함은 대개 陽明을 發憤함을 말함이라. 차차 그 學說의 大全을 或 翻述하고 或 槪陳[24]도 하고자 한다.

먼저 부탁할 것이 잇다. 말로서 따저 보지 말라. 外部에 무엇으로던지 參證코자 하지 말라. 오즉 自心 隱微한 속에 스사로 體驗하야 그 合·否를 생각하라.

7 陽明의 學은 心學이니, 心學이라 하면 心을 對象[像]하야 가지고 考察함이 아닌가 하리라. 이것은 近世 學術上 術語만을 아는 말이다. 陽明의 心

---

23 思想界本과 散藁本·三星本은 '一掃치 아니하고는 生全함을 바랄 수 업고' 부분이 누락돼 있다.
24 思想界本과 散藁本·三星本은 '槪陳'을 오류로 보고 '開陳'으로 고쳤으나, '개략적으로'라는 '槪'의 의미를 살리고자 한 말일 수 있다. 全集本은 '槪陳' 그대로 두었다.

學은 그런 것이 아니니, 곧 우리의 마음의 타고난 그 번밋대로 조고만 挾詐
[협사]가 없이 살어가랴는 공부이다. 그런즉 外物을 接한다던지 홀로 思量
함이 잇다던지, 善念이나 惡念이나 다 마음에서 發하지 아니함이 없으되, 마
음의 번밋을 말할진대 그 생각을 내면서도 스사로 올타 하지 아니함이 잇음
을 보면 올타 하지 아니하는 그 判斷을 나리는 그곳이 번밋이오 그 判斷을
받는 그게 번밋 될 수가 없다.

그럼으로 시굴 農民이 낮에(는) 논가리 품을 팔 때 假令 主人이 보지 아니한
다 하자. 잘못 가러 주어도 말할 사람이 없다 하자.[25] 그 사람이 中間쯤 갈다
가 생각하기를, '돈은 받엇고, 누가 보는 것 아니니 얼음얼음하고 갈가' 하는
대, 스사로 이 생각을 남으래 갈오되, '아니다. 보는 사람 없대도 나는 못 할
일로 여기지 아니하느냐.' 그리다가 結局 처음 생각대로 얼음얼음하고 말앗
다 하자. 집에 와서도 저 한 일을 올치 아니하게 안다.

어떤 것이 번밋 마음인가. 다른 사람은 속힐 수 잇어도 저는 속힐 수 없나니,
속히랴는 것을 邪念이라 하고 속힐 수 없는 것[곳][26]을 本心이라 한다. 그런
즉 嚴格하게 마음을 말할진대 번밋 마음이 이 마음이오 그 外 것은 곧 마음
의 賊이다. 體系는 또 무슨 體系냐. 내가 하랴는 것을 하지 내게 붓그러운 것
은 아니 하랴[라]는 單純한 法門이오. 實證은 더* 무슨 實證이냐. 누구나 學
問은 없어도 '나'야 잇지 아니하냐. 내가 내 속을 誣罔하지 못할* 것은 다 自
證하고 남음이 잇지 아니하냐.

近世 西洋 學術만이 複雜·纖瑣함이 아니다. 宋 以後 支那 儒學의 心·性에

---

25 思想界本과 散藁本·三星本은 이 문장이 통째로 누락돼 있다.
26 連載本의 '곳'은 '것'이 더 자연스럽다. 散藁本·三星本은 '것'으로 고쳤으나, 思想界本·全集本은 그대
로 두었다.

대한 討究도 참으로 기막히는 꼼꼼과 더할 수 없는 똑똑이 아님이 아니다. 그러나 千年을* 두고 心을 究하야 一刹那에 이러나는 念質을 數萬 言을 費하야 分析하얏다 하자. 心을 究하는 그 學問과 내 마음 공부와는 당초에 關係가 없다. 그러므로 一念의 붓그러움을 붓드러 붓그러울* 念을 눌르는 것이 千年 두고 心을 究하는 것보다 實工이오, 마음이라는 名稱조차 모르는 사람으로도 능히 붓그러워하는 바에는 제 利로움도 바리엇을진대 이 곳 心學에 잇어 높은 地位를 占하얏다 할지라(도).[27]

陽明의 學이 이 곳 心學이오, 心은 곧 本心이오 쉽게 말하자면 번밋 마음이다. 良知가 곧 이것이니, 陽明의 이른바 "良知는 곧 마음의 本體라" 함이 이를 因함이다. 그러므로 陽明의 學은 簡易하며 直截하야, 良知의 一點 眞[直]血[28]로써 거의 滅絕하게 된 心魂을 喚回하자는 것이다. 그런즉 陽明의* 이른바 '心'은 곧 '理'니, 理라는 것은 自然히 이루어지는 秩序라 人爲가 아니매 天命이라 하는 것이다[니].[29] 理는 至善이니, 善치 아니함이 없다 하는 것이오. 陽明은 또 이르되,

知는 곧 行이라 알엇다 하자. 알기는 하얏으되 行하지는 못하얏다 할진대 그 알앗음이 참 앎이 아니니, 알기 곧 잇슬진대 行이 곧 거기 잇을지라.

---

27 連載本 원문은 '할지라도'여서 앞뒤 문장이 하나로 이어지고 있으나, 그렇게 하면 전혀 다른 내용의 문장들이 억지로 묶여 어색하다. '도'가 잘못 들어간 것으로 보고 삭제해 '할지라'로 문장을 이곳에서 끊고 별개의 문장으로 보아야 매끄럽다. 思想界本 이하 여러 재출간본들은 모두 連載本을 그대로 따랐다.

28 連載本의 '直血'은 '眞血'의 오류가 아닐까 생각된다. 思想界本 이하 여러 재출간본들은 모두 '直血' 그대로 두었다.

29 連載本 원문은 '것이니'로 문장이 이어지고 있으나, 思想界本과 이를 이어받은 散藁本·三星本은 '것이다'로 문장을 끊었다. '니'를 '다'의 오자로 본 셈이며(가끔은 '니' 자체를 종결어미로 쓰기도 한다), 그 편이 더 자연스럽다. 全集本은 '것이니'로 그대로 두고 문장을 이어갔다.

하야, '良知'로서 비춤만 잇고 실제로 行치 못한 것은 그 知 아즉 知다웁지 못한 것임을 明言*하야, 歷代 學者의 空言으로써 精神만 簸弄하는 버릇으로 하야곰 설 땅이 없게 하얏다.

陽明의 『大學』解가 『大學』을 解하자는 것이 아니라 그의 本心의* 밝[밝]음 에다가 이를 비추매 格・致,* 明・親[30]의 本義 가장 쉬웁게 解決됨이오, 우리 지금 陽明의 學說을 演論함에 잇어서도 陽明의 學說을 標[表]準하야 우리 民衆에 號訴하랴 함이 아니라 우리 本心의* 밝음에 이 學說을 비추어 그 그 러코 그러치 아니함을 스사로 證得하도록 하자는 것이라. 陽明의 學說을 標 [表]準하지 아니하기는 쉬우되, 우리 本心에 依하야 一切를 照破하여야 할 것은 變할 수 없는 鐵案이 아니냐.

8　陽明의 '心卽理' 說은 良知로써 根本을 삼는 그 學說에 잇어 重大한 議 論이니, 心이 不善 됨이 없는지라 마음의 번밋 밝음에는 不善으로써 속히지 못하는 것이니, 이 한 자리에서 確的・明白・眞實・切至한 悟解 없고서는 사람 으로 제 마음을 보지 못할지라. 陽明은 이에 "네 마음은 至善이니, 곧 理다. 自然히 이루어지는 秩序를 이에서 차지라" 하얏다. 그러나 밝음으로써 비 초엿다 할지라도 곧 實行치 아니할진대 그 밝음이 밝음답지 못함이라. 알면 行하는 것이니, 行의 明覺・精察한 곳이 이* 곧 知오, 知의 眞切・篤實한 곳이 이* 곧 行이라.[31] 이것이 '知行合一說'의 大要이다.

(陽明의 弟子) 徐愛 (陽明을 向하야) 뭇되, "(先生의 말슴 가치) 지극한* 善을 다만 心에서 求할진대 天下 事理에 다하지 못함이 잇슬가 두렵습니다."

30　'格・致'는 格物・致知, '明・親'은 明明德・親民이다.
31　行之明覺・精察處, 便是知; 知之眞切・篤實處, 便是行.

陽明이 갈오되, "心이 곳 理라. 세상에 마음 밖 일이 잇스며 마음 밖 이치가 잇슬가."

愛 가로되, "事父의 孝와 事君의 忠과 交友의 信과 治民의 仁, 이 사이에* 許多한 道理 잇나니, 살피지 아니할 수 없을까 합니다."

陽明이 이에 歎息하며 이르되, "저런 말이 가려 온 지 오래다. 어찌 한 말로써[섯] 깨닷게 할 수 잇스리오. 우선 뭇는 그것에 對하야 말하리라. 아비를 섬김에 잇어 아비에게 가 孝의 理致를 차저냄이 아니오, 인군*을 섬김에 잇어 인군에게 가 忠의 理致를 차저냄이 아니오, 벗을 사괴거나 백성을 다스림에 잇어 벗에게 백성에게 가서 信과 仁의 理致를 차저냄이 아니라. 모두 이 마음에 잇나니, 마음이 곳 理라. 이 마음이 私利的 欲求의 가리움이 없을진대 이 곧 天理니(天理라 함은 人爲가 아니오 純然한 天成을 이름), 外面에서 一分을 添附할 것이 없다. 이 純然한 天理의 마음으로써 아비 섬김에 發하매 문득 이 孝이오, 인군 섬김에 發하매 문득 이 忠이오, 交友·治民에 發하면 문득 이 信이오 이 仁이니, 오즉 이 마음의 人欲(私利的 欲求) 없새고 天理를 둠에 잇어 공부할진대 곧 더 할 배* 없을지니라."

愛ㅣ 가로되, "종시 若干의 의심이 없지 못합니다. 아비 섬기는 한 일만 가지고라도 그 속에 溫·淸,* 定·省(겨을에 더움도록, 여름에 서늘하게, 저녁에 편토록, 아침에 살핌이니, 孝子의 事親하는 일을 이름) 가틈의 種類 許多한 節目이 잇으니, 이것은 講求하겠습니까.*"

陽明이 가로되, "어찌 講求치 아니하리오. 다만 頭腦 잇나니, 이 마음의 '人欲을 없애어 天理를 둠'에 對하야[아] 講求할지라. 假令 冬溫을 講求한다 하자. 다만 이 마음의 孝를 다하랴 하야 털끝만치라도 人欲(私念)이 이에 석길가 두리고. 夏淸*을 講求한다 하자. 다만 이 마음의 孝를 다하랴 하야 털끝만치라도 人欲(私念)이 이에 석길가 하야, 오즉 이 마음에 잇어 講求함이라. 이 마음이 만일 人欲이 업고 純然히 이 天理일진대, 이 孝親에 정성스러운 마음이 겨을이면 자연 부모의 치움을 생각하야 문득 스사로 더웁게 할 도리를 求할지며, 여름이면 자연 부모의 더워할 것을 생각하야 문득 스사로 서늘케 할 도리를 求할지니, 저는 다 誠孝의 마음으로서 나온 條件이라. 저 誠孝心이 잇은 뒤라야 저 條件이 나올지니, 樹木에 譬[比]³²하면 誠孝의 마음은 根이오 許多한 條件은 枝葉이라. 먼저 根이 잇어 가지고 枝葉이 잇는 것이지, 枝葉부터 먼저 차저낸 뒤에 根을 심는 것이 아니니라." (『傳習錄』)³³

이것을 보면 陽明의 '心卽理' 說에 對한 疑難과 및 應答의 一端을 알지라. 지금 우리 社會·民族에 向하야 當行할 것을 考究하느니 몇치냐. 어떠케 하여야 할가, 어떠케 하여야 할가,³⁴ 理論이 나날이 붓지 아니하느냐. 아지 못게라, 或 父母에 對한 誠孝의 眞心에는 講求가 업고 溫이니 淸이니 이것에

---

32 連載本의 '比'는 인용 원문을 보면 '譬'다. '比'에도 '譬'와 통하는 의미가 잇기는 하다. 思想界本 이하 여러 재출간본들은 모두 '比' 그대로 두었다.
33 愛問: "至善只求諸心, 恐於天下事理, 有不能盡." 先生曰: "心卽理也. 天下又有心外之事·心外之理乎?" 愛曰: "如事父之孝·事君之忠·交友之信·治民之仁, 其間有許多理在, 恐亦不可不察." 先生嘆曰: "此說之蔽, 久矣. 豈一語所能悟? 今姑就所問者言之. 且如事父, 不成去父上求個孝的理; 事君, 不成去君上求個忠的理; 交友·治民, 不成去友上·民上求個信與仁的理. 都只在此心, 心卽理也. 此心無私欲之蔽, 卽是天理, 不須外面添一分. 以此純乎天理之心, 發之事父便是孝, 發之事君便是忠, 發之交友·治民便是信與仁. 只在此心去人欲·存天理上用功便是." 愛曰: "(…) 尚有未脫然者. 如事父一事, 其間溫·淸·定·省之類, 有許多節目. 不知亦須講求否?" 先生曰: "如何不講求? 只是有個頭腦. 只是就此心去人欲·存天理上講求. 就如講求冬溫, 也只是要盡此心之孝, 恐怕有一毫人欲間雜; 講求夏淸, 也只是要盡此心之孝, 恐怕有一毫人欲間雜. 只是講求得此心. 此心若無人欲, 純是天理, 是個誠於孝親的心, 冬時自然思量父母的寒, 便自要去求個溫的道理; 夏時自然思量父母的熱, 便自要去求個淸的道理. 這都是那誠孝的心發出來的條件. 却是須有這誠孝的心, 然後有這條件發出來. 譬之樹木, 這誠孝的心便是根, 許多條件便是枝葉. 須先有根, 然後有枝葉; 不是先尋了枝葉, 然後去種根." (『傳習錄』「徐愛錄」) 「演論」 번역에서는 앞부분의 경우 원문에 없는 말들이 조금 보충돼 잇다(괄호 안 부분).
34 思想界本과 散藁本·三星本은 두 번의 '어떠케 하여야 할가' 중 한 번이 누락돼 잇다.

向하야 찟(舂)코[35] 까부(簸)는 種類 아닐가.

9 '知行合一' 說에 對하야 다시 『傳習錄』의 一條를 記錄하랴 한다.

徐愛 陽明을 向하야 '知行合一'에 對한 疑問을 베푸니 陽明이 가로되, "어디 말해 보아라."

愛 가로되, "지금 사람이 아비게 맛당이 孝할 것, 兄에게 맛당이 우애할 것을 알되 孝하지 못하고 우애하지 못하는 것만 보아도 知와 行은 分明 둘이 아니오?"

陽明이 가로되, "이는 발서 私欲의 隔斷한 배 됨이니, 知·行의 本體 아니라. 知코* 行치 아니하는 者는 없나니, 知하고 行치 아니할진대 이 오즉 知치 못함이라. 聖賢이 사람에게 知·行을 가르침이 正히 제 本體를 回復케 함이니, 저러코만 고만두는 것이 아니다. 그러므로 『大學』에 참 知·行을 가르처 보이되, '好色을 조하하듯 惡臭를 시려하듯' 하라 하엿나니. 好色을 봄은 知에 屬하는* 것이오, 好色을 조하함은 行에 屬하는* 것이라. 저 好色을 볼 때에 발서 조하하엿나니, 본 뒤 또 마음을 세워 조하함이 아니오. 惡臭를 마틈은 知에 屬하는 것이오, 惡臭를 시려함은(은) 行에 屬하는* 것이라. 저 惡臭를 마틀 때에 발서 시려하엿나니, 마튼 뒤 따로 마음을 세워 시려함이 아니다. 鼻塞한 사람은 惡臭가 앞에 잇슬지라도 코로 맛지 못한 즉 또한 심히 시려함도 없나니, 오즉 냄새를 알지[치] 못함이라. 아모가 孝를 안다, 아모가 우애를 안다 하자. 반드시 그 사람이 일즉이 孝를 行하고 우애를 行하엿으매 바야흐로 저를 일러 孝를 안다, 우애를 안다 할지

---

35 思想界本과 散藁本·三星本은 '찟코'가 '찟고/찢고'로 돼 있고 의미를 분명하게 하기 위한 괄호 안의 '舂'도 빠져 있어 '裂'의 의미로 오해하기 쉽다.

언정, 다만 몃 낫 孝·友 이야기를 말한다고 곳 孝·友를 안다 일컷지 못할
지니라. 또 알픔을 알진대[36] 반드시 발서 스사로 알퍼슴이오, 치움을 알진
대 반드시 발서 스사로 치윗슴이오, 배곱흠을 알진대 반드시 발서 배곱
하슴이라. 知와 行을 엇지 나눌 수 잇스랴. 이 곳 知·行의 本體라, 私意로
隔斷함이 잇지 아니한 것이다. 聖人이 사람을 가르치되 '꼭 이래야 바야흐
로 知라 이를 수 잇고 이러치 아니하면 애초에 안 것이 아니다' 함이 엇더
만한 緊切·着實한 공부이냐."[37]

또 말호대, "지금 사람은 知·行을 둘로 만드러 이르되 '먼저 알어야 그 뒤
에 行할 수 잇다. 내 지금 講習하고 討論하야 知的 공부를 하고, 안 것이
참됨을 기다려서야[아] 바야흐로 行的 공부를 한다' 하(햐)야 드디어 終身
토록 行치 못하고 또한 終身토록 知치 못하나니, 이 적은 병통이 아니라.
이래 옴이 하로 날이 아니다. 이재 '知行合一'을 말함이 正히 對症의 藥이
오, 또 내 做出함이 아니라 知·行의 本體 原來 이러한 것이다. 이제 이 根
本 뜻을 알진대 설사 '둘'이라 하기로서니 또 무엇이 해로우랴마는, 만일
이 根本 뜻을 會得치 못하면 하나이라고 말을 한다 한들 또한 무엇을 이룰

36　思想界本과 散藁本·三星本은 '반드시 발서 스사로 알퍼슴이오, 치움을 알진대' 부분이 누락돼 의미가
　　통하지 않는다.
37　愛因未會先生知行合一之訓, 與宗賢·惟賢往復辯論, 未能決, 以問於先生. 先生曰: "試擧看." 愛曰: "如
今人儘有知得父當孝·兄當弟者, 却不能孝·不能弟, 便是知與行分明是兩件." 先生曰: "此已被私欲隔斷, 不
是知·行的本體了. 未有知而不行者. 知而不行, 只是未知. 聖賢教人知·行, 正是要復那本體, 不是著你只恁
的便罷. 故大學指個眞知·行與人看, 說: '如好好色, 如惡惡臭.' 見好色屬知, 好好色屬行. 只見那好色時, 已
自好了. 不是見了後, 又立個心去好. 聞惡臭屬知, 惡惡臭屬行. 只聞那惡臭時, 已自惡了. 不是聞了後, 別立
個心去惡. 如鼻塞人, 雖見惡臭在前, 鼻中不曾聞得, 便亦不甚惡, 亦只是不曾知臭. 就如稱某人知孝·某人知
弟, 必是其人已曾行孝·行弟, 方可稱他知孝·知弟. 不成只是曉得說些孝·弟的話, 便可稱爲知孝·弟. 又如知
痛, 必已自痛了, 方知痛; 知寒, 必已自寒了; 知饑, 必已自饑了. 知·行, 如何分得開? 此便是知·行的本體, 不
曾有私意隔斷的. 聖人教人: '必要是如此, 方可謂之知; 不然, 只是不曾知.' 此却是何等緊切·著實的工夫?
(…)" (『傳習錄』「徐愛錄」)

것이랴. 이 오즉 閑話일 뿐이니라."[38]

嗚呼라! 陽明의 이 말을 가지고 볼진대 우리 아무리 本心에 대한 自證이 잇다 할지라도 行 업는 知 實知 아님을 알지라. 알엇는가. 그러면 行하얏는가. 항여 알지만 行하지 못하얏다 하지 말라. 애초에 알지 못한 것으로 알라.

하물며 終年 紛糾하는 理論과 閱歲 曲折하는 容解[39]가 本心 공부와는 何等의 關係가 업고, 한 거름 한 거름씩으[이]로 원래 本心과 遼遠하던 距離를 더 멀리하기에 沒頭할 뿐이니, 大小·淸濁에 누구를 무를 것 업시 時代에 落後하지 아니한 것은 오즉 本心 捨棄로써 證明한다 하야도 아마 過言이 아닐지라. 本心은 捨棄하기 쉬우나 私念은 떠러지지 아니하는 것이매 一己를 圖하는 데에는 技術이 增長하야 가고, 捨棄는 하되 本心은 依然히 本心이라 스사로 自身의 虛僞를 自身도 認識할지니, 이에서 眞實한 무엇이 나오기를 엇지 想望이나 하랴. 이제로서 陽明 때에 比하매, 陽明의 걱정하든 그것조차 오늘날 우리로서는 盛時 가치도 생각할 수 잇지 아니한가.

[10] 陸象山[40]이 일즉이 말호대, "宇宙內事는 곧 己分內事라"[41] 하고, 陽明은 더 綜詳하게 말하야 가로되,

---

38　先生曰: "(…) 今人却就將知·行分作兩件去做, 以爲: '必先知了, 然後能行. 我如今且去講習·討論做知的工夫, 待知得眞了, 方去做行的工夫.' 故遂終身不行, 亦遂終身不知. 此不是小病痛, 其來已非一日矣. 某今說個知行合一, 正是對病的藥, 又不是某鑿空杜撰. 知·行本體, 原是如此. 今若知得宗旨時, 卽說兩個亦不妨, 亦只是一個; 若不會宗旨, 便說一個, 亦濟得甚事? 只是閑說話."(『傳習錄』「徐愛錄」) 위 인용문의 뒷부분인데, '또 말호대'는 『演論』 저자가 인용 원문의 중간 부분을 생략하고 뭉뚱그리는 말로 사용한 것이다. 앞 질문에 대한 대답 뒷부분과 다음 질문, 그리고 그에 대한 대답의 앞부분이 생략돼 있다.
39　'容解'는 '容' 자가 미심쩍은데, '究解'의 오류가 아닐까 생각되기도 한다. 思想界本 이하 여러 재출간본들은 모두 '容解' 그대로 두었다.
40　'象山'은 陸九淵(1139~1192)의 호다.
41　宇宙內事, 是己分內事; 己分內事, 是宇宙內事.(『陸九淵集』 권22)

大學이란 무슨 말이냐. 大人의 學이란 말이다. 大人의 學이란 무엇을 이름이냐. 大人은 天地 萬物로써 一體를 삼는다. 그러므로 그 참 정성으로 아틋(惻怛)함이 어떠한 間隔을 두지 아니하나니, 明德을 밝힘은 곧 一體의 體를 세움이오 民을 親함은 一體의* 用을 達함이라.[42]

하엿다.

그러나 그 '아틋'함이 天地 萬物을 一體로 호되 그 發함에 잇어 先後와 輕重과 厚薄과 疏近이 또한 天然한 節度ㅣ 잇나니,『大學』의 이른바 "'至善'에 그친다" 함이 곧 이것이라. 이를 增損하면 곧 '아틋'의 참 핏줄이 아니다. 그러므로 陽明은『大學』初章을 解호되 "明德·親民으로서 至善에 止치 아니하면 그 本을 亡失함이라" 하엿나니.

이미 同體임을 말하고 또 厚薄을 말함이 어찌함인가. '아틋'의 間隔이 없은지라 이 곳 一體요,* 같은 '아틋'이로대 내 父母에 비롯하야 남의 父母에 미치고 내 族類에 비롯하야 멀리 遐域에까지 미치는 것이라. 내 父母 내 族類를 남의 父母나 온 世界와 똑가치 안다 할진대 얼른 생각하야 或 至高한* 듯도 하지만, 내 父母 내 族類와 남의 父母 온 世界 사람으로서는 똑같이 아는 眞心이 없는 것이라. 그럼으로 남의 父母 온 世界를 내 父母 내 族類와 똑같이 사랑한다는 것이 結局은 내 父母 내 族類를 남의 父母 같이 먼 域外 같이 疏遠하게 만드는 것밖에 되지 아니한다. 그러므로 厚薄이 없고는 '아틋'의 참 핏줄을 찾어낼 수 없는 것이다. 그런즉 同體의 '아틋'이 天然한 厚薄으로조차 그 참 핏줄이 사못고, 사모침에 잇어 厚薄의 節度ㅣ 至當할수록 同體

---

42 뒤에 나오는 「大學問」에서 간추린 것이다. 자세한 내용과 원문은 282~284쪽 참조.

에 對하야 더욱이 間隔이 없는 것이다.

나는 이에 느낌이 잇다. 대개 本心이라야 眞切하며, 本心이라야 篤實[43]하며, 本心이라야 勇壯하며, 本心이라야 能히 死生을 度外로 보아 犧牲的 義擧가 잇는 것이오, 本心이라야 萬難이 없고 百艱*이 없이 오즉 그 向하는 곳에 '아틋'함을 스사로 어찌하지 못할지라. 本心의 '아틋'이 아닐진대 이는 '私意'이니, 어떠한 卑瑣한 營求와 淺薄한 衒耀조차* 虛張함이니 하로아침에 이로써 얻을 名譽가 없고 이로써 생길 私利가 없으면 아까까지 廟主 위하듯 하든 것이 쉽사리 헌신짝이 될 것이다. 學說이야 存廢가 어떠하얏든지, 그로 因하야 本心의 '아틋'한 참 핏줄을 스사로 否認하고 빈말의 虛境을 조차 마침내 사람으로서 누구나 다 잇고 언제나 다 가진 이 '아틋'의 뿌리조차 뽑히엇음을[이][44] 어찌 痛恨치 아니하랴.

先輩 著書를 보면 '我大明'이라 한 것이 잇다. 허, 大明이 우리 大明이란 말가. 乙支文德이 隋兵을 擊殲하얏다고 上國을 犯한 罪를 말한 이가 잇엇으니, 허, 그대로 再拜 就死하엿드면 快하드란 말가. 어린애 말고 천치더러 물어보아도 나와 남과, 내 나라와 敵과는 몰을 리가 없것만, 學問이 本心의 '아틋'을 떠난지라 本心 아닌 말,[45] 本心 아닌 일을 하야도 한때의 울리는 '非本心的 妄說'을 附隨 或 唱起함을 도리어 光彩로 안 것이다. '我大明'이라 한 그도 그 마음은 大明을 곧 제 나라로 알엇음은 아니니라.* 乙支文德을 非議한 이도 應敵할 때를 당하면 그 말 같이 上國이라고 乞降하얏으리라고 생각되지 아니한다. 그러므로 더 虛僞다. 讀者는 이 말슴을 漫視하지 말라.

---

43 思想界本·散藁本·三星本은 '篤實'과 앞의 '眞切'의 위치가 바뀌었다.
44 連載本의 '뽑히엇음이'는 뒤의 '어찌 痛恨치 아니하랴'와 연결되려면 '뽑히엇음을'이어야 할 듯하다. 思想界本 이하 재출간본들은 '이'를 그대로 두었다.
45 思想界本과 散藁本·三星本은 '本心 아닌 말' 부분이 누락돼 있다.

지금 누구나 내 이 말을 判斷할 때, 特流의 一輩를 제치고는 내 意思와 다름이 없으리라. 그러나 글자는 다를망정* '非本心的 附隨'에는 지금이라고 이러한 見解 없으리라고 말할 수 없으며, 或 더 심하야, 그때는 大明을 我라고만 하얏지만 지금은 곳 '祖國'이라고 아니 할지 누가 알랴.

陽明은 哲人이라. 同體의 仁을 說하고 또 厚薄의 節度를 說하야 어디까지든지 一段 良知의 '아틋'함에다가 準則을 세운[욹] 것이니, "宇宙內事를 己分內事"로 생각하랴는 우리 賢衆은[象는][46] 모름직이 同體의 '아틋'이 天然한 厚薄으로 조차 사모침을 深念할지어다.

[11] 現代 朝鮮에 잇어 陽明學을 말하기보담 듣기가 어렵다. 어째 그러냐 하면, 學術의 風氣 直截·簡易한 自心上 用工을 비켜 버리고 刻深*한 文字·言語의 湊合, 纖瑣*한 意情·覺識[47]의 分究요, 요지음은 이것마져 묵은 책장 같이 되고 群衆의 趨向이 그나마 心이니 哲이니 하는 곳을 버리게 되엇나니, 陽明의 單刀直入的 心學을 귀담을 까닭이 없고, 남들은 外風을 받어도 自心을 가지고 받은 까닭에 或 比較도 하야 볼 수 잇지만 우리에 잇어서는 外風이 外風이 아니니, 이는 外風이 들어왓을 뿐이지 받은 自心 자리가 糊糢함일새라. 어떠한 自心이 잇어 이를 比較할 것이랴. 이 現代 朝鮮의 過失이 아니다. 前述한 바와 같이 虛·假의 害, 그 나려옴이 멂을 알라.

一眞無假 네 글자가 陽明學의 本이라. 남 모르고 나 홀로 아는 이 한 곳이 義와 利와 善과 惡의 界頭니, 여기서 소소로처 警發함이 잇으면 곳 眞生活이

---

46 連載本의 '賢象'은 의미가 통하지 않아, '賢衆'이 아닐까 생각된다. 思想界本과 全集本은 '賢象' 그대로 두었고, 散藁本·三星本은 '現象'으로 고쳐 놓았으나 의미가 통하지 않기는 마찬가지다.

47 散藁本·三星本·全集本은 '覺識'을 '學識'으로 고쳐 놓았으나, 문맥상 '學識'은 생뚱스럽고 '覺識' 그대로 이해해야 할 듯하다. 앞의 '意情'이 유사한 개념인 意와 情을 결합시켰듯이, 유사한 개념인 覺과 識을 결합시켜 만든 단어로 봐야 한다. 思想界本은 '覺識' 그대로 두었다.

비롯[룹]하는 것이라. 陽明이 이르되,

"오직 天下의 至聖이라야 能히 聰코 明코 睿知하다*"[48] 함이 前에 보매 어
떠한 玄妙드뇨.* 이제 보매 原來 사람마다 固有함이라. 耳는 原是* 聰한 것
이오 目은 原是* 明한 것이오 心·思는 原是* 睿知*한 것인대, 聖人은 다만 한
가지 '能'히 함이 잇을 뿐이라. 能히 하는 곳은* 正히 이 良知요, 衆人의 能히
하지 못함은 다만 한낱 知를 致치 못함이라. 이 얼마나 明白·簡易하냐.[49]

그러나 이는 곳 사람 사람의 同得한 靈明이라. 陽明이 이르되, "同德이 무엇
이냐. 愚夫·愚婦와 같은 것이 同德이오. 異端은 무엇이냐. 愚夫·愚婦와 다른
것이 異端이라"[50] 하얏으며, 同得한 靈明이로되 거기에 잇어 誠하고 不誠함
이 잇어 聖·愚ㅣ 나뉘는 것이니, 陽明이 이르되 "사람이 다만 善을 好호대 好
色을 좋아하듯 하고 惡을 惡호대 惡臭를 싫어하듯 하면 문득 聖人이라"[51] 하
얏다.
대개 陽明의 學이 크게 同體를 말하거나 切實하게 厚薄을 말하거나 明德·
親民·止至善을 말하거나 精神은 오직 '致良知'요 致良知의 實着手하는 곳은
'格物'이니, 物에 格함이 없을진대 知를 致할 要路가 없고 知 없(엇)을진대

<hr>

48 『中庸』에 나오는 말이다. 唯天下至聖, 爲能聰明·睿知, 足以有臨也; 寬裕·溫柔, 足以有容也; 發強·剛
毅, 足以有執也; 齊莊·中正, 足以有敬也; 文理密察, 足以有別也.
49 "惟天下至聖, 爲能聰·明·睿智," 舊看何等玄妙, 今看來原是人人自有的. 耳原是聰, 目原是明, 心思原
是睿智. 聖人只是一能之爾, 能處正是良知; 衆人不能, 只是個不致知. 何等明白·簡易! (『傳習錄』 「黃省曾
錄」) 散藁本·三星本·全集本은 『中庸』의 인용인 '惟天下至聖, 爲能聰·明·睿智'에 해당하는 부분을 陽明의
말로, 그 이후의 『傳習錄』 인용 부분을 『演論』 본문으로 처리했으나, 이는 連載本과 思想界本의 애매한 인
용부호 처리 때문에 생긴 오류다.
50 『傳習錄』의 다음 내용을 가공한 것이다. 或問異端. 先生曰: "與愚夫·愚婦同的是謂同德, 與愚夫·愚婦
異的是謂異端." (『傳習錄』 「黃省曾錄」)
51 先生嘗謂: "人但得好善如好好色, 惡惡如惡惡臭, 便是聖人." (『傳習錄』 「黃直錄」)

物을 格할 미천이 없다. 그런즉 그중 問題되는 것이 이 '知'니, 우리로서 어떠한 知가 本心의 良知인지 그 辨解*를 어떠케 할가, 뜻 잇는 이는 의심하리라. 그러나 누구든지 내 '번맘'인지 아닌지 區別하기 糢糊한 것을랑 아직 그냥 두라. 자서치 아니한 것을 가르쳐 하는 말이 아니다. 오즉 스사로 그리 함이 그르다 하는대 아니 하면 내 名譽를 얻음에, 내 財利를 얻음에 害롭고, 스사로 아니 함이 옳다 하는대 하면 내 名譽를 얻음에, 내 財利를 얻음에 利롭다 하자. 남은 모르되 저 홀로는 判斷이 잇지 아니한가.

大事에든지 小行*에든지 或 말호대, "이 判斷을 어찌 믿느냐" 한다. 허, 사람의 實을 버림이 이러틋 심하구나. 何等의 條件이 없이 제 속에서 울어나오는* 옳다 그르다 하는 것을 버리고 또 어대서 옳음·그름을 찾으랴. 或 習染에서 나오지 아니하얏나 하리라. 習染에는 要名·要利의 陰影이 隱隱히 한구석에 잇다. 또 習染으로는 一切 名利를 超越한 判斷을 하지 못한다.

'良知의 判斷,' 이러한 것은 사람마다 가끔 당하는 것이나, 그러나 저 홀로 옳다는 것이 分明치 아니한 것은 또 말함이 아니요, 저 홀로 그르다 하는 것이 分明치 아니한 것은 또 말함이 아니다. 그중 分明한 것, 저 홀로는 스사로 한편에 苛責과 不安이 생기고 한편에 肯認과 推服이 생기는 것, 이는 저 스사로 번맘으로 아는 것이니, 이러한 곳에서 먼저 옳다는 것은 꼭 하고 그르다는 것은 당장 뽑아 버리어, 이러케 오래 두고 하면 점점 不安의 度ㅣ 銳敏하야 一毫를 어름어름 지나지 못하게 될지라. 아니 할 것 하고는 견디지 못하고 할 것 아니 하고는 견디지 못하야, 나종에는 萬死*의 苦가 一刻의 不安에 比하야 어려울 것이 없고 百折의 困을 內心의 自得으로써 질거워할 수 잇다.

그러므로 別달리 良知를 考究할 생각을* 말고, 저 홀로 저만 아는 속에 스사로 속이지 못할 곳이 잇거든, 分明하거든 良知로 알라. 이를 깨달엇자 그대로 바루잡지 아니하면 점점 照光이 흐려지나니,* 속이려는 그'것'이 根絶될수록 속힐 수 없는 그 自體 점점 더 두렷할[일]지라. 속히려는 '것'을 뽑아 속힐 수 없는 그 自體를 完成함을 '致知'라 한다. 이 知 學問上 考究로 證察할 것이 아니라 自心上 實際로 體出할지니, 一字不識하는 사람이라고 이를 모름이 아니로되 흐지부지 가리어 버리고, 讀破古今한 사람이라고 이 知 以外에 딴 本體 없을 것이로되 대개 書籍에서만 彷徨하고 만다.

三. 陽明 本傳

12 陽明의 姓은 王氏오 이름은 守仁이오 字는 伯安이니, 中國 浙[淅]江 餘
姚縣 사람이라. 晉代 名筆 王羲之의 後裔오, 한아버니 天敍[52]는 號를 竹軒이
라 하고, 아버니 華는 明 武宗 때 南京 吏部 尙書로 잇엇으니 孝子오 또 直
臣이다. 陽明 어머니 鄭氏 陽明을 배인 지 十四朔 만에 낳으니, 이때는 明
憲宗 成化 八年 壬辰 九月 三十日 丁亥라. 우리 成宗 三年이오, 西紀로는
千四百七十二年이다.

十一歲부터 아버니 尙書의 京官[53]함을 因하야 北京에 와서 잇엇는대, 天性
이 豪邁하고 義俠을 좋아하야 王勇의 亂이 잇고 秦中에 石和尙과 劉千斤의
亂이 잇으매[며] 가마니 居庸關[關][54]을 나가 關[關]外 사람들을 따라다니

---

52 본래 이름은 倫이고 天敍는 字였으나, 字로 행세했다고 한다.
53 陽明의 아버지 王華는 成化 16년(1480) 鄕試에 합격하고 이듬해 科擧에 狀元으로 합격해 곧바로 翰林
院 修撰에 임명됐다. 陽明이 11세라면 1482년이다.
54 連載本에는 '居庸關'과 뒤의 '關外'의 '關'이 '關'로 잘못 나와 있다. 散藁本은 이를 바로잡았으나, 思想界

며 말도 타고 활도 쏘고 關防·備禦에 對한 方略을 두루 咨訪하야 가지고 달이 넘어서 돌아와 장차 朝廷에 글을 올려 스사로 出征함을 請하랴 하는 것을 尙書ㅣ힘써 말럿다.[55]

十七歲에 장개들러 南昌에 갓드니, 結婚하든 날 놀러 나가 鐵柱宮이라는 道觀에서 道士를 만나 養生의 要訣을 듣고 밤들도록 떠날 줄을 몰랏다. 그 이듬해 夫人 諸氏[56]와 가치 故鄕인 餘姚로 돌아오는 길에 廣信에서 婁[屢]一齋[57] 諒을 차저가 諒이 宋儒의 格物學을 말함을 듣고 심히 좋아하야 "聖人을 꼭 배워 이룰 수 잇다" 하엿다.

弱冠에 미처 浙[淅]江 鄕試에 뽑히니[58] 學問이 이미 높고 兵法을 究解함이 더욱 精明하드니, 明 孝宗 弘治 十二年 己未[末]에 進士 하야[59] 欽差官으로 威寧伯 王越의 墳墓 工事를 監督하는데 陣法으로써 役夫를 어거하니 識者ㅣ 그 凡器 아님을 알더라. 이때 西北邊이 점점 더 擾亂한지라 復命할 때 邊務八事[60]를 올리되 말이 다 明白·痛切하야 天下ㅣ 일커럿으나 報聞하고 말엇다. 報聞은 上聞되엇다고 報함을 이름이니, 可타 否타는 批答조차 업는 것이다. 얼마 뒤 刑部 主事[61]로 江北에 가 獄囚를 審決하고, 드디어 九華山諸勝을 보고 無相寺·化城寺를 들러 이듬해 五月에 復命하엿다.

本·三星本·全集本은 '居庸關'·'關外'로 그대로 두었다. 居庸關은 北京 서북방 60킬로미터에 있는 관문이다.

55　陽明이 15세 때의 일이었다고 한다.

56　江西布政司 參議 諸養和의 딸이다.

57　連載本의 '屢一齋'는 '婁一齋'의 오류다. 散藁本·三星本은 이를 바로잡았으나, 思想界本·全集本은 바로잡지 않았다. '一齋'는 婁諒(1422~1491)의 號다.

58　弘治 5년(1492), 陽明이 21세 때다.

59　陽明이 28세인 弘治 12년(1499)의 일로, 會試에서 南宮 第二人으로 선발돼 二甲進士出身 第七人을 받고 임시로 工部에 배속됐다.

60　一曰蓄材以備急, 二曰舍短以用長, 三曰簡師以省費, 四曰屯田以足食, 五曰行法以振威, 六曰敷恩以激怒, 七曰捐小以全大, 八曰嚴守以乘弊.

61　刑部 雲南淸吏司 主事로, 陽明이 29세이던 弘治 13년(1500)에 임명됐다. 江北에 간 것은 그 이듬해다.

陽明이 처음에 宋學을 精究하야 朱晦菴의 著書를 偏讀하드니, 하로는 '格物'에 對하야 생각호대, "先儒가 이르되 '어느 物이든지 반드시 속과 거죽과 精[정]함과 굴금이 잇다. 풀 하나, 나무 하나에 모두 至理가 담기엇다'[62] 함이 반드시 妄言이 아니리라*" 하고, 尙書 잇는 官署에 대(竹)가 많음으로 곳대를 가지고 그 理를 窮究하야 보앗다.[63] 苦心으로 窮究할수록 더욱 漠然하매 마침내 病을 어드니 다시 갈[■]오대[64] "聖賢은 팔자가 잇나 부다" 하고, 이때부터 한편으로 俗尙을 조차 文詞에 致力*하얏으나, 至道를 通하지 못함이 마음에 快치 아니하야 師友를 求하려 호대 또한 만나기 어려워 어찌할* 줄을 모르드니, 하로는[65] 晦菴의 宋 光宗에게 올린 疏文에 "공경하야 뜻을 붓잡음은 글 읽는 근번이 되고, 차례를 조차 정(精)함을 이룸은 글 읽는 방법이 된다"[66] 함을 보고 다시 또 뉘우처 가로되 "내 잘못이다. 내 前日에 찻기는 비록 널리 하얏으나 일즉이 차례를 조차 정함을 이루지는 못하얏으니 얻음 업슴이 맛당하다." 이로부터 勇進할 생각을 그치고 순서대로 점점 들어가 나종에 어듬 잇기를 바랏으나, 갈수록 物理와 내 마음이 판연히 둘이 되는 것 같은지라. 답답하야 함이 이미 오래매 옛 病이 다시 發하니, 이때는 聖賢이 따로 팔자 잇음을 더욱이 그런가 부다 하야 意思*ㅣ 養生으로 쏠리어 드디어 세상을 바리고 山中으로 들어가고 싶[혜]어[67] 하얏다.

---

62 衆物必有表裡·精粗. 一草一木, 皆涵至理.

63 이것이 이른바 '守仁格竹'의 고사로, 陽明 年譜에는 鄕試에 합격한 弘治 5년(1492)의 일로 돼 있다. 그러나 1492년에는 王華가 부친 상중이어서 벼슬에서 물러나 있었고, 상을 마친 1493년에 다시 右春坊 右諭德의 벼슬을 받았다.

64 連載本에 ■ 형태로 비어 있는 부분은 '갈'로 추정된다. 思想界本은 '생각하되'로 추정해 넣고 散薰本·三星本·全集本도 이를 이어받았으나, 한 글자여서 '갈오대'로 보는 것이 깔끔하다.

65 陽明이 27세이던 弘治 11년(1498)의 일이다.

66 居敬持志, 爲讀書之本; 循序致精, 爲讀書之法.

67 連載本의 '헤어'가 무슨 뜻인지 불분명하나, '싶어'로 추정했다. 思想界本 이하 여러 재출간본들은 모두 '들어가고 헤어'를 '들어가고자'로 바꿔 놓았다.

그리자 科學에 오르고 仕宦에 붓들려 決行치 못하고, 文詞ㅣ 또한 寓好의 一事라 太原의 喬宇와 廣信의 汪俊과 河南의 李夢陽과 何景明*과 姑蘇의 顧璘과 徐禎卿과 山東의 邊貢 等으로 더부러 古詩文의 學으로써 서로 爭雄하드니, 江北으로 조차 復命한 뒤에 또다시 嘆息하야 가로되, "내 어찌 限 [恨]⁶⁸ 잇는 精[情]神을 가지고 쓸데없는 虛文을 일삼는가." 이에 病을 일컷고 餘姚로 돌아가⁶⁹ 陽明洞에다 精舍를 짓고 잇엇으니, 陽明의 號 이를 말미암음이다.⁷⁰

13 陽明洞에서 求道의 生活을 할 때, 처음은 導引術을 行하얏다. 오래 되매 앞서 아는 영검함이 잇서, 하로는 친구 王思輿⁷¹ 等 네 사람이 찾어오는데, 바야흐로 縣城 五雲門을 나오랴 할 지음에 벌서 從僕을 보내여 마중하게 하고, 오기는 어떠케 오며 어떠한 일이 잇으리라고까지 미리 일러 보내니, 그 從僕이 中路에서 만나 마중 보낸 것과 일르든* 말을 告하니 모다 크게 놀라 道를 얻엇다고 하얏다.

다시 얼마 지나드니 깨달아 가로되, "부즈럽시 精神을 簸[簸]弄⁷²함이오 道아니라" 하니, 이로부터 陽明이 仙學을 버리엇고, 그 뒤는 또 澄心靜修하기를 오래 하야 세상을 떠나 멀리 가고자 하얏다. 이때는 어머니 鄭氏 도라간 지 오래요⁷³ 할머니 岑氏와 및 尙書ㅣ 生存하얏으매, 다른 일은 一切로 繫念

---

68 連載本의 '恨'은 '限'의 오류다. 思想界本 이하 여러 재출간본들은 모두 이를 바로잡지 않았다.

69 陽明이 31세이던 弘治 15년(1502) 8월에 사직했다.

70 連載本의 '말미암이다'는 '말미암음이다'의 오류로 보는 것이 가장 깔끔하다. 散藁本·全集本은 '말미암이다' 그대로 두엇고, 三星本은 '말미암앗다'로 바꿔 버렸다. 思想界本은 '말미암과이다'로 다시 오자가 생겼다.

71 '思輿'는 陽明의 친구 王文轅의 字다. 그의 字는 『明儒學案』과 陽明 行狀에 '司輿'로 나오는데 그것이 일반적이며, '思輿'는 陽明 年譜의 표기다. '思裕'로 적힌 곳도 있다.

72 連載本의 '簸弄'은 '簸弄'의 오류다. 全集本은 '節弄'으로 잘못 고쳐 놓았다.

73 어머니 鄭氏는 양명이 13세 때 죽었다.

될 것이 없되 오즉 할머니와 아버니 잊히지 아니하야 머뭇거려 決斷치 못하드니, 또 忽然히 깨우처 가로되, "아니다. 이 念은 갓날 때에 생긴 것이라. 이 念을 버릴 수 잇을진대 이는 種性을 斷滅함이라" 하니, 이로부터 陽明이 禪悅을 버리엇다.

이에 다시 세상에 씨울 뜻이 잇어 兵部 主事[74]로 起用하매 미처 辭退하지 아니하고 나섯드니, 武宗이 卽位하면서부터 內臣 劉瑾이 國柄을 專擅하야 威勢 불붙듯 하는데 南京 給事中 戴銑·薄彦徽 等의 直諫함을 밉게 여기어 잡어 獄에 나리니 陽明이 이를 疏救하얏다. 瑾이 勅旨를 意造하야 陽明을 廷杖하야 질라엇다가 **깨**어나매[75] 다시 貴州 龍場驛 驛丞으로 謫降하얏다.[76]

謫行을 떠나 錢塘까지 이르럿는데,[77] 瑾이 제 사람으로 하야금 뒤를 밟게 하니 陽明이 마침내 奇禍를 당할 줄 알고 衣履와 筆跡을 江岸에 놓아 스사로 물에 빠진 듯시 보이고, 몰래 商船에 부치어 舟山에까지 갓드니 颶風을 만나 一日一夜에 福建에 到達한지라.

뭍[뭍]헤 닷자 곧 山속으로 들어 밤에 절을 찾저 자고* 가랴 하나 들이지 아니하므로 할 수 없어 彷徨하다가 古廟로 들어가 香案에 의지하야 자니, 이는 곳 범의 집이라. 밤 깊은 뒤 범이 도라다니며 크게 어흥거리엇다. 샐녁에 절 중들이 서로 이르되, "어젯 손은 古廟에서 잣을 것이오, 잣으면 범에게 죽엇을 것이라" 하야 行裝을 뒤저 가려 왓다가 陽明이 바야흐로 잠이 깊어 불

---

74 兵部 武選淸吏司 主事로, 陽明이 33세이던 弘治 17년(1504) 9월에 임명됐다.

75 원문은 '어나매'여서 글자가 빠졌는데, 三星本·全集本은 '살아나자/살아나매'로 보았으나 '깨어나매'가 자연스러워 보인다. 思想界本·散藁本은 '이나마'로 엉뚱하다.

76 陽明 年譜에는 35세인 正德 元年(1506) 2월의 일로 나오는데, 『明史』「王守仁傳」에는 戴銑 등이 체포된 것이 正德 元年 겨울로 나오며 『明史』「武宗本紀」에도 戴銑 등의 사건이 正德 2년 봄으로 나와 年譜와 1년의 차이가 있다.

77 이때는 正德 2년(1507) 여름이다.

러서 깨임을* 보고 **놀래**[래놀] 가로되, "당신은 예사 사람이 아니구려. 그러치 아니하고야 탈 없이 잇슬 수가 잇소."

請邀하야 절에 이르니, 뜻밖에 鐵柱宮 道士가 그 절에 잇다. 陽明이 그로 더부러* 行止를 商量할새, 陽明이 **멀**[먼]리 隱遯할 뜻을 말하니 道士ㅣ 갈오되, "可치 아니하다. 그대 이로 조차 자최를 숨길진대 瑾**이**[히] 怒하야 그대 아버니를 잡다 놓고 그대 南·北 異域으로 潛逃하엿다 誣陷하면 어찌하려뇨." 陽明이 그 말을 옳이 여겨 드듸어 武夷山으로 들어 廣信으로 彭蠡湖를 저어 올라 沅·湘을 지나 龍場에 이르니,[78]

險夷原不滯胸中, 何異浮雲過太空?

夜靜海濤三萬里, 月明飛錫下天風.

의 詩 武夷山으로 떠날 때 절 壁 우에 쓴 것이다.

처음 龍場에 이르매* 사처할 곳이 없어, 덤불 속에다 초막을 만들고 잇다가 다시 巖窟로 들어가 居處하얏다. 그때 龍場 民戶는 거의 다 蠻族이라. 漢人이 오면 반드시 여러 가지 방법으로 蠱害를 더하야 죽이드니, 陽明을 보고 또 害치랴고 蠱神에게 가 공수를 나려 보고 害침이 저의에게 不吉타 하야 차차 陽明에게 붓좇게 되고, 또 陽明의 忠信·仁愛함에 感動하야 陽明의 指敎이면 참아 어기지 못하얏다.

이때 陽明의 春秋ㅣ 三十七이라. 絶域 險地에 잇서 家鄕이 이미 아득한 데다가 瑾의 挾憾함이 갈수록 심한즉 朝夕을 自保치 못할지라. 스사로 혜오매,

---

78 길을 되돌려 南京에서 벼슬하던 부친을 찾아가 뵙고 龍場에 도착한 것은 37세인 正德 3년(1508) 봄이었다.

得失과 榮辱 같은 것은 다 超脫하야 지 오래엇만 오즉 生死에 關한 一念이 종시 가시지 못하는지라. 이에 돌 棺을 만들어 방처럼 앉[안]고 누우며 自誓하야 갈오되, "내 이제 주검을 기다릴 뿐이 아니냐." 낮이나 밤이나 잠잠이 앉어 마음을 맑히고 생각을 정이 하야 고요하고 專一한 가운데에서 端緖를 찾어 보랴 하드니, 하로 밤중에 忽然히 '格物·致知'의 번뜻을 크게 깨달아 어찌 愉快하든지 소리치고 펄펄 뛰여 자든 사람이 모도 놀랏다. 비로소 알 앗다. 聖人의 道는 내 속에서 自足한 것이니, 저즘* 事物에 가서 理를 찾음 이 그릇된 것임을.[79] 이에 다시 默記하는 五經의 言意로써 對證하야 보매, 드러맞지 아니하는 것이 없엇다.[80]

[14] 陽明의 當日 愉快 곳 그의 生平 繼續되는 愉快엿을 것이니, 陽明의 말한 바,

> 仙家ㅣ '虛'를 말하엿다 聖人이 어찌 '虛' 우에 一毫의 '實'을 었을 수 잇으며, 佛氏 '無'를 말하얏다 聖人이 어찌 '無' 우에 一毫의 '有'를 었을 수 잇으랴마는, 仙家의 '虛'를 말[떠나]함[81]은 '養生'으로부터 나옴이오 佛氏의 '無'를 말함은 '生死 苦海'[82]를 떠나랴 함으로부터 나옴이니, 도리어 本體 우에다가 저 若干의 意思를 었어 놓앗으매 문득 '虛'와 '無'의 本色이 아니라 本體에 잇어 障礙가 되나, 聖人은 오즉 良知의 本色에로 돌려보낼 뿐이오 一點의 意思를 붙여 두지 아니하얏다. 良知의 '虛'는 곳 하늘의 '太虛'요, 良知의 '無'

---

79 聖人之道, 吾性自足. 向者求理於事物者, 誤也. (『陽明年譜』)

80 이를 계기로 지은 것이 「五經臆說」이다.

81 連載本의 '떠나함'은 '말함'의 오류다. 뒤의 '떠나랴'에서 '떠'가 빠져 이리로 잘못 들어오면서 생긴 오류로 보인다. 思想界本·散藁本은 이를 바로잡지 못했으나, 三星本·全集本은 바로잡았다.

82 連載本의 '生死苦'는 인용 원전을 보면 '生死苦海'에서 '海'가 누락된 것이다. 思想界本 이하 여러 재출간본들은 모두 이를 바로잡지 않았다.

는 곧 太虛의 無形이다. 日月과 風雷와 山川과 民物 무릇 貌象과 形色이 잇는 것은 모두 太虛·無形 속에 잇어 發用하며 流行하되 일즉이 '하눌의 障礙' 되지 못하는 것 같이, 聖人이 오즉 그 良知의 發用대로로 順하매 天地 萬物이 함께 내 良知의 發用·流行하는 속에 잇나니, 어느 무엇이 잇어 良知 밖에 벗어저* 良知의 障礙 될 수 잇으랴. (『傳習錄』)[83]

한 것을 보면 陽明의 龍場 一夜에 悟得한 境界를 想像함즉하다.
龍場 土人의 歸依함이 점점 더 정성스러워 가며 陽明의 敎導ㅣ 또한 곳 그들의 本心을 喚回하매, 土人이 陽明을 師父로 알고 陽明은 土人을 眷屬으로 여겨 나종은 土人들이 위하야 書院을 만들어 드리고,[84] 大府 差人 龍場에 왓다가 陽明을 하대*함을 忿慨하야 그 差人을 毆辱하야 보낸 적도 잇엇다.
瑾이 罪死한 뒤 廬陵 知縣으로 量移되엇다가 南京 刑部 主事로 옮고 다시 吏部 驗封淸吏司 主事로 고첫다가 陞差하야 文選 員外郞, 考功司 郞中을 歷任하고 南京 太僕 少卿을 擢授하야 南京 鴻臚寺 卿에 이르럿드니,[85] 兵部 尙書 王瓊이 陽明의 偉才 잇음을 아는지라 드디어 右僉都御史[86]로써 南贛을

---

83 仙家說到虛, 聖人豈能虛上加得一毫實? 佛氏說到無, 聖人豈能無上加得一毫有? 但仙家說虛, 從養生上來; 佛氏說無, 從出離生死苦海上來. 却於本體上加却這些子意思在, 便不是他虛無的本色了, 便於本體有障礙. 聖人只是還他良知的本色, 更不著些子意在. 良知之虛, 便是天之太虛; 良知之無, 便是太虛之無形. 日月·風雷·山川·民物, 凡有貌象·形色, 皆在太虛·無形中發用·流行, 未嘗作得天的障礙. 聖人只是順其良知之發用, 天地萬物俱在我良知的發用·流行中, 何嘗又有一物超於良知之外, 能作得障礙? (『傳習錄』 「黃省曾錄」)
84 龍岡書院 외에 寅賓堂·何陋軒·君子亭·玩易窩 등을 지어 주었다.
85 正德 5년(1510, 39세)에 廬陵縣 知縣(정7품), 그해 12월에 南京 刑部 四川淸吏司 主事(정6품), 正德 6년(1511, 40세) 1월 吏部 驗封淸吏司 主事(정6품), 그해 10월 吏部 文選淸吏司 員外郞(종5품), 正德 7년(1512, 41세) 3월 吏部 考功淸吏司 郞中(정5품), 그해 12월 南京 太僕寺 少卿(정4품), 正德 9년(1514, 43세) 4월 南京 鴻臚寺 卿(정4품)으로 각각 임명됐다.
86 감찰 기구인 都察院의 정4품 직책이며, 正德 11년(1516, 45세) 9월에 임명돼 이듬해 1월에 부임했다. '南·贛·汀·漳等處巡撫'여서 江西의 南安·贛州와 福建의 汀州·漳州 등지가 담당 구역이었다. 陽明 年譜에는 左僉都御史, 『明史』 「王守仁傳」에는 右僉都御史로 나온다.

巡撫케 하니, 南贛 巡撫ㅣ 그 감다운* 사람을 얻지 못한 지 오래라.

南中 盜賊이 여기저기서 일어나, 謝志山[87]은 橫水와 左溪와 桶岡을, 池仲容은 浰頭를 各各 占據하야 다 王이라 일컫고, 大庾의 陳曰能, 樂昌의 高快馬, 郴[柳]州[88]의 龔福全* 等과 聯結하야 府·縣을 들이치는데, 福建의 大帽山 賊 詹師富의 무리 또 일어나니 前 巡撫 文森이 병을 핑계하고 避하야 갓다. 志山이 樂昌 賊徒와 合하야 大庾를 떨(掠)고 南康·贛州를 치니 贛縣 主簿 吳玭*이 戰死하엿다.

陽明이 南贛에 이르러 보니 前後·左右ㅣ 다 賊探이라. 이에 스사로 一切를 測量치 못하게 하야, 뜻이 저기 잇으면 여기로써 보이고 이러케 하려면 저러케 보여 저 探[採]報ㅣ 모두 虛傳 되게 하며, 한편으로 軍門 老隷 한 사람을 조용히 寢室로 불러 문초하니 이 실로 賊探의 巨頭라. 吐實함을 받고는 그 罪를 赦하고 賊情을 偵察케 하엿다.

福建·廣東에 移關하야 군사를 모아 먼저 大帽 賊을 討伐하기로 하고, 이듬해 正月[89]에 副使 楊璋 等을 命하야 賊을 長富村에서 깨트려 象湖山으로[90] 들이몰앗다가 指揮 覃桓[指覃揮桓][91]과 縣丞 紀鏞이 戰死하니, 陽明이 親히 精卒을 거느리고 上杭에 陣첫다가 거짓 물러나 가지고 뜻 아니할 때 뚜드려 四十餘 寨을 깨트리고 俘斬이 七千이 남어 師富ㅣ 이 쌈에 잡히엇다.

---

87 陽明 年譜에는 '謝志珊'으로 나온다.
88 連載本의 '柳州'는 '郴州'의 오류다. 저자는 일부 사료에 '柳州'로 잘못 나온 것을 그대로 인용했지만, 柳州는 廣西 소속이고 龔福全의 본거지인 桂陽은 湖廣 郴州 소속이다. 思想界本 이하 여러 재출간본들은 모두 '柳州' 그대로 두었다.
89 陽明이 임지에 도착한 正德 12년(1517, 46세) 1월을 말한다.
90 連載本 원문은 '象湖로'여서 호수로 몬 것처럼 보이나, 『明史』「王守仁傳」에 따르면 '象湖山'이라는 산이다. '山' 자가 누락된 것으로 봐야겠다. 思想界本 이하 여러 재출간본들은 모두 '象湖' 그대로 두었다.
91 連載本의 '指覃揮桓'은 '指揮覃桓'에서 일부 글자 순서가 바뀐 것이다. 散藁本은 이를 바로잡으려 했으나 '指揮單桓'으로 오자가 생겼고, 全集本에서 제대로 바로잡았다. 思想界本·三星本은 바로잡지 않았다.

上疏하야 말하되, "權柄이 무겁지 아니하매 將士에게 令이 서지 아니하니, 旗·牌를 주어 軍務를 提督케 하고 便宜로 處分하게 하소서." 尙書 瓊이 알외여 그 請대로 하얏다. 이에 兵制를 고치되, 二十五人이 伍이니 伍에는 小甲이 잇고, 二伍가 隊이니 隊에는 總甲이 잇고, 四隊가 哨이니 哨에는 長이 잇는데 協哨 둘이 佐가 되고, 二哨가 營이니 營에는 官이 잇는데 參謀 둘이* 佐가 되고, 三營이 陣이니 陣에는 偏將이 잇고, 二陣이 軍이니 軍에는 副將이 잇으니, 다 便宜로 選任하고 朝廷 命勅으로 하지 아니하며, 副將 以下ㅣ 次例로 그 部下를 罰治하게 하얏다.

九月[92]에 大庾로 進軍하니 志山이 틈을 탐측하게 알고 急히 南安을 치다가 知府 季斅에게 敗하고 副使 璋 等이 또한 曰能을 사로잡아 왓다.

15 繼續하야 橫水와 左溪를 討伐하기로 할새, 都指揮 許淸과 贛州 知府 邢珣과 寧都 知縣 王天與ㅣ 각각 一軍을 거느려 橫水에, 季斅와 守備 郟文[93]과 知府 唐淳과 縣丞 舒富ㅣ 각각 一軍을 거느려 左溪에 각기 모이게 하고, 吉安 知府 伍文定은 賊徒의 다라나는 것을 막기로 하얏다.

陽明은 南康에 駐屯하고 잇으니 橫水 가기가 三十里라. 먼저 四百人을 보내어 賊巢 左편·右편에 매복하게 하고 군사를 몰아 막 들어갓다. 賊이 방장 맞어 싸우랴는데 두 편 山 우에서 旗를 드니 賊이 不意에 이것을 보고 여러 巢窟이 다 官軍에게 亡한 줄 알아 드디어 崩潰하니, 勝勢를 타 가지고 짓쳐 나가 橫水 마침내 陷落되고 志山과 그 徒黨 蕭貴模 等이 다 桶岡으로 도망하고 左溪 또한 깨어지엇다.

---

92 저자가 이 부분은 『明史』를 주로 참고한 것으로 보이는데, '九月'은 『明史』에 '七月'로 돼 있어 '七月'의 오류일 가능성이 있다.
93 '郟文'의 '郟'은 三星本·全集本에 '郟'으로 돼 있으나, 『明史』와 『陽明年譜』 등에 모두 '郟'이다. 思想界本은 '皮阝'으로 오자이며, 散藁本만이 '郟'으로 돼 있다.

陽明이 헤오되, '桶岡은 險固하니 드리칠 것 같으면 彼此 死傷이 많으리라' 하야 營屯을 그 近處로 옮기고 禍福으로써 타이르니, 賊魁 藍廷鳳[94]이 官軍의 銳進함을 두려워하야 어찌할 줄 모르는 때이라 陽明의 使者 옴을 보고 반기어 동짓달 초생을 기약하야 항복하기로 하는대, 珣이와 文定이 벌서 大雨를 무릅쓰고 天險을 앗어 들어오니 賊이 물을 앞두고 陣처 苟且히 依保코저 하거늘, 珣이 곳 앞으로 나가 肉迫하고 文定이 知縣 張戩[戡][95]으로 더부러 右편으로부터 치니 賊이 慌急하야 다라나다가 淳의 軍隊를 만나 또 敗하니 桶岡이 드디어 陷落되매 志山과 貴模와 廷鳳이 다 항복하고, 이때 湖廣 巡撫 秦金이 福全을 처 깨트리어 그 徒黨 千人이 이리로 덤비는 것을 諸將이 맞어 擒殺하니, 이에 橫水에다가 崇義縣을 만들어 여러 猺族을 統制케 하고 回軍하야 贛州에 와서 다시 浰頭 賊 討伐할 일을 의논하엿다.

처음 陽明이 師富를 討平할 때 龍川 賊 盧珂와 鄭志高와 陳英이 모두 항복하기를 청하고 橫水를 칠 때 미처 浰頭 賊將 黃金巢 또한 部下 五百名을 더리고 항복하되 홀로 仲容이만이 항복하지 아니하드니, 橫水가 陷落되매 仲容이 그제는 제 아오 仲安이를 보내어 歸化케 하고 戰守에 關한 準備를 물이못나게 하니 陽明이 牛酒*를 보내어 仲容을 勞問하고 "이미 向附하랴 할진대 戰備는 무엇하러 하느냐" 물으니 仲容이 대답하되 "盧珂와 鄭志高는 나의 원수라. 장차 나를 襲擊하려 하므로 이를 防備함이라" 하니 陽明이 짐즛 珂 等을 때려(杖) 가두고 속으로 珂의 아우로 하야금 軍隊를 모아 處分을 기다리게 하고 令을* 나리어 討伐兵을 解散하는 一面, 마침 歲初라 燈火와

---

94 陽明 年譜에는 '藍天鳳'으로 나온다.

95 連載本에는 '張戩'으로 돼 있지만 「明史」「王守仁傳」과 陽明 年譜 등에는 모두 '張戡'이다. 思想界本 이하 여러 재출간본들은 모두 '張戩' 그대로 두었다.

風樂을 盛大히 開設하니 仲容이 한편으로는 마음이 노이기도 하고 한편으로는 또 의심도 없지 아니하엿다.

陽明이 새해[96] 책력으로써 仲容에게 주고 여러 가지로 달래어 省城에 들어와 사례하도록 하니, 仲容이 처음은 의심치 아니하다가 다시 돌려 생각하야 가로되, "펴려면 굽혀야 하나니, 王 贛州[97] 별 手段이 많다 할지라도 친히 가 보아야 알 것이다" 하고 部下 九十三人을 더리고 떠나니 이 모두 凶悍한 賊酋라. 와서는 郊外 敎場에 營處를 만들고 스사로 數人을 더리고 謁見하니 陽明이 꾸짖어 가로되, "너의 다 우리 새 백성이거늘 들어와 보지들 아니하고 敎場에 멈을믄 무슨 일인고. 나를 의심하는가." 仲容이 惶恐하야 가로되, "處分대로 하오리다." 이에 모다 祥符宮이라는 곳으로 引導하야 보내니, 이곳 미리 定한 사처다. 居處와 飮食이 어찌 華麗하든지 仲容 以下ㅣ 도리어 바람에 지나 다시는 의심하지 아니하고 안심하엿다.

凶悍한 賊酋ㅣ 이미 모엿으매 이를 一殲하면 涮頭의 亂이 安定될 것이다. 그러나 陽明은 이를 化導할 수가 없을가 苦心하야 처음애 心腹을 보내어 館伴케 하고 또 靑衣와 油靴를 주고 禮節을 익히게 하야 그 志向을 살펴보매 암만하야도 貪殘한 버릇을 고치지 못할지라. 百姓들이 모두 길에서 떠드러 말하되 "盜賊을 길러 害를 끼친다" 하거늘, 陽明이 이에 뜻을 定하고 大享을 베풀고 甲士를 門 옆에* 묻어 賊酋의 들어오는 대로 잡어 모두 죽이고 친히 군사를 더리고 賊巢에 다다러 上·中·下 三涮를 연거퍼 깨치니 斬殺이 二千이 남앗다.

남은 賊徒가 九連山으로 다라나니, 이 山은 數百 里를 뻗히엇는대 險絶하야

---

96 正德 13년(1518, 47세)이다.
97 '王 贛州'는 贛州에 주둔하고 있는 王陽明을 가리킨다.

上攻하기 어려운지라. 壯士 七百人을 뽑아 賊의 衣服을 假裝하고 山下로 다라나니, 山上 賊이 이를 보고 徒黨만 여기어 어떠케든지 불러 올리랴고 따라 나려왓다. 假裝한 壯士ㅣ 賊이 高處를 떠남을 보고 곳 山上으로 치달아 그곳을 占據하고 大軍은 앞으로 나아가 안팎으로 合하야 쳐서 殘賊을 掃蕩하야 버리고 下渼에다 和平縣을 만들고 守備兵을 두고 돌아오니 南贛이 이에 大定하엿다.

처음에 朝廷에서들 賊이 너무 强하다 하야 廣東과 湖廣의 軍兵을 發하야 合討케 하니, 陽明이 上疏하야 맙시사 하얏으나 이미 決定된지라. 桶岡이 滅한 뒤 湖廣兵이 비로소 오고, 渼頭를 平定할 때 廣東서는 미처 發兵 指揮까지도 받지 못하엿다. 陽明의 거느린 배 書生 아니면 偏裨*한 小校인대, 數十年 巨寇를 平定하되 삭쟁이 꺾듯 하니 遠近이 모두 놀래어 神이라 하엿다.

16 南贛의 亂을 平定한 뒤 右副都御史로 陞進하고 世襲 錦衣衛 百戶를 주고* 다시 副千戶로 올렸다.[98]

明 武宗 正德 十四年 六月에 福建 叛軍 勘處*[99]의 命을 받어 行하야 豊城에 미처 宸濠의 反함을 드럿다. 宸濠는 明 太祖 第十七子 寧 獻王 權의 玄孫이니, 權부터 江西 南昌에 封王하얏엇는대 代代 反志가 잇드니, 宸濠는 더욱 奸惡하고 또 武宗의 荒亂無度함을 機會 삼아 地方에 잇어 一切를 恣行한 지 점점 오래매 耳目이 宮府에 遍[偏]滿하고 結托이 四方에 散在한지라. 이에 江西 巡撫 孫燧*[100]를 죽이고 擧兵하니, 이때 南贛은 江西·福建·廣東·湖廣의 各 一部씩 地帶의 接近한 便宜대로 轄境을 만드럿음으로 江西로도 南昌

---

98 右副都御史와 百戶는 正德 13년(1518, 47세) 6월, 副千戶는 正德 14년(1519, 48세) 1월에 명령이 내렸다.
99 福州의 進貴 등이 반란을 일으켜 이를 토벌하는 일이었다.
100 孫燧는 陽明과 浙江 鄕試 동기다.

等 諸州는 따로 一省이 되어 巡撫가 잇엇으니, 豊城은 南昌 屬縣이라. 陽明은 客官이오 또 逆旅 小縣에서 策應할 도리 없으므로 急히 水路로 조차 吉安府로 돌아갓다.

가다가 宸濠의 派兵이 急히 쫓임을 알고 幕士 雷濟·蕭禹 두 사람만 다리고 漁舟를 바꿔[뀌] 타고 빠저낫는대, 생각호대 '宸濠가 만일 南京을 直襲하야 가지고 드디어 北京을 犯하면 事態 重大할지니, 내 게교로써 宸濠로 하야금 한 열흘 동안만 머뭇거리게 하리라' 하고 뱃속에서 兩廣 都御史의 火牌(急한 傳令)를 假寫하되, 兵部와 都察院의 指揮에 依하야 大軍을 調發*하야 가지고 江西로 向함을 말하고 沿道의 接待할 節次를 嚴令하야 隱然히 朝廷으로부터 江西 反狀을 預測하고 발서 軍馬를 密派하야 宸濠를 襲取하랴는 듯이 보이엇다. 이 火牌를 祕密히 省[肖]城[101]으로 보내어 宸濠의 密探에 發覺되도록 하얏다.

吉安에 到着한 뒤 또 軍兵 迎接하라는 文書를 假寫하되, 都督 許泰와 邰永은 邊兵으로, 都督 劉暉와 桂勇은 京兵으로 各 四萬씩 거느리고 방장 水·陸으로 竝[幷]進하며, 南贛 王守仁과 湖廣 秦金과 兩廣 楊旦[朝][102]의 各各 部兵을 거느리고 떠난 것이 合 十六萬이라, 곳 南昌을 뚜드릴 터이니 이르는 곳에 有司가 供具를 잘못하는 者는 軍法으로 處斷한다 하야, 또한 宸濠의 손에 들어가게 하얏다.

처음 火牌를 써[씨][103] 장차 祕發하랴 할 때 濟가 陽明에게 묻되, "寧王이 이

---

101 連載本의 '肖城'은 '省城'의 오류다. 思想界本 이하 여러 재출간본들은 모두 이를 바로잡지 않았다.

102 連載本의 '楊朝'는 '楊旦'의 오류다. 역시 이성계의 고친 이름 '旦'을 피휘한 탓일 수 있다. 思想界本 이하 여러 재출간본들은 모두 '楊朝' 그대로 두었다.

103 思想界本과 散藁本·三星本·全集本은 모두 '火牌를 써'를 '火牌로써'로 고쳐 놓았다. 옛 문투로는 그렇게 해도 의미가 통한다.

것을 보고 꼭 믿을가요.” “그려면 의심은 할가.” “의심만은 않 할 수 없을 듯
합니다.” 陽明이 우서 갈오되 “이 한 번 의심에 제 일은 고만이지” 하드니 다
시 歎息하며 “宸濠가 번래 無道하야 百姓을 殘害하얏나니, 이제 비록 附和
한 者가 많으나 이는 그 本心이 아닐 것이오, 오즉 威劫·利誘로 一時 苟合함
이라. 설사 제 兵力을 奮發하야 곧 前進한다 할지라도 내 問罪의 義師를 끌
고 徐徐히 그 뒤를 밟으면 順·逆이 이미 두렷하니 뉘 이길 것을 미리 알 수
잇는 것이다. 그러나 賊兵이 한 地方을 일즉 넘어서면 한 地方 民命은 고만
殘破될지니 지금 잇어서는 무엇보다도 宸濠를 遲留케 하는 것이(니) 첫재
니, 이 하로를 머뭇거리게 하면 天下가 이 하로의 福을 받을 것이다” 하얏다.
또 蠟書를 만들되 宸濠의 軍師 李士實·劉養正에게 보내는 것으로 하고, 그
들의 朝廷에 內向하는 정성을 歷敍한 뒤에 다시 그들로 하여금 寧王을 力勸
하야 早速히* 南京으로 發向*하도록 하라고 密託하는 말을 부치어 隱然히
寧王의 나오기를 기다리는 드시 보이엇다. 宸濠가 假寫한 文書와 火牌를 發
見하고 점점 疑懼함이 없지 못한 데다가 또 蠟書를 兼得하고 시험 삼아 士
實과 養正을 불러 進取할 方略을 무르니 모두 南京으로 直向함을 勸하거늘,
宸濠가 이에 이르러는 한편으로 官軍의 準備 됨이 과연 저러하구나, 한편으
로 腹心의 挾詐함이 과연 이러하구나 하야 北進할 勇氣 얼마쯤 減頓되엇다.
이 동안 陽明은 吉安에서 知府 伍文定을 다리고 兵糧을 調定하고 器械와 舟
楫을 備飾[餙]하고, 또 遠近에 檄書를 傳하야 勤王하게 하야 邑守·鄕紳이 연
니어 義擧에 應하엿다. 十餘 日이 지난 뒤에야 宸濠가 비로소 속음을 알앗다.

[17] 七月 三日에 宸濠가 그 至親인 宜春王 拱㭪[104]를 멈을러 南昌에 居守케

---

104 宜春王은 寧王 朱權의 庶三子 朱盤烑가 처음 封王돼 그 후손에게 이어졌는데, 朱拱㭪는 正德 2년
(1507) 宜春王 자리를 이어받았다. 그는 朱盤烑의 5세손이어서, 朱權의 長子 朱盤烒의 4세손인 朱宸濠에

하고 部下 六萬을 다리고 떠나 九江·南康을 陷落하고 大江으로 드러 安慶에 當到하니 陽明이 南昌의 留兵 적음을 알고 急히 伍文定을 다리고 樟樹鎭으로 進軍하니, 知府론 臨江의 戴德孺, 袁州의 徐璉, 贛州의 邢珣과 都指揮 余恩과 通判으론 瑞州의 胡堯元·童琦와 撫州의 鄒琥와 吉安의 談儲와 推官 王暐·徐文英과 知縣으론 新淦의 李美와 泰和의 李楫과 萬安의 王冕과 寧都의 王天與 等이 各各 部兵을 거느리고 來會하엿다.

或[成][105]은 安慶을 救援하자 하니 陽明이 가로되 "그러치 아니하다. 이제 九江·南康이 다 賊의 守地라. 우리 南昌을 건너 저곳에 가 相持하면 九江·南康 二郡 兵이 우리 뒤를 끈흘 것이니 이는 腹·背 受敵이라, 곳 南昌을 뚜드리는 것만 못하다. 지금 賊의 精銳는 모다 나갓스니 南昌 守備 허수할 것이오 우리 軍士는 새로 모여 정히 氣銳하(하)니 치면 곧 깨칠 것이오. 南昌은 賊의 本地니 南昌 깨짐을 드르면 반드시 安慶의 圍師를 것고 도라와 本地 奪還을 도모할지니 湖中에서 마저 싸호면 반드시 一殲하야 바리게 될 것이다" 하니 衆議 다 이를 옳다 하얏다. 湖는 鄱陽湖를 이름이니, 南昌·南康 사이에 잇는 큰 湖水이다.

十八日에 豊城에 와 곧 省城으로 向할새, 前鋒은 伍文定이라. 十九日 밤중에 文定이 廣潤門에 닥치니 守兵이 놀래여 허여지거늘, 二十日 새벽에 諸軍이 或 사다리로 或 동아줄로 登城하야 拱橯 等 賊首를 捕縛하니, 陽明이 이에 令을 나리어 軍士 中 搶掠을 行한 者를 죽이고 脅從을 赦하고 士民을 安慰하는 一面 또 令을 나리어 '免死 木牌' 數十萬을 만드러 바치라 하니 將士

게는 9촌 조카가 된다.

105　連載本의 '成'은 '或'의 오류다. 散藁本은 이를 바로잡았으나, 思想界本과 三星本·全集本은 바로잡지 않았다.

들이 다 이상하게 생각하얏다.

이틀을 留軍하야 수이고 文定과 珣·璉·德孺 等에게 方略을 指示하야 각각 精兵을 거느려 分進케 하고, 堯元 等으로 하여금 四面에 疑師를 만들고 伏兵을 감추게 하얏다.

宸濠가 南昌의 敗報를 듣고 果然 安慶으로부터 回[四]軍하니, 二十四日에 兩軍이 黃家渡에서 만낫다. 文定이 또 前鋒이라. 賊兵 곧 앞으로 달(닫)려드니 文定이 부러 쫓기매 賊이 다투어 뒤를 쫓더니,[106] 珣이 賊背로 쫓아 나와 賊軍의 한허리를 橫斷하니 賊이 다시 쫓기는지라. 이때에 억지로 껄여간 賊徒들이 省城이 이미 官軍의 손에[107] 들어간 줄 알고 逃亡하랴 하나* 길이 없더니, 江流로 조차 난데없는 '免死 木牌'가 限없시 떠나려 오는 것을 보고 이를 건저 가지고 散走한 무리 그 數를 세일 수 없을 만치 만햇다. 賊軍이 쫓기는 것을 보고 文定과 恩이 猛烈히 뒤로 쫓고 璉과 德孺가 左右로 夾攻하더니, 이윽고 伏兵이 이러나니 賊이 크게 敗하야 물러가 '八字腦'라는 곳에 駐屯하얏다.[108]

宸濠가 다시 勇者를 厚賞하고 또 九江·南康의 守城한 兵卒을 全部 푸러 增援케 하얏다. 陽明이 이에 撫州 知府 陳槐와 饒州 知府 林珹[城][109]을 보내어 九江을 取하라 하고 建昌 知府 曾璵*와 廣信 知府 周朝[調]佐[110]를 보내

---

106 '다투어 뒤를 쫓더니'는 連載本에 '쫓더니 다투어 뒤를'로 나왔다가 다음 회에 정정했지만, 정정 문구가 부정확해 思想界本은 '쫓더니 뒤를 다투어'로, 散藁本·三星本·全集本 모두 '뒤를 다투어 쫓더니'로 고쳤다. 그러나 '다투어 뒤를 쫓더니'가 더 자연스럽다.

107 '官軍의 손에'는 連載本에서 아래의 '없더니' 다음에 들어가 있었으나 다음 회에 정정했다.

108 思想界本과 散藁本·三星本은 '駐屯하얏다' 다음에 원문에 없는 '가'를 더해 '駐屯하였다가'로 만들어 문장을 뒤와 이어 놓았다. 원문이 더 깔끔하다.

109 連載本의 '林城'은 '林珹'의 오류다. 散藁本은 이를 바로잡았으나, 思想界本과 三星本·全集本은 '林城' 그대로 두었다.

110 連載本의 '周調佐'는 '周朝佐'의 오류다. 散藁本은 이를 바로잡았으나, 思想界本과 三星本·全集本은 '周調佐' 그대로 두었다.

여 南康을 取하라 하고, 二十五日에 다시 싸홀새 官軍이 退却하랴 하거늘 陽明이 急히 令하야 先却者의 머리를 버히라 하니 文定이 몸소 賊의 銃[銳]砲[111]를 무릅쓰고 나서 불이 鬚髥에 붓되 그대로 麾進하매 諸軍이 限死하고 力戰하야 賊勢 꺽기게 될 지음에 官軍 앞에 큰 牌 두렷이 夆[소]앗스되 "寧王이 이미 잡히엇스니, 우리 군사는 이제부터 맘대로 殺戮하지 말라" 하얏거늘 賊軍이 이를 보고 놀래어 一時에 潰散하야 또 크게 敗한지라.

宸濠가 이에 營處를 '樵舍'로 물리어 놓고 배를 連結하야 方陣을 만들고 金寶를 내어 部下 士卒을 犒賞하야 마지막으로 一戰코자 하더니, 이튼날 새벽에 宸濠가 방장 朝謁을 밧는대 官軍이 별안간 달려들어 오며 적은 배에 남글 실어 가지고 風勢를 利用하야 불을 노하 瞬息間에 불이 寧王의 副舟(王 탄 배의 다음 되는 배)에 붙으니 宸濠 妃 婁氏[112] 물로 뛰어들어 自殺하고 部下가 다 헤여지매, 宸濠가 할일없시 逃走코자 하되 탄 배 유착하야 淺灘에 걸렷슴으로 倉卒에 버서날 길 없다가 漁船 한 隻이 갈(蘆葦) 속에 잇는 것을 보고 소리 질러 건너 달라 하야 그 배에 타니 이는 곳 陽明의 密令으로 미리 備置하얏든 배라. 쉽사리 宸濠를 잡아 中軍으로 드리니, 諸將은 이즉까지도 알지 못하얏다. 士實과 養正과 밋 賊에 降附한 大吏를 다 捕獲하고 南康·九[水]江을 次第로 回復[後]하니, 用兵한 지 한 달이 채 되지 아니하야 江西가 平定되얏다.

戰陣 中에도 營幕에서 二三 門弟로 더부러 學問을 講論하얏섯는데, 하로는 前軍이 失利하얏다는 諜報가 오니 坐中이 다 慌怯하야 하되 陽明은 幕外로

---

111 連載本의 '銳砲'는 의미상 '銃砲'의 오류로 보인다. 그러나 思想界本 이하 여러 재출간본들은 모두 '銳砲' 그대로 두었다.
112 陽明이 젊은 시절에 찾아가 잠시 가르침을 받았던 학자 婁諒의 딸이다.

나가 諜者를 보고 다시 들어와 自若히 講說을 계속하고, 얼마 잇다 다시 賊
兵이 大敗하얏다는 諜報가 오니 坐中이 다 喜幸하야 하되 陽明은 幕外로 나
가 諜者를 보고 다시 드러와 또 自若히 講說을 繼續하야 조곰도 神色의 變
함이 없엇다.

[18] 宸濠의 反報가 처음 明廷에 到達되엇을 때 여러 大臣들이 모두 怯을
내되 王瓊은 홀로 大言하며 "王伯安이 上游(南贛江이 南昌江 上流이므로 上
游라 함)에 잇으니 반드시 賊을 잡으리라" 하드니 얼마 아니하야 捷報가 왓다.
武宗은 원래 荒亂한 임금이오 左右 嬖倖인 江彬·許泰·張忠 等이 다 無賴한
무리라. 그 중에 宸濠와 交通한 者도 많은데, 陽明이 豐城에서 寧王* 反狀을
疏聞할 때 "神器를 엿보는 者가 한 寧王뿐이 아니니, 奸諛*하는 무리를 黜斥
하야 天下 豪傑의 마음을 一變케 합시사"[113] 하얏으므로 嬖倖 一輩는 다 陽
明을 좋아하지 아니함이 오래요, 宸濠 亂이 平定되매 미처는 陽明의 成功을
猜忌하고 또 陽明은 名臣이오 새로 大功을 세운 督撫라 天子를 뵙고 저의의
罪를 發露하면 참으로 黜斥할 수도 잇으리라 하야 우선 公式 捷音이 들어오
기 전 武宗*을 껴부뜰어 親征의 길을 떠나게 하고 陽明에 對하야 별별 誣陷
을 다 하고 또 陽明으로 하여금 宸濠를 잠간 놓아 皇帝 스사로 克獲하게 하
도록 하라고까지 하얏다.

陽明이 忠과 泰의 미처 南下하기 前 宸濠를 俘解하야 가지고 南昌으로부터
떠나가다가 忠과 泰 帝旨로써 길을 막고 宸濠를 달라 하거늘 주지 아니하고
間道로[를] 玉山으로 가 上疏하야 獻俘하기를 請하고 南征을 中止함을 懇
乞하얏으나 允許되지 아니하는지라.

---

113 覬覦者, 非特一寧王, 請黜奸諛, 以回天下豪傑心. (『明史』「王守仁傳」)

錢塘에 와서 太監 張永을 만나니, 永은 提督으로 機密 軍務를 贊畫하는 重職을 가져 忠과 泰의 우이오 이왕 楊一淸으로 더부러 좋아하야 劉瑾을 除해 버리어 天下가 일컫는 內侍라. 陽明이 조용이 永을 보고 그 무던함을 稱頌하고 나서는 目下의 江西의 困弊 極하야 六師(天子의 거느린 군사)의 煩擾함을 견딜 수 없음을 力說하니 永이 옳케 여기어 갈오되, "永의 이번 길도 上躬을 保護하랴 함이라. 群小의 일을 모름이 아니로되, 帝旨를 激하다가는 收拾이 더 어려울는지도 모르겟노라" 하니, 陽明이 이에 南行을 말릴 수 없을 줄 알고 문득 宸濠로써 永에게 맡기고 京口로 가서 行在에 朝見하랴 하드니, 마침 江西 巡撫 兼任의 命이 잇어 다시 南昌으로 돌아왔다.

忠·泰 南昌에 와 보고 宸濠 잃음을 恨하야 京軍을 故縱하야 陽明을 百端으로 困辱하되, 陽明은 한결같이 그들을 撫摩하야 病든 者는 藥을 주고 죽은 者는 棺을 주고 밖에 나갓다가 京軍의 喪行을 보면 반드시 수레를 멈추고 한동안이나 慰問하고 가니, 얼마 지난 뒤는 京軍들이 모두 이르되, "王 都堂(巡撫都御史의 尊稱)이 우리를 아껴 준다" 하야 다시는 犯하는 者가 없엇다. 忠·泰 陽明을 向하야 "寧王府의 富함이 天下에 으뜸이라. 그 貯蓄한 배 이제 어디 잇느뇨" 하니 陽明이 가로되 "宸濠가 擧事하기 전 모두 京師 要人에게 주어 內應할 것을 約束하얏나니, 그 證籍이 잇어 按査할 수 잇다" 하니 忠·泰는 번래 宸濠의 賂物을 먹은* 者라 다시는 감히 **말**하지 못하얏다. 그리고도* 陽明의 文士임을 넘보아 억지로 활쏘기를 勸하니, 처음은 구지 사양하다가 천천히 일어나 세 번 쏘아 세 번을 다 正中하니 京軍이 이를 보고 모두 歡呼하는지라 忠·泰 더욱 기운이 줄드니. 마침 冬至節이라 陽明이 居民을 시켜 골목마다 祭를 지내고 또 무덤에 가 울라 하니, 이때 새로 喪亂을 지낫으므로 悲號하는 소리 四方에 彌[瀰]漫하니 京軍이 다 집 떠난 지 오래라 이 소리를 듣고 눈물을 흘려 돌아가기를 생각하지 아니하는 者가 없엇다.

忠·泰 할일없어 回軍하야 南京에 가 武宗을 뵙고 紀功 給事中 祝續*과 御史 章綸으로 더부러[로] 陽明을 讒毀하고, 또 江彬은 武宗의 特待하는 사람이라 하야 江彬을 보고 "王某가 장차 나와 당신을 剪除하랴 한다"고 말하고, 또 武宗에게 告하되 "王某는 반드시 反할 것입니다. 시험삼아[마] 불러 보소서[서소]. 반드시 오지 아니하리이다." 이전에 忠·泰 여러 번 帝旨를 의수(僞造)하야 陽明을 불럿으나 張永이 그 內容을 祕通*하얏으므로 오지 아니하얏섯다. 이때는 참으로 御召임을 알아 곧 南京으로 馳向하니 忠·泰가 計窮한지라 다시 여러 方法으로 入朝를 沮止하니, 陽明이 이에 九華山으로 들어가 草菴 속에서 每日 宴坐하고 잇엇다. 武宗이 사람을 보내어 探知하고 갈오대 "王守仁은 學道한 사람이라. 부르매 곧 오니, 어찌 反한다 이르느냐." 이에 江西로 도로 가라 하고 다시 捷音을 올리라 하니, 陽明이 이에 前奏를 고쳐 威武大將軍(武宗의 自稱하는 官號) 方略을 바뜰어 叛亂을 討平한 양으로 하고 여러 嬖[폐]倖의 이름을 지어 넣어 올리니, 江彬의 무리 이 뒤에는 다시 말성이 없엇다.

19 明 世宗이 藩邸[114]에 잇을 때 깊이 陽明의 功績을 알아 卽位한 뒤에 곧 入朝 受封하라고 재촉하얏으나, 大臣 楊廷和[115] 等이 陽明을 끄리어 이를 沮止하야 南京 兵部 尙書를 시기니 陽明이 赴任치 아니하고 歸省하기를 請하얏다.

얼마 지난 뒤에야 錄勳의 典을 擧行하야 特進光祿大夫·柱國, 世襲 新建伯

---

114 世宗 朱厚熜은 武宗 朱厚照의 사촌동생으로, 아버지 興 獻王 朱祐杬의 뒤를 이어 興王으로 있다가 武宗이 후사 없이 죽은 뒤 황제 자리를 이어받았다. 興國은 湖廣 安陸州가 봉지였다.

115 당시 大學士로 있었으며, 武宗 사후 世宗을 후계자로 올린 공로자였다. 楊廷和는 王瓊과 사이가 나빴는데, 陽明은 王瓊이 천거해 공을 세운 인물이기 때문에 꺼린 것이었다.

을 封하고 歲祿 千石을 定하얏으나*[116] 鐵券도 아니 주고 歲祿도 또한 支給하지 아니하얏으며 同事 諸臣으로도 伍文定 한 사람밖에는 모두 遷用*하는 체하고 속으로 壓抑[117]하야 거의 다 廢斥함을 당하니, 陽明이 스사로 편치 못하고 또 원통하야 父憂[118] 中에도 여러 번 上疏하야 封爵을 辭하고 諸臣의 功을 訴하얏으나 得請치 못하고 解喪한 뒤도 오래 除召함이 없드니.

世宗 嘉靖 六年[119]에 廣西 思恩府 所屬 田州의 土酋 盧蘇·王受가 反하니 總督 姚鏌이 能히 措處하지 못하는지라. 이에 陽明으로써 原官에다 左都御史를 兼하야 兩廣을 總督[120]하고 巡撫[撥][121]까지 兼行케 하니, 이때에 陽明의 前功을 訟陳하는 이[122] 잇어 鐵券과 歲祿을 주고 아울러 討賊 諸臣까지 錄功하얏다.

陽明이 宸濠의 亂과 忠·泰의 變을 지난 뒤 더욱이 良知의 具足함을 믿어 門人 **鄒守益**[雛守盖][123]에게 글월을 보내어 갈오되,

近來 致良知 三字가 참으로 聖門의 正法眼藏임을 믿엇다. 往年에는 오히려 未盡함이 없는가 의심하엿드니, 이제 許多 事變을 지나고 보니 오즉 이 良知만이 具足하지 아니함이 없드라. 비컨대 배를 부리되 키(舵)를 얻은즉

---

116 正德 16년(1521, 50세) 10월이며, 동시에 兩京 병부 상서를 겸하도록 했다. 이에 앞서 6월에는 남경 병부 상서에 임명된 바 있다.
117 '壓抑'은 連載本에서 앞 글자가 분명치 않으나 全集本을 따랐다. 思想界本과 散藁本·三星本은 '抑塞'으로 돼 있다.
118 양명이 51세이던 嘉靖 元年(1522) 2월에 아버지 王華가 죽었다.
119 양명 56세 때이다.
120 兩廣뿐만 아니라 江西·湖廣의 軍務까지 總督케 했다.
121 連載本의 '巡撥'은 '巡撫'의 오류다. 思想界本 이하 여러 재출간본들은 모두 이를 바로잡지 않았다.
122 나중에 陽明 行狀을 짓는 그의 門人 黃綰이 글을 올려 청한 것이다.
123 連載本과 思想界本의 '雛守盖'는 '鄒守益'의 오류다. 散藁本은 이를 바로잡았으나, 三星本·全集本은 '鄒守蓋'로 돼 있어 한 글자만 바로잡았다.

平瀾・淺瀨에 如意치 아니함이 없고 설사 狂風・逆浪을 만날지라도 자루가 손에 잇으매 沒溺할 걱정이 없다.[124]

하얏다.

解喪한 뒤에 陽明精舍에서 講學을 일삼아 門徒[徒]가 四方으로부터 모이드니, 이에 兩廣 길을 떠나게 되매 高弟 王畿(龍溪)・錢德洪(緒山)[125]이 각기 所見으로써 質正하니, 龍溪는 通明한 이오 緒山은 篤實한 이라. 陽明이 天泉橋 上에 앉어,

無善無惡은 心의 體요, 有善有惡*은 意의 動이오,
知善知惡은 이 良知요, 爲善去惡은 이 格物이라.[126]

는 四句를 들어 宗旨를 傳하니, 이른바 '天泉相證'이라. 뒤에 緒山・龍溪 學說을 敍述하겟으므로 詳論치 아니한다.

陽明이 道中[127]에 上疏하야 兩廣 用兵이 得計 아님을 말하고, 또 말하되,

思恩에(서)[128] 流官(朝廷에서 보내는 官吏이니, 固定된 土官 世襲과 對稱함이라)을 두지 아니하얏을 때는 土酋가 해마[바]다 三千 兵을 내여 官府의 徵

---

124 近來信得致良知三字, 眞聖門正法眼藏. 往年尙疑未盡, 今自多事以來, 只此良知無不具足. 譬之操舟得舵, 平瀾淺瀨, 無不如意; 雖遇顚風逆浪, 舵柄在手, 可免沒溺之患矣.

125 '龍溪'와 '緒山'은 각기 王畿・錢德洪의 號다.

126 無善無惡是心之體, 有善有惡是意之動, 知善知惡是良知, 爲善去惡是格物. (『傳習錄』「黃省曾錄」)

127 梧州에서 開府한 뒤 상소를 올렸다.

128 문맥상 '서'는 빠져야 하지만 思想界本 이하 여러 재출간본들은 모두 連載本을 따라 '思恩에서' 그대로 두었다.

[征]調를 等待하더니 이미 流官을 둔 뒤는 우리가 도리어 해마다 軍士 數
千을 보내어 防守하니 이로만 보아도 流官의 無益함을 알 수 잇고, 또 田州
는 交阯와 接近하고 深山絶谷이 모두 猺族·獞族[129]의 盤據한 곳이니 반드
시 전대로 土官을 두어야 그 兵力을 依藉하야 울을 삼을 것이어늘, 土官을
고쳐 流官을 만든즉 邊鄙의 걱정을 우리가 곧 當할지니, 뒤에 반드시 뉘우
침이 잇으리이다.[130]

疏章이 兵部에 나리매 尙書 王時中이 그 合當치 못한 五條를 列擧하니, 世
宗이 陽明으로 하야금 다시 의논하게 하엿다.

十二月에 陽明이 潯州에 다달어 巡按御史 石金[定][131]과 會合하야 招撫할
計劃을 定하고 諸軍을 모두 헤쳐 보내니 數日 동안에 돌아가는 者가 數萬이
넘고, 湖兵 數千은 갈 길이 멀므로 아즉 南寧과 賓州에 머믈러 解甲* 休息케
하니, 蘇와 受가 처음에 撫綏를 받고자 하되 얻지 못하다가 陽明이 兩廣에
臨함을 듣고 더욱 두려워하더니, 이에 이르러는 크게 기뻐하야 陽明이 南寧
에 오매 使者를 보내어 乞降하니 陽明이 軍門으로 나오라 이른대 二人이 서
로 이르되 "王公이 본래 詐謀가 많으니 우리를 속일가 무섭다" 하고 兵衛를
데리고 들어와 謁見하니, 이에 二人의 罪狀을 數責하야 각기 百杖을 決治한

129 連載本과 이후 재출간본들에는 모두 빠져 있으나, 인용 원문에는 猺族과 함께 獞族도 나열돼 있다.
猺·獞은 현대에 들어와 瑤·僮으로 표기가 바뀌었으며, 僮族은 다시 壯族으로 표기가 바뀌었다.
130 思恩未設流官, 土酋歲出兵三千, 聽官征調; 旣設流官, 我反歲遣兵數千防戍. 是流官之設, 無益可知.
且田州隣交阯, 深山絶谷, 悉猺·獞盤據, 必仍設土官, 斯可藉其兵力爲屛蔽. 若改土爲流, 則邊鄙之患, 我
自當之, 後必有悔.(『明史』「王守仁傳」)「陽明年譜」는 좀 더 자세하다. 未設流官之前, 土人歲出土兵三千, 以
聽官府之調遣; 旣設流官之後, 官府歲發民兵數千, 以防土人之反覆. 卽此一事, 利害可知. (…) 田州切近交
阯, 其間深山絶谷, 猺·獞盤據, 動以千百. 必須存土官, 藉其兵力, 以爲中土屛蔽. 若盡殺其人, 改土爲流,
則邊鄙之患, 我自當之, 自撤藩籬, 後必有悔.
131 連載本의 '石定'은 '石金'의 오류다. 思想界本 이하 여러 재출간본들은 모두 이를 바로잡지 않았다.

뒤 赦하고 親히 그 營處에 들어가 士衆* 七萬을 撫綏하고 朝廷에 奏聞할새, 用兵의 十害와 招撫의 十善을 論하고 因하야 田州 一部를 分割하야 따로 一州를 만들어 田州 故 土[土]官[132] 岑氏의 子孫[133]으로써 土官 知州를 삼고 田州에 十九巡檢司를 두어 蘇·受 等으로써 分任하되 모두 流官 知府의 節制를 받게 할 것을 條陳하니 世宗이 다 聽從하얏다.

斷藤峽 猺賊은 위로 八寨를 連하고 아래로 仙臺·花相 諸峒[花諸相峒][134]의 蠻族과 通하야 盤互이 三百餘 里니, 郡邑이 數十 年 두고 그 害를 입어 왓다. 陽明이 이를 討平코자 하야 짐짓 南寧에 머믈고 湖廣 兵을 罷해 보내어 다시 쓰지 아니할 것을 보이엇다가 賊의 防備 아니함을 探伺하야 가지고 나아가 牛腸·六寺 等 十餘 寨을 깨트리니 峽賊이 다 平定된지라. 드듸어 橫石江으로 조차 나려가 仙臺·花相[桐][135]·白竹·石馬[白石][136]·古陶·羅鳳의 諸賊을 쳐 이기고 布政 林富와 副將 沈希儀를 指揮하야 富는 蘇·受의 部兵을 거느리고 곧 八寨(으)로 다달어 石門을 깨치고 希儀는 逃脫하는 賊徒를 邀擊*하니 八寨에 다시 殘兵이 없게 되엿다.

兩廣이 瘴鄕[卿]인대 峽地 더욱 炎蒸하니 陽明이 여기서 末疾을 얻은지라. 到廣한 이듬해 十月에 林富를 薦하야 自代하고 十一月에 兩廣을 떠나 南安

---

132 連載本의 '士官'은 '土官'의 오류다. 散藁本·全集本은 이를 바로잡지 않았고, 思想界本·三星本은 바로잡았다.

133 岑猛의 次子 邦相이다.

134 '仙臺·花相 諸峒'은 連載本에 일부 글자 위치가 바뀌어 '仙臺·花諸相峒'으로 잘못 나와 있다. 散藁本은 '花相諸洞'으로 돼 있어 '峒'을 '洞'으로 바꾸기는 했으나 올바른 지명으로 고쳤는데, 三星本·全集本은 '花諸相峒'을 그대로 두고 뒤에 '等' 자까지 붙여 '花諸'와 '相峒'이라는 가공의 지명을 만들어 버렸다. 思想界本은 '花請相峒'으로 오자까지 생겼다.

135 連載本의 '花桐'은 '花相'의 오류다. 散藁本은 이를 고쳤으나, 思想界本·三星本·全集本은 '花桐' 그대로 두었다.

136 連載本에 '白石'은 '白竹·石馬'의 오류다. 두 글자가 빠져, 두 곳이 한 곳처럼 돼 있다. 思想界本 이하 여러 재출간본들은 모두 이를 바로잡지 않았다.

에 미쳐는 病이 버썩 重하얏다. 二十八日 저녁때 배가 닫는 것을 알고 "이 어느 땅이냐" 물으니 뫼신 者가 靑龍鋪임을 告하얏다. 밤 지난 뒤 門人 南安 推官[宮] 周積을 불러 들어[러]온 지 한참 만에 눈을 떠 보고 가로되, "나는 가(去)." 積이 울면서 遺言할 것을 물으니 陽明이 微笑하며 가로되 "이 마음이 光明하거니, 다시 무슨 말을 할고."[137] 얼마 잇다 눈을 감으니 年壽ㅣ 五十七이오, 明 世宗 嘉靖 七年[138] 戊子 十一月 二十九日 辰時이다. (『明史藁』 本傳, 黃[楊]綰[139] 撰 行狀, 錢德洪 撰 年譜 參照.)

---

137 此心光明, 亦復何言?

138 嘉靖 7년은 서기로 1528년이나, 죽은 날짜가 음력 11월 말이기 때문에 양력으로 환산하면 1529년 1월이 되어 그의 沒年은 서기로 1529년이다.

139 連載本에 陽明의 行狀을 지은 것으로 나오는 '楊綰'은 그의 제자 '黃綰'의 오류다. 思想界本 이하 여러 재출간본들은 모두 이를 바로잡지 않았다.

四. 大學問·拔本塞源論

20 「大學問」은 『大學』首章의 大義를 가지고 問答體로 講述한 것이니, 陽明의 口授오 錢緒山의 筆記이다. 陽明의 學問 宗旨가 致知하는 데 잇은즉 『大學』首章의 解義 陽明學에 잇어 가장 重大할 뿐 아니라, 이 一篇의 口授는 兩廣 길을 떠날 때[140] 일이니 陽明 돌아가기 一年 前이다. 陽明으로도 더욱이 '光明洞照'하든 때오, 또 緒山은 王門 高弟로 陽明의 學統을 가장 謹守·愼傳한 哲人이니 그 筆記 苟且치 아니할 것임을 믿을 수 잇다. 이제 이를 移譯하고 間間 『傳習錄』과 論學 諸書를 節取하야 交證하랴 한다.

『大學』首章 本文(古本)

　大學之道, 在明明德, 在親民, 在止於至善. 知止而後, 有定; 定而後, 能靜; 靜

140　嘉靖 6년 左都御史 兼 兩廣 總督으로 임명돼 부임한 일을 말한다(276 쪽 참조).

而後, **能安**; **安而後**,[141] 能慮; 慮而後, 能得. 物有本末, 事有終始; 知所先後, 則近道矣.

古之欲明明德於天下者, 先治其國; 欲治其國者, 先齊其家; 欲齊其家者, 先修其身; 欲修其身者, 先正其心; 欲正其心者, 先誠其意; 欲誠其意者, 先致其知; 致知, 在格物. 物格而後, 知至; 知至而後, 意誠; 意誠而後, 心正; 心正而後, 身修; 身修而後, 家齊; 家齊而後, 國治; 國治而後, 天下平.

【大學問1】[142] 大學은 옛 선비 大人의 學이라 하엿나니, 大人의 學이 어찌하야 明德을 밝히는 데 잇는가.

【답1】(陽明子ㅣ 갈오대) 大人은 天地 萬物로써 一體를 삼는 이(者)라. 天下를 한집 같이 보며 中國을 한 사람 같이 보나니, 저 形骸로* 사이 두고 너·나를 나누는 者는 小人이니라. 大人의 能히 天地 萬物로써 一體를 삼음은 그리 하랴 하야 함이 아니라 그 마음의 '仁'함이 원래 이러트시 天地 萬物로 더부러 하나가 되나니. 어찌 大人만이리오. 小人일지라도 마음은 그러하지 아니함이 없으되 제 스사로 적게 만들엇을 뿐이니라.

이러므로 어린아이의 움물에 빠지는 것을 보고는 반드시 찌연하고 아틋[릿]한 마음이 잇나니, 이는 그 '仁'이 어린아이로 더부러 一體 됨이오. 어린아이는 오이려 같은 人類라 하자. 鳥獸의 슬피 울고 벌벌거림을 보고는

---

141 '能安; 安而後'가 連載本부터 빠져 있어 보충했다. 思想界本 이하 여러 재출간본들은 모두 이를 바로 잡지 않았다.

142 【 】안의 일련번호는 『演論』 원문에는 없는 것이나, 저자가 「大學問」 전체를 조금씩 잘라 인용하면서 중간 중간 설명을 붙이고 있어 「大學問」의 인용 부분을 일목요연하게 파악할 수 없기 때문에 이해를 돕기 위해 교주자가 추가한 것이다. 특히 連載本은 「大學問」 인용 부분을 본문으로 처리하고 저자의 설명 부분을 들여쓰기('一字低書')해서 『演論』 본문과 인용문을 헛갈리게 만들어 놓았다. 이에 따라 思想界本 이하 여러 재출간본들의 인용문 처리 역시 뒤죽박죽이다. 『演論』은 또 「大學問」의 제자 질문과 陽明의 답변도 단락 구분 없이 붙여 놓았으나, 이 역시 구별해 놓았다. 이하 마찬가지다.

282

반드시 '不忍'한 마음이 잇나니, 이는 그 '仁'이 鳥獸로 더부러 一體 됨이오. 鳥獸는 오이려 知覺이 잇는 것이라 하자. 草木의 摧[催]折함을 보고는 반드시 憫恤[顧惜]¹⁴³하는 마음이 잇나니, 이는 그 '仁'이 草木으로 더부러 一體 됨이오. 草木은 오이려 生意가 잇는 것이라 하자. 瓦石의 毁壞함을 보고는 반드시 顧惜하는 마음이 잇나니, 이는 그 '仁'이 瓦石으로 더부러 一體 됨이라.

이러한 그 '一體의 仁'은 비록 小人의 마음일지라도 또한 반드시 잇나니, 이 실로 天命의 性으로 쫏아 우러나 自然히 靈昭不昧한 것이라. 그러므로 明德이라 이르나니라. 小人의 마음은 벌서 分隔·隘陋하되 그 '一體의 仁'이 오이려 能히 不昧함이 이 같은 것은 物欲에 움즉이지 아니하고 己私에 가리지 아니한 때일새니, 欲에 움즉이고 私에 가림에 밎어 利害로 서로 다토고 忿怒로 서로 닥드린즉 物을 해치고* 類를 결단냄에 아니 할 배 없고 심하면 骨肉도 서로 으섯드림이 잇으매 '一體의 仁'이 아조 없어지고 만다.

그러므로 진실로 私欲의 가림이 없을진대 비록 小人의 마음일지라도 그 '一體의 仁'이 大人*과 같으며, 한번 私欲의 가리옴이 잇은즉 비록 大人의 마음일지라도 그 分隔·隘陋함이 依然히 小人이라. 그러므로 大人의 學을 하는 이 오즉 그 私欲의 가림을 바려 스사로 그 明德을 밝히어 天地 萬物 一體의 本然에 回復할 뿐이오, 能히 本體 以外에 增益함이 잇음이 아니니라.¹⁴⁴

---

143 連載本은 이 부분에서 '顧惜'이 두 번 반복되는데, 원문을 보면 이곳이 '憫恤'이고 뒤의 것만 '顧惜'이어서 저자가 착오를 일으킨 듯하다. 思想界本 이하 여러 재출간본들은 모두 이를 바로잡지 않았다.

144 "大學者, 昔儒以爲大人之學矣. 敢問: 大人之學, 何以在於'明明德'乎?" 陽明子曰: "大人者, 以天地萬物爲一體也. 其視天下猶一家, 中國猶一人焉. 若夫間形骸而分爾我者, 小人矣. 大人之能以天地萬物爲一體也, 非意之也, 其心之仁本若是. 其與天地萬物而爲一也, 豈惟大人? 雖小人之心亦莫不然, 彼顧自小之耳. 是故見孺子之入井, 而必有怵惕·惻隱之心焉, 是其仁之與孺子而爲一體也. 孺子猶同類者也. 見鳥獸

【大學問2】그런즉 어찌하야 民을 親함에 잇는가.

【答2】明德을 밝힘은 天地 萬物 一體의 體를 세움이오, 民을 親함은 天地 萬物 一體의 用을 達함이라. 그러므로 明德을 밝힘은 반드시 民을 親함에 잇고, 民을 親함은 곧 그 明德을 밝힘이다.

그러므[의]로 내 아버니를 親하야 남의 아버니에게 밎이어 온 天下人의 아버니에게까지 미친 뒤에야 내 '仁'이 실제로 내 아버니, 남의 아버니, 다못 天下人의 아버니로 더부러 一體 될지니 실제로 一體 된 뒤에야 孝의 明德이 비로소 밝을지며, 내 兄을 親하야 남의 兄에게 밎이어 온 天下人*의 兄에게까지 미친 뒤에야 내 '仁'이 실제로 내 兄, 남의 兄, 다못 온 天下人*의 兄으로 더부러 一體 될지니 참으로 一體 된 뒤에야 弟(友愛)의 明德이 비로소 밝을 것이니, 君臣이나 夫婦나 朋友나 山川·鬼神·鳥獸·草木[145]에 이르리[레][146] 실제로 親함이 잇지 아니함이 없어 써[써] 一體의 仁을 達한 뒤에야 내 明德이 밝지 아니함이 없어 참으로 能히 天地 萬物로써 一體를 삼을지니, 이 이른바 天下에 明德을 밝힘이오, 이 이른바 家齊·國治·天下平이오, 이 이른바 性을 盡함이니라.[147]

之哀鳴觳觫, 而必有不忍之心焉, 是其仁之與鳥獸而爲一體也. 鳥獸猶有知覺者也. 見草木之摧折而必有憫恤之心焉, 是其仁之與草木而爲一體也. 草木猶有生意者也. 見瓦石之毀壞而必有顧惜之心焉, 是其仁之與瓦石而爲一體也. 是其一體之仁也, 雖小人之心亦必有之. 是乃根於天命之性, 而自然靈昭不昧者也, 是故謂之'明德.' 小人之心旣已分隔·隘陋矣, 而其一體之仁猶能不昧若此者, 是其未動於欲, 而未蔽於私之時也. 及其動於欲·蔽於私, 而利害相攻·忿怒相激, 則將戕物圮類, 無所不爲. 其甚至有骨肉相殘者, 而一體之仁亡矣. 是故苟無私欲之蔽, 則雖小人之心, 而其一體之仁猶大人也; 一有私欲之蔽, 則雖大人之心, 而其分隔·隘陋猶小人矣. 故夫爲大人之學者, 亦惟去其私欲之蔽, 以自明其明德, 復其天地萬物一體之本然而已耳. 非能於本體之外, 而有所增益之也." (「大學問」)

145 連載本의 '鳥獸·草木'은 이후 재출간본들에서 '草木·鳥獸'로 순서가 바뀌었으나, 連載本을 따랐다. 「大學問」 원문이 그러하다.

146 連載本의 '이르러'는 '이르리'(이르기까지)의 오류로 보아야 문맥이 잘 통한다. 思想界本 이하 여러 재출간본들은 모두 이를 바로잡지 않았다.

147 曰: "然則何以在'親民'乎?" 曰: "明明德者, 立其天地萬物一體之體也; 親民者, 達其天地萬物一體之用也. 故明明德必在於親民, 而親民乃所以明其明德也. 是故親吾之父, 以及人之父, 以及天下人之父, 而後吾之仁實與吾之父·人之父與天下人之父而爲一體矣. 實與之爲一體, 而後孝之明德始明矣. 親吾之兄, 以

[21] 【大學問3】그렇면 또 어찌하야 '至善'에 '止'함에 잇다 하는가.

【答3-1】[148] '至善'은 '明德' '親民'의 極則이라. 天命의 性이 粹然히 '至善'하니, 그 靈昭不昧함이 이 곳 '至善'의 發現이라. 이 '明德'의 本體로 곧 이른바 '良知'이니, '至善'*의 發現으로 是는 是로 非는 非로 輕重·厚薄에 感하는 대로 應하야 變動함일새, 住定된 것이 아니로되 또한 스사로 天然한 '中'이 잇지 아니할 적이 없나니라. 이는 곧 民彝·物則의 極이라 이 사이에는 조곰이라도 議擬[149]함과 增損함이 잇음을 容許하지 아니하나니, 이 사이에 議擬함과 增損함이 잇으면 이는 私意·小智라 至善이 아니니라.[150]

陽明이 이르되 "저 一點 良知 이 곳 너의 自家的 準則이라"(『傳習錄』)[151] 하엿나니, 이 말을 細究하야 보면 至善에 對한 答問을 領悟할 수 잇다.

'中'이라 함이 古經傳에 자조 보이엇을 뿐 아니라, 이 곳 '明德' '親民'에 核心 되는 것이라. 얼른 생각하면 模糊한 듯도 하고 또 微妙한 듯도 하나, 실로 至極히 平常無奇한 말이다. '中'은 곳 치웃침도 없고 기움도 없음을 이름이

及人之兄, 以及天下人之兄, 而後吾之仁實與吾之兄·人之兄與天下人之兄而爲一體矣. 實與之爲一體, 而後弟之明德始明矣. 君臣也, 夫婦也, 朋友也, 以至於山川·鬼神·鳥獸·草木也, 莫不實有以親之, 以達吾一體之仁, 然後吾之明德始無不明, 而眞能以天地萬物爲一體矣. 夫是之謂明明德於天下, 是之謂家齊·國治而天下平, 是之謂盡性." (『大學問』) 이 부분은 三星本·全集本에서 問·答을 뭉뚱그려 앞의 '問1'에 대한 답변 뒷부분으로 처리됐다. 思想界本에서는 「연론」 본문처럼 처리됐다.

148 『演論』에서는 한 질문에 대한 답변도 몇 부분으로 나누어 인용한 경우가 있어 '3-1' 식의 일련번호를 매겼다.

149 '議擬'와 '擬議'는 같은 개념이어서 뒤섞어 쓰는데, 散藁本·三星本·全集本은 이곳의 두 '議擬'를 모두 '擬議'로 고쳐 놓았다.

150 曰: "然則又烏在其爲'止至善'乎?" 曰: "至善者, 明德·親民之極則也. 天命之性, 粹然至善, 其靈昭不昧者, 此其至善之發見, 是乃明德之本體, 而卽所謂良知也. 至善之發見, 是而是焉, 非而非焉, 輕重·厚薄, 隨感隨應, 變動不居, 而亦莫不自有天然之中, 是乃民彝·物則之極, 而不容少有議擬·增損於其間也. 少有擬議·增損於其間, 則是私意·小智, 而非至善之謂矣." (『大學問』) 이 부분 역시 '問答2'와 마찬가지로 三星本·全集本에서는 앞의 '問1'에 대한 답변 뒷부분으로, 思想界本에서는 「연론」 본문처럼 처리됐다.

151 爾那一點良知, 是爾自家底準則. (『傳習錄』「陳九川錄」)

나, '良知'의 自體 本來 이러한 것이라. 그럼으로 어떠한 增損이 없이 '良知'의 發現[見][152]만에 依準할진대 天然한 '中'이 곳 여기 잇는 것이다. 쉽게 말하면 어떠한 일을 臨할 때 意念의 치웃침과 기움이 잇고* 없음을 스사로 아나니, 치우침을 치우침으로 알고 기움을 기움으로 아는 그 알음이야말로 곳 더할 수 없는 平衡이니, 이 이른바 天然한 '中'이다. 그러므로 한 '良知'로되 이를 指稱함에 잇어 그 알음을 '良知'라 하고 그 밝음을 '明德'이라 하고 그 自[身]體[153]의 天然한 平衡을 '中'이라 하고, 이 곳 極至함이라 여기에 對하야 增損할 수 없음을 '至善'이라 하는 것이다.

前에도 略論한 바이 잇거니와, 天地 萬物 一體의 仁은 純然히 感通*의 間隔 없음을 이름이라. 그러나 感通에 잇어 輕重과 厚薄에 그 應함이 각기 또 서로 섞기지 못할 것이니, 이 곧 一體의 感通으로 하여금 어느 곳에든지 그 참스럽고 실다움을 이르게 하는 것이라. 그러나 文字上·言說上 이를 湊合 또는 安排해 보라는 것이 아니다. 누구나 저 홀로 自照·自覺하는 그곳에 잇어 이리 하는 것이 實인가 虛인가, 저리 하는 것이 眞인가 假인가 스사로 了然히 判別하는 것을 행여 自欺[欺][154]하거나 自掩하지 말라는 것이다. 조곰이라도 이렇게 치우치면 虛가 아닐가, 조곰이라도 이렇게 기울면 假가 아닐가, 萬事ㅣ 비록 紛紜·錯雜할지라도 스사로 判別하는 이 한 곳만은 그 비초임이 掩蔽된 때를 除하고는 到底히 속이지 못할 것이니, 이 곳 靈昭不昧한 本體

---

152 連載本의 '發見'은 '발견'이 아니라 '발현'으로 보아야 의미가 통한다. '見'에도 '나타날 현'의 뜻이 있지만, 이를 보다 분명하게 나타내려면 '發現'으로 고쳐 주는 것이 나을 듯하다. 思想界本 이하 여러 재출간본들은 모두 '發見' 그대로 두었다.
153 連載本의 '身體'는 '自體'의 오류로 보인다. 바로 앞의 '그'는 '良知'여서 '良知의 身體'는 말이 되지 않고, 앞에 '良知 自體'라는 표현도 나오기 때문이다. 思想界本 이하 여러 재출간본들은 모두 '身體' 그대로 두었다.
154 連載本의 '自歎'은 '自欺'의 오류로 보아야 문맥이 잘 통한다. 思想界本 이하 여러 재출간본들은 모두 이를 바로잡지 않았다.

라. 치웃치면 곳 치웃침을, 기울면 곳 기욺을 아는 이 한 곳에서 準則을 **엇지**
[어찌] 아니하고는 진실로 空蕩無依하고 말지니, 陽明이 이르되 "내 '良知'
一段을 揭示함이 나로서는 萬死의 고생을 겪어 가지고 비로소 發見한 것이
어늘, 다른 사람을 向하야 말하매* 쉽사리 聽過하고 마니, 참으로 남의 고생
하야 어듬을 孤負하드라"(『傳習錄』)[155] 함이 뜻 잇는 사람으로서는 千秋·萬
代에 나 같은 感慨를 이르키지 아니할 수 없는 것이다.

　【答3-2】진실로 외오서(獨)에 삼감(愼)이 지극하야 '精'하고 '一'한 者 아니
면 뉘 능히 이에 미칠 것이랴, 뒷사람은 '至善'이 내 마음에 잇음을 알기
못하고 그 私智를 가지고 밧갓에서 揣摸*하며 測度하야 事事·物物에 각각
定理가 잇다 하엿나니, 그럼으로 이 '是非의 準則'에 어두어 支離·決裂하매
人欲(己私的 意欲)은 **날**[남]뛰고 天理 없어저 '明德' '親民'의 學이 고만 크게
어지러워젓나니라.[156]

22 　'외오서의 삼감'은 『中庸』首章의 "莫見乎隱, 莫顯乎微. 故, 君子愼其獨
也"라 함으로부터 相承하는 要諦로, 『大學』의 '格物'과 서로 映發하는 것이
라. 陽明이 이르되,

155 　『傳習錄拾遺』에 이와 비슷한 구절이 있다. 某於良知之說, 從百死千難中得來, 非是容易見得到此. 此
本是學者究竟話頭, 可惜此理淪埋已久. 學者苦於聞見障蔽, 無入頭處, 不得已與人一口說盡. 但恐學者得
之容易, 只把作一種光景玩弄, 孤負此知耳.

156 　"自非愼獨之至·惟精惟一者, 其孰能與於此乎? 後之人惟其不知至善之在吾心, 而用其私智以揣摸·
測度於其外, 以爲事事物物各有定理也. 是以昧其是非之則, 支離·決裂, 人欲肆而天理亡, 明德·親民之學,
遂大亂於天下."(『大學問』) 주150의 陽明의 말 뒷부분이다. 이 부분은 散藁本·三星本·全集本 모두 『演論』
본문처럼 처리돼 있다.

이 외오 아[하는[157] 땅에서 힘쓸 줄 알지 못하고 오즉 남 다 아는 곳에서만 用功할 것 같으면 이 곳 거짓을 지음이오, 이 곳 구차로이 앞가림만 함이라.[158] 이 외오 아는 곳은 이 곳 '誠'의 萌[崩]芽*라. 이곳에는 善念·惡念 할 것 없이 다시 虛·假 ㅣ 없나니, 一是하면 곳 百是오 一錯하면 곳 百錯이라. 정히 王과 霸, 義와 利, 誠과 僞, 善과 惡의 分界點으로, 이곳에 한 번 서(一立)서 그 섬이 定하면 이 곳 '端本澄源'이오 이 곳 '立誠'이라. 古人의 許多한 '誠身的 工夫'의 精神·命脈이 전통으로 이 한 곳에 잇을 뿐이라. (『傳習錄』)[159]

하엿나니, 이 '외[와]오서'의 곳은 一切 虛·假 ㅣ 붓접하지 못하므로 이에서 삼감이 곳 實學의 核心이다.

【答3-3】 대개 옛 사람이 그 '明德'을 밝히랴 한 이 잇섯나니라. 그러나 '至善'에 '止'할 줄을 알지 못하매 그 私心이 過高함에 달리엇으므로 그 失함이 虛罔·空寂하야 家·國·天下에 미칠 것이 없으니, 二氏(佛·道)의 流 ㅣ 이것이오, 그 '民'을 親하랴 한 이 잇엇나니라. 그러나 '至善'에 '止'할 줄을 알지 못하고 그 私心이 卑瑣한 데 빠지엇으므로 그 失함이 權謀·智術이라 仁

---

157 連載本의 '하는'은 '아는'의 오류다. 思想界本 이하 여러 재출간본들은 모두 이를 바로잡지 않았다.
158 '구차로이 앞가림만 함'에 해당하는 「大學問」 원문은 '見君子而後厭然'이다. 이는 『禮記』「大學」의 "小人閒居爲不善, 無所不至, 見君子而後厭然, 掩其不善, 而著其善"에서 따온 말로, 소인이 평소에 마구 행동하다가도 군자를 만나면 악행을 숨기고 선행을 드러내려 한다는 의미다. 따라서 『演論』의 번역은 상당한 意譯이다.
159 人若不知於此獨知之地用力, 只在人所共知處用功, 便是作僞, 便是'見君子而後厭然.' 此獨知處便是誠的萌芽. 此處, 不論善念·惡念, 更無虛·假. 一是百是, 一錯百錯. 正是王霸·義利·誠僞·善惡界頭. 於此一立, 立定, 便是端本澄源, 便是立誠. 古人許多誠身的工夫, 精神·命脈, 全體只在此處. (『傳習錄』「薛侃錄」)

愛·惻怛*의 정성스러움이 없으니, 五伯[160]·功利의 徒ㅣ 이것이라. 그것은 다 '至善'에 '止'함을 알지 못한 탓이니라.

그러므로 '至善'에 止하는 것이 '明德'·'親民'에 잇어 마치 規矩가 方圓에, 尺度가 長短에, 權衡[衡]이 輕重에와 같으니, 方圓이 規矩에 止치 아니하면 그 則을 爽할지며, 長短이 尺度에 止치 아니하면 그 劑에 乖할지며, 輕重이 權衡[衡]에 止치 아니하면 그 準을 잃을지며, '明德'·'親民'이 '至善'에 '止'치 아니하면 그 本을 亡할지라. 그러므로 '至善'에 '止'함으로써 '民'을 '親'하야 '明德'을 밝힘을 大人의 學이라 이르나니라.[161]

【大學問4】 "'止'할 줄을 안 뒤에야 '定'함이 잇을지며, '定'한 뒤에야 能히 '靜'할지며, **'靜'한 뒤에야 能히 '安'할지며,**[162] '安'한 뒤에야 能히 '慮'할지며, '慮'한 뒤에야 能히 '得'할지라" 함은 무슨 말인가.

【答4】 사람이 내 마음에 至善이 잇음을 모르고 그 밖에 가 求하되 事事·物物에 다 定理 잇다고 하야 至善을 事事·物物 속에서 求하니 이로써 支離·決裂하고 錯雜·紛紜하야 一定한 方向이 없엇지, 이제 이미 '至善'이 내 마음에 잇어 밖에 求할 것이 없음을 알고 본즉 뜻이 定向이 잇어 支離·決裂

---

160 '五伯'는 '五霸'와 같다.

161 "蓋昔之人, 固有欲明其明德者矣. 然惟不知止於至善, 而騖其私心於過高, 是以失之虛罔·空寂, 而無有乎家·國·天下之施, 則二氏之流是矣. 固有欲親其民者矣. 而惟不知止於至善, 而溺其私心於卑瑣, 是以失之權謀·智術, 而無有乎仁愛·惻怛之誠, 則五伯·功利之徒是矣. 是皆不知止於至善之過也. 故止至善之於明德·親民也, 猶規矩之於方圓也, 尺度之於長短也, 權衡之於輕重也. 故方圓而不止於規矩, 爽其則矣; 長短而不止於尺度, 乖其劑矣; 輕重而不止於權衡, 失其准矣; 明德·親民而不止於至善, 亡其本矣. 故止於至善以親民, 而明其明德, 是之謂大人之學." (『大學問』) 주150·156의 陽明의 말 뒷부분이다. 이 부분 역시 思想界本·散藁本·三星本·全集本 모두 『演論』 본문처럼 처리돼 있다.

162 '靜한 뒤에야 能히 安할지며'는 連載本과 思想界本·散藁本에 누락된 것을 三星本·全集本에서 채워 넣었다.

·錯雜·紛紜의 걱정이 없을지며,[163] 支離·決裂·錯雜·紛紜의 걱정이 없은
즉 마음이 妄動치 아니하야 能히 '靜'할지며, 마음이 妄動치 아니하야 能히
'靜'한즉 그 日用·事爲 間에 잇어 從容·閑暇하야 能히 '安'할지며, 能히 '安'
한즉 무릇 一念의 發함과 一事의 感함이 그ㅣ '至善'이 되는가 그ㅣ '至善'
이 되지 아니하는가 내 마음의 '良知' 스사로 詳審·精察함이 잇어 能히 慮
할지며, 能히 '慮'한즉 선택함이 精치 아니함이 없고 처리함이 當치 아니
함이 없을지니, '至善'을 바야흐로 얻을 수 잇는 것이니라.[164]

【大學問5】 '物'이 '本末'이 잇다 함에 對하야 옛 선비들이 '明德'으로써 '本'이
라 하고 '新民'으로써 '末'이라 하야[165] 兩件으로 內外相對함이라 하고, '일'이
'終始' 잇다 함에 對하야 옛 선비들이 '止'할 줄을 앎으로써 '始'라 하고 能히
'得'함으로써 '終'이라 하야[166] 一事로서 首尾相因함이라 하얏는데, 당신 말
슴한 것으로 보면 '新民'으로써 '親民'이라 하니, 그러면 '本末'에 對한 解說
도 혹 틀림이 잇는 것인가.

【答5】 '終始'에 對한 解說은 大略 옳고, '本末'에 잇어서도 '新民'을 '親民'이라
할지라도 明德을 本이라 親民을 末이라 하면 그 解說이 또한 可치 아니함

---

163 思想界本과 散藁本·三星本·全集本은 모두 '支離·決裂·錯雜·紛紜의 걱정이 없을지며' 부분이 누락
돼 있다.

164 曰: "'知止而後有定, 定而後能靜, 靜而後能安, 安而後能慮, 慮而後能得,' 其說何也?" 曰: "人惟不知
至善之在吾心, 而求之於其外, 以爲事事物物皆有定理也, 而求至善於事事物物之中, 是以支離·決裂·錯雜
·紛紜, 而莫知有一定之向, 今焉旣知至善之在吾心, 而不假於外求, 則志有定向, 而無支離·決裂·錯雜·紛
紜之患矣. 無支離·決裂·錯雜·紛紜之患, 則心不妄動而能靜矣. 心不妄動而能靜, 則其日用之間, 從容·閑
暇而能安矣. 能安, 則凡一念之發·一事之感, 其爲至善乎, 其非至善乎, 吾心之良知自有以詳審·精察之, 而
能慮矣. 能慮, 則擇之無不精, 處之無不當, 而至善於是乎可得矣." (『大學問』) 이 부분 역시 思想界本·散藁
本·三星本·全集本 모두 『演論』 본문처럼 처리돼 있다.

165 明德爲本, 新民爲末. (朱熹, 『大學章句』)

166 知止爲始, 能得爲終. (朱熹, 『大學章句』)

이 아니로되, 다만 '本과 末'을 나누어 兩物을 만듦은 不當하니라. 나무의 대궁은 '本'이라 하는 것이오 나무의 추리는 '末'이라 하는 것이니, 오즉 一物인 까닭으로 '本·末'이라 함이라. 만일 兩物이라 할진대 벌서 兩物이 되엿거니, 또 어찌 '本·末'로써 이를 것이랴.

[23] '新民'과 '親民'이 그 뜻이 이미 같지 아니한즉 '明德' 공부가 自然 '新民'과는 둘이 되지 아니할 수 없으나, 明德을 '밝히어'서 그 '民'을 '親'하고 '民'을 '親'하야서 그 '明德'을 '밝힘'을 알 것 같으면 '明德'과 '親民'을 어찌 둘로 갈을 수 잇으랴. 옛 선비의 말함은 대개 明德과 親民이 번대 한 일임을 알지 못하고 두 일로 생각하엿나니, 그러므로 비록 本과 末의 當然히 一物 될 것을 모름이 아니로되 어찌할 수 없이 兩物로 갈러 놓게 된 것이니라.[167]

【大學問6】 "옛 明德을 天下에 밝히랴는 이"[168]로 "먼저 그 몸을 닦는다"는 것까지는 당신의 '明德' '親民'을 말한 것으로써 풀면 이미 알 수 잇으나, "그 몸을 닦으랴"로[169] "知를 致함이 物을 格함에 잇다" 함에 이르기 그 공

---

167 曰: "物有本末; 先儒以明德爲本, 新民爲末, 兩物而內外相對也. 事有終始; 先儒以知止爲始, 能得爲終, 一事而首尾相因也. 如子之說, 以新民爲親民, 則本末之說亦有所未然歟?" 曰: "終始之說, 大略是矣. 卽以新民爲親民, 而曰: '明德爲本, 親民爲末', 其說亦未爲不可, 但不當分本·末爲兩物耳. 夫木之干, 謂之本; 木之梢, 謂之末. 惟其一物也, 是以謂之本·末. 若曰兩物, 則旣爲兩物矣, 又何可以言本·末乎? 新民之意, 旣與親民不同, 則明德之功, 自與新民爲二. 若知明德以親其民, 而親民以明其明德, 則明德·親民焉可析而爲兩乎? 先儒之說, 是蓋不知明德·親民之本爲一事, 而認以爲兩事, 是以雖知本·末之當爲一物, 而亦不得不分爲兩物也." (『大學問』) 이 부분 역시 思想界本·散藁本·三星本·全集本 모두 『演論』 본문처럼 처리돼 있다.
168 連載本에 이 따옴표가 '옛 明德' 부분에만 돼 있고 그것이 이후 여러 재출간본에서 수정되지 않아 이 문장은 이해할 수 없게 돼 있다. 따옴표는 '밝히랴는 이' 부분까지 이어져야 하고, 이는 『大學』의 구절들이어서 『大學』의 어느 대목에서 어느 대목까지'를 표시한 것이다.
169 三星本은 "'그 몸을 닦으려'는 이로"로 돼 있어 역시 문장 이해에 혼선을 주고 있다. 다만 인용 따옴표를 옮겨 "'그 몸을 닦으려는 이'로"로 바꾼다면 連載本의 "그 몸을 닦으랴"로"보다도 문장이 더 자연스러워지지만, 『大學問』 원문이 '欲修其身'으로 뒤에 '者'가 없다.

부의 次第 어떻게 用力할 것인가.

【答6-1】이것은 정히 '明德' '親民' '止至善'의 實功을 자세히 말함이라. 대개 '身'과 '心'과 '意'와 '知'와 '物'은 곧 그 공부에 對한 바의 條理니 비록 각각 그 '바'(所)이 잇으되 실상은 오직 한 것이오, '格'과 '致'와 '誠'과 '正'과 '修'는 곧 그 條理에 對한 바의 공부니 비록 그 이름이 또한 각기 잇으되 실상은 오직 한 일이니.

무엇을 '身'이라 하는가. '心'의 形體·運用을 이름이오. 무엇을 '心'이라 하는가. '身'의 靈明·主宰를 이름이오. '身'을 '修'함은 무엇을 이름인가. 善을 하고 惡을 바림을 이름이다.[170] 내 몸 스사로가 能히 善을 하고 惡을 바리는가. 반드시 그 靈明·主宰인 것이 善을 하고 惡을 바리랴 한 뒤에야 그 '形體' '運用'인 것이 비로소 能히 '善'을 하고 '惡'을 바릴지라. 그러므로 그 '몸'을 '닦그'랴는 者ㅣ 반드시 먼저 그 '마음'을 '발리우'는 데 잇다.

그렇나 마음의 本體 곧 性이라. 性이 不善함이 없은즉 마음의 本體 번대 바르지 아니함이 없거니, 어대로 조차 발리우는 공부를 드리는가. 대개 마음의 本體 번대 바르지 아니함이 없는대 그 意念의 發動함으로부터서 야[아] 바르지 아니함어 잇음으로 그 마음을 발리랴는 者는 반드시 그 意念의 發하는 데에서 발리 할지니, 무릇 一念을 發하매 善이면 좋아하기 참으로 好色을 좋아하듯 하며 一念을 發하매 惡이면 미여하기 참으로 惡臭를 미여하듯 한즉 '意' 誠치 아니함이 없어 마음이 발를 수 잇나니라. 그러나 '意'의 發하는 배 善이 잇고 惡이 잇으니 그 善·惡의 分界를 밝키움이 잇지 아니할진대 또한 眞·妄이 錯難할 것이니, 비록 誠코저 하되 誠할 수 없

---

170 思想界本·散薰本·三星本은 이 뒤에 앞뒤 구절을 중복시킨 '내 몸 스사로가 能히 善을 하고 惡을 바림을 이름이다'가 잘못 더 들어가 있다.

을지라. 그러므로 그 意를 誠하랴 하는 공부는 반드시 '知'를 致함에 잇을지니.

'致'는 '至'라 "喪致乎哀"[171]라 함의 '致'와 갓다. 『易』에 이르되 "知至至之"[172]라 하얏나니, 至를 知하는 것은 '知'오 至케 하는 것은 '致'라. '致知'라 함이 뒷 선비들의 이른바 "그 知識을 채우고 넓힌다" 함과 같은 것이 아니오 내 마음의 '良知'를 '致'할 뿐이니, 良知라는 것은 孟子의 말슴한 바 "是타 非타 하는 마음은 사람마다 잇다"[173] 한 그것이니, 是타 非타 하는 마음은 생각함을 기다려 앎이 아니오 배움을 기다려 能함이 아닐새 '良知'라 하나니, 이 곧 天命의 性, 내 마음의 本體로 自然히 靈昭明覺하는 것이라.

무릇 意念이 發할 때 내 마음의 良知 스사로 알지 아니함이 없어, 善일진대 오즉 내 마음의 良知 스사로 알고 不善일진대 또한 오즉 내 마음의 良知 스사로 아나니, 이 모두 他人에게는 干預되지 아니하는 배라. 그럼으로 小人이 그른 노릇을 하야 비록 안 한 것 없이 다 햇드라도 좀 접자는 이만 보면 반드시 그 그른 것은 가리고 올흔 양으로 나타내나니,[174] 이것으로 보아도 良知는 스사로 흐리우지 못하는 것이니라.

이제 善과 惡을 區別하야 그 意를 誠하게 하랴[라] 하면 오즉 그 良知의 안 바를 이루어 놀 따름이라. 어찌하야 그런가. 意念의 發할 때 내 마음의 良知 이미 그 善 됨을 알앗다 하자. 能히 참 정성으로 이를 좋아하게 되지 못하야 다시 등저 바릴 것 같으면 이는 善을 갓다 惡 같치 다루어 스사로 善을 안 良知를 흐리움이오. 意念의 發할 때 내 마음의 良知 이미 그 不善 됨

171 『論語』「子張」에 "子游曰: '喪致乎哀而止'"라는 구절이 있다.
172 『周易』「文言」에 "知至至之, 可與幾也; 知終終之, 可與存義也"라는 구절이 있다.
173 是非之心, 人皆有之. (『孟子/告子(上)』)
174 『禮記』「大學」의 "小人閑居爲不善, 無所不至, 見君子而後厭然, 掩其不善, 而著其善"에서 따온 것이다.

을 알앗다 하자. 能히 참 정성으로 이를 미여하게 되지 못하야 다시 밝아

行할 것 같으면 이는 惡을 갓다 善 같이 다루어 스사로 惡을 안 良知를 흐

리움이니.* 이러고 보면 비록 알앗다 할지라도 알지 못한 것과 갓다. '意'

어찌 誠할 수 잇으랴.[175]

[24] 陽明의 「大學問」을 읽으랴면 반드시 陽明의 善·惡에 대한 標[表]準 說

을 알아야 한다. 陽明은 '至善'을 마음의 本體로 보아 本體 우에 조곰만 넘움

이 잇스면 곧 惡이라 하야, 善 잇고 또 惡이 잇서 相對한 것 아니라 하얏다.

마음 '그대로'의 發現에는 惡이 없다. 여기에 치우침과 기움이 잇서 비로소

'良知'로 至善한 것을 牽礙하야 惡으로 나타나게 한다 하얏다. 그러나 '良知'

는 언제던지 平衡임으로 치우침·기움을 스사로 照得하나니, 照得하는[176] 그

---

175 曰: "'古之欲明明德於天下者,' 以至於'先修其身,' 以吾子明德·親民之說通之, 亦旣可得而知矣. 敢問: '欲修其身,' 以至於'致知在格物,' 其工夫次第又何如其用力歟?" 曰: "此正詳言明德·親民·止至善之功也. 蓋身·心·意·知·物者, 是其工夫所用之條理, 雖亦各有其所, 而其實又是一物; 格·致·誠·正·修者, 是其條理所用之工夫, 雖亦皆有其名, 而其實又是一事. 何謂身? 心之形體·運用之謂也. 何謂心? 身之靈明·主宰之謂也. 何謂修身? 爲善而去惡之謂也. 吾身自能爲善而去惡乎? 必其靈明·主宰者欲爲善而去惡, 然後其形體·運用者始能爲善而去惡也. 故欲修其身者, 必在於先正其心也. 然心之本體則性也. 性無不善, 則心之本體本無不正也. 何從而用其正之之功乎? 蓋心之本體本無不正, 自其意念發動, 而後有不正. 故欲正其心者, 必就其意念之所發而正之. 凡其發一念而善也, 好之眞如好好色; 發一念而惡也, 惡之眞如惡惡臭, 則意無不誠, 而心可正矣. 然意之所發, 有善有惡, 不有以明其善·惡之分, 亦將眞·妄錯雜, 雖欲誠之, 不可得而誠矣. 故欲誠其意者, 必在於致知焉. 致者, 至也, 如云'喪致乎哀'之致. 易言: '知至至之.' '知至'者, 知也; '至之'者, 致也. '致知'云者, 非若後儒所謂充擴其知識之謂也, 致吾心之良知焉耳. 良知者, 孟子所謂'是非之心, 人皆有之'者也. 是非之心, 不待慮而知, 不待學而能, 是故謂之良知. 是乃天命之性, 吾心之本體, 自然靈昭明覺者也. 凡意念之發, 吾心之良知無有不自知者. 其善歟, 惟吾心之良知自知之; 其不善歟, 亦惟吾心之良知自知之. 是皆無所與於他人者也. 故雖小人之爲不善, 旣已無所不至, 然其見君子, 則必厭然掩其不善, 而著其善者, 是亦可以見其良知之有不容於自昧者也. 今欲別善·惡以誠其意, 惟在致其良知之所知焉爾. 何則? 意念之發, 吾心之良知旣知其爲善矣, 使其不能誠有以好之, 而復背而去之, 則是以善爲惡, 而自昧其知善之良知矣. 意念之所發, 吾之良知旣知其不善矣, 使其不能誠有以惡之, 而復蹈而爲之, 則是以惡爲善, 而自昧其知惡之良知矣. 若是, 則雖曰知之, 猶不知也, 意其可得而誠乎? (今於良知之所知善·惡者, 無不誠好而誠惡之, 則不自欺其良知而意可誠也已.)" (「大學問」) 이 부분 역시 思想界本·散藁本·三星本·全集本 모두 『演論』 본문처럼 처리돼 있다. 원문 마지막 괄호 안의 부분은 『演論』에서 인용하면서 생략한 부분이다.

176 '照得하는'은 連載本에 '照得는'으로 돼 있어서 思想界本 이하 여러 재출간본들은 모두 이를 '照得은'으로 고쳤다. 그러나 '하'가 누락된 것으로 생각해 '照得하는'으로 보는 편이 좀 더 자연스러워 보인다.

自體 곳 至善이오 여기 通過되지 못하는 것이 곳 惡이다.

그러면 이 또한 閑漫*한 말이라. 假令[今] 사람을 살리는 것이 善이라던지 사람을 죽이는 것이 惡이라던지, 現實에 明證함이 잇어야 할 것 아닌가. 假令 善과 惡은 時代를 따라 變移한다던지 處地를 따라 換易된다던지, 眞狀에 대한 的據가 잇어야 할 것 아닌가.

아니다. 時代로 變移, 處地로 換易, 이러한 것은 根本 되는 生命이 아니다. 살리고 죽이는 그것도 또한 主要 되는 典則이 아니다. 우선 善이라 惡이라 함이 自生한 字語가 아니오 사람의 設定한 것이오, 善이면 어쨋던지 좋다고 하는 것이오 惡이라면 어쨋던지 밉다고 하는 것이니, 좋다 밉다 하기는 누가 하는 것인가. 좋다 하는 생각이 나는데 이를 否認하야 미운 것인 줄 알고 밉다 하는 생각이 나는대 이를 否認하야 좋은 것인 줄 알 때 이러케 아는 그 아름은 곧 나의 '良知'니, 良知로서 좋아하는 그것이 곧 善이오 미워하는 그 것이 곧 惡이다. 살리어 善일 때 잇으되 또 惡일 때 잇고 죽이어 惡일 때 잇으되 또 善일 때 잇나니, 얼는 보아 不定한 듯하되 내 번밋 마음의 是타 非타 함을 標[表]準하야 善·惡의 分界를 定함은 언제나 變易되지 아니하는 것이라.

그러므로 時代로 變移하얏다, 處地로 換易하얏다 하라. 내 번밋 마음에 비쳐여 是타 非타 하는 이 둘로써 善·惡의 分界를 定하는 것도 或 變移하고 換易된 적이 잇을가. 標[表]準을 내 마음의 是·非에 세워 善과 惡을 定함이 陽明의 眞精神인 同時, 善·惡이 對等이 아니라 本體에 조고만치라도 過·不及이 잇으면 이를 惡이라 한다 함이 또한 陽明學의 큰 頭腦이다.

'止'할 줄을 안 뒤에야 '靜'하다* 함이 이 '괴괴'한 靜이 아니다. 本心 그대로면 언제던지 靜이니, 비록 狂奔*·疾呼함이 잇을지라도 本心 그대로의 發現

이오 何等의 間雜함이 없을진대 이 곧[곧] 靜이다. 그러므로 陽明은 本心에 잇서 擬議·增損함을 容許하지 아니하얏다. 陽明은 이르되,

> 눈 보는 대로이면 妍·醜가 自別할지니 一念을 造作하지 아니함을 明이라 하고, 귀 듯는 대로이면 淸·濁이 自別할지니 一念을 造作[化][177]하지 아니함을 聰이라 하고, 마음이 생각하는 대로이면 是·非 自別할지니 一念을 造作하지 아니함을 睿라 한다. (『傳習錄』)[178]

함이 곧 이를 이름이다.

그러므로 '先正其心'의 正도 그 마음을 '그대로'이게 함이니, 그대로인지라 치우침과 기움이 없이 至善의 本體 되는 것이다. 내 마음 그대로로서의 眞切함이 곧[곧] 天理오, 이에 치우침과 기움이 잇을진대 이는 그대로가 아니라 이를 人欲이라 한다. 陽明이 이르되,

> 공부가 이 한 고등을 투득[179]하지 못하면 充實·光輝함을 어찌 어들 것이랴. 이를 투득하랴 할진대 네 聰明과 知解로서 될 것이 아니니, 모름직이 가슴속 잡틔 다 없어저 毫髮이라도 거치적어릴 게 없은 뒤에야 이를 이룰 것이라.[180]

177　連載本의 '造化'는 '造作'의 오류다. 散藁本·三星本은 이를 바로잡았으나, 思想界本·全集本은 바로잡지 않았다.
178　從目所視, 妍·醜自別, 不作一念, 謂之明; 從耳所聽, 淸·濁自別, 不作一念, 謂之聰; 從心所思, 是·非自別, 不作一念, 謂之睿. (『傳習錄拾遺』)
179　散藁本·三星本·全集本은 '투득'을 '터득'으로 바꿔 놓았으나, 원문은 '攄得'이 아니라 '透得'이다.
180　功夫不是透得這個眞機, 如何得他充實·光輝? 若能透得時, 不由你聰明·知解接得來, 須胸中渣滓渾化, 不使有毫髮沾帶始得. (『傳習錄』「黃省曾錄」)

하얏다. 누구나 陽明學을 알랴면 聰明과 知解를 가지고 證察하지 못할 것이니, 聰明과 知解를 가지고 證察할 수 없을새 一念의 惡이 萌[崩]芽* 될 때 스사로 照得하는 그 자리는 聰明을 要할 것도 없고 知解를 求할 것도 없다.

25 【答6-2】그러나 그 '良知'를 '致'하랴 함이 또 어찌 影響·恍惚만으로서 懸空無實함을 이름이랴. 실제로 그 일이 잇을 것이라. 그러므로 '知'를 '致' 함은 반드시 '物'을 '格'함에 잇나니, '物'은 곧 '事'라. 무릇 '意'의 發하는 배 반드시 그 事ㅣ 잇을 것이니[나], '意'의 所在인 '事'를 物이라 하나니라. '格' 은 발린다는 뜻이라. 그 正치 아니함을 발리워서 '正'에로 돌아가게 함을 이름이니, 그 '正'치 아니함을 발린다 함은 惡을 버림을 이름이오, 正에 돌 아가게 한다 함은 善을 함을 이름이라. 이를 일러 '格'이라 하나니, 『尙書』 의 이른바 "格于上下"[181]와 "格于文祖"[182]와 "格其非心"[183]과를, '格物'의 '格'이 실로 그 義를 얼러 가젓나니라.

'良知'의 아는 바의 善을 진실로 좋아하랴 할지라도 그 '意'의 '所在'인 그 '物'에 對하야 실제로 함이 잇지 아니한즉 이는 '物'이 '格'치 못함이 잇는 것 이라 좋아하는 그 '意' 오히려 정성스럽지 못함이오, '良知'의 아는 바의 惡 을 진실로 미여하랴 할지라도 그 '意'의 '所在'인 그 '物'에 對하야 실제로 버 림이 잇지 아니한즉 이는 '物'이 '格'치 못함이 잇어 미여하는 그 '意' 오히려 정성스럽지 못함이라.

이제 그 '良知'의 안 바의 善에는 그 '意'의 '所在'인 그 '物'에 對하야 실제로

---

181 『尙書』「舜典」에 "允恭克讓, 光被四表, 格于上下"라는 구절이 있다.
182 『尙書』「舜典」에 "月正元日, 舜格于文祖, 詢于四岳, 闢四門, 明四目, 達四聰"이라는 구절이 있다.
183 『尙書』「冏命」에 "惟予一人無良, 實賴左右前後有位之士, 匡其不及, 繩愆糾謬, 格其非心, 俾克紹先 烈"이라는 구절이 있다.

하되 다하지 아니함이 없으며, 그 '良知'의 안 바의 惡에는 그 '意'의 '所在'인 그 '物'에 對하야 실제로 버리되 다하지 아니함이 없은 뒤에야, '物'이 '格'지 아니함이 없어 내 '良知'의 아는 배 이지러짐과 가림이 없어 그 限度를 다할 것이니, 그러한 뒤에야 내 마음이 何等의 餘憾이 없어 스사로 愉快할지며, 그러한 뒤에야 '意'의 發하는 배 스사로 속임이 없어 '誠'이라 이를 수 잇나니라.[184]

陽明의 一生 精力이 「大學問」一篇에 凝聚되엇다 하야도 過言이 아니다. 그러나 '格物·致知'의 解義 『傳習錄』, 論學書[185]를 旁引*하야 보면 더욱 밝게 알 수 잇다. 『傳習錄』에 이르되,

> (先生이 갈오되) 先儒ㅣ '格物'을 解하야 "天下의 物을 格한다" 하얏으니 天下의 物을 어떻게 格할 수 잇으며, 또 "一草·一木이 다 '이치' 잇다"[186] 하얏으니 이제 어떻게 格할 수 잇을가. 설사 草木을 格하얏다 하기로서니 어기서 어떻게 自家의 '意'를 誠하게 할 수 잇을가. 나는 '格'을 解하되 '正' 字의 義라 하고 '物'을 解하되 '事' 字의 義라 하노니.

---

184 "然欲致其良知, 亦豈影響·恍惚而懸空無實之謂乎? 是必實有其事矣. 故致知必在於格物. 物者, 事也. 凡意之所發, 必有其事, 意所在之事, 謂之物. 格者, 正也. 正其不正以歸於正之謂也. 正其不正者, 去惡之謂也; 歸於正者, 爲善之謂也. 夫是之謂格. 書言'格于上下'·'格于文祖'·'格其非心.' 格物之格, 實兼其義也. 良知所知之善, 雖誠欲好之矣, 苟不卽其意之所在之物而實有以爲之, 則是物有未格, 而好之之意猶爲未誠也. 良知所知之惡, 雖誠欲惡之矣, 苟不卽其意之所在之物而實有以去之, 則是物有未格, 而惡之之意猶爲未誠也. 今焉於其良知所知之善者, 卽其意之所在之物而實爲之, 無有乎不盡; 於其良知所知之惡者, 卽其意之所在之物而實去之, 無有乎不盡. 然後物無不格, 吾良知之所知者, 無有虧缺·障蔽, 而得以極其至矣. 夫然後吾心快然無復有餘憾而自謙矣, 夫然後意之所發者, 始無自欺而可以謂之誠矣."(「大學問」) 주175의 陽明의 말 뒷부분이다. 이 부분 역시 散藁本·三星本·全集本은 「演論」 본문처럼 처리돼 있다.
185 散藁本과 三星本·全集本은 '論學書'가 '論學諸書'로 나와 '諸'가 더 들어가 있다. 또 이들은 '論學(諸)書'를 특정한 글의 제목으로 여긴 듯한데, '學을 論한 (諸)書'라는 일반적인 의미로 봐야 한다.
186 『河南程氏遺書』 권18에 程頤의 말로 "求之性情, 固是切於身, 然一草一木皆有理, 須是察"이 있다.

『大學』의 이른바 '身'은 곧 耳·目·口·鼻·四肢**라**[와].[187] '身'을 '修'하랴 한다 함은 눈이 禮 아니면 보지 아니함을, 귀가 禮 아니면 듣지 아니함을, 입이 禮 아니면 말하지 아니함을, 四肢 禮 아니면 움즉이지 아니함을 要함이라.[188] (禮는 곧 天然한 中이니, 良知의 本體 發現를 가르쳐 禮라 이르는 것이다. 克己復禮라 함이 곧 本體에 回復한다는 말이다.) 저러트시 '身'을 '修'하랴 할진대 '身'에 잇어 어떻게 用功할 것인가. '心'이라는 것은 '身'의 主宰라. 눈이 비록 본다 할지라도 무엇으로 보느냐 하면 '心'이오, 귀가 비록 듣는**다**[대] 할지라도 무엇으로 듣느냐 하면 '心'이오, 입과 四肢 비록 말하고 움즉인다 할지라도 무엇으로 말하고 움즉이느냐 하면 '心'이라 그러므로 '身'을 '修'하랴 할진대 自家 心體에 잇어 스사로 깨다라 언제나 廓然히 大公게 하야 조고만한 '不正'한 곳이 없게 할지니, 主宰 한번 '正'한즉 눈에서 트(發竅*)이매 스사로 非禮의 봄이 없을 것이며, 귀에서 트이매 스사로 非禮의 드름이 없을 것이며, 입·四肢에서 트이매 스사로 非禮의 말함*과 움즉임이 없을지니, '身'을 '修'함은 그 '心'을 '正'함에 잇다 함이 곧 이것이니라.

그러나 '至善'은 '心'의 本體라. '心'의 本體에 어디나 不善함이 잇을 리 없나니, 이제 '心'을 '正'함을 要할진대 本體上에 잇어서는 着手할 곳이 없고 오즉 心의 發動하는 곳에라야 비로소 힘써 볼 수 잇는 것이라. 心의 發動함은 不善함이 없지 못함으로 이곳에서 힘을 써야 할지니, '意를 誠함에 잇다' 함이 곧 이를 이름이다. 假令 一念의 發함이 善*을 좋아함에 잇거든 곧

---

187 連載本 원문은 '四肢와'지만, 그렇게 해서 문장이 연결되는 것으로 보면 앞뒤 연결이 어색하다. 『傳習錄』 원문을 보아도 끊는 것이 옳다. 따라서 '와'는 문장을 맺는 '라' 정도의 오자로 추정했다. 思想界本 이하 여러 재출간본들은 모두 '와'를 그대로 두었다.

188 非禮勿視, 非禮勿聽, 非禮勿言, 非禮勿動. (『論語』「顏淵」)

實實·落落하게 善을 좋아하고 一念의 發함이 惡을 미여함에 잇거든 곧 實實·落落하게 惡을 미여하야, 意念의 發하는 배 이미 誠치 아니함이 없으면 그 本體 어찌 '不正'함이 잇을 것이랴. 그러므로 그 '心'을 '正'하랴 하는 공부는 '意'를 '誠'케 함에 잇다 함이니, 공부가 '誠意'에 밎어야 비로소 明白한 入手處가 잇다.

26 그렇나 意를 誠케 하는 根本은 또 知를 致함에 잇나니, "남은 비록 알지 못할지라도 나는 홀로 안다"[189]는 그것이 이 정히 내 마음의 良知處이라. 그렇나 善함을 알고도 그 良知에 依하야 하지 아니하고 不善함을 알고도 그 良知에 依하야 바리지* 아니하면 그 良知 고만 가리어 바릴지니, 이는 그 앎을 이루어 놓지 못함이라. 내 마음의 良知 이미 속속드리 擴充되지 못하얏은즉, 비록 善을 좋아할 줄 알되 着實히는 좋아하지 못하고 비록 惡을 **미워**[좋아]할 줄 알되 着實히는 **미워**[좋아]하지 못하니, 意 어찌 誠할 수 잇으랴. 그러므로 知를 致함은 意가 誠하게 되는 根本이다.

그렇나 이 또한 어영청으로 知를 致함이 아니라. 知를 致함은 實事上*에 잇어 格함이니, 意念이 善을 함에 잇으면 곧 그 일에 對하야 하고 意念이 惡을 바림에 잇으면 곧 그 일에 對하야 하지 아니할지니, 惡을 바림은 실로 '不正'함을 格하야 正에로 돌아가게 하는 것이오, 善을 한즉 不善함이 발러질지니 이 또한 '不正'함을 格하야 '正'함에로 돌아가게 함이라. 이와 같이 한즉 내 마음의 良知 私欲의 가림이 없어 그 極함을 이룰 수 잇으매 意念의 發하는 바로 善을 좋아하고 惡을 바림이 誠치 아니함이 없을 것이니, 誠意 공부의 실제로 着手할 곳은 物을 格함에 잇는 것이다. 이렇게 物

---

189 朱熹「大學章句」및「中庸章句」에 "獨者, 人所不知而己所獨知之地也"라는 구절이 있다.

을 格할진대 누구나 다 할 수 잇나니, "사람마다 堯·舜 될 수 잇다"[190] 함이 곧 이를 이름이니라.[191]

하얏고, 『答顧東橋[192]書』에 이르되,

心은 身의 主라. 心의 虛靈·明覺은 곧 이른바 本然한 良知니, 그 虛靈·明覺의 良知 感하는 대로 動하는 것을 意라 이른다. 知 잇은 뒤에 意 잇을지니, 知 없으면 意 없을지라. 知 意의 體 아닌가.

意를 쓰는 배 반드시 그 物이 잇을지니, 物은 곧 事라. 假令 意를 事親함에 쓸 것 같으면 事親이 곧[곤] 한 物이오, 意를 治民함에 쓸 것 같으면 治民이 곧 한 物이오, 意를 讀書함에 쓸 것 같으면 讀書가 곧 한 物이오, 意를 聽訟함에 쓸 것 같으면 聽訟이 곧 한 物이라. 무릇 意를 쓰는 배 物 없는 것은 업나니, 이 意 잇으면 곧 이 物이 잇을지니라. 이 意 없으면 곧 이 物이 없

---

190 『孟子』「告子(下)」에 "曹交問曰: '人皆可以爲堯·舜, 有諸?' 孟子曰: '然.'"이라는 구절이 있다.

191 先生曰: "先儒解格物, 爲'格天下之物.' 天下之物, 如何格得? 且謂'一草·一木亦皆有理.' 今如何去格? 縱格得草木來, 如何反來誠得自家意? 我解'格'作'正'字義, '物'作'事'字義. 大學之所謂'身', 卽耳·目·口·鼻·四肢是也. 欲修身, 便是要目非禮勿視, 耳非禮勿聽, 口非禮勿言, 四肢非禮勿動. 要修這箇身, 身上如何用得工夫? 心者, 身之主宰. 目雖視, 而所以視者, 心也; 耳雖聽, 而所以聽者, 心也; 口與四肢雖言·動, 而所以言·動者, 心也. 故欲修身在於體當自家心體, 常令廓然大公, 無有些子不正處. 主宰一正, 則發竅於目, 自無非禮之視; 發竅於耳, 自無非禮之聽; 發竅於口與四肢, 自無非禮之言·動. 此便是修身在正其心. 然至善者, 心之本體也. 心之本體, 那有不善? 如今要正心, 本體上何處用得功? 必就心之發動處, 纔可著力也. 心之發動, 不能無不善, 故就此處著力, 便是在誠意. 如一念發在好善上, 便實實落落去好善; 一念發在惡惡上, 便實實落落去惡惡. 意之所發, 旣無不誠, 則其本體如何有不正的? 故欲正其心在誠意. 工夫到誠意, 始有著落處. 然誠意之本, 又在於致知也. 所謂'人雖不知而己所獨知'者, 此正是吾心良知處. 然知得善, 却不依這箇良知便做去, 知得不善, 却不依這箇良知便不去做, 則這箇良知便遮蔽了, 是不能致知也. 吾心良知旣不得擴充到底, 則善雖知好, 不能著實好了, 惡雖知惡, 不能著實惡了, 如何得意誠? 故致知者, 意誠之本也. 然亦不是懸空的致知. 致知在實事上格. 如意在於爲善, 便就這件事上去爲; 意在於去惡, 便就這件事上去不爲. 去惡固是格不正以歸於正, 爲善則不善正了, 亦是格不正以歸於正也. 如此, 則吾心良知無私欲蔽了, 得以致其極, 而意之所發, 好善去惡, 無有不誠矣. 誠意工夫實下手處, 在格物也. 若如此格物, 人人便做得. '人皆可以爲堯·舜,' 正在此也." (『傳習錄』「黃以方錄」)

192 '東橋'는 顧璘(1476~1545)의 號다.

을지니, 物이 意의 用이 아닌가.

格 字의 義를 至 字로써 訓釋함이 잇나니, "格于文祖" "有苗來格"[193] 같은 것은 이는 至誠으로써 함이라.[194] 그렇나 文祖에 格한다 할진대 반드시 純孝·誠敬하야 幽·明 사이에 하나이라도 그 理를 얻지 아니함이 없은 뒤에야 格이라 이르는 것이오, 有苗의 頑함을 文德으로써 크게 편 뒤에야 格함인즉 이 또한 '正' 字[字]의 義를 兼하얏나니 오즉 至 字[字]로서만 다할 수 없는 것이오, "格其非心" "大臣格君心之非"[195] 같은 類는 다 '不正'함을 발리여 '正'에 돌아가게 하는 義라 至 字로써 訓釋할 수 없나니, 『大學』格物의 訓을 正 字의 義 아닌지 어찌 알아 반드시 至 字로써 그 義를 삼는가. 至 字로써 義를 삼을진대 반드시 事物의 理를 窮至함이라 한 뒤에야 그 解說이 비로소 通할지니, 이것으로 말하면 用功의 要ㅣ 전혀 한 窮 字에 잇고 用力의 地 전혀 한 理* 字에 잇는 것이라. 만일 우로는 窮 字를 빼고 아래로는 理 字를 빼고 다만 "致知在至物"이라 하면[196] 무슨 말인지 알 수 잇을가.[197]

---

193 『書經』「大禹謨」에 "帝乃誕敷文德, 舞干羽于兩階, 七旬有苗格"이라는 구절이 있다.

194 '이는 至誠으로써 함이라'라는 구절은 인용 원전을 보면 '是以至訓者也'여서 오역이다('至訓'을 '至誠'으로 잘못 본 듯하다). '至 字로써 訓釋한 것이라' 정도로 번역될 수 있겠다.

195 『孟子』「離婁(上)」에 "人不足與適也, 政不足間也. 惟大人爲能格君心之非"라는 구절이 있다. '大人'이 '大臣'으로 나온 것은 「答顧東橋書」에서 바뀐 것이고, 『演論』의 번역 인용에서는 '之非'의 두 글자가 누락됐다. 두 글자가 들어가야 의미가 좀 더 분명해진다. 思想界本 이하 여러 재출간본들은 모두 이를 바로잡지 않았다.

196 '致知在窮至事物之理'에서 '窮'과 '(之)理'를 빼면 '致知在至(事)物'이 된다.

197 心者, 身之主也. 而心之虛靈·明覺, 卽所謂本然之良知也. 其虛靈·明覺之良知應感而動者, 謂之意. 有知而後有意, 無知則無意矣. 知非意之體乎? 意之所用, 必有其物. 物卽事也. 如意用於事親, 卽事親爲一物; 意用於治民, 卽治民爲一物; 意用於讀書, 卽讀書爲一物; 意用於聽訟, 卽聽訟爲一物. 凡意之所用, 無有無物者. 有是意卽有是物, 無是意卽無是物矣. 物非意之用乎? '格'字之義, 有以'至'字訓者. 如'格于文祖'·'有苗來格,' 是以'至'訓者也. 然格于文祖, 必純孝·誠敬, 幽明之間無一不得其理, 而後謂之'格.' 有苗之頑, 實以文德誕敷, 而後格. 則亦兼有'正'字之義在其間, 未可專以'至'字盡之也. 如'格其非心'·'大臣格君心之非'之類, 是則一皆'正其不正以歸於正'之義, 而不可以'至'字爲訓矣. 且大學'格物'之訓, 又安知其不以'正'字爲訓, 而必以'至'字爲義乎? 如以'至'字爲義者, 必曰'窮至事物之理', 而後其說始通. 是其用功之要, 全在一'窮'字; 用力之地, 全在一'理'字也. 若上去一窮字, 下去一理字, 而直曰'致知在至物,' 其可通乎? (『傳習錄』「答顧東橋書」)

하얏고, 또 顧東橋의 問難을 對하되,

이는 그대 스사로 己意를 가지고 鄙見을 揣度하야 한 말이오, 鄙人의 그
대에게 告한 바가 아니다. 과연 그대의 말한 것 같을진대, 무슨 말인지 알
수 잇을 것이랴.

대개 鄙人의 意見으로는 假令 '意' 溫淸[情]*[198]을 하랴 하고 '意' 奉養을 하랴
함이 이른바 '意'이나, 이를 誠意라 할 수는 없다, 반드시 그 溫淸[情]* 奉養
의 意를 實行하야 스사로 愉快함을 힘써 스사로 속(이)임이 없은 뒤에야
誠意라 이르는 것이오. 어떠케 하여야 溫淸[情]*의 節이 됨을 알고 어떠케
하여야 奉養의 宜가 됨을 아는 것은 이른바 '知'이나, 이를 致知라 할 수는
없다. 반드시 그 어떠케 하여야 溫淸*의 節이 됨[감]을 안 그 知를 致하야
실다웁게 그대로 溫하고 淸*하며, 그 어떠케 하여야 奉養의 宜가 됨을 안
그 知를 致하야 실다웁게 그대로 奉하고 養한 뒤에야 致知라 이르는 것이
다. 溫淸*하는 일과 奉養하는 일은 이른바 物이다. 그렇나 이를 格物이라
할 수는 없다. 반드시 溫淸*의 일에 對하야 한결같이 그 良知의 안 바 '맛
당이 어떠케 하여야 溫淸*의 節이 되겟다' 한 것과 같이 하야 一毫도 다하
지 아니함이 없으며, 奉養의 일에 對하야 한결같이 그 良知의 안 바 '맛당
이 어떠케 하여야 奉養의 宜가 되겟다' 한 것과 같이 하야 一毫도 다하지
아니함이 없은 뒤에야 格物이라 이르나니.

溫淸*의 '物'이 格된 뒤에야 溫淸*을 안 良知 비로소 致할 것이며 奉養의 物
이 格된 뒤에야 奉養을 안 良知 비로소 致할 것이니, 그럼으로 "物格而後,

---

198 連載本의 '溫情'은 '溫淸'의 오류다. 三星本·全集本은 이를 모두 '溫淸'으로 잘못 고쳐 놓았다. 아래도
마찬가지다. 思想界本은 뒤의 '溫淸'도 모두 '溫情'으로 잘못 바꿔 놓았다. '溫淸'은 '冬溫夏淸'의 준말이다.

知至"라 하는 것이오. 溫淸*을 안 그 良知를 致한 뒤에 溫淸*의 意 비로소 誠할지며 奉養을 안 그 良知를 致한 뒤에 奉養의 意 비로소 誠할지니, 그러므로 "知至而後, 意誠"이라 하는 것이니. 내 생각하는 바의 '誠意' '致知' '格物'의 解說은 대개 이 같은 것이로라.[199]

하얏다.

[27] '致知'에 對하야 陽明은 '知行合一'을 提唱하얏나니, 知·行을 分視하지 아니한 뒤에야 그 知 비로소 眞切·篤實한 知오 그 行이 비로소 明覺·精察한 行이라. 陽明 이르되 "知는 行의 始오 行은 知의 成이니, 聖學은 오즉 一個의 공부라 知·行을 두 일로 나눌 수 없는 것이라"(『傳習錄』)[200] 하얏다. 「答顧東橋書」에,

知의 眞切·篤實한 곳은 곧 行이오 行의 明覺·精察인 곳은 곧 知니, 知·行 공부ㅣ 번대 때일 수 없는 것인대 後世 學者ㅣ 이를 나누어 兩截 공부를 만드럿음으로 知·行의 本體를 일어바렷다. 그러므로 合一이라 竝[倂]進이라 하는 말이 잇엇노라. 眞知는 곧 行하는 배라. 行치 아니할진대 足히 知라 할 것이 없다. 來書의 말한 "知食乃食"이라 한 것 같은 것만으로도 볼

---

199 此乃吾子自以己意揣度鄙見, 而爲是說, 非鄙人之所以告吾子者矣. 若果如吾子之言, 寧復有可通乎? 蓋鄙人之見, 則謂意欲溫淸·意欲奉養者, 所謂'意'也, 而未可謂之'誠意.' 必實行其溫淸·奉養之意, 務求自慊而無自欺, 然後謂之'誠意.' 知如何而爲溫淸之節, 知如何而爲奉養之宜者, 所謂'知'也, 而未可謂之'致知.' 必致其知如何爲溫淸之節者之知, 而實以之溫淸, 致其知如何爲奉養之宜者之知, 而實以之奉養, 然後謂之'致知.' 溫淸之事·奉養之事, 所謂'物'也, 而未可謂之'格物.' 必其於溫淸之事也, 一如其良知之所知當如何爲溫淸之節者而爲之, 無一毫之不盡, 於奉養之事也, 一如其良知之所知當如何爲奉養之宜者而爲之, 無一毫之不盡, 然後謂之'格物.' 溫淸之物格, 然後知溫淸之良知始存; 奉養之物格, 然後知奉養之良知始致. 故曰: "物格而後, 知至." 致其知溫淸之良知, 而後溫淸之意始誠; 致其知奉養之良知, 而後奉養之意始誠. 故曰: "知至而後, 意誠." 此區區誠意·致知·格物之說, 蓋如此. (『傳習錄』「答顧東橋書」)
200 知者, 行之始; 行者, 知之成. 聖學只一個功夫, 知·行不可分作兩事. (『傳習錄』「陸澄錄」)

수 잇는 것이니, 前에도 大略 말한 것이라. 이 비록 救弊하기에 切急하야

한 말이나, 知·行의 體 번래 이러한 것이오 내 생각으로써 거기다 抑揚함을

부처 苟且로히 이 말을 만드러 가지고 한때의 功效를 圖함이 아니로라.

오즉 本心에만 求하고 物理는 내버릴진대, 이는 대개 그 本心을 잃[앟]²⁰¹

은 者라. 무릇 事物의 條理* 내 마음[本心]²⁰²에 버서나지 아니하나니, 내

마음에 벗어나 物理를 求하면 物理 없을 것이오, 物理를 내놓고 내 마음을

求하면 내 마음은 어떤 것이냐. 마음의 體는 性이니, 性은 곧 理라. 그러므

[믄]로 親에 孝하는 마음이 잇으매 곧 孝의 理 잇을지니 親에 孝하는 마음

이 없으면 곧 孝의 理 없을 것이며, 君에 忠하는 마음이 잇요매 곧 忠의 理

잇을지니 君에 忠하는 마음이 없으면 곧 忠의 理 없을 것이라. 理가 어찌

내 마음에 벗어날 것이랴.

晦菴이 이르되, "사람의 가지고 공부하는 배[매] 마음과 理뿐이라. 마음이

비록 一身에 主하되 실로 天下의 理를 거느리고, 理는 비록 萬事에 散在하

되 실로 一人의 마음에 벗어나지 아니한다"²⁰³ 함이 그 一分·一合하는 어

름에 발서 心과 理의 둘 되는 弊를 열게 됨을 免치 못하얏나니,²⁰⁴ 後世에

밎어 오즉 本心만 求하고 物理를 내여놓은 탈이 생겨나게 됨이 이를 因함

이니, 정히 '心卽理[卽心理]'임을 알지 못함으로써다. 무릇 心에 벗어나서

物理를 求할새 이로써 어두어 사못지 못하는 곳이 잇나니, 告子의 義를 外

---

201 連載本의 '앟은'은 '잃은'의 오류다. 思想界本·散藁本은 '잃은'으로 바로잡았으나, 三星本·全集本은
     이를 '아는'으로 잘못 고쳐 놓았다.
202 連載本의 '本心'은 인용 원전을 보면 '吾心'의 오류다. 思想界本 이하 모두 '吾心'을 그대로 두었다.
203 『朱子語類』「大學(五) 或問(下)」에 "或問云: '心雖主乎一身, 而其體之虛靈, 足以管乎天下之理; 理雖散
     在萬物, 而其用之微妙, 實不外乎一人之心'"이라는 구절이 있다.
204 원문은 '未免已啓學者心·理爲二之弊'여서 '學者' 부분의 번역이 누락됐다.

라 함[205]을 일러 孟子ㅣ 義를 알지 못한다 함[206]이 이로써이다.

마음은 하나일 뿐이라. 그 全體의 惻怛*함으로써 말하야 仁이라 이르고 그 宜를 得함으로써 말하야 義라 이르고 그 條理로써 말하야 理라 이르나니, 마음에 벗어나 仁을 求할 수 없고 마음에 벗어나 義를 求할 수 없거니, 理만은 마음에 벗[비]어나 求할 수 잇으랴. 마음에 벗어나서 理를 求함은 知·行의 갈러진 所이라. 理를 내 마음에 求함이 이 聖門 知行合一의 敎이니, 그대 또 무엇을 의심하는가.[207]

하얏고 또,

무릇 學·問·思·辨·行이 다 學을 하는 바이니, 學이고 行치 아니한 것이 없다. 假令 孝를 學하얏을진대 반드시 힘써 奉養하야 몸소 孝道를 行한 뒤에 學하얏다 이를지니, 어찌 한갓 허영청 듯고 傳함으로서 드디어 孝를 學하얏다 할 수 잇을가. 射를 學하얏을진대 반드시 '張弓*·挾矢·引滿·中的'하여야 할 것이며, 書를 學하얏을진대 반드시 '伸紙·執筆·操觚·染翰'[208]하여

---

205 告子曰: "食·色, 性也. 仁, 內也, 非外也; 義, 外也, 非內也." (『孟子』「告子(上)」)
206 我故曰, '告子未嘗知義,' 以其外之也. (『孟子』「公孫丑(上)」)
207 知之眞切·篤實處, 卽是行; 行之明覺·精察處, 卽是知. 知·行工夫, 本不可離. 只爲後世學者, 分作兩截用功, 失却知·行本體, 故有合一·竝進之說. 眞知卽所以爲行, 不行不足謂之知. 卽如來書所云'知食乃食'等說可見, 前已略言之矣. 此雖喫緊救弊而發, 然知·行之體本來如是, 非以己意抑揚其間, 姑爲是說, 以苟一時之效者也. '專求本心, 遂遺物理,' 此蓋失其本心者也. 夫物理不外於吾心. 外吾心而求物理, 無物理矣. 遺物理而求吾心, 吾心又何物邪? 心之體, 性也, 性卽理也. 故有孝親之心, 卽有孝之理; 無孝親之心, 卽無孝之理矣. 有忠君之心, 卽有忠之理; 無忠君之心, 卽無忠之理矣. 理豈外於吾心邪? 晦庵謂: "人之所以爲學者, 心與理而已. 心雖主乎一身, 而實管乎天下之理; 理雖散在萬事, 而實不外乎一人之心." 是其一分一合之間, 而未免已啓學者心·理爲二之弊. 此後世所以有'專求本心, 遂遺物理'之患, 正由不知心卽理耳. 夫外心以求物理, 是以有闇而不達之處. 此告子義外之說, 孟子所以謂之不知義也. 心一而已. 以其全體惻怛而言, 謂之仁; 以其得宜而言, 謂之義; 以其條理而言, 謂之理. 不可外心以求仁, 不可外心以求義, 獨可外心以求理乎? 外心以求理, 此知·行之所以二也. 求理於吾心, 此聖門知行合一之敎. 吾心又何疑乎? (『傳習錄』「答顧東橋書」)
208 連載本에는 '染翰'이 앞의 '中的' 다음에 잘못 들어가 있어 바로잡은 것이다. 이 오류는 思想界本·散

306

야 할 것이니, 온 天下의 學이 行치 아니하고 學이라 말할 것이 없은즉, 學의 始 발서 이 行이라.

篤이라 함은 敦實·篤厚의 意니, 발서 行하얏는대 그 行함을 敦篤하게 하야 그 用功함을 쉬지 아니함을 이름이라. 대개 學함에 의심함이 없지(지) 못한즉 問함이 잇나니 問이 곧 學이라 곧 行이오, 그래도 의심함이 없지 못한즉 思함 잇나니 思ㅣ 곧 學이라 곧 行이오, 그래도 의심함이 없지 못한즉 辨[辯]함이 잇나니 辨[辯]이 곧 學이라 곧 行이다. 辨[辯]하기 이미 밝키 하고 思하기 이미 삼가 하고 問하기 이미 명심히 하고 學하기 이미 能히 하얏는대 게다가 또 그 用功함을 쉬지 아니함에 이를 篤行이비 이르는 것이오, 學·問·思·辨[辯]한 뒤에 비로소 行하는 것이 아니다.

28 그러므로 그 事에 能함을 求하므로써 學이라 하고 그 惑의[을]²⁰⁹ 解을 求하므로써 問이라 하고 그 說에 通함을 求하므로써 思라 하고 그 察을 精히 함을 求하므로써 辨[辯]이라 하고 그 實을 履함을 求하므로써 行이라 하나니, 대게 그 공부를 갈러 말하면 다섯이로되 合해 말하면 하나일 뿐이니, 변변치 아니한 心理合一의 體, 知行竝進의 功에 대한 說明이 後世의 말과 달름은 전혀 이에 잇는 것이라.

그대 이제 오즉 學·問·思·辨[辯]으로써 天下의 理를 窮함을 말하고 篤行에는 미치지 아니하얏으니, 이는 다만 學·問·思·辨[辯]으로써 知라고 하고 理를 窮함에는 行은 없다고 함이다. 天下에 어찌[쩍] 行하지 아니하고 學하는 것이 잇으랴. 어찌 行하지 아니하고서 드디어 理를 窮하얏다 이를

藁本에서도 바로잡히지 않은 채 이어졌고, 三星本·全集本에서는 엉뚱하게도 '染翰' 대신 '操觚'가 '中的' 다음으로 올라가고 '染翰'이 '執筆' 다음으로 내려왔다.

209 連載本의 '惑을'은 '惑의'의 오류로 보인다. 思想界本이 그렇게 고쳤고, 散藁本은 고쳤으나 오자가 생겨서 '感의'다. 三星本·全集本은 '惑에'로 잘못 고쳐 놓았다.

수 잇으랴.

明道(宋 大儒 程顥[■]의 號)가 이르되, "理만 窮하얏을진대 문득 性을 盡하고 命에 至한 것이라"[210] 하얏다. 그럼으로 仁호대 仁에 極한 뒤라야 能히 仁의 理를 窮하얏다 이를 수 잇고 義호대 義에 極한 뒤라야 能히 義의 理를 窮하얏다 이를 수 잇나니, 仁호대 仁에 極한즉* 仁의 性을 盡함이오 義호대 義에 極한즉 義의 性을 盡함이라. 學問이 '窮理'에 이르매 지극하다 할지어늘, 이러하고도 아즉도 行함에 미치지 아니하얏다 할진대 세상에 어찌 이런 일이 잇으랴. 그러므로 行치 아니하고서 學이 되지 못할 것을 알진대 行치 아니하고서 '窮理' 되지 못할 것을 알 것이며, 行치 아니하고서 窮理 되지 못할 것을 알진대 知‧行이 合一이오 竝進이라 나누어 兩節을 만들 수 없음을 알 것이니라.

무릇 萬事‧萬物의 '이치[지]' 내 마음에 벗어남이 아니어늘 반드시 天下의 理를 窮하라 하니, 이는 대개 내 마음의 良知로써 不足히 알아 반드시 밖으로 天下의 넓음에 차저 이로써 補助하고 增益하랴 함이니, 이는 암만하야도 '心'과 '理'를 쪼개여 둘을 만드는 것이니라. 무릇 學‧問‧思‧辨[辯]‧篤行[竹]의 공부란 비록 애쓰고 힘드림이 남이 한 번에 할 것을 나는 百 번함에 이르리나,* 擴充함의 한껏으로 性을 盡하고 天을 知함에 이르리나, 내 마음의 良知를 이루어 노음에 지나지 아니하나니, 良知 밖에 어찌 毫末의 增加함이 잇을 것이랴. 이제 반드시 天下의 理를 窮함만 말하고, 도리켜 그 마음에 차질* 줄을 알지 못하는도다. 그런즉 모든 善‧惡의 機니 眞‧妄의 辨[辯]이니 하는 것을, 내 마음의 良知를 내여놓고 장차 어데서 그 體

---

210 「河南程氏遺書」「伊川雜錄」에 "只能窮理, 便盡性至命也"라는 구절이 있는데, 이 말은 伊川(程頤) 語錄 부분에 실려 있다.

察함을 이룰고.

그대의 말한 氣가 拘하엿다, 物이 蔽하엿다 함도 이(良知)를 拘하고 이(良知)를 蔽하엿을 뿐이라. 이제 이의 가린 것을 거더 버리랴* 하면서 여기에 힘을 드리지 아니하고 밖으로 더듬으랴 하니, 비유하야 말하면 눈 어둔 사람이 藥 먹고 調理하야 그 눈을 치료할 생각은 아니 하고 한갓 으슬거리며 다녀 발거짐을 밖에서 求함 같으니, 발거짐이 어찌[째] 밖으로부터 얻어질 것이랴.[211]

한 것이 다 陽明의 苦心으로부터 나온 말이니,「大學問」과 서로 表裏 되는 것이다.

【答6-3】그러므로 가로되 "物'이 格한 뒤에 '知' 至하고 '知' 至한 뒤에 '意' 誠하고 '意' 誠한 뒤에 '心'이 正하고 '心'이 正한 뒤에 '身'이 修한다" 함이니, 대

---

211 夫學·問·思·辨·行, 皆所以爲學, 未有學而不行者也. 如言學孝, 則必服勞奉養, 躬行孝道, 然後謂之學. 豈徒懸空口耳講說, 而遂可以謂之學孝乎? 學射, 則必張弓·挾矢·引滿·中的; 學書, 則必伸紙·執筆·操觚·染翰. 盡天下之學, 無有不行而可以言學者, 則學之始, 固已卽是行矣. 篤者, 敦實·篤厚之意, 已行矣, 而敦篤其行, 不息其功之謂爾. 蓋學之不能以無疑, 則有問. 問卽學也, 卽行也. 又不能無疑, 則有思. 思卽學也, 卽行也. 又不能無疑, 則有辨. 辨卽學也, 卽行也. 辨旣明矣, 思旣愼矣, 問旣審矣, 學旣能矣, 又從而不息其功焉, 斯之謂篤行, 非謂學·問·思·辨之後, 而始措之於行也. 是故以求能其事而言, 謂之學; 以求解其惑而言, 謂之問; 以求通其說而言, 謂之思; 以求精其察而言, 謂之辨; 以求履其實而言, 謂之行. 蓋析其功而言, 則有五; 合其事而言, 則一而已. 此區區心理合一之體, 知行竝進之功, 所以異於後世之說者, 正在於是. 今吾子特擧學·問·思·辨以窮天下之理, 而不及篤行, 是專以學·問·思·辨爲知, 而謂窮理爲無行已矣. 天下豈有不行而學者邪? 豈有不行而遂可謂之窮理者邪? 明道云: "只窮理, 便盡性至命." 故必仁極仁, 而後謂之能窮仁之理; 義極義, 而後謂之能窮義之理. 仁極仁, 則盡仁之性矣; 義極義, 則盡義之性矣. 學至於窮理, 至矣. 而尙未措之於行, 天下寧有是邪? 是故知不行之不可以爲學, 則知不行之不可以爲窮理矣; 知不行之不可以爲窮理, 則知知·行之合一·竝進, 而不可以分爲兩節事矣. 夫萬事·萬物之理, 不外於吾心. 而必曰'窮天下之理,' 是殆以吾心之良知爲未足, 而必外求於天下之廣, 以裨補·增益之. 是猶析心與理而爲二也. 夫學·問·思·辨·篤行之功, 雖其困勉至於人一己百, 而擴充之極, 至於盡性·知天, 亦不過致吾心之良知而已. 良知之外, 豈復有加於毫末乎? 今必曰'窮天下之理,' 而不知反求諸其心, 則凡所謂善惡之機·眞妄之辨者, 舍吾心之良知, 亦將何所致其體察乎? 吾子所謂氣拘·物蔽者, 拘此蔽此而已. 今欲去此之蔽, 不知致力於此, 而欲以外求. 是猶目之不明者, 不務服藥·調理以治其目, 而徒悵悵然求明於其外. 明豈可以自外而得哉? (『傳習錄』「答顧東橋書」)

개 그 공부의 條理 비록 先後 次序를 말할 수 잇으나 그 本體 오즉 하나이

라 실로 先後 次序의 나눌 것이 없고, 그 條理의 공부ㅣ 비록 先後 次序의

나눌 것이 없으나 그 해 나감의 精함으로는 진실로 纖毫도 빠디릴 수 없

는 것이 잇나니, 이러함일새 格·致·誠·正의 說이 堯·舜의 正傳을 發明하

야 孔氏의 心印이 되는 것이니라.[212]

29 陽明의 「大學問」을 講함이 하상* 經學 先生의 事業을 하자는 것이 아

니오, 人間에 이만한 大原理 잇으매 이를 發明*하야 後學으로 하야금 自心

上 實得이 잇도록 함이니, 내 이제 陽明의 이 講義*를 演譯함도 또한 區區히

文字上으로 따저 보자는 것이 아니라 現下 우리로서 이 글을 尋討함으로 조

차 어떠한 實得이 잇기를 바라는 것이다. 또 陽明 「大學問」의 本旨 高遠·微

妙함으로써 자랑하자는 것이 아니라 가장 切要한 것을 淺近하게 道破하야

아무라도 곳 悟得·行得케 함이니, 이 글을 보는 이 조곰이라도 어리둥절할

진대 이는 譯述한 나의 罪이다. 그렇나 佛家 重宣의 義를 비러 一二의 要諦

를 더 한번 究明하야 보라 한다.

「大學問」의 가장 主腦 되는 着手處는 '格·致'오. '格'은 발리운다 함이니, 무

엇을 발리워? '物'을. '致'는 이룬다 함이니, 무엇을 이루워? '知'를. 여기 對한

말은 그동안 本篇과 밋 旁引한 것으로 조차 누구나 **열**[열]마쯤 了解되엿을

것으로 믿는다. 또 物을 어떠케 '格'해? '良知'의 照覺함을 따라. 이것도 발서

反覆 陳說한 것이 많다.

---

212 "故曰: '物格而後知至, 知至而後意誠, 意誠而後心正, 心正而後身修.' 蓋其功夫條理, 雖有先後次序之
可言, 而其體之惟一, 實無先後次序之可分; 其條理功夫, 雖無先後次序之可分, 而其用之惟精, 固有纖毫不
可得而缺焉者. 此格·致·誠·正之說, 所以闡堯·舜之正傳, 而爲孔氏之心印也." (「大學問」) 주175·184의 陽
明의 말 뒷부분이다. 思想界本·全集本은 이 부분이 「演論」 본문처럼 처리돼 있다.

310

그러나 누구나 이에 對하야 糢糊念을 가지엇을 줄 안다. 어찌하야 그런가. 世間 事物이란 複雜 又 複雜, 多端 又 多端한 것이라. 百工의 技藝, 萬學의 究造, 雲變·波詭·雨灑·風馳하는 限없는 曲曲·方方의 각가지가 大로도 끚이 없다. 細로도 혜일 수 없다. 이러한 것을 이제 泛然히 '良知' 二字만 가지고 여기 依하야 그 照察대로 하라* 할진대, 암만 하야도 糢糊하다 하리라.

누구든지 이러케 생각하는 이 한번 深思하야 보라. 사람으로서 事物을 떼지는 못할 것 아닌가. 떼이지 못할 것 같으면 이를 接하지 아니할 수 없고 이에 應하지 아니할 수 없는 것 아닌가. 事物이 이미 複雜·多端할수록 점점 어찌할 줄을 모를 것 아닌가. 그러나 누구든지 이에 對하야 '잘' 해아 차겟다는 생각은 다 가지고 잇다. '잘' 하지는 못할지라도 '잘' 할 생각은 잇다. '잘' 할 생각까지 墮落된 사람이라도 '잘' 하는 것이 좋커니는 다 생각할 줄 안다. '잘'이란 무[루]엇인가. 그 일을 措處하매 가장 適當하고 克盡함을 이름이 아닌가.

그러면 '良知'대로 하면 다 '잘' 된다 하야 보자. 그러면 良知대로만 하면 글씨도 잘 써지고, 그림도 잘 그려지고, 밥도 잘 지어지고, 옷도 잘 하여지고, 심지어 科學者의 諸般 發明, 政治家의 一切 方略이 다 잘 되리라 할 수 잇을가. 나 아는 어떤 先輩 한 분이 地術을 어찌 篤信하든지 "아이들 공부 시키지 말게. 뫼만 잘[213] 쓰면 다 되네." 이런 議論과 같이 '良知'대로만 하면 저 노릇이 하나도 잘 되지 아니할 것이 없다고 하는 것이 참 泛論인 듯하다.

그렇다. 良知 곧 글씨 쓸 줄 알고, 곧 그림 그릴 줄 알고, 곧 밥 질 줄 알고, 곧 옷 할 줄 알고, 곧 科學者의 發明을 내고, 곧 政治家의 方略을 낸다는 것이

---

213 '잘'은 連載本·思想界本에 없는 것이나, 散藁本에서 추가해 의미를 분명하게 했고 三星本·全集本도 이를 따랐다.

아니다. **배워**[해]야[214] 할 것일진대 배오는 것이 곧 良知오, 苦心慘憺[淡]하게 하여야 할 것일진대 苦心慘憺[淡]하게 하는 것이 곧 良知다.

이것만으로는 별 수 없을 것 갓지? 그러나 쓸 줄 모르는 글씨를 가장 잘 쓰는 체하야, 分明히 배워야 될 줄 알지만 창피하게 생각하야 그대로 나간다 하자. 배워야 될 줄 안 그 良知를 저바림이 아닌가. 배워야 될 줄을 알지만 驕惰에 익는지라 "귀찬어 배울 수가 잇나" 이렇고* 보면 글씨 잘 쓸 날이 없다. 이 또한 배워야 될 줄 안 그 良知를 저바림이 아닌가.

글시는 오히려 尋常한 藝事라 그 害 적으려니와, 科學者의 發明을 가지고 보자. 一點의 虛僞 이에 석기지 아니함이 이 곧 良知의 光明의 비초인 것이니, 速響를 求하야 草率하거나 奇利를 貪하야 詐巧하거나 이것은 다 그 學을 破亡케 하는 것이오. 草率도 나는 알되 남은 모른다 하자. 詐巧도 나는 알되 남은 모른다 하자. 速響는 방장 앞에 爛然하고, 奇利는 곧 뒤를 따른다. 남 다 모르는 이것을 나 홀로만 아는 바에는 結局 스사로 속히고 말지 아니할가. 科學이 이에 결**단**[달]날 것이 아닌가.

30 그러므로 남 모르고 나 홀로 아는 이 한 곳에서 스사로 속히랴 하는 그 버릇이 없은 뒤에 비로소 事物에 接應함에 잇어 그 '잘'을 이룰 수 잇다. 良知 곧 잘을 만드는 것이 아니라, 良知의 照力을 가지고서야 '잘'의 要路로 曲曲·折折히 導入할 수 잇슬 것이다. 그러므로 複雜 又 複雜할수룩, 多端 又 多端할수룩 一段不欺의 自體 가리지 아니할진대 細絡·纖線에 비초이지 아니하는 곳이 없어 或은 直透 或은 轉透, 或은 直破 或은 轉破로, 不了일진대 了케 不解일진대 解케, 是일진대 直行케 非일진대 直捨케, 是인 듯도 하고 非인

---

214 連載本 원문에는 '해야'지만 뒤의 '배오는'과의 호응 관계를 생각하면 이는 '배워야'의 오류로 볼 수 있다. 思想界本 이하 여러 재출간본들은 모두 '해야' 그대로 두었다.

듯도 할진대 더욱이 徐察·熟考케, 이 모다 '천생으로 가진 아름' 卽 良知의 一點 明光*이라. 이에서 本함이 아니면 이를 假라 하고 이를 虛라 하는 것이다. 嗚呼라! 내 마음과 事物과를 떼어 놓고서 學問을 말한 지 오래다. 이제 良知의 學問을 드를 때 良知만으로 어찌 萬般 事物을 處當하는가 하는 이 의심이 그 根委* 오랜 것인 줄 알라. 虛를 드른 지 오래매 實에도 그 想을 가지고, 假를 이킨* 지 오래매 眞에도 그 想을 가지게 되는 것이다. 良知는 事物을 떼이고 그 體 없나니, 事物의 感應만이 잇고 거기 對한 何等의 버탬과 더름이 없는 까닭에 지극히 비인지라 곧 지극히 實하니, 이러케 感하면 곧 이러케 應하는 이 밝음이 심심하기도 지극히 심심한 노릇이라 別段 神奇함이 없으나, 이러케 感하면 곧 이러케 應하는지라 눈에 보이드시 귀에 들리드시 그대로인지라 곧 至正이오 곧 至善이어늘, 이제 이 良知로써 事物의 複雜·多端함을 어찌 應할가 하는 것이 이 어찌 良知의 自體를 모름이 아니랴.

어머니의 아들을 위하는 그 마음에 **왼**[원]갓 撫育의 方法이 샷샷이 미리부터 들어 잇다가 나오는 것이 아니다. 사랑하는 어머니가 아들 위함에 잇어서 一心 專一할진대 이 마음으로써 一息의 間歇이 없으매 포대기의 집푸래기 하나라도 혹 가시 들지 아니할가, 자다가 굴러가 날바닥에 몸이 닷지 아니할가, 우는 소리만 드르면 저절로 거름이 빠르고, 병 나랴는 그 기미도 어머니가 가장 잘 알 때가 많다. 여기서 牛乳 끄리는 溫熱·疏數의 宜와 옷 잎히는 厚**薄**[情]²¹⁵의 度가 모두 秩然·整然하게 이 한 마음을 따라 連續되는 것이 아닐가.*

---

215 連載本의 '厚情'은 문맥상 다소 의문이 든다. 앞 대구의 '溫熱·疏數' 역시 정도를 나타내는 말이고 뒤에 '度'가 나오는 점을 고려하면 '厚薄'의 오류가 아닐까 생각된다. 思想界本 이하 여러 재출간본들은 모두 '厚情' 그대로 두었다.

그러면 또다시 무를 수 잇다. 牛乳도 잘 못 끄리고 옷도 잘 못 잎히고, 모두 잘 못하는 어머니는 어찌하야 그런가. 이는 위하는 그 마음이 專一치 아니한 탓이다. 배워야 할 줄 알지만 귀찮고 注意하여야 할 줄 알지만 귀찮어, 그렁저렁하다가 어린아이에게 害로움이 밎침을 보고서야 後悔한다. 이 가장 淺近한 것이로되, 良知의 照覺으로 조차 萬事·萬物이 곧 一時 自成·自當·自秩·自整하는 것이 아니라 이 照覺에 依치 아니하고는 成·當·秩·整으로 引向할 指針이 없음은 이 한 일로도 類察할 수 잇다.

陽明의 良知說을 드른 어떤 屬官 한 사람이 陽明에게 말하되, "이 學問은 참으로 좋읍니다마는, 簿書·**訟獄**[獄訟][216]이 하도 繁多하니까 어느 겨를에 할 수가 없읍니다."
陽明이 가로되 "내 언제 너더러 簿書·訟獄 이러[런]한 일을 떠나서 맨이로 學問을 하라드냐. 네 이미 官司의 일이 잇으니, 곧 官司의 일에서 學問을 하여야만 이 참 學問[217]이다. 假令 一件의 訴訟을 訊問할 때 그 應對의 無狀함을 因하야 怒心을 이르킬 수 없는 것이오, 저 言語의 圓轉함을 因하야 喜心을 내일 수 없는 것이오, 어떠한 囑托이 잇음을 미여하야 내 뜻을 덥불어 다스릴 수 없는 것이오, 어떠한 請求를 因하야 생각함을 굽혀 그대로 조칠 수 없는 것이오, 자기 事務*의 煩冗함을 因하야 한때 意思대로 苟且히 決斷할 수 없는 것이오, 旁人의 讒毁·羅織함을 因하야 그네의 意思에 따라 措處할 수 없는 것이니, 저 許多한 意思ㅣ 모다 私이라. 이는 네 스사

---

216 '獄訟'과 '訟獄'은 같은 의미지만 인용 원전에 '訟獄'으로 돼 있다. 思想界本·散藁本·三星本·全集本도 모두 '訟獄'으로 바꾸어 뒤의 두 '訟獄'과 통일시켰다.
217 '學問'에 해당하는 원문은 '格物'이다. 의역이 된 것이라고 봐야겠다.

로만이 아는 것이니, 모름직이 精하고 가늘게 省察하며 克治하야 오즉 이 마음이 一毫라도 偏倚함이 잇어 남의 是非를 틀리게 할가 두릴진[질]대 이 곧 "物을 格하야 知를 致함이라." 簿書·訟獄*의 어름이 모두 實學이니, 만 일 事物을 떠나서 學問을 하랴 할진대 이 곧 虛일 뿐이니라." (『傳習錄』*)²¹⁸

한 것을 보라. 陽明의 宗旨을 明知할 수 잇지 아니한가.

31 「拔本塞源論」은 陽明이 顧東橋(璘)에게 答問한 글월 속에 든 것이다. 대개 「大學問」은 學者로 하야금 着手處를 엇도록 한 글이라. 그러므로 '格物·致知[和]'에 關하야 가장 詳密하게 말하얏음으로 내 陽明 論學書*와 『傳習錄』을 旁採하야 交證함에도 또한 이를 主하얏으나, 「拔本塞源論」은 良知의 眞血·眞魂이 어떠한 것임과 이 血·魂을 그대로 가지지 못한 그 害毒이 어떠케 凝聚·盤結함을 痛論한 것이니, 簡單히 말하면 '親民'에 對한 說明이오 좀 더 자서히 말하면 '同體의 仁'을 이에서 感發케 하도록 한 것이다.

무릇 '民'이란 '己'와 對稱함이니,* 民을 親하는 親이 明德을 明하는 明과 곧 一個이라. 쉽게 말하면 내 마음의 천생으로 가진 '밝음'을 밝키는 것과 家·國·天下에 對한 '아틋'꽤 둘이 아니라 함이다. 이 밝음이 아니면 이 아틋이 없고, 아틋이 없으면 이 밝음이 아니다. 學問의 骨子가 이 한 곳에 잇는 것이니, 一刹那 동안이라도* 民·物과 나와의 一體的 感通이 없을진대 내 마음의 本體 없어짐이라. 저는 어찌 되엇든지 내 마음은 내대로 가지고 잇거니, 내

---

218 有一屬官, 因久聽講先生之學, 曰: "此學甚好. 只是簿書·訟獄繁雜, 不得爲學." 先生聞之, 曰: "我何嘗敎爾, 離了簿書·訟獄, 懸空去講學? 爾旣有官司之事, 便從官司的事上爲學, 纔是眞格物. 如問一詞訟, 不可因其應對無狀, 起個怒心; 不可因他言語圓轉, 生個喜心; 不可惡其囑托, 加意治之; 不可因其請求, 屈意從之; 不可因自己事務煩冗, 隨意苟且斷之; 不可因旁人譖毁·羅織, 隨人意思處之. 這許多意思皆私, 只爾自知, 須精細省察·克治, 惟恐此心有一毫偏倚, 枉人是非. 這便是格物·致知. 簿書·訟獄之間, 無非實學. 若離了事物爲學, 却是著空." (『傳習錄』「陳九川錄」)

學問은 내대로 닥글 수 잇거니, 이는 다 목숨이 이미 끊[긇]어진 屍體를 산 줄로 안 것과 같다.

一二 學者의 閉戶 獨搆한 學說이 대단할 것 없을 듯하것만, 한번 自心上 獨知하는 곳을 제치고[219] 一切를 밖게서 彷徨한 뒤 이 세상과 내 마음과를 判然히 둘을 만드러 심지어 "憂道, 不憂國"이라는 소리를 거침없이 떠들게 되엇다. 嗚呼라. 國이야 憂하지 아니하야도 좋다. 그러나 이 憂를 떼이고 따로 道(憂)[220]가 없나니, 그 道가 實道·眞道가 아님은 무를 것도 없다. 그러나 道란 무엇이냐. 그것까지 없어도 좋다. 그러나 이른바 道라는 것이 하상* 미묘·황량[양]한 遠想에 屬한 것이 아니라 내 마음의 천생으로 가진 그 아름'대로'가 이 古人의 이르는 道이니, 道는 없어 좋다 하자. 이 아름이 한번 廢絶될진대 人生의 本命이 고만 斷落함이니, 그런 말이 거침없이 나오게 된 그 根因을 한번 溯考하야 보매 어찌 流涕·太息하지 아니할 수 잇으랴.

天地 萬物을 一體라 함이 臆造·虛構한 말이 아니다. 이는 本心과에 感通되는 그 한 곳으로 조차 本心에는 彼此의 間隔이 없음을 實照하고 하는 말이다. 함을며 人類로부터 族類에 한 거름 한 거름 더욱더욱[221] 切己함이랴. 그러므로 生民의 疾痛이 곧 내 疾痛으로, 生民의 困苦ㅣ 곧 내 困苦로 그 感通됨에 잇어 彼·我에 間隔이 없는 것이 이 곧 本心의 體이니. 이러케 말하면 이를 反對하는[느] 이 "이런 사람도 잇을가. 或 잇다면 이는 特殊한 일이라" 하리라. 그러나 이러케 말하는 이 사람도 自己의 私計가 牢封하지 아니한

---

219 三星本은 '自心上 獨知하는 곳을 제치고' 부분이 누락됐다.
220 連載本 원문은 '道憂'이나, 이는 '道'에 '憂'가 잘못 붙은 것으로 보인다. '憂'를 빼야 의미가 매끄럽다. 그러나 思想界本 이하 여러 재출간본들은 모두 '道憂'를 그대로 두었다.
221 思想界本과 散藁本·三星本은 두 번 나오는 '한 거름'(한 걸음)이 한 번 누락됐고, 散藁本·三星本은 '더욱더욱'도 '더욱' 한 번으로 그쳤다.

어느 곳으로 조차 突然히 外部의 事物을 接할 때 상관도 없는 남의 일에 찌 연함이 곳 自當한 것 같은 때가 잇을 것이다.

間隔만 없으면 感通이 잇다. 그러나 間隔 때문에 感通이 다 막힌 듯하되 스 사로 是·非를 獨辨[辯]함에 잇어서는 언제든지 非타는 바에는 間隔으로부 터 생긴 무엇을 볼 수 잇고, 是타는 바에는 感通으로 조차 나타난 무엇을 볼 수 잇다. 이는 體驗하야 보면 곳 알 수 잇다. 그런즉 是타 非타 하는 그 自體 곧 民·物과 한통이니, 이로 조차 비초임이 아닐진대 이는 良知가 아니다. 그 러므로 民·物과 나와의 感通됨이 間隔 되고서 내 生命이 잇다는 것이 우수 운 말이다. 民·物과 나와의 感通됨이 間隔이 없어야 비로소 良知의 眞體 밝 은 것이다.

그러므로 『大學』으로서 明德보다도 親民이 더 重하니, 明德을 모르드라도 民만을 親할진대 明德은 依然히 自在하야 없어질 것이 아니다. 그러나 '親 民'을 한번 改做하야 '新民'*을 만든 뒤는 明德을 밝히는 그 일이 대일 데가 없어 마침내 彷徨·回翔하고 말게 된 것이다. "憂道, 不憂國"이라는 말이 '明 德'·'親民'의 正反對이니, 이 둘의 相反됨만 알면 陽明學의 宗旨를 十의 十 을 洞知하얏다 할 수도 잇는 것이다.

32 本心이란 感通에서 살고 間隔에서 죽는다. 만일 生民의 疾痛이 곧 내 疾痛으로, 生民의 困[回]苦ㅣ 곧 내 困苦로 그 感通됨이 내 몸애 잇음 같을 진대 스사로 奔走 扶濟함을 마지못할 것이니, 그 몸이 격구러젓을지라도 本 心은 살엇다. 이 하상* 一二 人의 特殊한 天賦가 아니오 사람이면 다 같이 感通되는 것이로되, 齷齪한 一己의 私計 帝釋網 같이 골고로 도라 얼키어 이 感通이 고만 中斷된 것이다. 이 感通의 中斷은 곳 良知의 蔽塞이오 良知 의 蔽塞은 곳 生命의 殞絶이니, 어느 때든지 一點 良知 잠깐 반짝하는 곳에

는 依然히 民·物 一體의 感通이 잇는 것이다. 普通 사람들도 是·非의 知는 잇다. 그러나 感通에 이르러는 邊得치 못한다. 그러나 是·非는 感通에 依하야 辨得하는 것이니, 누구나 自心에 잇어 細驗하야 보면 대번에 怳朗한 터 짐이 잇을 줄 안다.

뜻 잇는 이 알라. 感通은 언제던지 하나이나 間隔은 萬別하다. 感通으(으)로 조차일진대 喜·怒·哀·樂이 人群과 서로 合致하게 된다. 비록 輕重·厚薄의 各至함이 잇다 할지라도 天則이 相印함이 잇을새 彼此 서로 相契하게 된다. 그러나 間隔으로부터일진대 父子·兄弟 서로 金城·鐵壁이 가리고 말지니, 感通이여 感通이여,[222] 이 한 竅穴이 곳 天地 萬物 一體의 仁의 泉源인 同時 '宇宙'와 '己分'이 하나이오 둘이 아닌 大原理 로 조차 證明되는 것이다. 象山이 이르되 "宇宙가 언제 사람과 限隔을 베푸럿으랴. 사람이 스사로 宇宙와 限隔하얏다"[223] 함이 실로 이 한 곳을 보고 한 말이다.

그러므로 民을 親하는 것이 없을진대 良知 어대 조차 나타나며,[224] 良知의 發現이 아닐진대 무엇으로 民을 親하랴. 生民의 疾痛·困苦가 間隔이 없이 感通될진대 잠시라도 이를 奔走 扶濟하지 아니하고는 自安치 못할 것이오, 이러틋 自安치 못할진대 이를 達成하고야 말지니, 물이 나진 데로 흐르고 불이 우으로 오르드시, 至誠인지라 神巧*함이 이에서 생기는 것이라. 이러한 앞에는 名心·利念이 間雜지 못할 것이니, 이 한 關頭에 참 핏줄이 터저 나온 뒤라야 學問과 人生괘 비로소 따로 돌지 아니할 것이다. 感通을 따로 말하랴. 良知는 곧 感通이오. 間隔을 따로 말하랴. 己私*는 곧 間隔이다.

222　思想界本과 散藁本·三星本·全集本은 모두 두 번 나오는 '感通이여'가 한 번 누락됐다.

223　宇宙未嘗限隔人, 人自限隔宇宙.

224　思想界本과 散藁本·三星本은 '良知 어대 조차 나타나며' 부분이 누락됐다.

陽明이 이 論文을 쓰게 된 原因은 물론 千古를 曠觀하야 林林 人群의 齷齪한 一己[己]念에 向하야 憤涙·惻涕를 비저 둔 지 오램이로되, 가깝게로는 그 當時 陽明을 向하야 問難하는 이 대개 陽明의 良知說을 넘우 簡疎한 줄로 알아 이것으로 어찌 古今 得失을 알며 無窮한 事變에 應할가 의심하고 또 名物·制度의 究明 같은 것이 이 良知만의 能解할 것이 아니라고* 생각하는대 顧東橋ㅣ 또 이를 가지고 問疑함으로 陽明이 그 무름에 따라 대답하고 나서 스사로 無量한 感慨*의 觸發됨을 禁치 못하야 (…)[225]

千古 事變을 簡括하야 말하면 感通에서 治오 間隔에서 亂이라. 이 한 곳을 除外하고 무엇이 엇더니 무엇이 엇더니 이 모두 閑話오. 또 間隔의 苦毒이 무릇 얼마의 歲月을 뻗이엇는가. 歷代의 政治 이 하나를 扶植함이오, 幾多의 學問이 이 하나를 達成하고 말엇다. 지금도 작고 더욱더욱 이것을 又盛又深하게 할 뿐이라. 公을 말하나 그 속은 己私오, 義을 말하나 그 속은 己私다. 무에니 무에니 말은 좋다. 좋을스록 己私를 싸고 돍[돌]은 더 심하다. 그러므로 이 뿔히를 뽑고 이 근원을 트러막지 아니하고는 人生의 眞生命을 찾아낼 수가 없다. 그러므로 陽明은 이 論文에 미치기 전 이런 말을 하얏다.

지금 내 말한 것들은 다 그대의 뭇는 것에 對하야 대강 說明한 것이오, 아즉 拔本塞源의 論에는 밋이지 아니하얏나니, 拔本塞源의 論이 이 세상에 밝어지지 아니할진대 學問이 장차 날로 늘고 날로 어려워 사람이 사람 노릇을 하지 못함에 이를지며, 그래도 스사로 聖人의 學이라 할 것이라. 내

---

225 이 부분에 무언가 착오가 있는 듯하다. 이 문장은 내용상 뒷부분과는 연결되지 않아, 連載本에서 문장의 마무리 부분이 누락된 것이 아닐까 싶다. 連載本은 이 부분에서 行이 바뀌고 있다. 思想界木 이하 여러 재출간본들은 모두 그대로 뒷부분과 연결시켜 문장이 어색하다.

말이 비록 한동안 잠간 밝어졋다 할지라도, 마침내 西에서 언 것이 풀리면 東에서 어름이 굳고 앞에서 안개 거치면 뒤에서 구름이 이러나, 암만 떠드러 짓고생을 하야 죽기까지 한대도 세상에는 分毫에 有益[毫]²²⁶함이 없을 것이라.²²⁷

고.

33 【拔本塞源論】²²⁸ 聖人의 마음이란 天地 萬物로써 一體를 삼는 것이라. 온 天下 사람의 遠近·內外가 없이 무릇 血·氣 잇는 類는 다 昆弟로 보고 赤子로 보아 아못조록 이를 安全·敎養하야서 그 萬物 一體의 念을 達成하랴 하나니, 세상 사람들의 마음인들 그 처음에야 저와 다르랴마는 '有我'의 私와 '物欲'의 蔽에 間하며 隔하야 큰 것이 적어지고 通한 것이 막히매 사람마다 딴 마음이라. 나종은 제 아비, 제 자식, 제 형, 제 아우를 원수 같이 보는 者까지 잇게 되니, 聖人이 이를 걱정하야 그의 天地 萬物 一體의 仁을 미루어서 온 세상을 가르치되, 그 私를 克服하고 그 蔽를 撤去하야 그 心體의 同然함에로 回復하게 하나라.²²⁹

---

226 連載本의 '有毫'는 全集本에서 '有益'으로 고쳤는데, 그렇게 '毫'를 '益'의 오자로 봐야 할 듯하다. 三星本은 連載本 그대로 '有毫'로, 思想界本·散藁本은 '有豪'로 돼 있다.

227 凡此皆就吾子之所惑者, 而稍爲之分釋, 未及乎拔本塞源之論也. 夫拔本塞源之論不明於天下, 則天下之學聖人者, 將日繁日難, 斯人淪於禽獸·夷狄, 而猶自以爲聖人之學. 吾之說, 雖或暫明於一時, 終將凍解於西而冰堅於東, 霧釋於前而雲滃於後, 呶呶焉危困以死, 而卒無救於天下之分毫也已. (『傳習錄』「答顧東橋書」)

228 이 부분은 역시 「拔本塞源論」 전문을 통째로 인용한 것임을 드러내 주기 위해 校注者가 추가한 것이다. 連載本에서 이것이 인용임을 표시해 주지 않아 思想界本·散藁本·三星本·全集本은 모두 「演論」 본문처럼 처리됐다. 심지어 散藁本·三星本은 이 부분의 첫 문장까지도 앞 문장과 이어 놓았다.

229 夫聖人之心, 以天地萬物爲一體, 其視天下之人, 無外內·遠近, 凡有血·氣, 皆其昆弟·赤子之親, 莫不欲安全而敎養之, 以遂其萬物一體之念. 天下之人心, 其始亦非有異於聖人也. 特其間有我之私, 隔於物欲之蔽, 大者以小, 通者以塞, 人各有心, 至有視其父·子·兄·弟如仇讎者. 聖人有憂之, 是以推其天地萬物一體之仁, 以敎天下, 使之皆有以克其私·去其蔽, 以復其心體之同然. (『傳習錄書』「答顧東橋書」)

그 가르침의 大頭腦인즉 堯와 舜과 禹의 서로 주고받은 "**人心惟危,**[230] 道心 惟**微**[微],[231] 惟精惟一, 允執厥中"이라 한 것이오, 그 節目인즉 舜이 契에게 命한 "父子有親, 君臣有義, 夫婦有別, 長幼有序, 朋友有信"이라 한 다섯 가지 것이라. 唐·虞·三代[232] 때에는 가르치는 이 오즉 이로써 가르치고 배오는 이 오즉 이로써 배왓을 뿐이라. 이때로 말하면 어느 사람이고 異見이 없고 어느[는] 집이고 異習이 없어, 이를 自在히 함을 聖이라 하고 이를 힘드려 함을 賢이라 하고 만일 이에 違背할진대 비록 슬기롭고 똑똑함이 丹朱(堯의 子) 같을지라도 이는 不肖라 일커러, 밑으로 閭巷·田野의 農·工·商·賈의 賤함에 이르기 누구나 이 學問이 없는 이 없을새, 그 德行을 이루는 것만으로써 '힘써 할 노릇'으로 알앗더니라. 어찌하야 그런가. 聞見의 雜과 記誦의 煩과 辭章의 靡濫과 功利의 馳逐이 없고 다만 그로 하야금 **그 親에** '孝'하고[233] 그 長에 '弟'하고 그 朋友에 信하야 그 心體의 同然함에로 回復하게 할손, 이는 性分의 固有한 바오 밖에서 빌 것이 없는 것이니, 뉘이를 能히 하지 못할 것이리오.[234]

學校 속에서 일삼는 배 오즉 '成德'에 잇으되, 才能이란 다른 것이라. 어떤

---

230 連載本에는 '人心惟危'가 빠져 있으나(「答顧東橋書」 자체에 빠져 있다), 散藁本은 이를 채워 넣었다. 이 인용문은 『尚書』「大禹謨」에서 딴 것이다.

231 連載本의 '惟徵'은 '惟微'의 오류다. 散藁本·全集本은 이를 바로잡았으나 思想界本·三星本은 바로잡지 않았다.

232 '唐'은 陶唐氏인 堯, '虞'는 有虞氏인 舜, '三代'는 夏·商·周 세 왕조를 가리킨다.

233 '그 親에'는 連載本 원문에 없는 것이나, 인용 원전에 비춰볼 때 누락된 것으로 판단해 추가했다. 思想界本 이하 여러 재출간본들은 모두 이를 바로잡지 않았다.

234 其教之大端, 則堯·舜·禹之相授受, 所謂"(人心惟危,) 道心惟微, 惟精惟一, 允執厥中." 而其節目, 則舜之命契, 所謂"父子有親, 君臣有義, 夫婦有別, 長幼有序, 朋友有信." 五者而已. 唐·虞·三代之世, 教者惟以此爲教, 而學者惟以此爲學. 當是之時, 人無異見, 家無異習, 安此者謂之聖, 勉此者謂之賢, 而背此者, 雖其啓明如朱, 亦謂之不肖. 下至閭井·田野, 農·工·商·賈之賤, 莫不皆有是學, 而惟以成其德行爲務. 何者? 無有聞見之雜, 記誦之煩, 辭章之靡濫, 功利之馳逐, 而但使孝其親·弟其長·信其朋友, 以復其心體之同然. 是蓋性分之所固有, 而非有假於外者, 則人亦孰不能之乎? (『傳習錄』「答顧東橋書」) 앞부분의 괄호 안은 「答顧東橋書」에 누락된 구절이다.

이 禮·樂에 特長이 잇고 어떤 이 政·敎에 特長이 잇고 어떤 이 水土·播植에 特長이 잇으매, 그 德行을 이루어 놓고는 이내 거기서 그 才能을 더욱 精하게 하도록 하얏다가 및 德行으로써 拔擧하야 씀에는 그 才能의 適宜한 구실에 終身하게 하고 다시 박구지 아니하얏나니, 쓰는 이도 오즉 '同心一德'하야 가치 天下 民衆을 安保할 것만 알아 才의 맞고 안 맞음만 보아 할 뿐이오, 崇과 卑로써 輕이니 重이니 하거나 勞와 逸로써 美*니 惡이니 하는 생각이 없고, 씨우는* 이도 또한 '同心一德'하야 가치 天下 民衆을 安保할 것만 알아 진실로 그 才能에 마질 것 같으면 終身토록 煩劇한 노릇을 하드라도 수고롭거니 하지 아니하고 나진 일, 자즐구러한 일에도 스사로 편안하야 賤커니 하지 아니하얏드니라.[235]

이때에 잇어서는 天下 사람이 서로 보기를 一家의 親屬 같이 하야 才[本]質[236]이 低劣한 이는 農이나 工이나 商이나 賈나 저 할 분수대로 거기서 자리를 잡아 각각 그 노릇을 부즈러니 하야 서로 살리고 서로 기를 뿐이오 제 일보다 높은 것을 바라고 제 분수 밧갓을 사모하는 마음이 없으며, 才能이 特異하기 皐나 夔나 稷이나 契이 같은 이인즉 나가서 그 能함을 받치되 한 집안 살림 같이 衣食을 營하긴* 누구, 有無를 通하긴* 누구, 器用을 備하긴* 누구, 생각을 모으고 힘을 아울러 어떠케든[드]지 仰事·俯育의 願을 이루기만 求할새, 한갓 저 일 맡은 이 엇저다 게울리 할가 두리나니,* 저의 게우름을 곧 나의 累와 같이 앎일새라. 그러므로 稷이 그 農稼를 부즈

235 學校之中, 惟以成德爲事. 而才能之異, 或有長於禮樂, 長於政敎, 長於水土·播植者, 則就其成德, 而因使盡精其能於學校之中. 迨夫擧德而任, 則使之終身居其職而不易. 用之者, 惟知同心一德, 以共安天下之民, 視才之稱否, 而不以崇卑爲輕重, 勞逸爲美惡; 效用者, 亦惟知同心一德, 以共安天下之民, 苟當其能, 則終身處於煩劇而不以爲勞, 安於卑瑣而不以爲賤.("傳習錄」「答顧東橋書」)
236 '本質'은 인용 원전을 보면 '才質'의 오류다. 思想界本 이하 여러 재출간본들은 모두 이를 바로잡지 않았다.

러니 하고 教育에 能通치 못함을 붓그러워 아니하야 契의 잘함을 곧 자기의

잘하므로 보며, 夔 그 樂만을 **맡**[말]고[237] 禮에 밝지 못함을 붓그러워 아니하

야 夷(舜臣으로 禮를 맡은 이)의 通함을 곧 자기의 通함으로 보(보)앗나니.[238]

대개 心學이 純明한지라 天地 萬物 一體의 仁을 온전히 이루엇음으로 精神

이 流貫하며 志氣 通達하매 人・己의 分과 物・我의 間이 없어, 마치 한 사람

의 몸에 눈은 보고 귀는 듣고 손은 붓잡고 발은 다니여* 이리하야 한 몸의

살림을 이룰새, 눈이 드를 재조 없음을 붓그러워 아니하야 귀에 닷는 데

는 눈이 꼭 살피고,* 발이 붓잡을 재조 없음을 붓그러워 아니하야 손의

(손의) 더듬는 데는 발이 꼭 나아가는 것 같을진저. 대개 그 元氣 하고 두

루 하며 그 血脈이 벋고 통함으로써 가렵든지 아푸든지 내불든지 드리쉬

든지 感觸 神應하야 시길 것 없이 아는 妙함이 잇나니, 이 곧 聖人의 學問

의 至易하고 至簡하야 알기 쉽고 좃기 쉬워 學은 하기 쉽고 才는 이루기

쉬운 所以라. 그 大頭腦 오즉 心體의 同然함에로 回復함에* 잇나니, 知識과

技能은 얼러 말할 바이 아니니라.[239]

[34] 三代 衰하매 王[正]道[240]] 꺼지고 霸術이 이러나며 孔・孟이 이미 沒

---

237 連載本의 '말고'는 '맡고'의 오류다. 그러나 思想界本 이하 여러 재출간본들은 모두 '말고'로 그대로

두었다.

238 當是之時, 天下之人(熙熙皥皥), 皆相視如一家之親. 其才質之下者, 則安其農・工・商・賈之分, 各勤其

業, 以相生相養, 而無有乎希高慕外之心. 其才能之異, 若皋・夔・稷・契者, 則出而各效其能. 若一家之務, 或

營其衣食, 或通其有無, 或備其器用, 集謀并力, 以求遂其仰事俯育之願, 惟恐當其事者之或怠, 而重己之累

也. 故稷勤其稼, 而不恥其不知教, 視契之善教, 即己之善教也; 夔司其樂, 而不恥於不明禮, 視其夷之通禮,

即己之通禮也.(『傳習錄』「答顧東橋書」)『演論』에서는 괄호 부분의 번역이 누락됐다.

239 蓋其心學純明, 而有以全其萬物一體之仁, 故其精神流貫, 志氣通達, 而無有乎人・己之分, 物・我之間.

譬之一人之身, 目視, 耳聽, 手持, 足行, 以濟一身之用. 目不恥其無聰, 而耳之所涉, 目必營焉; 足不恥其無

執, 而手之所探, 足必前焉. 蓋其元氣充周, 血脈條暢, 是以痒痾・呼吸, 感觸神應, 有不言而喻之妙. 此聖人

之學所以至易・至簡, 易知・易從, 學易能而才易成者, 正以大端惟在復心體之同然, 而知識・技能非所與論

也.(『傳習錄』「答顧東橋書」)

240 連載本의 '正道'는 인용 원전을 보면 '王道'의 오류다. 思想界本 이하 후대 재출간본들은 모두 이를

바로잡지 않았다.

하매 聖學이 어둡고 邪說이 橫行하야 이제부터는 가르치는 者는 이것으로써 가르침을 삼지 아니하고 배호는 者는 이것으로써 배홈을 삼지 아니하는대, 霸者의 무리 先王의 일의 近似한 것을 竊取하야 그럴드시 外面을 假裝하야 가지고 속으론 一己의 私慾을 達成한즉 온 天下ㅣ 쏠리어 이를 높이니 聖人의 道는 고만 蕪塞하게 된지라. 서로 模倣하고 서로 效則하야 날로 찾느니 富强의 說이오 傾詐의 謀오 攻伐의 計라. 이것이나 저것이나 모두 하눌을 기이고 사람을 꾀여 무슨 짓으로나 한때의 해먹을 것만 도모하야 聲·利를 獵取하기에 길이 난 管·商·蘇·張[241] 같은 따위 누구누구를 이로 세일 수 없을 만치 되엇드니, 더 오래어 鬪爭과 劫奪과로 禍亂이 限量할 수 없게 되매 사람이 사람 노릇 함을 아조 일어 霸術조차도 行할 수 없게 되엇도다.[242]

後世 學者ㅣ 이를 傷痛하게 알아 옛 聖王*의 典章·法制를 여기저기서 모아 다 없어진 남아지에 줍(掇)고 깁(補)고 하야 본 그 마음이야 참으로 先王의 道를 挽回하랴 함이로되, 聖學은 발서 아득하고 霸術의 傳해 온 것은 싸이고 배임이 이미 깊어 비록 賢知한 이라도 모두 習染함을 免치 못하매, 그의 講明하고 修飭하야 이 세상에서 막혓든 것을 펴고 일헛든 것을 회복하랴 한 것이 겨오 霸者의 울섭이나 느리엿슬 뿐이오 聖學의 門墻은 다시 볼 수 없엇도다. 이에 訓詁의 學이 잇어 이를 傳하야 名이오, 記誦의 學이 잇어 이를 말하야 博이오, 詞章의 學이 잇어 이를 느러노아 麗라. 이러

---

241 '管·商·蘇·張'은 각기 管仲·商鞅·蘇秦·張儀를 말한다.

242 三代之衰, 王道熄而霸術昌; 孔·孟旣沒, 聖學晦而邪說橫. 敎者不復以此爲敎, 而學者不復以此爲學. 霸者之徒, 竊取先王之近似者, 假之於外, 以內濟其私己之欲. 天下靡然而宗之, 聖人之道, 逐以蕪塞, 相倣相效, 日求所以富强之說·傾詐之謀·攻伐之計. 一切欺天罔人, 苟一時之得, 以獵取聲利之術. 若管·商·蘇·張之屬者, 至不可名數. 旣其久也, 鬪爭·劫奪, 不勝其禍, 斯人淪於禽獸·夷狄, 而霸術亦有所不能行矣. ("傳習錄」「答顧東橋書」)

케 어질더북하니 **떼**[떼] 지어 이러나 웃둑웃둑 서 잇음이 또 몇 파인지 알

리오. 지**름**[렁]길만으로도 萬은 되고 자욱길만으로도 千은 되니, 들어가

랴 한들 어대로 갈지 알리오.[243]

공부하는 이 마치 山臺都監 판에 들어간 것 같다. 譁譀跳踉・騁奇鬪巧・獻

笑爭姸[244]하는 者ㅣ 四面에서 다투어 나오매 前瞻*・後盼에 應接을 이루 할

수 없어 耳目은 眩瞀하고 精神은 恍惑한지라. 그 속에서 밤낮 두고 놀고

멈우매 病狂・喪心한 사람 같이 그 家業의 어떠케 될 것을 스사로 알지 못

하며, 時君・世主도 모다 그 學說에 정신없이 딩(딩)구러 終身토록 쓸데없

는 虛文에 從事하야 무에라 할 것인지 자기두 무르며, 가다가 그 空疏・謬

妄・支離・牽滯함을 깨다라 가지고 동안 뜨게 스사로 이러나 實事業을 하

야 보랴 하는 이라도 기껏해야 富强・功利로 五霸의 事業이나 되고 말앗나

니라.[245]

聖人의 學은 날로 멀고 날로 **어둡**[움]고 功利의 쩝은 그나마 갈스록 점점

떨어저, 그 사이에 일즉이 佛・老에 고혹한 적도 잇엇으나 佛・老의 說 마

침내 그 功利의 私心을 이기지 못하고, 또 일즉이 群儒에 折衷한 적이 잇

엇으나 群儒의 論이 마침내 그 功利의 私見을 깨트리지 못하엿나니, 대개

---

243 世之儒者慨然悲傷, 蒐獵先聖王之典章・法制, 而掇拾・修補於煨燼之餘. 蓋其爲心, 良亦欲以挽回先
王之道, 聖學旣遠, 霸術之傳積漬已深, 雖在賢知, 皆不免於習染. 其所以講明修飾, 以求宣暢光復於世者,
僅足以增霸者之藩籬, 而聖學之門牆, 遂不復可覩. 於是乎有訓詁之學, 而傳之以爲名; 有記誦之學, 而言之
以爲博; 有詞章之學, 而侈之以爲麗. 若是者, 紛紛籍籍, 群起角立於天下, 又不知其幾家. 萬徑千蹊, 莫知所
適.(『傳習錄』「答顧東橋書」)

244 連載本은 '譁譀・跳踉・騁奇・鬪巧・獻笑・爭姸'으로 끊어 여섯 단어의 나열로 보았으나, '譁譀跳踉・騁
奇鬪巧・獻笑爭姸'의 세 어구 나열로 보는 것이 좀 더 자연스럽다. '騁奇해서 鬪巧하'고, '獻笑해서 爭姸하'
는 것이어서 단순 나열이 아니라 그 안에서 다시 어구를 이루는 것으로 봐야 하기 때문이다.

245 世之學者, 如入百戲之場, 譁譀・跳踉・騁奇鬪巧・獻笑爭姸者, 四面而競出, 前瞻後盼, 應接不遑, 而耳
目眩瞀, 精神恍惑. 日夜遨游・淹息其間, 如病狂・喪心之人, 莫自知其家業之所歸, 時君・世主亦皆昏迷・顚
倒於其說, 而終身從事於無用之虛文, 莫自知其所謂. 間有覺其空疏・謬妄・支離・牽滯, 而卓然自奮, 欲以見
諸行事之實者, 極其所抵, 亦不過於富强・功利, 五霸之事業而止.(『傳習錄』「答顧東橋書」)

지금까지에 功利念의 害毒이 사람의 心髓에 배이어 習으로써 性을 이룬 지 몇千 年이라.[246]

知로써 서로 버티고 勢로써 서로 디[드]디고 利로써 서로 다토고 技能으로써 서로 내라 하고 聲譽로써 서로* 取하며, 나아가 벼슬하매 錢穀을 다스리는 者이면 兵·刑을 兼하랴 하고 禮·樂을 맡은 者이면 銓軸에 預하랴 하고 郡·縣에 處한즉 藩臬*[247]의 高를 생각하고 臺諫에 居한즉 宰執의 要를 바라게 되니, 그러므로 그 官을 兼하랴 하매 그 事에 能치 아니하고는 兼할 수 없고 그 譽*를 要하랴 하매 그 說에 通치 아니하고는 要할 수 없는지라. 記誦의 넓음은 마치 그 傲를 기르게 하고, 智識의 많음은 마치 그 惡을 行하게 하고, 聞見의 博함은 마치 그 辯을 肆케 하고, 辭章의 富함은 마치 그 僞를 飾케 하얏도다. [35] 그러므로 皐와 夔와 稷과 契의 兼해 하지 못할 일을 지금의 初學 小生은 그 說을 모두 通하랴 하고 그 術을 모두 究하랴 하니, 名號를 僭[借]稱[248]하는 것으로야 언제나 天下 일을 한가지[249] 이루어 노랴* 한다 하되, 誠心·實意의 잇는 데로* 말하면 이러치 아니하고는 내 利를 다할 수 없고 내 欲을 채울 수 없는 所이라.[250]

---

246 聖人之學日遠日晦, 而功利之習愈趨愈下. 其間雖嘗瞽惑於佛·老, 而佛·老之說, 卒亦未能有以勝其功利之心; 雖又嘗折衷於群儒, 而群儒之論, 終亦未能有以破其功利之見. 蓋至於今, 功利之毒淪浹於人之心髓, 而習以成性也, 幾千年矣. (『傳習錄』「答顧東橋書」)

247 중국에서 '藩'은 布政使, '臬'은 按察使를 가리켰다. 省 단위의 더 높은 지방관이다.

248 連載本의 '借稱'은 인용 원전으로 보아 '僭稱'의 오류로 보인다. 思想界本 이하 여러 재출간본들은 모두 '借稱' 그대로 두었다.

249 원문은 '共'이어서 '함께'의 뜻이다.

250 相矜以知, 相軋以勢, 相爭以利, 相高以技能, 相取以聲譽, 其出而仕也, 理錢穀者, 則欲兼夫兵·刑; 典禮·樂者, 又欲與於銓軸; 處郡·縣, 則思藩臬之高; 居臺諫, 則望宰執之要. 故不能其事, 則不得以兼其官; 不通其說, 則不可以要其譽. 記誦之廣, 適以長其傲也; 知識之多, 適以行其惡也; 聞見之博, 適以肆其辯也; 辭章之富, 適以飾其僞也. 是以皐·夔·稷·契所不能兼之事, 而今初學小生, 皆欲通其說·究其術. 其稱名僭號, 未嘗不曰"吾欲以共成天下之務," 而其誠心·實意之所在, 以爲不如是則無以濟其私而滿其欲也. (『傳習錄』「答顧東橋書」)

嗚呼라. 이 같은 積染을 가지고, 이 같은 心志를 가지고, 게다가 이 같은 學術로써 講하니 내 聖人의 가르침을 말함을 듣고 맞지 안는다, 군더덕이다 함[할]이 맞당하며, 良知로써 不足하다 하야 聖人의 學을 일러 쓸데없는 것이라 함도 또한 사세 그러케 될씨 반듯하도다. 嗚呼라[다]. 선비 이 세상에 나 어떠케 聖[里]人의 學을 求하리오. 어떠케 聖人의 學을 論하리오. 선비 이 세상에 나 學問을 하고자 하는 者ㅣ 勞苦코 繁[緊]難치 아니한가. 拘滯코 險艱치 아니한가. 嗚呼라. 설워할 만하도다.[251]

그래도 다행한 것은, 天理 사람의 마음에 잇어 언제나 업샐 수 없으매 良知의 밝음이 萬古ㅣ 하루라. 나의 拔本塞源의 論을 드르면 반드시 惻然히 설워하고 戚然히 알퍼하고 憤然히 이러나는 이 잇으려니, 沛然히 江·河를 터논 듯하야 막을 수 없는 배 잇을지로다. 豪傑한* 선[천]비의 언턱* 없이 이러나는 者ㅣ 아니면 내 뉘게 바라리오.[252]

이 一篇 論文이 이른바 「拔本塞源論」이니, 범연하게 읽어 보면 뽑을 뿌리와 막을 샘이 分明치 아니할 것이다. 그러나 千餘 年間 世變이 無窮하야 幾多의 明君이 政教에 마음을 썩[식]이기도[253] 하얏고 幾多의 賢哲이 學問에 精神을 모드기도 하얏으되, 어떠한 政教나 어떠한 學問이나 이 세상에 없엇으

---

251 嗚呼, 以若是之積染, 以若是之心志, 而又講之以若是之學術, 宜其聞吾聖人之教, 而視之以爲贅疣·柄鑿. 則其以良知爲未足, 而謂聖人之學爲無所用, 亦其勢有所必至矣! 嗚呼, 士生斯世, 而尙何以求聖人之學乎! 尙何以論聖人之學乎! 士生斯世, 而欲以爲學者, 不亦勞苦而繁難乎! 不亦拘滯而險艱乎! 嗚呼, 可悲也已! (「傳習錄」「答顧東橋書」)

252 所幸天理之在人心, 終有所不可泯, 而良知之明, 萬古一日, 則其聞拔本塞源之論, 必有惻然而悲, 戚然而痛, 憤然而起, 沛然若決江河, 而有所不可禦者矣. 非夫豪傑之士, 無所待而興起者, 吾誰與望乎? (「傳習錄」「答顧東橋書」)

253 連載本의 '식이기도'는 '썩이기도'의 오류가 아닐까 생각된다. 思想界本과 散藁本은 '시키기도', 三星本은 '석히기도', 全集本은 그대로 '식이기도'로 돼 있다.

면 모르지만 잇고만 보면 마침내 各個 私計의 成長을 도을 뿐이오, 政教면 政教다웁게 學問이면 學問다웁게 되어 본 적이 없다. 大腫을 알는 이 補藥을 먹으면 補藥이 決局 膿血만 돕는다는 것처럼 세상에 나오는 것 처놓고는 옳고 글고 모두 私計에 對한 助長이니, 어떠한 뿌리 잇다면 그 뿌리 盤石 같을* 것이오 어떠한 샘이 잇다면 그 샘이 江·河 같을* 것이라. 그러틋 根深源大하지 아니하고서야 엇찌 저러트시 千古를 沒吞할 수 잇을 것이랴. 그런즉 이 本을 拔하지 아니하고, 이 源을 塞하지 아니하고는 이른바 政教ㅣ 없을 것이며 이른바 學問이 없을 것이다.

前에도 여러 번 말하얏거니와, 學問이 自心을 떠난 지 오래라. 本體의 밝음을 잃고 一己의 私計 獨勝하매 '感通'은 무를 곳이 없고 實在론 '間隔'뿐이라. 그러므로 千古 得失을 且置하고 그 隱微한 속을 한번 上下하야 본다 할진대 或勝或敗·或才或愚·或俊或劣·或顯[題]或晦²⁵⁴를 무를 것 없이 己私의 毒根·妖源*을 一掃한 이 무릇 몇이나 되는가. 個人으로는 그러한 이 잇다 할지라도 세상은 依然히 저 뿌리의 버듬이오 저 샘의 흐름이얏다.

千古의 積染이라고* 못 씻[씨]을 배 아니다. '感通'의 本體로 조차 스사로 特立함이 잇을진대 間隔이 崩壞되자 己私ㅣ 倒落할지니, 一刹那*의 邪念의 毒害 千古에 뼈칠 수 잇는 同時 千古의 毒害 一彈指頃에 滅盡할 수도 잇다. 그럼으로 陽明이 이 論文을 쓸 때 "一家의 살림을 함께 하는대 잘되기만 바[마]라고 너·나의 較計가 없다"는 設想境을 寫出하야 一體의 仁이 間隔 없이 感通되는 眞狀을 보인[언] 것이니, 이를 아는 날은 곧 저를 뽑는 날이라. 感通에서 살고 間隔에서 죽고, 感通에서 本體오 間隔에서 己私임을 한번 洞

---

254 '或題或晦'의 '題'는 '晦'의 상대어기 때문에 '顯'의 오류로 보인다. 思想界本 이하 모두 '題' 그대로 두었다.

悟하고 낫다면 곳 本拔·源塞의 豁然함을 볼 것이다.

이제 淺近한 例를 들어 보면, 知友의 잘한 것을 들을 때 거죽으로 좋은 체하되 一點 嫉妬 隱隱히 이러나는 것이 普通이다. 或 이를 率直하게 發露하며 "내가 이러케 淺劣하다" 하는 사람도 잇다. 그러나 淺劣을 自言하는 속에는 이러케 말하는 것으로 좀 優越하랴 하는 隱念이 잇다. 或 이것까지 다 말하야 조금도 隱諱 없는 듯한 사람도 잇다. 그러나 이것까지 말하는 것으로 더 優越하자는 隱念이 또 잇다. 百轉·千回·萬屈·億曲에 己私에 對한 擁護를 中心 삼지 아니하는 것이 없다. 一人이 그렇고 百人·千人이 그렇고 萬·十萬·세상이 모다 그런즉 이 뿌리, 이 샘을 그냥 두고도 保全[숲]할 무엇이[255] 잇을가. 그러므로 세상의 運轉은 사람의 마음으로서이되* 마음으로도 善이건 惡이건 가장 隱微한 그 한 곳이 가장 猛烈하니, 隱微라 이르지 말라. 隱微함일세 이 가장 참된 것이다. 이 곳 深根이오 大源이다.

---

255 三星本은 '保全할 무엇이'가 '그러므로' 뒤에 잘못 들어가 있다. 思想界本과 散藁本은 '保全할 무엇이 잇을가. 그러므로'가 통째로 누락됐다.

五. 陽明 門徒 及 繼起한 諸賢

36 陽明의 門徒로 말하면 **浙**[浙]中[256]으로부터 江右·南中·楚中·北方·泰州에 散布하야[257] 『明史』의 이른바 "弟子盈天下"라는 말이 실로 過言이 아니다. 그 중에 陽明의 學問에 對하야 가장 먼저 信服하고 가장 먼저 師事하고 또 德性*의 純粹함이 陽明으로 하야금 平生 잇지 못하게 한 이는 徐愛니, 愛의 字는 曰仁이오 號는 橫山이오 餘姚 사람이니 곧 陽明의 妹婿라. 陽明이 獄에서 나왓을 때 곧 스승으로 섬기엇드니, 陽明이 南京에 벼슬하매 橫山이 또한 南京 郎署에 잇어[258] 朝夕을 서로 떠나지 아니하고, 陽明에게 배호는

---

256 連載本의 '浙中'은 '浙中'의 오류다. 散藁本은 이를 바로잡았으나 思想界本·三星本·全集本은 바로잡지 않았다.

257 黃宗羲의 『明儒學案』에서는 浙中 王門으로 徐愛·錢德洪·王畿·季本·黃綰·董澐·陸澄·程文德·張元忭 등을, 江右 王門으로 鄒守益·歐陽德·聶豹·羅洪先·劉邦采·劉陽·黃弘綱·何廷仁·陳九川·魏良政·鄒以讚 등을, 南中 王門으로 黃省曾·唐順之·冀元亨 등을, 北方 王門으로 南大吉 등을 다루고 있으며, 이 밖에 楚中 대신 粵閩 王門으로 薛侃 등을 꼽았다. 泰州의 경우는 '王門'으로 분류하지 않고 王艮·王襞·徐樾·趙貞吉·羅汝芳·焦竑·周汝登 등을 포함시켰다.

258 徐愛는 南京 兵部 員外郎과 南京 工部 郎中 등을 지냈고, 이때 陽明 역시 南京 太僕寺 少卿과 南京

이 或 疑·信이 相伴할 것 같으면 橫山이 이를 敷陳하야 그들로 하야금 의심이 없게 하얏다. 陽明이 항상 말하되 "曰仁은 우리 顔淵"이라 하드니, 明 武宗 正德 十二年에 三十一歲의 壯年으로 夭逝하얏다.

陽明이 寧藩²⁵⁹의 變을 지난 뒤는 오로지 '致良知' 三字를 提示하야 直截·透發함이 龍場·南京 때보다 더하얏는대, 橫山은 前卒하야 이를 보지 못하얏음으로 陽明 語錄 中『傳習錄』第一卷 橫山의 纂錄한 것은 그 뒤 記錄에 比하야 오히려 陽明의 透悟함을 無憾히 다 發揮하지 못한 點도 잇다 하ㅣ, 陽明으로서 聖學의 첫 살림을 하든 때 것이라 그대로 眞切·純粹함이 잇어 如來의『阿含』과 같이 貴重한 것이다

橫山의 學說을 보면 省察·克治하는 一段이 特이 森嚴하야,

> 學者의 大患은 好名이라. 지금 好名함을 말하려면 대개 富貴나 誇耀함을 들어 가지고 말하지만, 그것쯤은 말째(末)다. 무릇 그 하랴는 것이 어떠한 '때문'이 잇어 하는 것일진대 그 자쵀 비록 孝·弟나 忠·信이나* 禮·義에 잇다 할지라도 곧 好名이오 곳 私이다.²⁶⁰

하고 또,

> 事物을 應함에 得當치 못함은 '私'가 이를 害침이라. 나의 私가 저기 덮이면 忮心이 나나니, 忮心은 이기기를 좋아하는 類라 무릇 온 天下의 計較·

鴻臚寺 卿으로 있었다.

259 '寧藩'은 분봉국인 寧國을 말하며, 구체적으로는 寧王으로 반란을 일으켰던 朱宸濠를 가리킨다.

260 學者大患在於好名. 今之稱好名者, 類擧富貴·誇耀以爲言, 抑末矣. 凡其意有爲而爲, 雖其跡在孝弟·忠信·禮義, 猶其好名也, 猶其私也.(『送甘欽采』)

忌妬·驕淫·狠[狼]傲[261]·攘[攜]奪[262]·暴亂의 惡이 모두 이를 따라 나고, 나의 私가 저에 의탁하면 求心이 나나니, 求心은 굽이기를 좋아하는 類라 무릇 온 天下의 阿比·諂佞·柔懦·燕溺·汚辱·呪詛의 惡이 모두 이를 따라 나나니, 二私가 속에 얼려지고 보면 나의 感應하는 자리 公平·正大한 體 아니라. 이러한 고등(機)을 가지고 事物의 感함을 應하니 어찌 得當함이 잇을 수 있으랴.[263]

하고 또,

내 처음 先生(陽明)에게 배홀 때 軌道만 따라 나갈 뿐이러니, 얼마 지나서는 크게 의심하고 또 놀랫다. 그러나 急遽히 아니라고 하지 아니하고 반드시 도리커 생각하얏다. 생각하야 좀 通하매 다시 身·心上에 自驗하야 보앗드니 얼마 지나 恍然히 보이는 것이 있드니 또 얼마 지나 의심 없이 깨다라 곧 手舞·足蹈하야 갈오되, "이것이 道體다. 이것이 마음이다. 이것이 學이다. 人性은 번대 善하니,* 邪惡은 客感이다. 感키도 一念에 잇으며, 去키도 一念에 잇다. 어려운 일도 없다. 여러 가지 방법도 없다."
또 스사로 稟性의 柔함을 알아 大惡은 하려야 할 수 없음을 믿어, 이만하면 내 一生을 마칠 수 잇으려니 하야 坦然히 걱정함이 없엇다. 얼마 지나

---

261 連載本의 '狼傲'는 '狠傲'의 오류다. 散藁本은 이를 바로잡으려다 '很傲'로 오자가 생겼고, 思想界本·三星本·全集本은 바로잡지 않았다.
262 連載本의 '攜奪'은 '攘奪'의 오류다. 三星本·全集本은 '攜奪'을 그대로 두었고, 散藁本은 '略奪'로 바꿔 놓았다. 思想界本은 앞 글자가 빠져 그냥 '奪'이다.
263 夫人之所以不宜於物者, 私害之也. 是故吾之私得以加諸彼, 則忮心生焉. 忮心, 好勝之類也. 凡天下計較·忌妬·驕淫·狠傲·攘奪·暴亂之惡, 皆從之矣. 吾之私得以藉諸彼, 則求心生焉, 求心, 好屈之類也. 凡天下阿比·諂佞·柔懦·燕溺·汚辱·呪詛之惡, 皆從之矣. 二私交於中, 則我所以爲感應之地者, 非公平正大之體矣. 以此之機而應物之感, 其有能宜乎否也?(「宜齋序」)

私와 憂가 또다시 생겨날 것이야 뉘 생각하얏으랴. 온 세상의 痼疾이 둘

이 잇으니, 하나는 文字오 하나는 功名이다. 내 처음은 생각하되, '아직 하

지 말아 마음에 累 되게 말면 고만이니, 끈어 없이 할진대 너무 심하지 아

니한가' 하얏드니, 알고 보니 두 것의 賊이 번대 내 집을 아슨 지 오래라.

'아직'이라는 것이 이 곳 '容認'함이다. 그럼으로 반드시 끈어 없샌 뒤에야

道에로 나갈 수 잇다. 그러치 아니하면 結局 虛見이오 自誣임을 免치 못하

는 것이라.[264]

하얏다.

[37] 橫山의 數條 學說이 己私를 克治함에 잇어 深切함이 실로 比擬할 데

없으니, 私念의 媒引 되는 빌미를 搜括*한 同時 私念 아닌 듯한 것에 실로

私念의 深根이 潛延[265]함을 痛覺하고, 이에 對하야 絲毫는새뢰 아조 보이는

것까지 없는 데에서라도 大賊巢를 攻破하랴 하는 그 獨證·篤修의 境界 참

으로 느꺼울* 만하다.

冀元亨의 字는 惟乾이오 號는 闇齋니, 武陵 사람이라. 陽明을 조차 배와 그

學이 '不欺'로써 主하드니, 陽明이 南贛 잇을 때 闇齋를 마저 子弟를 가르치

게 하고 또 濂溪書院을 맛기었다. 闇齋 尋常한 言論에도 警[驚]發[266]을 잘

---

264 予始學於先生, 惟循跡而行. 久而大疑且駭, 然不敢遽非, 必反而思之. 思之稍通, 復驗之身心, 旣乃怳
若有見. 已而大悟, 不知手之舞·足之蹈, 曰: "此道體也, 此心也, 此學也. 人性本善也, 而邪惡者客感也. 感
之在於一念, 去之在於一念. 無難事, 無多術," 且自恃稟性柔, 未能爲大惡, 則以爲如是可以終身矣, 而坦坦
然適·而蕩蕩然樂也. 孰知久則私與憂復作也! 通世之痼疾有二: 文字也, 功名也. 予始以爲姑毋攻焉, 不以
累於心可矣. 絶之無之, 不已甚乎? 孰知二者之賊, 素奪其宮? 姑之云者, 是假之也. 是故必絶之無之, 而後
可以進於道. 否則終不免於虛見且自誣也. (「贈薛尙謙」)
265 思想界本·散藁本은 '潛延'을 '潛在'로 고쳐 놓았으나, 三星本·全集本은 '潛延' 그대로 두었다.
266 連載本의 '驚發'은 '警發'의 오류다. 思想界本과 散藁本·全集本은 이를 바로잡았으나, 三星本은 그대
로 두었다.

하야 同門 諸人이 다 嚴事하얏다.

宸濠 謀反하기 전 陽明의 密囑을 받어 宸濠에게 가서 學問的 講說을 因緣하야 그 奸謀를 삭여(消) 보랴고 努力하얏드니, 및 陽明이 大亂을 平定하매 張忠·許泰 陽明의 功을 시기하야 百方으로 誣陷[諂][267]하랴 하든 차에 闇齋가 일즉 陽明의 弟子로 宸濠에게 가 論辨한 일이 잇음을 듣고 이를 構誣하야 獄中에서 오래 苦楚를 받다가 明 世宗 初年[268]에 비로서 노여 五日 만에 세상을 떠낫다.

闇齋는 어떠케 誠信·仁恕하든지 獄에 잇을 때 여러 罪囚들을 兄弟 같이 위하야 獄囚들이 모두 感泣하얏다 하며, 처음 잡히엇을 때 法司ㅣ 그 妻 李氏를 가두엇드니 李氏 또한 女士라 按察 以下 各官의 夫人들이 그 聲明을 듣고 나아가 慰問하다가 語次에 그 남편의 學問을 무르니 李氏 대답하되 "우리 남편의 學問은 閨門·衽席 사이에 벗어나지 아니한다" 하매 드른 이 다 悚然하얏다 한다. 李氏의 말 한마디가 闇齋 學問을 形容함이 그 極에 達하얏다 할 수 잇나니, 閨門·衽席이란 平常·무란한 곳이라 여기는 矜莊함이 없을새 墮落하기 쉽고 여기는 閑漫함이 恒例라 節度ㅣ 대개 없으며 또 外人이 없으매 自掩하는 속에 負心이 많은 것이어늘, 이제 閨門·임席을 제치고 그 外에 또 學問이 없다 하고 본즉 闇齋의 '不欺'를 主함에 참으로 어느 지경쯤 森嚴한가를 想像함즉하다. 學問이 閨門·衽席을 벗어나지 아니할진대 어느 곳이 學問의 境界 아니랴. 李氏 見解의 高絶함은 말하도 말고, 이 말을 드른 이 悚然하얏다 한 것을 보면 그네 또한 學問的 見解 없지 아니한 者이니, 이

267　連載本의 '誣諂'은 '誣陷'의 오류다. 思想界本과 散藁本·三星本은 이를 바로잡지 않았고, 全集本에서 바로잡았다.

268　世宗이 즉위하던 1521년을 말한다.

말을 듣고 悚然하야* 하는 그것이 곳 學問이다.

橫山·闇齋 以外 程文德·何廷仁·黄弘綱·劉邦采·劉陽·魏良政·薛侃·季本·董澐·陸澄*·鄒守益·歐陽德·聶豹·陳九川 等이 다 王門의 高足으로 後學을 引起하얏는데, 이루 다 詳述할 수 없음으로 먼저 橫山·闇齋의 言行을 槪列하야 王門의 精采를 反隅하도록 한 것이다.

대개 陽明의 一生 呶呶함이 獨知하는 一點 天良을 致得하라* 함에 잇음으로 門人이 이를[른] 배온지라. 學問은 陽明으로 조차 배웟으되 證得함은 모두 自心에 求하고 師敎라고 苟隨치 아니하야 王門 弟子의 高足 一流 처 놓고는 各其 獨得한 것이 잇어 다른 學者의 門庭 모양으로 한 칸에 막은 것 같지 아니한대, 橫山은 早卒하고 闇齋는 奇禍로써 身命을 마처 그 學說이 大傳치 아니하얏고, 程氏 以下 諸人으로 말하면 或 尊顯하고 或 老壽하야 鄒東廓[269] 같은 이는 스사로 한 學派를 이루엇고 그 以外에도 門徒 四播한 이 많으나, 몸소 陽明의 講授를 받고 陽明의 推重을 입고 두렷한 派流를 가장 크게 드리워 宗風의 振動함이 그 各主하는 바대로 異彩를 내이게 되기는 錢緖山 德洪과 王龍溪 畿와 王心齋 艮[良][270] 三家를 칠 밖에 없으니 이 三家의 同異·得失을 알아야 비로소 陽明 門徒를 알미오, 또 陽明의 平生 學問의 含蓄한 宗旨 이 三家로 因하야 더욱 暢明하얏나니 三家의 同異·得失을 尋繹하야[얏] 봄이[271] 곧 陽明을 遙接하는 것으로 생각할 수도 잇다. 그렇나 이 三家로 말하면 得失이 없음이 아니로되 同도 實證한 同이오 異도 獨到한 異라, 다른 儒家 모양으로 植私로부터 異를 갈르고 樹黨으로 조차 同을 만든

---

269 '東廓'은 鄒守益의 號다.
270 連載本의 '良'은 '艮'의 오류인데, 散藁本은 이를 바로잡았으나 思想界本·三星本·全集本은 連載本의 오류를 답습했다. '心齋'는 王艮의 號다.
271 思想界本과 散藁本·三星本은 '尋繹하얏 봄이'를 '尋繹하였음이'로 잘못 바로잡아 문장이 어색해졌다.

[느는]²⁷² 것은 아님을 알라.

38 三家 中에도 心齋는 따로 特敍하기로 하고, 우선 切友이면서 좀 異趣오 좀 異趣이면서 大差가 잇는 緖山·龍溪를 對敍하고자 한다.

緖山의 字는 洪甫오 龍溪의 字는 汝中이니, 다 같은 浙人인대 緖山은 餘姚오 龍溪는 山陰이라 그 縣籍이 다르다. 陽明이 이 두 분을 特別히 愛重하야 家居할 때 新進하는 門人을 指授하려면 或 洪甫를 부르기도 하고 或 汝中을 부르기도 하야 자기 대신 啓發하게 하엿으며, 또 汝中은 通明하고 **洪甫는** [德洪은]²⁷³ 沈毅하니 彼此 交益하야 나가라고까지 하엿다.

대개 陽明의 一生 主張함이 '致良知'오 '致良知'의 要道는 '格物'에 잇는 것이니 極히 平易한 것 같으나, 가령 良知를 致한 뒤는 그 體 어떠한 것인가, 이 생각만 하여 보아도 발서 微妙하지 아니한가. 良知는 善을 善인 줄 알고 惡을 惡인 줄 안다. 그러나 感하는 그대로 應할진대 그 自體는 至虛한 것이라, 여기는 善·惡이 없다. 그런즉 至虛의 體 또한 생각의 對象[像]이 된다. 이 얼마나 **황량**[양]한 것인가. 가령 格物의 功을 애써 求할 것 없이, 良知 번대 透明하다 할진대 物로부터 치올라가는 것은 何等의 必要가 없다. 本**體**[髓]²⁷⁴ 그대로 流行 自在할 수 잇지 아니한가. 이러코 보면 格物부터가 上乘을 接하는 法門이 아닐 것이 아닌가.

龍溪는 透明한 良知 그 자리에다가 곧 着脚의 初程을 試하랴는 이이라. 그러므로 그는,

---

272 連載本의 '만느는'은 오류여서 思想界本 이하 모두 '만드는'으로 고쳤으나, '만든'이 더 자연스럽다.
273 連載本에는 '德洪은'이고 이후 각 간행본들도 모두 이를 따랐지만, 앞에서 王畿를 字로 지칭했으니 錢德洪 역시 字인 '洪甫'로 지칭하는 것이 자연스럽다.
274 連載本의 '本髓'는 '本體'의 오류로 보인다. 思想界本과 散藁本·全集本은 '本體'로 고쳤으나 三星本은 그대로 '本髓'로 돼 있다.

先天 心體上에 잇어 뿌리를 박을 것 같으면 意의 動하는 배 스사로 善치 아니함이 없어 世情・嗜欲이 스사로 容納될 데* 없을지니 **致知 공부가**[275] 自 然 易簡하야 힘들 것이 없으나, 後天 動意上에 잇어 뿌리를 박을 것 같으면 암만 하야도 世情・嗜欲의 間雜함이 잇어 致知 공부가 갈수록 煩雜하 리라.[276]

말하고 緖山은,

(그러치 아니하다.) 이왕 吾師의 立敎할 때 '誠意'를 表揭하야 『大學』의 要旨를 삼고 致知[和]・格物로써 誠意의 공부를 삼으며, 及門 弟子ㅣ 이 말을 드른 그 당장에 다 入門・用力*할 곳을 얻엇다. 用功을 부즈런이 하는 이 이 知의 體를 究極하야 天則이 流行하고 纖翳 이러남이 없게 할진대 千感하고 萬應할지라도 眞體*는 언제나 寂然할지니 이는 誠意의 極이라. 그러므로 誠意의 공부란 初等으로서 用功[切]하면 곳 손 부칠 데를 얻는 것이오, 聖人으로서 用功함에도 精詣함이 또한 다할 배 없는 것이라.

吾[吳]師ㅣ 이미 沒하매 우리 축에서들 善・惡의 고등이 하도 生滅不絶함을 病으로 여겨 이에 本體에 對한 提唱이 過重하게 되니, 듣는 이 드디어 "誠意론 足히 道를 다하지 못할 것이니 먼저 悟함이 잇어야 意 스사로 나지 아니할 것이오, 格物은 공부라고 말할 배 아니라. 먼저 寂함에로 돌아가

---

275 '致知 공부가'는 連載本에 없고 이후 여러 재출간본들도 이를 이어받았으나, 인용 원전을 대조하면 이 구절이 누락된 것을 알 수 있다.

276 若能在先天心體上立根, 則意所動自無不善, 世情・嗜欲自無所容, 致知工夫自然易簡省力; 若在後天 動意上立根, 未免有世情・嗜欲之雜, 致知工夫轉覺煩難. (『三山麗澤錄』)

야 物이 스사로 化할 것이라" 하야, 서로 空想함으로써 悟를 求하야 民彝·物則의 常道*에 切實치 아니하며, 本體를 붓드러 가지고[277] 寂을 求하매 圓神·活潑의 고등이 없다. 높은 것을 바라 第次를 無視하고, 影響으로만이라 그릇되고 틀이어, 吾師의 平易·切實한 宗旨 막히어 宣布되지 못한다.

師訓으로 말하면 "誠意의 極인즉 至善에 止[278]할 뿐이라"[279] 하엿으니, 이에 準할진대 至善에 止[至]함이 誠意를 떠나든 적이 없을 것이다. 止를 말하면 寂을 말하지 아니하야도 寂이 그 속에 잇고, 至善을 말하면 悟를 말하지 아니하야도 悟가 그 속에 잇다. 그러나 반드시 다 誠意에 本하는 것이라. 어찌하야 그런가. 대개 心은 着手할 體 없나니, 心에 잇어서는 공부를 말할 수가 없다. 感에 應하야 意念을 이르키어 好·惡가 나타날새, 이에 精察·克治의 공부가 잇는 것이라. 誠意의 공부가 極한즉 體 스사로 寂하고 應함이 스사로 順할지라. 初學으로부터 成德함에 이르리* 始도 그것 終도 그것이오, 두 공부가 없는 것이라.[280]

하얏다.

---

277 連載本의 '가고'는 '가지고'의 오류로 보인다. 思想界本·散藁本·全集本은 '가지고'로 바꿔 놓았으나, 三星本은 그대로 '가고'로 돼 있다.

278 連載本과 思想界本은 '止' 한 글자가 빠졌다. 散藁本은 이를 보충했으나, 三星本·全集本은 '至'로 잘못 채워 넣었다.

279 誠意之極, 止至善而已矣. (『大學古本序』)

280 昔者吾師之立敎也, 揭誠意爲大學之要, 指致知·格物爲誠意之功, 門弟子聞言之下, 皆得入門·用力之地. 用功勤者, 究極此知之體, 使天則流行, 纖翳無作, 千感萬應, 而眞體常寂, 此誠意之極也. 故誠意之功, 自初學用之卽得入手, 自聖人用之精詣無盡. 吾師旣歿, 吾黨病學者善惡之機生滅不已, 乃於本體提揭過重, 聞者遂謂: "誠意不足以盡道, 必先有悟而意自不生; 格物非所以言功, 必先歸寂而物自化." 遂相與虛憶以求悟, 而不切乎民彝·物則之常; 執體以求寂, 而無有乎圓神·活潑之機. 希高凌節, 影響謬戾, 而吾師平易·切實之旨, 壅而弗宣. 師云: "誠意之極, 止至善而已矣." 是止至善也者, 未嘗離誠意而得也. 言止, 則不必言寂, 而寂在其中; 言至善, 則不必言悟, 而悟在其中. 然皆必本於誠意焉. 何也? 蓋心無體, 心之上不可以言功也. 應感起物而好·惡形焉, 於是乎有精察·克治之功. 誠意之功極, 則體自寂而應自順. 初學以至成德, 徹始徹終, 無二功也. (『明儒學案』「浙中王門學案(一)」) 『演論』 번역문의 맨 앞 괄호 안 부분은 전덕홍의 글 원문에는 없는 것으로, 『演論』 저자가 문맥을 고려해 추가한 내용이다.

39 陽明의 立言 宗旨를 가지고 二家의 意見을 檢討할 것 같으면 緒山의 主張이 올타 할 것이다.

그 말만으로 볼진대 龍溪는 靈妙하고 緒山은 魯拙한 것 같으나, 바라보이는 저것이 실상은 行해 나가는 그 自體의 影象*이라 日用·常行에 淺近한 데 일지라도 一體的 感通이 間隔 없이 發現될진대 渺然한 몸이 곧 宇宙와 渾融할 수 잇는 것이나, 能이 이에 밎이게 됨은 別路가 잇음이 아니오 오즉 是타 非타 하는 그 一點 獨知에 依하야 間隔을 깨트려 感通의 번대로 回復시키는 것이니, 知는 用功의 地 아니라. 知의 照覺하는 그 意念에 잇어 비로소 일이 잇는 것이오 意念은 虛起하는 것이 ᄉᆡ니라 接觸함이 잇이아 비로소 應하는 것이니, 그러므로 用功할 곳은 應起하는 意念에 잇지 知에 잇는 것이 아니다. 知에 對하야 用功함이 잇다면 발서 知와의 距離 생기는 것이니, 知의 體를 恍然히 보앗다 하자. 가장 가까이 보앗다 하자. '見'함이란 '體'함과 달라 一絲의 線界라도 隔하얏기에 봄에 나타나는 것이라. 그러므로 未發의 寂體를 차저 보는 것보다 意物을 格正함이 實學이니, 이를 발리울 것이 急務지 저를 차저 볼 것이 急務가 아니다.

그러므로 明德과 親民을 말하면 民을 親함이 곧 明德이오, 格物과 致知를 말하면 物을 格함이 곧 致知라. 다시 이를 質辨하되, 明德이 없을진대 民을 어찌 親하며 良知 없을진대 物을 어찌 格하랴. 明德이 잇을진대 民은 저절로 親할지며, 良知 잇을진대 物은 저절로 格할지라. 根本을 닥거 그 末을 다스림이 올치 아니하냐. 그렇지 않다. 明德이 따로 없다. 民을 親하는 그것이 곧 明德이오. 良知 따로 없다. 物을 格하는 그것이 곧 良知니. 實在한 着力處를 제치고 虛遠한 곳으로 向할진대 想得한* 그 自身의 見解라도 體得함과 一間이 隔하려든, 하물며 想得으로써 다시 想得에 傳함이랴. 그러므로 緒山

의 主張함이 옳다.

緒山은 踏實하기로 終身한 이라. 그의 龍溪에게 한 편지에,

平時 一種의 姑容·因循的 微念에 對하야 항상 스사로 생각하되 "足히 道에 害 될 것이 없다" 하엿드니, 이제 보니 一塵이 눈을 덮을 수 잇고 一指가 하눌을 가릴 수 잇다. 噫라, 옛사람은 動心·忍性함으로 조차[281] 增益함을 얻엇다 하더라마는, 나는 모를쾌라, 增益함은 어떠한 것인고. 덜고 깍금으로는 내 이미 다 하엿다 하노라.[282]

하고, 또 周羅山[283]에게 答한 편지에,

先師ㅣ 말슴하되 "無善·無惡함은 心의 體라" 하얏는대, 雙江(聶豹)[284]이 곧 말하되 "良知 本來 善·惡이 없나니, '未發' 寂然한 體라. 이를 기르면 物은 스사로 格할 것이어늘, 이제 그 物에 感함을 따라 格物의 功을 加하랴 하니 이는 그 體에 迷하고서 用을 차짐이오 그 源을 濁하고서[285] 流를 맑힘이라 功夫ㅣ 발서 第二義에 떨어젓다" 하니, 議論이야 좋다. 그러나 '未發' 寂然의 體 언제나 家·國·天下의 感을 떠나서 따로 한 物件이 잇는 것이 아닐새, 家·國·天下의 感 그 속에 곳 '未發' 寂然이 잇음은 알지 못하얏다. 그

---

281 思想界本과 三星本은 이 다음에 원문에 없는 '제'가 더 들어 있다.

282 平時一種姑容因循之念, 常自以爲不足害道. 由今觀之, 一塵可以矇目, 一指可以障天, 誠可懼也. 噫! 古人處動, 忍而獲益, 吾不知增益者何物. 減削則已盡矣. (『獄中寄龍溪』 『演論』 번역은 '誠可懼也' 부분이 빠졌다.

283 '羅山'은 陽明의 제자 周祿의 號다.

284 '雙江'은 聶豹(1487~1563)의 號다.

285 思想界本과 散藁本·三星本은 '用을 차짐이오 그 源을 濁하고서' 부분이 누락됐다.

러므로 格物은 致知의 實功이라. 寂·感·體·用을 通하야 어름이* 없는 것이니, 이 곳 盡性하는 學이라.[286]

하엿고, 羅念菴[287](洪先)에게 한 편지에는 이러한 推論도 없이 嶄[斬]峻히 말하되,

> 무릇 愚夫·愚婦를 爲하야 法을 세운 것은 다 聖人의 말이오, 聖人을 爲하야 道의 妙를 說하고 性의 眞을 發한 것은 聖人의 말이 아니라.[288]

하야, 卑近한 듯한 實功과 靈妙한 듯한 虛想*과의 分界를 猛省케 하엿다. 그러나 이 모다 着手處에 對한 말이라. 學問의 本原에 잇어서는 緒山이나 龍溪가 다 같은 良知學派임으로, 龍溪의 心體上 悟修를 主함이나 緒山의 意物上 格正을 主함이나 누구나 一念의 自欺함을 容認하지 아니하기는 一般이다.

40 그러므로 龍溪의 語錄을 보면,

> 지금 사람들이 學을 講함에 잇어 精神은 極精한 것으로 알어 입만 열면 性을 說하고 命을 說하며, 日用飲食·聲色貨利는 極粗한 것으로 알어 남에 앞에서 말하기를 싫여하드라마는, 참 알고 보면 암만 性·命을 講解하야 微

---

286 先師曰: "無善無惡, 心之體." 雙江卽謂: "良知本無善·惡, 未發寂然之體也. 養此, 則物自格矣. 今隨其感物之際, 而後加格物之功, 是迷其體以索用, 濁其源以澄流, 工夫已落第二義." 論則善矣. 殊不知未發寂然之體, 未嘗離家·國·天下之感, 而別有一物在其中也. 卽家·國·天下之感之中, 而未發寂然者在焉耳. 此格物爲致知之實功, 通寂·感·體·用而無間, 盡性之學也. (「復周羅山」)

287 '念菴'은 羅洪先(1504~1564)의 號다.

288 凡爲愚夫愚婦立法者, 皆聖人之言也; 爲聖人說道妙·發性眞者, 非聖人之言也. (「答念菴」)

妙한 곳까지 到達하얏다 할지라도 意見의 **盤桓**[289]함이 오즉 比擬·卜度뿐
이라 本來 生機에 잇어서는 아조 關涉이 없으매 마침내 俗學을 이루고 말
지나, 만일 日用·貨色上에서 料理하야 어느 때나 天則으로써 應한즉 超脫·
淨盡하야 이에 定力을 볼 것이라.[290]

하고 또,

聖人의 聖 되는 바는 精神·命脈의 全體를 오로지 안으로 쓰고 남에게 알림
을 求하지 아니함에 잇다. 그러므로 항상 스사로 내 몸의 허물을 보아 스
사로 滿足하지 아니하므로 造詣 날로 限量 없음에로 나아가게 되나, '鄕愿'
이라는 것은 그의 마음이 오즉 세상에 잘 보이랴 함에 잇을 뿐이라 全體
精神[衻]이 모두 外面만을 照管함으로 스사로 옳다고 할지라도 堯·舜의 道
에 들어갈 수 없다.[291]

하고 또,

致知의 宗旨란 語와 默과 動과 靜과를 가리지 아니하고 人情·事變으로 조
차 **徹**[思]**底**[292]히 鍊習하야 本原에로 돌아가게 함이니, 譬컨대 眞金이 銅·

289 連載本에 '盤桓' 부분이 비어 있어, 인용 원전에 따라 보충했다. 思想界本 이하 여러 재출간본들은 모
두 그냥 '意見의 함이'로 돼 있어 어색하다.
290 今人講學, 以神明爲極機, 開口便說性說命; 以日用飮食·聲色貨利爲極粗, 人面前不肯出口. 不知講
解得性命到入微處, 意見盤桓只是比擬·卜度, 於本來生機了不相干, 終成俗學. 若能於日用·貨色上料理,
時時以天則應之, 超脫·淨盡, 乃見定力. (『沖元會紀』)
291 聖人所以爲聖, 精神命脈全體內用, 不求知於人, 故常常自見己過, 不自滿假, 日進於無疆. 鄕愿惟以
媚世爲心, 全體精神盡從外面照管, 故自以爲是而不可與入堯·舜之道. (『梅純甫問答』)
292 인용 원전을 보면 連載本의 '思底'는 '徹底'의 오류로 보인다. 思想界本 이하 여러 재출간본들은 모두

鉛*의 雜한 배 되매 烈火의 烹熬*함을 지나지 아니하고는 精할 수가 없다. 師門에 '入悟'하는 三種 **教**[數]法[293]이 잇으니, 知解로 조차 어든 者는 이르되 解悟라 하나니 이는 종시 言說上 推究를 떠**나**[지]지 못할지며, 靜中으로 조차 얻은 者는 證悟라 하나니 이것도 오히려 境에 待함이 잇으되, 人事 鍊習으로 조차 얻은 者는 言도 잇(忘)고 境도 잇어 닷는 곳마다 根源을 만나나니, 더 搖蕩할스록 더 凝寂할지라 비로소 徹悟라 하는 것이다.[294]

하야 緒山의 門風과 共通되나, 龍溪는 通明하니만치 向上 一路의 體得한 境界를 主說함이 많고, 緒山은 沈毅하니만치 實事·實物의 切近한 그곳을 主說함이 많다.

陽明 돌아간 뒤 緒山·龍溪 王門 弟子 中에도 天下의 歸向함을 더욱이 받엇고, 또 두 분이 다 老壽하야 오래도록 師敎를 宣演하얏다. 緒山이 鄕里에 잇을 때에도 民衆의 疾苦ㅣ 잇으면 몸소 나서 이를 周旋하얏다 하며, 龍溪도 少年때 俠客이라* 亢爽·磊落하얏다 한다. 緒山은 明 神宗 萬曆 甲戌[戌]에 卒하니 七十九歲오, 龍溪는 八十六歲에 緒山보다 十年[295]을 위하야 卒하얏다.

王心齋의 字는 汝止니, 泰州 安豊 사람이라. 어려서 집이 가난하야 學問을 마음껏 하지 못하얏으나, 『大學』『孝經』『論語』는 배앗다. 그 아버니는 火丁이라. 치운 겨울에 官家 새벽일을 하는 것을 보고 울어 가로되 "아비로 하야

'思底' 그대로 두었다.

293 인용 원전을 보면 連載本의 '數法'은 '敎法'의 오류다. 思想界本 이하 여러 재출간본들은 모두 이를 바로잡지 않았다.

294 若致知宗旨, 不論語·默·動·靜, 從人情·事變徹底鍊習以歸於玄. 譬之眞金爲銅·鉛所雜, 不遇烈火烹熬, 則不可得而精. 師門嘗有入悟三種敎法: 從知解而得者, 謂之解悟, 未離言詮; 從靜中而得者, 謂之證悟. 猶有待於境; 從人事鍊習而得者, 忘言忘境, 觸處達源, 愈搖蕩愈凝寂, 始爲徹悟. (『霓川別語』)

295 錢德洪(1496년생)은 1574년에 죽었고 王畿(1498년생)은 1583년에 죽었다. 여기서 '十年'이라 한 것은 '滿'의 개념이 아니라 앞뒤 해를 모두 포함하는 '햇수로'의 개념이겠다.

금 저 고생을 하게 하고 어찌 자식이라 하랴."그 뒤부터는 父役을 대신 하얏다. 心齋 비록 읽은 배 적으[이]나 天品이 번대 卓越한지라 信口談說함이 모두 理解 맛드니,* 그 뒤 天地 萬物이 나로 더부러 一體임을* 깨다라 造詣 廣大하얏다.

그때 陽明이 江西에 잇어 良知學을 講하매 大江 以南의 學者ㅣ 翕然히 信從하는데, 心齋 외지게* 잇어 듣지 못하얏다. 黃文剛이라는 者는 吉安 사람으로 泰州에 寓居하얏드니, 心齋의 講論함을 듣고 놀래 가로대 "그대[때]의 말이 王 巡撫와 같도다."心齋 이 말을 듣고 곧 陽明을 찾어[296] 天下事를 縱論하드니, 陽明이 이르되 "君子는 생각함이 그 자리를 넘지 아니하나니라" 하야 은근이 그 熱情의 過함을 警戒하얏다.[297] 心齋 가로되 "艮[良][298]은 비록 草莽 匹夫이나 君·民을 堯·舜化할 마음은 하로라도 이진 적이 없노라."陽明이 가로되 "舜이 深山에 居하야 終身토록 天下를 이짐은 어찜이[니]뇨."心齋 가로되 "이때에는 堯가 在上함인 까닭이라" 하니 陽明이 그러히 여겨 점점 다겨앉게 되엇다.

[41] 말하다 '致良知'에 미치니 心齋 嘆息하야 가로되 "簡易하고 直截할사, 나는 이에 미치지 못하엿노라." 이에 절하고 弟子라 일커럿드니, 물러나와 陽明에게 드른 것을 다시 檢討하야 보매 間間 不合함이 잇거늘 다시 뉘우[니]처 가로되 "내 輕易하도다" 하고, 그 이튿날 陽明을 가 보고 뉘우침을 말하니 陽明이 가로되 "좋다. 그대 信從함을 가벼이 하지 아니함이여."心齋 다시 上座에 踞하야 서로 辯難하기를 오래 하드니 크게 嘆服하야 마침내 師弟

---

296 正德 15년(1520) 9월 江西 巡撫이던 陽明을 南昌으로 찾아가 만났다.
297 陽明은 대번에 그의 오만한 성격을 알아보고 본래 王銀이던 그의 이름을 '靜止'의 의미를 지닌 '艮'으로 고쳐 주고 字를 '汝止'로 하도록 했다.
298 連載本의 '良'은 '艮'의 오류다. 思想界本 이하 여러 재출간본들은 모두 이를 바로잡지 않았다.

를 定하엿다. 陽明이 門人에게 이르되, "내 前에 宸濠를 잡어도 마음이 動한 적이 없드니, 이제 이 사람에게 動한 바 되엇다"고 하엿다.

從來로 儒者의 講學함이 官學에나 私學에나 四方의 徒衆이 모임을 因하야 指授할 뿐이오, 돌아다니며 쫏차다니며 街路·山谷을 헤이지 아니하고 宣說한 적은 없엇다. 心齋 이미 陽明의 '致良知'에 對한 講說을 듣고 그를 師事하드니, 스스로 嘆息하되 "이는 千年 絶學이라. 이 天下에 듣지 못한 사람이 잇게 함은 일이 아니라" 하야, 스스로 小車를 만드러 타고 到處마다 群衆을 向하야 宣說하니 듣는 이 모두 感動하엿으나 異趣한 무리 心齋를 指目하야 怪魁라고 하엿다.

陽明 沒後에 故里에 돌아가 講學으로써 一生을 마치엇는데, 心齋의 學問으로 말하면 비록 陽明을 尊事하나 陽明의 格物 解를 달리 解釋하야,

> 格은 格式의 格이오, 身으로부터 家·國·天下가 다 物이다.* 다 物이로되 本·末이 잇나니, 身은 本이오 家·國·天下는 末이다. 末의 不正함은 그 本의 不正을 因함이니, 末을 正하랴 할진대 本을 正할 것이니 本은 곧 末의 式이라. 그러므로 格物이라 한다. (이를 '淮南 格物'이라 하나니, 心齋는 泰州人이오 泰州는 淮南 地方인 까닭이다.)

하엿고, 또 止至善을 別解하되,

> 止至善은 安身이다. 身을 安케 함은 天下의 大本을 세우는 것이다. 明德을 밝키고 民을 親함에 잇어 身이 安치 아니할진대 本이 서지 아니할지니, 이

래 가지고는 天地를 主宰하고 造化를 斡旋하지 못할 것이라.[299]

그러므로 이 天地 이 萬物에 그 몸을 危케 할진대 이를 失本이라 하고, 이 天地 이 萬物에 그 몸만 潔케 할진대 이를 遺末이라 하나니, 身이 곳 天下·國·家의 本임을 알진대 天地 萬物로써 내 몸에 의지하게 할지언정 내 몸으로써 天地 萬物에 의지하지 아니하는 것이라.[300]

聖人이 道로써 天下를 건지나니 이런즉 至重한 것이 道오, 사람이 能히 道를 베푸나니 이런즉 至重한 것이 身이라.[301]

하얏다. 그 解釋이 陽明의 學說과 다르고 또 精密함이 陽明을 따르지 못하나, 大體로 보면 心齋는 熱烈한 사람이라 陽明의 親民에 對한 問題를 勇猛히 받어 一身의 天下·國·家에 對한 責任을 主義로 함이니, 身을 安한다 함이 얼른 생각하면 苟且히 形骸를 圖謀함 가트되 이 身은 天下·國·家에 對한 責任을 負한 身을 가르침이라. 이 身을 安함은 곳 저 責任에 對한 至重함을 擔保코저 함이니, 다른 이 身을 말하지 아니하는 것을 홀로 絶叫함이 苟且한 形骸念과 辯論할 것이 아니다.

그는 陽明보다도 더욱이 簡捷함을 主하야 항상 말하되 "百姓 日用의 條理 곳 聖人의 條理라. 聖人은 이를 알아 일(失)치 아니하고 百姓은 알지 못하야

299 止至善者, 安身也; 安身者, 立天下之大本也. (…) 是以明明德而親民也, 身未安, 本不立也. (…) 是故不能主宰天地, 斡旋造化. (『明儒學案』「泰州學案(一)」)
300 危其身於天地萬物者, 謂之失本; 潔其身於天地萬物者, 爲之遺末. 知得身是天下國家之本, 則以天地萬物依於己, 不以己依於天地萬物. (『明儒學案』「泰州學案(一)」)
301 聖人以道濟天下, 是至重者道也; 人能弘道, 是至重者身也. (『明儒學案』「泰州學案(一)」)

일키 쉽다"[302] 한 것이든지, "聖人의 道가 百姓 日用에 어찌 다름이 잇으랴. 무릇 無用인 것은 다 異端이라"[303] 한 것이든지, "이 學이 別것이 아니다. 愚夫와 愚婦의 能知·能行하는 것이다. 聖人의 道라는 것은 사람마다 다 알게 다 行하게 하랴 할 뿐이니, '位天地' '育萬物'이 곳 이것이다"[304] 한 것이든지, 그 '大成歌'의 이른바 "我將大成學印證, 隨言隨悟隨時躋. 只此心中便是聖, 說此與人便是師"의 語義 모다 至近함에서 至大함을 表揭하는 特點이 보인다.

42 心齋의 敎導하는 것은 언제나 淺近·平常한 곳으로 좇아 가장 알기 쉽게 곳 本心을 가르쳐 누구나 一言之下에 光明洞開함을 얻게 함으로, 民衆을 敎化한 功이 陽明의 아래 잇지 아니하다고 한다. 그는 天下·國家에 對하야 저러트시 責任을 부르짓는지라, '獨善'을 낮비 알고 '隱處'를 道 아니라 하야 항상 이르되 "선비 세상에 씨우지* 아니할지라도 身을 修하고 學을 講함이 다 天下·國·家[家國][305]에 내놓는 것이니 하로인들* 숨을 때가 잇으랴" 하고, 또 그는 從來 學說의 '命'에 對한 말이 대개 熱烈치 못함을 不足히 알아 "大人은 命을 造한다"고 主張하얏다. 그러므로 龍溪에 比하야 그 玲瓏함이 밋이지 못하고 緖山에 比하야 그 篤謹함이 밋이지 못하나, 明德·親民의 學을 곧 行에 옮기는 그 猛烈함에 잇어서는 龍溪·緖山이 다 心齋를 따르지 못할 것이다. 劉蕺山[306] 宗周는 心齋의 格物說을 옳게 알아, "後儒 格物說은 맛당이 淮南으로써 正타 할 것이라" 하얏다.

---

302 百姓日用條理處, 卽是聖人之條理處. 聖人知, 便不失; 百姓不知, 便爲失. (『明儒學案』「泰州學案(一)」)

303 聖人之道, 無異於百姓日用. 凡有異者, 皆謂之異端. 『演論』의 번역은 '凡有異者' 부분이 맞지 않는다. 『明儒學案』「泰州學案(一)」에 이 부분이 '凡有用者'로 돼 있는데, '有用'이 '無用'의 오류라 보고 이렇게 번역한 듯하다.

304 此學是愚夫愚婦能知能行者. 聖人之道, 不過欲人皆知皆行, 卽是位天地·育萬物. (『念菴文集』「冬遊記」)

305 連載本의 '天下·家·國'은 '天下·國·家'가 정상적인 순서다.

306 劉宗周(1578~1645)는 山陰 蕺山이라는 곳에서 講學했으므로 '蕺山先生'이라 불렸다.

明 世宗 嘉靖 十九年[307]에 卒하니, 그때 五十八歲이다. 비록 布衣로 一生을 마치엇스나 그 學이 中國 東南에 傳播하야 이를 泰州學派라 한다.

心齋 仲子의 이름이 襞이니 字는 宗順[順宗]이오 號는 東崖[涯][308]니, 龍溪·緖山을 師事하야 越中에 오래 잇엇고 心齋가 淮[准]南에서 講學하매 미처* 心齋를 뫼서 지낫다. 心齋 돌아간 뒤에 心齋의 講席을 이어 門風이 더욱 大振하얏다.

心齋부터 安排를 排斥하고 自然을 主持하얏는대, 東崖[涯]는 父學을 받은 데다가 龍溪의 指點을 지난지라. 그는 이르되,

지금 사람들이 學이란 글자만 끌어내면 발서 몇 겹의 意思를 이르켜 議論·講說하는 사이와 規矩·戒嚴하는 지음에 工할스룩 心은 날로 勞하고 勤할스룩 動은 날로 拙하다. 欲을 참고 名을 바라면서 好善한다 자랑하고, 念을 붓잡어 機를 감추면서 改過라 이르니, 心神이 震動하며 血氣 펀치 못할지라. 알고 보면 번대 一物이 없고 번대 그냥 된 것이라. 오즉 流行의 體만 妨礙하지 아니하면 眞樂이 스사로 보일 것이니, 學은 그 樂을 全케 하는 배라. 樂이 아닐진대 學이 아니라.[309]

하얏다. 대개 王氏 父子의 學問을 알고자 할진대 먼저 陽明의 明德·親民에 對한 大頭腦를 찾어 가지고 人心* 獨知하는 그 한 곳에 잇어 天則이 잇음을

---

307 嘉靖 19년은 1540년인데, 죽은 날짜가 음력 12월 8일이어서 서기로는 1541년 사망이다.
308 連載本의 '順宗'은 '宗順'의 오류, '東涯'는 '東崖'의 오류다. 思想界本 이하 여러 재출간본들은 모두 이를 바로잡지 않았다.
309 今人纔提學字, 便起幾層意思, 將議論·講說之間, 規矩·戒嚴之際, 工焉而心日勞, 勤焉而動日拙. 忍欲希名而誇好善, 持念藏機而謂改過, 心神震動, 血氣靡寧, 不知原無一物, 原自見成. 但不礙其流行之體, 眞樂自見. 學者, 所以全其樂也, 不樂則非學矣. (『明儒學案』「泰州學案(一)」)

反覆한 뒤에 보아야 비로소 觸撥*하는 警省을 얻은 裨益이 잇고 空疏함에 떨어질 危險이 없을 것이다.

心齋의 學이 至近함에서 至大함을 表揭하는 同時 또 民衆的 教訓을 主張하는 것이다. 그 當時 卑賤한 사람으로 心齋의 一言에 感悟하야 學을 어든 이 몇이 잇으니, 樵夫 朱恕와 陶匠 韓貞과 田夫 夏廷美 다 顯著한대, 韓貞은 글자를 모르는 사람이라. 心齋의 大旨를 듣고 民衆을 教化하겟다 自任하야 工匠이나 商賈나 雇傭이나 奴隷나 모두 모아 가르치 感化한 者 ㅣ 千餘 人이라. 해마다 秋收 끝나면 各村으로 돌아다니며 學을 講하야 이러케 終身하얏다.

이네* 以外에 心齋 門人으로 碩德·篤行이 後世에 著聞한 이 한둘이 이니니 이루 다 記籍할 수 없고, 清代에 와서는 講學하는 風氣 아조 없어젓는대 泰州 李晴峯[310]이 咸豐·同治 때 心齋의 宗旨를 推明하야 弟子 ㅣ 數百 人이나 그 學說이 그때의 諱忌함이 되어 다시 傳치 못하얏음으로 이제 考索할 수 없다. 그런즉 이들의 일은 아직 접어두고, 좀[종] 煩絮*한 듯하되 아니 쓸 수 없는 것이 잇다. 이는 다른 것이 아니라 顏·何에 對한 敍述이다.

처음 陽明이 良知를 提唱한 뒤에 學派의 岐異로 因하야 多少의 謗議가 잇엇으나 表裏 純粹하고 또 位高·功盛한지라 瑕疵할 길이 없고, 心齋[齊]의 熱情과 龍溪의 徹悟가 하나는 拘檢이 적다, 하나는 禪機에 가깝다 是非함을 받엇으나 그래도 다 高踏[蹈]한 이라 더는 근드리지 못하드니, 顏·何[李][311]가 난 뒤는 心齋 流派의 이러한 猖狂者가 잇음이 心齋의 不端함을 徵할 수

---

310 청말 太谷學派 南宗의 영수 李光炘(1808~1885)을 가리킨다. '晴峯'은 그의 字다.
311 連載本과 思想界本의 '顏·李'는 '顏·何'의 오류로 보인다. '李'를 역시 이단으로 몰렸던 李贄(1527~1602)가 아닌가 생각해 볼 수도 있겠지만, 여기서 李贄를 다루지는 않기 때문에 무리가 있다. 바로 뒤에 나오는 '顏·李'는 문맥상 분명한 '顏·何'의 오류다. 散藁本·三星本·全集本도 모두 둘 다 '顏·何'의 오류로 보고 고쳤다.

잇다 하야 이로써 陽明까지 溯斥하게 되엇으므로, 우선 顏·何[李]란 어떠한 사람이며 그 生平이 어떠하엿음을 여기 附錄하고자 한다.

43 대개 明末 節義의 壯烈함이 中國 歷史에 잇어 거의 그 類例가 적음은 누구나 다 아는 것이오, 明末 節義 그 鼓動의 북채 王學으로부터임도 누구나 대개 아는 것이라. 그러므로 淸初 方苞 가치 王學을 排斥하는 이로도 이에 對하야는 異論을 내이지 못하얏다. 그런대 王學 門弟 中 心齋 발서 儒者 雅規에 벗어지는 熱情的 行動이 잇고, 顏·何는 좀 더 實社會의 汚賤함도 꺼리지 아니하든 사람이다. 그러므로 學問을 周旋·折旋 區區한 속에서 찾어 보든 眼孔으로써 一筆 句抹한 것이지 決코 卑視·薄論할 人物들이 아니다.

顏은 顏鈞이니 號[字]312는 山農이오 吉安 사람이라. 心齋 門人 徐波石313 樾에게 배왓는데, 天品이 絶高하야 항상 말하되 "性은 明珠와 같아 번대 塵染이 업다. 그대로 가는 것이 道다"314 하얏다.

山農은 俠客이라 急難*을 좋아하야 趙貞吉*(號 大洲니, 泰州[洲]學派의 重鎭)이 귀양 갈 때 다른 이 다 相關하기를 避하되 山農이 혼자 그와 同行하야 趙大洲ㅣ 刻骨하게 고마워하얏다 하며, 徐波石이 元[沅]江府315에서 戰歿[沒]한 뒤 그 骸骨을 업어다가 故山에 무든 이 또한 山農이다.

政亂·民困함을 보매 참아 감아니 잇지 못하야 여러 가지로 救世*의 念을 達해 보랴 하얏으나, 小人은 그를 仇讎로 알고 賢者라는 이도 그의 번접스러

---

312 '山農'은 顏鈞의 字가 아니라 號다(字는 子和). 思想界本 이하 여러 재출간본들은 모두 이를 바로잡지 않았다.

313 '波石'은 徐樾(?~1552)의 號다.

314 性如明珠, 原無塵染, 有何睹聞? 著何戒懼? 平時只是率性所行, 純任自然, 便謂之道. (『明儒學案』「泰州學案(一)」)

315 '沅江府'는 '元江府'의 오류다. 思想界本·散藁本·三星本은 '沅江府' 그대로 두었고, 全集本은 '西江府'로 잘못 고쳤다.

움을 미워하야 마침내 南京 獄에 가치어 죽게 되엇는대, 그 門人 羅近溪[316] 汝芳이 山農을 救護하느라고 田産을 다 팔아 없애고 六年 동안 科擧를 廢하 엿다. 近溪 休退한 뒤 이미 늙엇것만 山農이 오면 차 하나 실과 하나라도 반 드시 손조 갓다 드리며 여러 孫子더러 말하되, "우리 선생은 너의 무리쯤으 로서는 섬기지 못한다" 하얏다 한다.

何는 何心隱*이라. 吉州 永豐 사람이니, 本來 梁汝元이오 號[字][317]는 夫山이 리니 뒤에 이러케 變하얏다.

젊어서 顔山農에게 배워 心齋 '立本'의 學을 듣고 이르되 "家를 齊함이 곳 責 任을 行하는 先路리. 우선 이를 實行하리라" 하야 萃和堂*이라는 大家舍를 짓고 一族을 거기다 모드고 몸소 一族의 政을 處理할새 冠婚喪祭・賦役 及 一切事에 잇어 有無를 서로 通하게 하니 行한 지 一年에 族政이 秩然한지 라. 마침 邑令이 賦外의 구실을 받거늘 心隱*이 편지로 꾸지젓드니 邑令이 怒하야 心隱*을 誣陷하야 거의 죽을 뻔하얏다.

그 뒤 北京에 가 四方 선비를 모아 學을 講하는데, 方技・雜流까지 다 따라와 모엿다. 이때 嚴嵩이 政權을 잡아 諫臣이 여럿이 죽어도 끗덕이 없엇는데, 心隱이 方士 藍道行이 乩神術*로써 世宗에게 得幸함을 利用하야 密計를 가 르치되 "嵩이 봉서 바칠 것을 預探하야 가지고 乩神*의 나리는 말로 '今日에 한 奸臣이 잇어 政事를 稟하리라' 하라." 世宗이 이 말을 듣고 속으로 徵驗 하랴 하드니 嵩의 봉서가 들어오거늘, 世宗은 好神하는 임금이라 깊이 의심 하든 차에 御史 鄒應龍이 嵩를 劾罷하야 쪼찻다. 心隱이 한 諸生으로* 當國

---

316 '近溪'는 羅汝芳(1515~1588)의 號다.
317 '夫山'은 何心隱의 字가 아니라 號다(字는 柱乾). 思想界本 이하 여러 재출간본들은 모두 이를 바로잡 지 않았다. 顔鈞・何心隱의 號를 字라고 한 것은 『明儒學案』을 따른 것으로 보인다.

大臣을 祕計로써 골려* 논 것을 보면 그의 才能도 알 수 잇으려니와, "布衣로되 國責이 잇다. 陰計라도 내 責을 自盡함이오, 詭術이라도 天下 蒼生에게 도음이 잇을진대 나 좀 雜流 되면 어떠냐" 이러케 생각하든 懷抱를 推想함즉하다.

그 뒤 四方에 漫遊하야 아니 단닌 데가 거의 없드니, 張居正이 當國함매 마침 御史 傅[傳]應禎과 劉臺 다 吉安 사람으로 다 그를 彈劾한지라 居正이 이로써 吉安人이라 하면 원수로 아[하]는대,[318] 心隱은 吉安 高士일 뿐 아니라 전에 術策으로써 宰相을 쫓게 한 사람이라 더욱 畏憚하야 마츰내 心隱을 잡아 獄中에서 돌아갓다.

心隱이나 山農이나 다 一生을 棲棲遑遑으로 마치어 이로써 忌嫉을 사고 이로써 禍敗를 당하얏으나, 그 자최 高潔치 아니할수록 一段 苦衷이 더한층 眞至*함을 생각하여야 할 것이다. 嗚[鳴]呼[319]라. 民衆의 利害를 내 利害로 아는가 알지 아니하는가, 이것만 무를 것이다. 진실로 間隔이 없을진대, 緒山이건 龍溪건 心齋[齊]건 말 마니 듯는 顏·何건, 뉘 眞學이 아니랴.

44 羅洪先의 字는 達夫오 號는 念菴이니, 吉水 사람이라. 十五歲[歷] 때 陽明의『傳習錄』을 보고 좋아하야 가서 師事하랴 하다가 그 아버니 구지 말려 遂行치 못하얏다. 그러나 念菴의 學이 陽明의 正傳[傳]을 體得함에 잇어 緒山이나 龍溪나 心齋에 지지 아니하며, 心齋는 熱烈*한 實行을 主로 하야 그 學說이 오히려 深微함에 不足함이 잇고 龍溪는 徹朗한 悟境을 主로 하야 그 學說이 오히려 切近함에 不足함이 잇으되, 緒山과 念菴은 다 같이 深微

---

318 連載本의 '하는대'는 '아는데'의 오류로 보인다. 思想界本 이하 여러 재출간본들은 모두 이를 바로잡지 않았다.
319 連載本의 '嗚呼'는 思想界本·散藁本·全集本이 모두 '鳴呼'로 바로잡았으나 三星本은 '嗚呼' 그대로 두었다.

하고 切近함을 兼有한 이라. 그러나 또 얼마쯤 다른 것이 잇으니, 緒山은 克己에다 힘을 드리는 이오 念菴은 主靜으로써 入門을 삼은 이라.

『易大傳』의 "寂然히 動치 아니하야 感하매 天下의 故를 通한다"[320] 한 말이 잇으니, 얼른 보면 『楞嚴』 『圓覺』 中 句語 같으나 실상은 平常하니, 寂然은 언제나 그대로임을 이름이라. 남 보기에 熱狂的일지라도 내 번닛 마음의 그대로일진대 움즉임이 움즉임이 아니다. 이 곳 괴괴한 本體이니, 만일 萬累를 끊고 萬務를 바리어 스사로 寂然히 動치 아니함을 어드랴 할진대 이를 어드랴 함부터가 번닛 마음 그대로가 아니라 번닛 마음으로서는 발서 動이니 괴괴한 本體 아니다. 이 '그대로'는 번대 民衆과 間[閒]隔이 없는 깃이다 痛痒이 서로 通하지 아니할 수 없으니, 天下의 故를 天下의 故로서 通하는 것이 아니라 곳 一身의 故로서 느끼어지는 것이다. 宋 周濂溪[321](敦頤) "欲함이 없음으로 靜하다"[322] 함이 실로 簡直히 이를 解釋함이니, 欲은 번닛 마음 그대로가 아니라 己私로 因하야 動함이니 己私로 因하야 動함이 없을진대 곳 寂然이다.

그런즉 『易大傳』의 이른 말이나, 濂溪의 말이나, 陽明의 明德·親民을 解하고 格物·致知를 論함이나 다 一條의 血脈으로 볼 것이라. 그러므로 念菴이 항상 이 두 말을 들어 門人에게 告하얏고, 또 말하되,

儒者의 學이란 經世함에 잇다. 그런대 그 本함은 無欲이라. 오즉 欲함이 없어야 나서서 세상을 經理함에 '知' 精하고 力이 鉅하니라.[323]

---

320 寂然不動, 感而遂通天下之故. (『周易』 「繫辭(上)」)
321 '濂溪'는 周敦頤(1017~1073)의 號다.
322 無欲故靜. 「太極圖說」의 '主靜'에 대한 自註다.
323 儒者之學在經世, 而以無欲爲本. 惟無欲然後用之經世, 知精而力鉅.

하얏다. 그런즉 念菴의 ‘主靜’으로써 入門을 삼음이 그 所受함이 잇음을 알 것이다.

대개 陽明 돌아간 뒤에 門人이 四方에 퍼저 良知를 提唱[昌]하얏는데, 陽明의 敎法이 自欺*를 排擊함으로 누구나 苟隨함은 붓그러워한지라 각기 證得함을 따라 言敎를 세윗음은 前에도 잠간 말한 바이 잇엇섯거니와, 弊害의 미침이 가장 큰 것으로는 良知과 己私에 對한 界線을 徹底히 辨別하지 아니하고 들떼노코 “너 아는 대로 行하라.” “네가 하랴는 것이 곳 善이다.” 이러한 種類의 言句를 들어 가지고 一點 己私ㅣ 이러나지 아니한 데서 ‘그대로’가 잇고 “如好好色, 如惡惡臭”의 誠意 지극하고야 ‘하랴’는 것이 善이 되는, 이러틋 嶄峻·森嚴하고 凜肅·精明함을 갓다가 쉽사리 己私에 混雜하야 捷徑을 誇耀한 一派*이니, 말한 이 하상* 잘못이 아니라 들은 이 잘못 解釋함이로되 그 말이 이만큼 잘못 듯기 쉽게 됨에 잇어서는 말한 이 責任이 없을 수 없으니, 그러므로 龍溪 “動意上 工夫를 煩雜타” 하고 또 無善·無惡에 對하야 超悟 一步를 提說함을 緒山이 맛당치 아니하게 알아 “道妙[324]는 說하지 마라. 愚夫·愚婦를 위하야 法을 세운 것이 聖人의 말이라”[325] 한 것인데, 念菴은 緒山에 가까운 이인 同時 少時에 聶雙江(文蔚[326])의 ‘歸寂’ 說을 듣고 心契한지라. 그러나 念菴은 一體의 仁을[은] 이에서 세워 黃梨洲[327] 宗羲 이르되 “天下 學者ㅣ 先生의 말을 因하야 陽明의 眞을 어덧다” 함이 지나가는 贊語가 아니다.

---

324 三星本·全集本은 ‘道妙’를 ‘妙道’로 고처 놓았으나, 인용 원전을 보면 고칠 필요가 없다(아래 주325 참조).

325 이는 다음의 구절을 재정리한 듯하다. 凡爲愚夫愚婦立法者, 皆聖人之言也; 爲聖人說道妙·發性眞者, 非聖人之言也. (『答念菴』)

326 ‘文蔚’은 聶豹의 字다.

327 ‘梨洲’는 黃宗羲(1610~1695)의 號다.

念菴이 晩年에 緖山에 問議함을 바더 陽明 年譜를 定하니 緖山이 가로되, "그대 先師에 向하야[자][328] 門人이라 일컷지 아니함은 及門 弟子ㅣ 아니라 함이나, 그대 先師의 學을 공부한 지 三十年이라. 이른바 堂에 오르고 室을 들메 그대 不足함이 없으니, 門人 됨에야 다시 말할 것이 잇으랴." 이에 年譜 속에다 곳 門人이라 일커럿다.

45 念菴은 말하되,

> 良知란 그렇게 쉽게 말할 것이 아니다. 내 마음의 善함도 내 알고* 내 마음의 惡함도 내 알으니, 알미 아님은 아니다. 그러ㅣ 現存한 이 아금이 과연 理와 欲의 混雜함이 없는가, 이러한 危險이 없지 아니할진대 知는 常明타 함이 不可하고, 知 明치 못함이 잇는대 이에 依하야 行하면서 乖戾함이 없다 함이 不可하다. 그러므로 첫재 '炯然中存'한 이 한 자리로부터 主宰가 서야 할 것이니, 枯槁・寂寞을 지나지 아니하고 이에 미칠 수 없는 것이라.[329]

하야 이 공부ㅣ 어떠한 便逸的 徑路*로 攀及하지 못할 것을 主張하고, 이에 靜寂하므로 조차 '欲'의 잇고 없음을 살피게 하되, '欲'이 반듯이 貪・好의 類만이 아니라 打算的 安排 또한 欲이니 언제나 安排는 己私에서 始作하는 것이라 '欲'의 잇고 없음을 살핌에는 그 자리에서 微微히 깨닷는 곳으로써 主로 삼으라 하얏다. 그러므로 陽明은 良知를 提唱하되 直切함을 主하얏으나

---

328 連載本의 '向하자'는 '向하야'의 오류로 보인다. 思想界本 이하 여러 재출간본들은 모두 '向하자' 그대로 두었다.

329 良知者, 至善之謂也. 吾心之善, 吾知之, 吾心之惡, 吾知之, 不可謂非知也. 善・惡交雜, 豈有爲主於中者乎? 中無所主, 而謂知本常明, 不可也. 知有未明, 依此行之, 而謂無乖戾於旣發之後, 能順應於事物之來, 不可也. 故非經枯槁・寂寞之後, 一切退聽, 天理炯然, 未易及此. (『明儒學案』『江右王門學案(三)』)『演論』의 인용은 이를 추려 번역했다.

念菴은,

> 良知를 이러케만 말할 것이 아니다. 良知를 致하랴면 남모를 그 자리에서
> 나타남에보다 微함에, 微함에보다도 더 微微함에, 이것조차도 어림 대기
> 어려운 여기에서 至靜하므로 조차 烔然함이 서고 烔然함이 서서 欲根이
> 藏匿하지 못하여야 비로소 庶幾할 것이라. 烔然함이 서게 하랴 한즉 이에
> 對하야 凝聚케 하여야 하고 融結케 하여야 한다.

力說하야 汗漫한 무리 欲·理를 얼러 學을 그르침을 防檢하얏나니, 그 말이 緒
山과 가까우나 緒山보다 覺念上 推覈이 더 刻苦함이 이 곳 念菴의 領域이다.
『中庸』에 이르되,

> 天이 命함을 性이라 하고, 性대로 함을 道라 하고, 道를 닥금을 敎라 하나
> 니라. 그러므로 道라는 것은 잠간이라도 떼일 수 없나니, 떼일 수 잇을진
> 대 道 아니라. 그러므로 공부하는 이 戒愼호대 그 보이지 아니함에 하고
> 恐懼호대 그 들리지 아니함에 하느니. 隱함에보다 더 드러남이 없고 微함
> 에보다 더 나타남이 없다. 그러므로 공부하는 이 반듯이 그 외오서에서
> 조심하나니라. 喜·怒·哀·樂의 發하지 아니함을 中이라 하고 發하야 다 節
> 에 마짐을 和라 하나니, 中은 天下의 大本이오 和는 天下의 達道라. 中·和
> 를 이루면 天地 자리를 잡을지며 萬物이 자라날지니라.[330]

330　天命之謂性, 率性之謂道, 修道之謂敎. 道也者, 不可須臾離也; 可離, 非道也. 是故君子戒愼乎其所不
睹, 恐懼乎其所不聞. 莫見乎隱, 莫顯乎微. 故君子愼其獨也. 喜·怒·哀·樂之未發, 謂之中; 發而皆中節, 謂
之和. 中也者, 天下之大本也; 和也者, 天下之達道也. 致中和, 天地位焉, 萬物育焉. (『禮記』「中庸」)

하얏나니, 戒愼호대 어째 보이지 아니함에 하라 하얏는가. 恐懼호대 어째 들리지 아니함에 하라 하얏는가. 이 보이지 아니하고 들리지 아니함은 곳 自心의 가장 隱微한 곳이라. 그러나 나는 안다. 이 앎은 이른바 獨知다. 가릴 수 없거니, 이보다 더 드러남이 잇으랴. 속힐 수 없거니, 이보다 더 나타남이 잇으랴. 이 곳 人生의 生死 問題라. 가장 隱微할새 가장 참되고 가장 참될새 곳 生命이니, 陽明의 物을 格하라 함이 이 隱微 中 戒·懼로부터 出發하는 것이라.

念菴의 主張함이 실로 自心 속 苦行으로 조차 力進한 實話이다. 그러나 凝聚라 融結이라 함이 '致'라고 함만 못하니, 民衆과 間隔이 없을진대 이 곳 良知의 體 이루어짐이라. 良知 따로의 凝·結을 말함이 或 孤峙[時]히는 弊 잇을가 한다.

그러나 念菴은 經世家이라. 仕官[331]하다가 直道로 被黜하야 故鄕에 와 잇으되, 그는 天文·地志·錢穀·河渠·邊塞·戰陣·攻守에 對한 探究 ㅣ 深邃·精明하얏으며 또 騎射를 鍊習하야 隱然히 陽明과 髣似하다. 郡邑 田賦의 久弊 많음을 보고 當局者에게 整理하기를 勸하얏더니 곳[꼿] 念菴더러 맡어 하라 하거늘, 念菴이 원래 國計에 익은지라 精心으로 體察하야 一切를 秩然케 하얏고, 歲飢하면 몸소 賑恤*함을 돕고, 언제는 流寇가 吉安에 突入하매 邑守 ㅣ 어찌할 줄을 모르는 것을 보고 戰守를 劃策하야 마침내 引退케 하얏다. 唐荊川[332] 順之는 그 學友라. 邊才로 起用될 때 念菴을 끄니 念菴이 가로되, "天下 일을 함이 甲이 아니면 乙이라. 내 하랴고 함을 그대 하면 고만이라. 반듯이 내가[나][333] 갈 것이 무엇이냐" 하얏다.

331 三星本·全集本은 '仕官'을 '仕宦'으로 고쳤으나 같은 의미다. 思想界本은 '仕官' 그대로 두었다.
332 '荊川'은 唐順之(1507~1560)의 號다.
333 連載本은 '내나 갈'인데 思想界本·散藁本·三星本·全集本은 모두 이를 '내 나갈'로 보았다. 그렇게 보는 것도 가능하나 여기서는 '내가 갈'의 오류로 보았다.

환갑 해 돌아가니, 明 嘉靖 四[三]十三年³³⁴이다.

46 陽明의 門徒로서는 대개 그 門弟를 各分하지 아니하고 彼此 서로 넘나들엇음으로 一師의 傳을 承派한 것이 적어 오즉 陽明의 宗旨만을 敷暢하엿을 뿐이오, 또 宗旨는 비록 一個일지라도 受稟[票]³³⁵의 別과 悟入의 差로 議論·行蹟이 각기 獨特함이 잇는대, 거기 배운 이 或 그 師風은 襲傳함즉도 하것만 貌色間에서 學을 求하지 않는 門庭*인 만치 아무리 師說이라도 自心에 反照하야 不安함이 잇으면 敢히 苟隨하지 못하얏음이며[면], 王門 諸人의 各派일스록 그 門面이 다른 이가 많다. 龍溪*의 學이 流弊 없지 못함도 事實이로되 이것도 稟·悟의 所近한 사람에게 轉入되엇을 뿐이니 直接 그 及門弟子ㅣ 그 印板을 받음은 아니니, 우선 龍溪의 門徒로 鄧定宇[字]³³⁶ 以讚과 張陽和 元忭[作]³³⁷은 다 篤謹한 사람이라 차라리 緖山에 가깝다. 오즉 王心齋의 傳授한 系統이 얼마쯤 譜錄할 수 잇으니, 心齋는 王門 弟子 中으로도 가장 直截·勇行하는 이라 警發은 잇으되 說解 적음으로 參差함이 自然 較少한 것인가 한다.

明末 名人들의 節烈은 말할 것도 없거니와 그 利害에 對한 較計 없음이 실로 古今에 比類가 없엇나니, 學問의 힘이 어떠한 것임을 알 수 잇지 아니한가. 學問으로써 自心을 啓發한 보람이 어떠한 것임을 알 수 잇지 아니한가.³³⁸ 이제 陽明의 門徒와 및 繼起한 諸賢을 敍述함에 그침으로, 明末 名人

---

334 連載本의 '三十三年'은 '四十三年'의 오류다. 羅洪先은 1504년에 태어나 1564년에 죽었고, 1564년은 嘉靖 43년이다. 思想界本 이하 여러 재출간본들은 모두 이를 바로잡지 않았다.

335 連載本의 '受票'는 '受稟'의 오류다. 思想界本·散藁本·三星本은 그대로 두었고, 全集本에서야 바로잡았다.

336 '定宇'는 鄧以讚(1542~1599)의 號다.

337 連載本의 '元作'은 '元忭'의 오류다. 思想界本·散藁本은 '元作'으로, 三星本·全集本은 '兀作'으로 잘못 나와 있다. '陽和'는 張元忭(1538~1588)의 號다.

338 思想界本과 散藁本·三星本은 이 문장이 통째로 빠져 있다.

의 陽明의 風徽를 바든 一切 事實에 잇어서는 『明史』가 잇음으로 이에 垃錄하지 아니하거니와, 실상으로 말하면 陽明의 學徒를 講學 門中에서 찾는 것보다 殺身徇民한 저 一輩로부터 歷數할 것이오, 陽明의 學說을 『傳習錄』裏에서 求하는 것보다 利害 不計*하는 이 一念으로 조차 直透할 것이다. 그러나 천생으로 기진 아름의 明盡하게 되는 그 眞路를 제치고 따로 學說이 없는 同時, 이 學說이 곳 心話이니 各人各色의 終生 苦驗한 所得을 搜討함도 실로 虛取·空探함이 아닌 줄 안다.

念菴 以後에 念菴과 覺念上 推蘂을 同調하야 性體의 保聚를 切實히 主張한 이는 劉念臺[339] 宗周이니, 念臺의 宁는 起東이오 山陰 사람이라. 그 學은 '외오서에 삼감'으로써 宗旨를 삼음은 覺念上 推蘂과 髣髴하고, 이 삼감이 切至함을 따라 性體가 證得되며 證得되는 것을 兢兢保聚하야 이로써 大本을 세우게 함이 念菴의 凝聚說과 近似하나,* 念臺에 와서는 陽明의 門面이 얼마쯤 變하야 점점 議論이 많앗나니, 念臺 처음에 許孚遠에게 배웟는대 許孚遠은 곳 湛甘泉[340] 若水의 學統*이라 원래 從入*의 塗徑이 다르다 할 수도 잇으나 念臺의 學이 또 甘泉과도 **다르**[달]다. 그래도 가까운 데를 차지려면 念菴이다.

念臺는 明末 大臣이라. 毅宗의 猜刻*함을 만나 忠直으로써 譴怒를 바다 여러 번 危禍를 지낫스되 一念이 宗國을 **잊**[이]지 못하더니, 南都 陷沒[341]한 뒤 絶食하고 돌아갓다. 門人 祝淵·王毓**蓍**[耆][342] 다 死節하얏는대 祝淵의 일이

---

339 '念臺'는 劉宗周(1578~1645)의 號다.
340 '甘泉'은 湛若水(1466~1560)의 號다.
341 1644년 명나라가 멸망한 뒤 잔존 세력이 南京에서 神宗의 손자를 弘光帝(安宗)로 세우고 南明을 건국했다. 그러나 1645년 南京마저 함락되고 이후 남부 각지를 쫓겨 다니는 남명 세력이 이어졌다. 劉宗周는 1645년에 죽었으니, 여기서의 '南都'는 南京을 가리킨다.
342 連載本의 '王毓蓍'는 '王毓蓍'의 오류다. 思想界本 이하 여러 재출간본들은 모두 이를 바로잡지 않았다.

學者를 警發함즉하니, 그는 처음에 念臺와 面識이 없더니 念臺의 忤旨 削籍함을 듣고 疏救하얏다. 그 뒤 念臺를 가 보니 念臺 뭇되, "그대 나를 救함이 이래야 할 것으로만 알아 함이냐, 或 名譽念이 잇어 함이냐." 그는 念臺의 이 말을 듣고 爽然하야 가로되, "先生의 이름이 天下에 가득하니, 과연이지 先生 門墻에 들지 못함을 붓그럽게 알아[라] 함이로라." 이에 곳 念臺를 師事하얏다.

念臺의 學이 그 塗徑의 어떠함에 잇어 陽明과 岐異됨이 잇다 할지나[라],[343] 이 一節만 보아도 赤裸裸한 本心上 直指 宛然한 姚江 根臺이니, 이러틋 伏念을 窮迫하야 一絲라도 潛藏치 못하게 할진때 나날이 陽明과 岐異되는 말을 할지라도 이 곳 正傳이려니와, 그 學을 說함에 尺寸이 틀리지 아니할지라도 이 刻覈*이 虛徐*할진때 民衆과의 間隔이 떨어질 날이 없을지니[나] 이 곳 異說이 아니랴.

[47] 凝聚니 保聚니 하는 것이 얼른 보아 分明히 알기 어렵다. 대개 '모든' 다는[른][344] 말이 그 면점에 잇서 全體 具足치 아니함을 表示하는 것이니, 是非·善惡에 對하야 보이지 아니하고 들리지 아니하는 이 隱微한 곳에 스사로 속일 수 업는 一點 靈明이 항상 이를 照破하는 것이로되, 항상 照破함을 항상 蔽翳하야 隱微한 곳에 獨照하는 靈明의 體 全露*하지 못하매 곳 僅存함에 그치고, 이 僅存함도 가장 隱微한 속인지라 좀처럼 드러나지 아니한다. 그럼으로 그 照處로 조차 明體를 차저 항여 이를 가릴까 함이 이 곳 '保'

---

343 連載本은 '할지라'인데 마침표는 없지만 문장을 끊은 셈이고(신문 연재라 문장부호 빠진 곳이 많다) 思想界本 이하 재간행본은 모두 마침표까지 찍었다. 그러나 내용상 다음과 이어지는 것으로 보여 '할지나'의 오류로 보인다.

344 連載本·思想界本의 '모든 다른'은 '모든다는'(모은다는)의 오류다. 散藁本·全集本은 이를 바로잡았으나 三星本은 오류로 돌아갔다.

이오, 가리어짐을 쉬지 안코 拓開하야 靈明으로 하야금 남김 업시 두렷하게 함이 이 곳 '凝'이오 '聚'이다. 그러므로 念臺는 "외오서에 삼가"라는 一句를 언제나 主張하얏다.

念臺는 생각하되,

> 이 一點 靈明이 隱微한 속 나 혼자 아는 데 암을암을하면서도 休息하야 온 적이 업다. 그럼으로 가장 隱微한 속으로 向하야 차저 보지 아니하고는 속일 수 업는 本體를 알지 못할 것이다. 그럼으로 過惡의 念을 已[己]發[345] 한 뒤에 照察할진대 발서 文過·飾非的 邪念이 對起하나니, 發하기 前에 그 幾微로 조차 淸算하여야 한다.

하얏다. 念臺는 天品이 誠潔한 사람이라 自克함이 極層에 이르매 過惡의 根을 披拔함에 纖毫를 自忍치 못하얏슴으로 隱微 中 獨知에 對한 體得함이 이상이* 透明하얏다. 그러나 發하기 前에 그 幾微로 조차 淸算함이 入門的 공부가 아니다. 대개 學問이란 힘쓸 수는 잇서도 억지로는 못 하는 것이니, 억지로일진대 발서 참이 아니다. 念臺는 實行한 이다.[346] 그러나 이는 緖山의 이른바 "愚夫·愚婦를 爲하야 立法함"이 아니다.

그럼으로 陽明이 格物을 解하되, "意念에 向하야 그 不正한 것을 格하라. 意念의 不正한 것이 발러저야 良知 遺憾이 없다" 함이 가장 切實하니, 이 공부를 싸하 良知의 銳敏함이 纖毫의 不正을 容認하지 못하면 纖毫가 곳 鉅物

---

345 連載本의 '己發'은 '已發'의 오류다. 思想界本·散藁本·三星本은 오류를 그대로 두었고, 全集本에서야 바로잡았다.

346 思想界本과 散藁本·三星本에는 이 문장이 통째로 빠져 있다.

가치 두렷할지며, 이러할진대 若滅·若沒하는 것이라고 閑度함을 苟得치 못할 것이며, 고양이 쥐 잡드시 밧삭만 하야도 알고 이 소리까지 아직 없지만 나랴는* 것까지 아는 至神함이 잇슬 수 잇다. 그러나 공부는 쌋는 것을 가지고 提示할 뿐이니, 싸흔 뒤 싸힘으로 생기는 微妙나 靈明[朗]이나는 공부에 범을러 말할 것이 아니다. 그럼으로 初學으로서 體行할 수 잇는 그곳에 眞學問의 種子를 나리는 것이다.

그러나 이 '獨知'를 提唱*하야 이 한 곳에서부터 誠과 僞 分界됨을 痛論함이 실은 陽明으로부터 비롯하얏나니, 念臺의 學風이 이로 조차 派轉한 것이다. 그럼으로 念臺는[을] 말하되 "學問은 첫재 誠(眞)·僞(假)를 갈러야 한다. 만약 誠 우에[347] 立脚하지 아니하면 千 번 닥고 萬 번 닥거야 禽獸路上人 되고 만다"[348] 하얏고,

> 누가 뭇되 "사람으로 生死 關頭에 잇서 깨처 바리지* 못하면 義와 利에 對하야 깨금하지 못할 것이 아닌가" 하니, 念臺 대답하되 "生死에 對하야 이를 勘破하랴 하면 生死를 엇더케 깨트릴 수 잇으랴. 오즉 義와 利에 對하야 갈름이 해맑고 아름이 참되면, 生死란 다 무엇이냐. 다시 말할 것도 없다. 義 맛당히 사려야 할진대 살 것이오, 義 맛당히 죽어야 할진대 죽을 것이라. 눈압헤 보이는 이 한 義뿐이니, 生이니 死니 그것은 보일 만한 存在가 없다" 하얏다.[349]

---

347 連載本의 '誠우에'는 '誠 위(上)에'라는 뜻이다. 그러나 思想界本은 이를 '誠僞에'로 잘못 고쳐 놓았고, 이 오류는 이후 간본들이 모두 답습했다.

348 爲學莫先於辨誠·僞. 苟不於誠上立脚, 千修萬修, 只做得禽獸路上人. (『明儒學案』「蕺山學案」)

349 祁世培問: "人於生死關頭不破, 恐於義利, 尙有未淨處." 曰: "若從生死破生死, 如何破得? 只從義利辨得淸·認得眞, 有何生死可言? 義當生自生, 義當死自死, 眼前止見一義, 不見有生死在." (『明儒學案』「蕺山學案」)

念臺는 이를 實踐한 사람이다. 그러나 念臺 以後 念臺의 學을 傳承한 이 黃梨洲 一輩에 그치고 그 뒤로는 자못 寥寥하얏나니, 물론 淸初 以後에 講學의 風氣 衰하고 또 淸代 諸帝 宋學을 褒崇하야 陽明 宗旨 容納되지 못함을 因함일지나, 念臺의 學이 刻苦함을 意先에 하는이만치 上士에 對한 說法이라 初學의 追繼함이 困難하야 衰世·艱遇에 民衆과 가치 무릅[몰]쓰고 展開하기에는 좀 不足함이 없지 아니한 까닭이 아닌가 한다.

48 明末로부터 淸初에 들어와 陽明의 後勁으로 볼 만한 세 學者가 잇으니, 一은 孫奇逢이오 一은 黃宗羲오 一은 李顒[容][350]이다. 孫奇逢의 字는 啓泰오 號는 夏峰이오, 黃宗羲의 字는 太冲이오 號는 梨洲오, 李顒[容]의 字는 中孚오 號는 二曲이니.

夏峰은 北直[351] 容城에서 나, 처음은 俠客이라. 魏忠賢이 한참 濁亂할 때 忠臣·直士 一輩 한번 잡히면 감히 돌볼 이 없는 때 始終을 奔救하야 이로써 天下에 들리웟다. 그 뒤 節俠을 變하야 學問家 되엇으나 節俠 孫奇逢이 곳 學問家 孫夏峰이라, 하[항]상[352] 前後가 다른 것이 아니다.

그러므로 그는 隱然히 責任心이 强하야 "生함은 順함을 貴히 안다. 死함은 安함을 貴히 안다. 死로써 塞責하지 아니할 것이다"[353] 하얏다. 順이라 安이라 함은 다 良知를 標[表]準하야 가지고 한 말이다. 또 "匹夫도 그 뜻을 아슬 수 없나니, 뜻을 아슬 수 없는지라 이 곳 造命이오 立命이라"[354] 하야 一人의

---

350 連載本의 '李容'은 '李顒'의 오류다. 思想界本 이하 여러 재출간본들은 모두 이를 바로잡지 않았다.

351 明代에 중앙 직할 구역이었던 直隷省은 南直隷(南京)와 北直隷(北京)가 있었다. 北直은 北直隷를 가리킨다.

352 連載本의 '항상'은 '하상'의 오류다. 思想界本·散藁本·三星本은 이를 바로잡지 않았고, 全集本에서야 바로잡았다.

353 生貴乎順, 不以生自嫌; 死貴乎安, 不以死塞責. (『歲寒集』) 『演論』에서는 '不以生自嫌' 부분을 빼고 번역했다.

354 子曰: "匹夫不可奪志也." 蓋志不可奪, 便是造命立命處. (『歲寒集』)

確固한 뜻이 곳 天下를 轉移하고야 말 것임을 보이엿고, 또 누가 뭇되 "선비 오늘날을 당하야 어떠케 함이 道인가" 하니 대답하되 "몸을 辱보이지 아니하는 것이 道라"[355] 하야 不屈하는 精神을 主張하얏다.

淸 名臣 湯斌이 夏峰의 弟子라 일커르나, 夏峰으로부터 보면 차라리 湯[楊][356] 李의 黨 血統이라 할지언정 湯文正은 門徒가 아니다.

梨洲는 陽明의 同邑 後學이라. 그 아버니 尊素가 魏忠賢 통에 諫死하야 忠臣 遺孤로 어려[러]서부터 慷慨自勵하얏다. 明 毅宗 初元에 禍家 十九歲의 孤兒로 鐵錐를 소매에 넣고 北京에 와 讎人을 처 거의 죽게 하얏다.[357] 그는 不幸으로써 一生을 마친 사람이라. 明季의 播流하는 行朝에 崎嶇 盡節하야 심지어 日本 乞師의 行[竹]까지 祕發하얏엇으나[358] 精衛의 苦衷을 마침내 이루지 못하매, 故里에서 杜門하고 新廷 徵召를 死拒하얏다.

그는 少時부터 念臺의 門에 배워 항상 保聚說을 말하얏으되, 그 生平 踪跡은 念臺의 規矩보다도 心齋의 精神이 만하, 鯨濤·猿窟에 十生九死하야 마지 아니하는 것을 "말랴 하야도 말(할) 수 없는 이것을 이루엇을 뿐이라" 하야 學問·氣節을 하나로 說明하얏다. 『明夷待訪錄』을 지어 거죽으로는 箕子가 武王에게 傳하드시 天下의 道를 公示한 것처럼 보이엇으나, 실은 그의 精神이 「原君」篇에 잇고 「原君」篇의 大旨*로 말하면 專制 君主의 弊를 極論하

---

355 問: "士當今日, 道應如何?" 曰: "不辱身." (『歲寒集』)

356 '楊'은 '湯'(湯斌)의 오류가 아닐까 생각된다. 連載本에는 '楊李의黨血統이라 할지언정'인데 散藁本에서 '楊,李'로 점을 찍어 三星本·全集本으로 이어졌다. 점을 나열의 의미로 보아 '楊과 李의 黨 血統이라 할지언정'으로 본다면 '楊·李'가 누구누구인지 의문이 생긴다. 반면 이를 토씨의 생략으로 본다면 '湯(斌)이 李(光地)의 黨 血統이라 할지언정'으로 의미가 조금 통한다. 康熙帝는 湯斌과 李光地를 묶어 이른바 '僞道學'이라고 비판한 바 있다.

357 아버지 黃尊素(1584~1626)가 魏忠賢 등에게 반대해 옥사한 뒤 1627년 崇禎帝가 즉위하자 伸寃을 위해 上京했다가 심문 과정에서 許顯純·李實을 송곳으로 찌르고 崔應元을 구타해 '姚江 黃 孝子'로 불렸다.

358 1646년 겨울 阮美·馮京第 등과 함께 일본 나가사키(長崎)에 가서 에도(江戶) 幕府에 援軍을 청하려 했으나 실패했고, 이때의 일을 「日本乞師記」로 정리했다.

야 淸帝에 對한 尊依를 根本的으로 뽑자는 것이니, 梨洲의 아니 하야 본 運動이 없음은 여기서도 짐작할 수 잇다.

二曲은 西安* 盩厔* 사람이라. 아버니 **可從**이[從吾ㅣ][359] 明 崇禎 間에 汪喬年 部下로 討賊하러 갓다가 戰死하얏다.[360] 二曲이 이 三大儒 中 가장 孤苦한 속에서 자라나 그 學問도 **하**[항]상[361] 師友의 益을 資함이 아니라 自心 自立하야 卓絶함이 오히려 孫・黃에 지난다.

그는 말하되 "天下의 大根本은 人心이오, 天下의 大肯綮은 天下의 人心을 提醒하는 것이라"[362] 하고, "人心에 對한 提醒은 學問이오, 學問에 對한 着力은 悔過라" 하얏다. 그러므로 그는 '悔過自新'으로써 宗旨를 삼앗다. "過를 悔하되 그 根源에 가서 削除하라," "무릇 過를 悔함은 그 身上에서 함이 아니라 그 心上에서 할 것이오, 心上에서 하랴 할진대 반듯이 그 念의 움즉임에서 求할지니, 이러한 뒤라야 過를 알고 過를 뉘우치고 過를 고쳐 스사로 새로울 것이라"[363] 하얏다.

일즉이 亡父의 遺骸를 차지러 나스랴 하얏으나 어머니 老人이라 참아 떠나지 못하다가, 齊衰*의 喪를 마친 뒤 곳 徒步로 戰地을 向하야 城下 遺骨을 遍索하얏으나 엇지 못하니 官・民[364]이 二曲의 至孝에 感動하야 **可從**을[信吾

359　李顒의 아버지는 李可從이어서 여기에 '從吾'로 나오는 것은 착오로 보인다. 뒤에는 또 '信吾'로도 나오는데, '信吾'는 李可從의 字다. 散藁本・三星本은 이를 '信吾翁'으로 통일했고, 思想界本・全集本은 '從吾'와 '信吾'로 그대로 두었다.

360　李自成의 농민군과 싸우다가 河南 襄城에서 죽었다.

361　連載本의 '항상'은 '하상'의 오류로 보이는데, 思想界本 이하 여러 재출간본들은 모두 '항상'을 그대로 두었다.

362　夫天下之大根本, 莫過於人心; 天下之大肯綮, 莫過於提醒天下之人心. (『二曲集』「匡時要務」)

363　上士之於過, 知其皆由於吾心, 則直向其根源剗除之. (『鮚埼亭集』「二曲先生窆石文」) 悔過者, 不於其身, 於其心; 於其心, 則必於其念之動者求之. (…) 靜坐, 乃能知過; 知過, 乃能悔過; 悔過, 乃能改過以自新. (『鮚埼亭集』「二曲先生窆石文」)

364　襄城 知縣 張允中과 지역 유지 劉宗洙 등이다.

를] 위하야 祠宇를 세우기로 하얏다. 役事 中 二曲을 南邀하는 이 잇어[365] 一面으로 先賢 遺書를 點閱하고 一面으로 學을 講하다가 홀연 눈물이 비 오듯 하며 뉘우치며 꾸지저 가로되 "不孝로다. 네 이번 길이 무슨 일을 위함이완대 여기서 무에니 무에니 하고, 이러고도 人心이 잇는 者라 하랴. 遺書를 보아선들 무엇하랴" 하고 곳 戰地로 가 祠役 끝난 뒤 設祭 痛哭하고, 돌아와 杜門 自靖[淸][366]하더니 淸廷으로부터 그예 불러 쓰랴 하니 二曲이 곳 칼을 뽑아 自刺하니 救하야 回蘇하얏으나 이 뒤부터는 强迫하지 아니하얏다. 土室 속에서 苦節의 一生을 마추어 顧炎武 以外에는 그의 款接을 받은 이 없엇다 한다. (『明史』『明儒學案』『鮚埼亭集』『黃梨洲遺書』參照)

---

365 전에 螯屋 知縣이던 駱鍾麟이 李顒을 스승의 예로 자주 찾았었는데, 그가 1669년 江蘇 常州 知府로 승진하면서 延陵書院을 열고 李顒을 초청해 강학하게 했다.
366 散藁本은 '自淸'을 '自靖'으로 고쳤다. 三星本·全集本은 '自誚'으로 고쳐 놓았지만, 잘못 고쳐 의미가 통하지 않는다.

六. 朝鮮 陽明學派

[49] 朝鮮에는 陽明學派가 없엇다. 陽明學은 나려오면서 어떠한 異端·邪說같이 몰아 그 책이 책상 우에 노인 것만 보아도 벌서 亂賊의 聲討를 準備하게 되엇나니, 一二 學者ㅣ 비록 陽明의 學說에 獨契함이 잇다 할지라도 밖으로는 드러내이지 못하얏다. 그런즉 陽明學派 없엇다 함이 事實 아님이 아니다. 朝鮮은 晦菴學派뿐이다. 여러 百 年 동안 누구를 무를 것 없이 그 學을 밧들어야만 進身·取名의 길을 어들 수가 잇엇나니,* 全部인지라 따로 晦菴學派라는 이름까지도 없엇다.

그러나 學問이 名塗가 되면 虛·假의 弊 생기기 쉬우되, 이 學問이 名塗는커냥 擧世 排斥의 標的임에 不拘하고 "내 마음에 올흐니까 나는 이를 獨修한다" 할진대 이야말로 一[日]眞無假[367]의 原血脈이니, 없엇다 하는 朝鮮 陽明

---

367 連載本의 '日眞無假'는 '一眞無假'의 오류다. 散藁本·三星本은 공교롭게도 '日'자가 빠져 '眞無假'만 남았고, 思想界本·全集本은 바로잡지 않고 그대로 두었다.

學派 | 실상으로 가장 貴한 存在 아닐는지는 누가 알랴.

이제 陽明學派로서 밖으로 드러내지 못한 우리 前修를 차저 보면 참으로 寥寥 莫甚*한대 그 중에도 大略 三別할 수가 잇나니, 一은 두렷한 著書가 있다 던지 그러치 아니하면 그 言論 間에라도 分明히 徵據할 만한 것이 잇어 外間에서는 몰랏을지라도 陽明學派라 하기에 의심 없는 이들이오, 一은 陽明學을 非難한 말이 잇는대 前後를 綜合하야 보면 이는 詭辭라 속으로는 陽明學을 主張하든 것을 가릴 수 없는 것이 잇는 이들이오, 一은 陽明의 學을 一言·半句 提及한 적이 없고 尊奉함은 晦菴에 잇다, 그러나 陽明을 말하지 아니하되 그 生平 主張의 主腦 되는 精神을 보면 두말할 것 없이 陽明學임을 알 수 잇는 이들이다.

우선 第一類에 屬할 陽明學派로 崔遲川[368] 鳴[嗚]吉(宣祖* 十九年 丙戌[戌][369]生, 仁祖 二十五年 丁亥卒)이 잇엇으니, 遲川의 陽明學을 獨修함은 前人이 道及한 적이 없고 遲川 같이 士林의 非議를 마터 가지고 듯는 이로서 만일 그 學이 王陽明을 主張하얏다 할 것 같으면 더더군다나 罪目이 부픗을* 것인대 도모지 아는 사람이 없엇다.

申[辛]晉翼[370]이가 와서 두 편지를 보고 李應徵이 편지 하나를 또 傳하니, 한 때 부친 것이나 갑절 든든하드라. 信後 消息이 어떠한지. 崔鳴後[明俊이][371]

---

368 '遲川'은 崔鳴吉(1586~1647)의 號다.

369 連載本의 '丙戌'는 '丙戌'의 오류다. 思想界本과 散藁本·三星本·全集本은 '丙戌'로 잘못 나와 있다.

370 連載本의 '辛晉翼'은 申晉翼의 오류다. 인용 원전인 『遲川集』에 잘못 나와 있다. 思想界本 이하 여러 재출간본들은 모두 '辛晉翼' 그대로 두었다. 申晉翼은 丙子胡亂 이후 昭顯世子와 함께 瀋陽에 볼모로 잡혀갔던 鳳林大君(후일의 孝宗)을 모시고 따라간 군관이다.

371 連載本의 '崔明俊'은 인용 원전인 『遲川集』에 '崔鳴後'로 나와 있다. 그러나 『瀋陽狀啓』에 '宣傳官 崔鳴後'가 나오고 기타 역사 자료에도 '崔鳴後'가 보여 '明俊'은 '鳴後'의 오류다. 『遲川集』과 『演論』의 오류가 겹쳤다. 思想界本 이하 여러 재출간본들은 모두 '崔明俊' 그대로 두었다.

는 얼마 아니하야 오겟기에 이 편만 苦待한다.

네 편지에 이르되 "本來 面目이 오즉 怳惚한 사이에 依稀하게 보일 뿐이니, 공부가 익지 못하야 그런가 합니다" 하얏스니, 네가 能히 이러함을 깨다르니 그동안 點檢·省察한 功을 알지라 깊이 기뻐한다. 陽明書에 이르되 "心은 번대 活物이라. 오래 守着할 것 같으면 心地上에서 病이 發할가 걱정한다"[372] 하얏으니, 반듯이 親切하게 본 배 잇고 또 자기가 體驗하야 分明하긴래 이러케 말한 것이리라. 陽明이 高明한 이로도 이 까징이 잇거든, 하물며 네야 방장 逆境에 잇으니 어찌 平人 가치 태연할 수 잇겟느냐.

이때에 와락 刻苦하는 공부를 차아 기니치게 持守하면 或 나든 病이 날가 念慮 아니 할 수 없다. 다만 尋常한 言動에라도 때때 정신 채려 수습하야 이 마음으로 하야금 노이게만 말고 갓금 靜坐默觀하야 天機의 妙함을 認取하여라. 언제던지 내 마음의 體로 하야금 鳶飛·魚躍하는 天則에 合하게 할 것 같으면 비록 갓친 속에 잇슬지라도 스사로 詠歸舞雩의 趣가 잇는 것이라 스사로 질기어 시름을 이질 수 잇거든, 네야 더구나 起居·飮食이 아무래도 自由로움이 잇고 接하는 배 言語·風習은 달를지라도 이네라고 내 同胞 아님이 아니라 하눌에 어든 五性·七情이 우리와 서로 멀지 아니하니 木石·麋鹿*하고 지나는 것보다야 어찌 낫지 아니하랴.

50 또 이른바 本來 面目이라는 것은 언제나 虛明·澄澈한 데 드러 잇어 喜·怒·哀·樂 사이에 나타나는 것이니, 이러한 까닭에 옛사람들이 用功함에 잇어 動·靜을 하나로 보는 것이라. 日月·寒暑의 代謝, 風雲·煙雨의 變態 어떤 것이나 다 道體의 流行인 同時 내 心·知의 作用으로 더부러 어우

---

372 『傳習錄』「薛侃錄」의 "心之神明, 原是如此. 工夫力有著落. 若只死死守著, 恐於工夫上又發病"이라는 구절이 이와 조금 비슷하다.

러 하나이니, 깨다름이 여기 이르러 가지고 항상 體認하게 되면 '依稀'타 *
하든 것이 自然히 分明할 것이며, '怳惚한 사이'라 하든 것이 自然히 恒久·
純熟할 것이다.

낸들 이 境界에 당도한 사람이랴마는, 마음은 늘 여기 잇어 왓으므로 가다
가다 힘을 어듬이 잇어 平生에 별별 못 당할 일을 가지로 만낫으되 크게 낭
패하지 아니함이 전혀 이 힘인 줄 안다. 그러므로 네게 말하는 것이니, 뒷날
父子 서로 만나 떠난 뒤 얻은 바를 각각 말하고 刮目相對하게 되기 바란다.

鳳吉이가 어제 肅川서 왓는대, 誼弟[373] 무던이 견대드란다. 두어 달 그냥
묵게 한 뒤라야 무슨 變通이 잇겟다. 다른 말은 別紙로 한다.[374]

이 一篇 書札은 『遲川集』 卷十七에 잇는 「寄(兒)後亮書」[375]이니, 丙·丁 難後
에 大臣 子弟 質子로들 瀋陽 가 잇엇나니 이때 한 글월인 줄 안다. 全幅의 辭
意 遲川의 學이 어대로 조차 드러갓슴을 明徵할 수 잇는대, 다시 그 集 中 卷

373 崔鳴吉의 동생인 崔誼吉을 말한다. 崔誼吉은 나중에, 이 편지 수신자인 崔鳴吉의 아들 崔後亮과 교
대해서 瀋陽에 볼모로 가게 된다.

374 辛晉翼來, 見二書, 李應徵又傳一書, 雖皆同時出, 慰則倍也. 信後消息, 且復何如? 崔明後不久當還,
苦待此行. 汝書云: "本來面目, 只於怳惚間看得依俙. 此乃工夫未熟而然也." 汝能覺得如此, 亦見日間點檢
·省察之功, 深可喜也. 陽明書云: "心本爲活物, 久久守着, 亦恐於心地上發病." 此必見得親切, 自家體驗分
明, 故其言如此. 以陽明之高明, 猶有是憂, 況汝方處逆境, 心事何能和泰如平人耶? 此時遽下刻苦工夫, 過
爲持守, 或轉成他病, 亦不可不慮. 但就尋常言動間, 時加提掇, 不使此心走放, 往往靜坐默觀, 認取天機之
妙. 常使吾心之體, 妙合於鳶飛魚躍之天, 則雖在囹圄·幽縶之中, 自有詠歸舞雩之趣, 自足以樂而忘憂. 矧
汝起居·飮食, 猶得自由, 所與接者, 言語·風習雖殊, 亦莫非吾之同胞, 而其所得於天之五性七情, 與我未甚
相遠, 豈不愈於木石·麋鹿之與處者耶? 抑所謂本來面目, 常涵於虛明澄澈之地, 而發見於喜·怒·哀·樂之
間, 古人用功所以無間於動·靜. 而日月·寒暑之代謝, 風雲·煙雨之變態, 莫非道體流行之妙, 而與吾方寸知
覺之用, 上下同流, 滾合爲一. 但能覺得到此而常常體認, 則所謂依俙者自然分明, 所謂怳惚之間者自然恒
久純熟矣. 吾非臻此境者, 但心之所存, 常在於此, 亦嘗往往有得力處, 平生遭遇患難, 堪非一二, 賴此得不
至大狼狽, 故爲汝言之. 庶他日父子相逢, 各言其別後所得多少, 而爲一番刮目相對地耳. 鳳吉昨從肅川來,
聞誼弟頗能安頓. 欲使留待數朔, 然後方有進退也. 餘在別紙. (『遲川先生集』「寄後亮書」)

375 문집에 실린 제목은 '寄後亮書'여서 '兒'자가 잘못 들어갓다. 思想界本 이하 여러 재출간본들은 모두
그대로 두었다.

十七애 잇는 「復[後]篆」[376] 第六에 "남은 모르는데 自心이 외오서* 안다"[377] 한 句語와 交映하야 보면 陽明의 良知 一路에 對한 傳承이 의심 없이 나타난다. 遲川의 字는 子謙이니, 仁祖反正 元勳으로 官位 上相에 이르고 諡를 文忠이라 하니 學者로서 가장 通顯한 이라 하겟으나, 그의 一生으로 말하면 崎嶇·艱險하야 그 편지의 말과 같이 별별 못 당할 일을 가지로 만난 그악한* 팔자이니 反正 元勳부터가 冒險의 開始어니와 遲川의 가장 崎嶇함은 丙·丁* 前後이다. 처음 丁卯 淸難에 우에서 江華로 가신 때 挺身 獨擔이나 淸差와 너부러 鎭海樓에서 和議를 打商하야 淸軍의 禍를 물린 뒤, 苦言·切論으로써 外交의 機宜와 內修의 方略은 備擧히얏스니 朝議 不一하야 하나도 施行되지 못하고, 丙子年부터 淸人 侵略의 遠氛이 날로 迫近한데 여기서들은 한갓 大言에 기우러저 戰·交의 兩策이 다 茫然함으로 遲川 홀로 憂惱萬端하야 아무조록 交隣하는 辭命을 巽順히 하야 禍를 늦추어 노코 그 사이에 民을 保하고 兵을 練하야 戰守할 計劃을 세우랴 하얏스나, 이런 말이 벙끗만 하면 발서 秦檜 一流로 遲川을 몰앗고, 몰든지 엇저던지 모다 한 귀로 흘리고 重言·**復[複]言**[378]하야 스사로 마지 못하얏다.

丙子 冬에 淸兵이 畿內를 直襲하매 大駕ㅣ 蒼黃히 播遷하시랴는대, 南門애 나실 지음 淸兵은* 발서 西郊에 迫到한지라. 上下ㅣ 失色하야 엇지할 줄을 모르니 遲川이 上前에 나아와 알외되 "臣이 單騎로 虜陣에 가서 渝盟 動兵함을 責問하겟사오니, 臣을 죽이면 할 수 업스되 天幸으로 말만 어우를진대 **酬酌[酢]**[379]하는 동안에 틈을 어들 수 잇슬가 합니다." 이때 仁祖ㅣ 遲川의

---

376 連載本의 '後箋'은 '復箋'의 오류다. 思想界本 이하 여러 재출간본들은 모두 이를 바로잡지 않았다.

377 人所罔覺, 自心獨知.

378 連載本의 '複言'은 思想界本에서 '復言'으로 고쳤고, 散藁本·三星本·全集本은 '複言' 그대로 두었다.

379 酢는 酌의 뜻으로도 쓰여 '酬酢'은 '酬酌'과 같다.

알욈을 드르시고 "그러면 幸이라. 卿이 萬死를 무릅쓰고 몸을 虎口에 던저 君父의 急을 늣구랴 하니, 이는 古今에 처음 보는 배라" 하시고 禁軍 二十名을 주어 다리고 가게 하셧다. 城門을 나서자마자 禁軍 二十名이 하나도 업시 다 다라낫[랏]다.[380] 淸陣에 이르러 짐짓 酬酌[酢]을 느러노아 엇더케 끄럿던지 해가 기울도록 軍行을 머물게 하얏다. 勿論 智略이 過人한 이라 엇더케 하면 엇더케 될 수 잇스려니 하는 自信도 잇스려니와, 死生·禍福이 念頭에 오르지 아니하는 純誠·血忱이 아니고는 이 같이 邁往하지 못할 것이다.

51 大駕 이미 南漢에 到達하신 뒤 遲川이 아슬아슬하게 淸將의 鋒刃을 벗어나 行在로 가니, 圍城의 陷落이 또 朝夕間이라. 遲川이 이르되, "오늘날 計策은 講和 아니면 싸우는 것인데, 싸우랴면 믿을 군사 없고 講和에 對하야는 모두 畏忌함이 잇스니, 一片 孤城에 君父을 모시고 宗社 일을 장차 어찌 하려뇨." 이에 和議를 主擔하얏다.

主和는 곳 遲川의 罪目이다. 그러나 主和가 遲川의 罪 아니라 참아 君·國을 떼어 바리고 當世의 共說하는 '大義'를 標榜하지 못하는 이것이 遲川의 罪다. '大義,' '大義'.[381] 國破·君亡하는 것은 第二件事오 좀 더 지나가서 國을 破하야서, 君을 不保하야서 이 '大義'를 세우자 함이, 아지 못게라, 과연 本心의 發現이라 할가. 嗚[鳴]呼라. 君保·國存하는 것을 第二라 할진대 眞實한 第一은 勿論 그 바이 없는 것이언만, 學風의 傳襲함이 오래매 希古·尙志하는 幾多의 宏碩이 다시 의심 없을 이 經緯를 지나쳐 보앗나니, 그네 하상*

---

380 連載本의 '다다랏다'는 오류인데, 三星本은 '다 달아났다'로 고쳤고 全集本은 '달아났다'의 오류로 보았다. 三星本 쪽을 따랐다.
381 三星本·全集本은 '大義'가 한 번만 들어갔고, 思想界本과 散藁本은 한 번의 '大義' 외에 그 앞의 '遲川의 罪다'까지 빠져 문장이 많이 흐트러졌다. 三星本은 '大義·國破·君亡'으로 이어 놓아 문장이 더욱 이상해졌다.

潔白無垢치 아니함이 아니로되 실상은 尊攘에 對한 傳訓을 **謬**[膠]託[382]함이지 自心에 잇어 스사로 마지못할 무엇이 잇음이 아니다.

遲川은 이러한 學者 아니라. 내 君父의 危困, 내 宗社[祊]의 喪亡을 참아 恬視*할 수 없다. 當世의 共說하는 '大義'는 不顧할 수 잇으되, 自心의 獨知하는 不安은 스사로 瞞過할 수 없다. 古聖의 眞髓를 探究하야 보면 義와 利의 分은 오즉 獨知하는 그곳에 잇어 安코 不安함으로 조차 界別되는 것이지 하상 엇다 대어 **가**[기]지고 義를 어더 오는 것이 아니니, 이로써 보면 遲川이 과연 義대로 나간 이인가, 義를 저바린 이인가.

그 非難, 그 攻擊을 바드면서도 '不容已[己□]'[383]의 純誠은 毫髮민지**타**노 退沮함이 없엇다. 遲川은 大義를 몰랏다 하라. 遲川은 오즉 隱微한 自心의 明照를 참아 <u>스스</u>로 바리지 못한 이라. 仁祖 大王도 도라빕지 아니할 수 잇으되, 朝鮮까지도 상관 말자 할 수 잇으되, 自心의 自發하는 이 한 자리는 遲川으로서 어찌하지 못하는 것이라. 어찌하지 못할새 仁祖 大王을 아니 돌아뵈려 하여도 어찌할 수 없고, 朝鮮을 상관 말려 하야도 어찌할 수 없든 것이다. 그러므로 遲川으로서는 一念이라도 仁祖 大王을 爲하는 데 털끗만 한 己私의 間雜이 잇는가 이것이 걱정이오, 朝鮮을 爲하는 데 실낫 같은 利欲의 混入이 잇는가 이것이 근심일지언정, 一世의 非難·攻擊은 말도 말고 심하야 百世·千秋·永劫에 이르리* 자기를 無狀의 極으로 몰지라도 이것은 그의 胸中에 芥滯될 것이 아니니, 만일 이러한 생각이 往來할진대 이 곳 己私라 이것

---

382 連載本의 '膠託'은 '謬託'의 오류로 보인다. 散藁本은 '謬託'으로 고쳤으나, 思想界本·三星本·全集本은 '膠託' 그대로 두었다.

383 連載本의 '不容已'는 문맥상 '不容己'의 오류로 보인다. '멈추게 할 수 없는' 정도의 의미로 볼 수 있으며, 본문 조금 뒤에 나오는 표현으로 '어찌할 수 없는'에 해당한다. 思想界本 이하 여러 재출간본들은 모두 '不容己' 그대로 두었다.

이 참 걱정이오, 이 곳 利欲이라 이것이 참 근심이다.

이제 遲川을 말하는 이 아즉도 그 大義에 어김을 글리 알기도 하고,* 아는 이는 그 功業이 保君·存國함에 잇어 昭著함을 기리기도 하나, 前者는 말할 것도 없고 後者까지라도 오히려 遲川의 眞血을 만저 본 것이 아니니, 遲川의 南漢 獨擔이 곳 遲川의 學問上 得力이라 遲川의 學問을 알아야 그 表裏·本末의 어떠함을 깊이 알 수 잇는 것이다.

兪杞平[384] 伯曾이 圍城 中에 잇을 때 아닌 새벽에 홀로 城 우에 앉어 歎息하며 가로되 "허, 六尺도 채 되지 못하는 몸으로 뭇 시비를 도맡어 가지고 정성을 다하야 나라를 救하니, 무던하다. 무던하다." 이러케 말하는 것을 高孝悅이라는 胥吏 潛聞하고 이르되, "이 分明히 完城[385] 大監을 두고 하는 말이라" 하얏다 (『崔昆侖集』[386] 「遲川公遺事」). 闇中에서 한* 칭찬이 참 칭찬임을 알라. 누가 드르라고* 한 것이 아니다. 遲川의 生平에 만일 名心이 잇엇던들 遲川이 되지 못하얏섯을 것이며[나],[387] 名心이 잇엇던들 遲川이 되지 아니하얏섯슬 것이다. 그러면 遲川의 主和를 非擊[388]하는 大義는 어떠한 것인가. 中華인 大明을 위하야 나라를 없애는 것이 옳고, 夷狄인 淸朝와 和하야 春秋를 더렆이는 것이 글다 하든 것이니라.

52 遲川도 明朝에 對하야 舊誼를 생각하지 아니한 이가 아니다. 그러나 宗

384　兪伯曾(1587~1646)이 반정 공신으로 받은 君號가 '杞平君'이다.

385　崔鳴吉이 반정 공신으로 받은 君號가 '完城君'이다.

386　思想界本과 散藁本·三星本·全集本은 모두 '昆'이 '崑'으로 잘못 나와 있다. 문집에 실린 글의 제목도 '遲川公遺事'인데 連載本 이하 모두 '公' 자가 빠졌다.

387　連載本의 '것이나'는 문맥상 '것이며'가 더 자연스럽다. 散藁本은 '것이나'를 그대로 둔 채 마침표를 찍었고, 三星本은 이 마침표를 살려 '것이다'로 바꾸었으며, 思想界本과 全集本은 '것이나'를 그대로 두고 문장을 연결시켰다.

388　連載本의 '非擊'을 散藁本·三星本·全集本에서는 '排擊'으로 고쳤으나, 앞의 '非難·攻擊'을 생각하면 '非擊'이 저자의 의도였을 가능성이 높다. 思想界本은 '非擊' 그대로 두었다.

國의 存亡 問題에 잇어서는 遲川 眼中에 大明이라는 것이 잇을 리 없다. 그러나 國家로써 지켜야 할 信義는 또한 國家를 위하야 固守하엿나니, 南漢 和約 以後 淸朝로부터 朝鮮의 兵을 徵하야 明을 치랴 하매 遲川이 우에 알외되 "淸朝와 結和는 하엿을지라도 明朝를 助攻함은 義 아니니, 大臣 몇 사람이 이 **일로 하야**[일하로야] 목숨을 바려야 할지라, 臣이 첫재 自當하랴 하나이다" 하고 스사로 瀋陽에 다다라 죽기로써 抵爭하엿고, 和議 이룬 뒤 明江에 密書를 보내어 舊日의 情好를 저바림은 一渧함이 없다 하야 獨步라는 比丘를 裝送하야 崇禎帝 崎嶇 自達함을 感服하엿다.

獨步ㅣ 再次 또 海行을 거듭하다가 마침내 端緖가 드러나니 遲川이 自當하고 나서 鴨江을 건너 査問에 對할새, 淸情을 아는 이 遲川에게 말하되 "直接 裝船 送僧*함은 林慶業의 일이라. 大監이 禍를 당할지라도 林慶業은 어차피 免치 못할 것인즉 그에게 밀고 禍를 避하라" 하니, 遲川이 가로되 "아니다. 그 사람으로 더부러 일을 가치 하고 死生에 臨하야 그에게 밀어 스사로 벗어남은 義 아니다." 말하든 이 이 말을 듣고 門밖게 나가 목 노아 울며 가로되 "참으로 忠臣·烈士다. 이런 이도 잇는가" 하엿다 한다.

對問하는 자리에 이르러 慨然히 自引하야 가로되 "이 일을 主張한 사람은 나 하나이다. 國君이 아시는 것도 아니오, 廷臣도 아는 사람이 없다." 林慶業을 무르니 "이는 다 내 命令을 받드러 行하얏을 뿐이라" 하니, 淸人들이 서로 보며 가로되 "崔閣老, 事事自當, **可謂鐵石肝腸.**"[389] 遲川의 苦心血誠에 敬意를 表하엿다. 그러나 마**침**[침]내 瀋陽까지 잡혀가서 北館에 가치고 다시 南館에 옴겨 前後 四年 만에 故國 땅을 밟앗다.

---

389 連載本 이하 모두 '可謂'가 없으나. 『西河先生集』「領議政完城府院君崔公諡狀」에 나온 대로 이를 추가해야 자연스럽다.

遲川의 至友오 또 同學인 한 분이 잇스니, 이는 張谿谷[390] 維*이다. 谿谷이 群非·衆攻 中 特別히 遲川을 感歎하야 丁卯 鎭海 交涉을 말하되,

> 이때 虜兵이 平山에 屯처 江都와 상거가 百餘 里인대 行朝의 守備 寡弱하매 사람마다 危懼함을 품고, 비록 和을 斥하는 者라도 밖으로만 大言을 하지 속은 실로 和議의 이루어짐을 다행하게 알지만 浮議를 두려 敢히 明言하지 못하는 때, 子謙이 홀로 무슨 일에나 담당하고 나서 顧避함이 없음으로 마침내 彈劾함을 만나 罷去하얏다. (『谿[谿]谷漫筆』)[391]

하얏다. 이것을 가지고 보면 그때 朝廷의 內容을 짐작할 수 잇지 아니한가. 속은 和議의 이루어짐을 다행케 알되 거죽으로 大言을 함이 하필 이 한 일이며, 하필 和議에 對해서만이랴. 거죽으로 하는 大言이 本心이 아님은 말할 것도 없거니와 속으로 다행이 아는 그것도 실은 本心이 아니니, 가치 和議에 對한 생각이로되 遲川은 君·國이 보이고 이네는 身·家가 보이는 것이라. 속으로 和議를 다행히 아는 사람이 어찌하야 이를 排斥하는가. 이것도 身·家 위하는 排斥이다. 排斥은 信望의 미천이 아니냐. 속 다행은 遲川을 비러 이루고 거죽 大言은 遲川이 잇어 살바지까지 되어 주니, 이루어 다행한 것이야 내나 알지 남이 아나. 大言 排斥은 남이 다 아는 것이다. 남 보기로는 어느 틈으로나 속 다행이 드러나지 아니하니, 이럴스룩 거죽 大言을 더 峻嚴*히 하야 더 信望을 모으리라. 참으로 妙方·奇略이다. 그러나 谿谷의 밝음은

---

390 '谿谷'은 張維(1587~1638)의 號다.

391 時虜兵屯平山, 去江都百餘里, 而行朝守備寡弱, 人情危懼, 雖斥和者外爲大言, 內實幸和議之成. 而畏浮議, 莫敢明言, 獨子謙遇事輒首發, 無所顧避, 卒以是被彈去. (『谿谷漫筆』「崔鳴吉首發講和之議」)

이를 燭知[392]하엿다. 谿谷까지 몰랏다 하자. "'나'나 알지 남이 아나" 한 '그' '나'까지 속일 수도 잇을가.

53 谿谷의 字는 持國이니(宣祖* 二十年 丁亥生, 仁祖 十六年 戊寅卒), 谿谷 도 遲川과 같은 反正 勳臣으로 右議政에 이르고 諡를 文忠이라 하얏다. 國 朝 文章家 中 金農巖[393] 昌協 以前은 谿谷이 실로 惟一한 正宗이라.

그러나 谿谷은 文章家로서 指目할 이가 아니다. 遲川・谿谷이 다 陽明學을 옳케 알아 卓然獨守함이 잇엇는데, 遲川보다도 谿谷은 著述에 特[持]長이 잇는이만큼 實際的 用功함을 文字로써 記錄한 것이 얼마쯤 殘存하얏다. 陽 明學을 禪學이라고 非議함을 辨駁하야 가로되,

陽明 良知의 訓은 用功하는 實地 전혀 省察하고 擴充하는 데 잇다. 그러므 로 '喜靜厭動'*[394]은 學者의 戒할 배라고 항상 말하얏다. (『谿谷漫筆』)[395]

비록 말함이 만치 아니하나 致知에 對한 明見으로는 심히 念菴과 가깝고, 隱 微함에로부터 己私의 萌芽*를 除治할 것을 主張하야 가로되,

---

392 思想界本과 散藁本・三星本・全集本은 모두 '燭知'를 '獨知'로 고쳐 놓았으나, 문맥상 '燭知'가 더 적합 해 보인다.

393 '農巖'은 金昌協(1651~1708)의 號다.

394 陽明이 '喜靜厭動'을 언급한 사례들은 다음과 같다. 問: "寧靜存心時, 可爲未發之中否?" 先生曰: "今 人存心, 只定得氣. 當其寧靜時, 亦只是氣寧靜, 不可以爲未發之中." 曰: "未便是中, 莫亦是求中功夫?" 曰: "只要去人欲・存天理, 方是功夫. 靜時念念去人欲・存天理, 動時念念去人欲・存天理, 不管寧靜・不寧靜. 若 靠那寧靜, 不惟漸有喜靜厭動之弊, 中間許多病痛, 只是潛伏在, 終不能絶去, 遇事依舊滋長. 以循理爲主, 何嘗不寧靜? 以寧靜爲主, 未必能循理." (『傳習錄』「陸澄錄」) 一友靜坐有見, 馳問先生. 答曰: "吾昔居滁時, 見諸生多務知解, 口耳異同, 無益於得, 姑敎之靜坐. 一時窺見光景, 頗收近效. 久之, 漸有喜靜厭動・流入枯 槁之病. 或務爲玄解妙覺, 動人聽聞. 故邇來只說致良知. 良知明白, 隨你去靜處體悟也好, 隨你去事上磨練 也好. 良知本體原是無動無靜的. 此便是學問頭腦. 我這個話頭自滁州到今, 亦較過幾番, 只是致良知三字 無病. 醫經折肱, 方能察人病理." (『傳習錄』「黃省曾錄」)

395 若陽明良知之訓, 其用功實地, 專在於省察・擴充. 每以喜靜厭動, 爲學者之戒. (『谿谷漫筆』,「陽明與白 沙」)

物을 기다려 가지고 서는 者는 嬰兒오, 物에 붙어 가지고 되는 者는 女蘿
오, 物을 따라 變하는 者는 影·魍魉[罔兩](影外影)이오, 物을 훔쳐 스사로
利케 하는 者는 穿窬오, 物을 害하야 스사로 보하는 者는 豺狼이라. 아레
로 둘은 굴근 犯行이라 오히려 아니 하기 쉬우되, 우로 셋은 細累라 좀처
럼 벗어나기 어렵다. (『谿谷漫筆』)[396]

이 말은 陽明學으로서도 가장 骨子 되는 것이라. 學問이 實心에로 直向하지
아니하고는 意念上 檢覈이 이에 미치지 못하는 것이다. 念菴의 '無欲'論이
이것이오, 念臺*의 '愼獨'論이 이것이오, 二曲의 '知幾'論이 이것이다.
그러므로 谿谷은 一生 言行이 거죽으로 世儒의 儼然함을 흉내 내지 아니한
채로 森嚴 自立함이 잇어, 遲川과 平生 서로 좋아하는 사이로되 谿谷이 在
喪하얏을 때 起復 拜相함을 限死하고 辭하니 遲川이 親히 가 보고 "漢陰[397]
故事도 잇다. 그대 漢陰만만 하면 足하지 아니한가." "그러치 아니하다. 漢陰
의 일의 배홀 것이 많거늘 이는 다 배호지 못하고서 홀로 그 起復함만을 배
호면 이 어찌 可한 일이라 하리오." 谿谷의 苟隨치 아니함은 이 한 일로도 想
像하고 남음이 잇다.
鄭東溟[398](斗卿*)이 晩來에 故相 諸公을 追懷하며 말하되 "子謙이, 持國이,
그 사람됨이 다 환(炯然)하더니, 直夫부터는 좀 의뭉하것다" 하얏다. 直夫는
李白江[399](敬輿)의 字이다.

---

396 待物而立者, 嬰兒也; 附物而成者, 女蘿也; 隨物而變者, 影·魍魉也; 竊物而自利者, 穿窬也; 害物而
    自肥者, 豺狼也. (…) 下二者, 麤犯猶可易免; 上三者, 細累尤爲難察. (『谿谷漫筆』 「君子之棄小人之歸」)
397 '漢陰'은 李德馨(1561~1613)의 號다.
398 '東溟'은 鄭斗卿(1597~1673)의 號다.
399 '白江'은 李敬輿(1585~1657)의 號다.

谿谷이『中庸』首章 章句(晦菴 注)를 指摘한 말이 잇으되,

> "天이 命함을 性이라 하고, 性을 率함을 道라 하고, 道를 修함을 敎라 한
> 다."『中庸』은 修道의 敎를 위하야 지은 것이라. 그러므로 下文에 곧 이어 가
> 로되, "道란 것은 잠간이라도 떼일 수 업나니, 떼일 수 잇을진내 道 아니라"
> 하고 因하야 戒懼・愼獨・致中和의 일을 말하엿나니, 이 곳 修道의 實이라.
> 修는 修明하고 修治함을 이름이니, 마치 "君子修之, 吉"(周濂溪「太極圖說」)
> 의 修와 같거늘,『章句』에 가로되 "修는 이를 品節함이오, 敎는 禮樂・刑政
> 같은 부치 곳 이것이라" 하엿다. 品節로써 修 字를 푸는 것이 빈대 ㅣ 分 規
> 切치 못할뿐더러, 禮樂으로 말하면 비록 이로써 身을 治하는 배나 戒懼・愼
> 獨에 대고 보면 差緩한 것 같고 刑政은 治具라 원체 學者 身・心에 關係* 업
> 나니, 이로써 道를 修함이 어찌 밖으로 벗어짐이 아니랴. 本章의 말한 戒
> 懼・愼獨・致中和 等 切近한 傳訓을 노아 두고 멀리 禮樂・刑政을 드러 敎라
> 하니, 이는 나의 의심하는 배라. (『谿谷漫筆』)[400]

이 一篇 疑難이 陽明의 宗旨를 그대로 敷暢함이니, 陽明「大學問」의 親民을
解함과 彼此 交映하는 靈犀이다.

54 谿谷의 見地 이 가치 卓越함으로 朝鮮 學風에 對하야 남모르는 嗟傷을
품어,

400　首章曰: "天命之謂性, 率性之謂道, 修道之謂敎." 中庸, 爲脩道之敎而作也. 故下文卽繼之曰: "道也
者, 不可須臾離也; 可離, 非道也." 因言戒懼・愼獨・致中和之事, 此卽脩道之實也, 脩是脩明・脩治之謂, 猶
'君子脩之吉'之脩也. 章句曰: "脩, 品節之也. 敎, 若禮樂・刑政之屬是也." 以品節釋脩字, 本欠親切. 禮樂雖
所以治身, 比之戒懼・愼獨, 則似差緩. 若乃刑政是爲治之具, 元無關於學者身心. 以是脩道, 無乃外乎! 夫捨
本章所言戒懼・愼獨・致中和等切近之訓, 而遠擧禮樂・刑政以爲敎, 此余之所疑一也. (『谿谷漫筆』「中庸章句
中有疑者三」)

中國은 學術이 갈래가 많아 正學者도 잇고 禪學者도 잇고 丹學者도 잇고, 程·朱를 배호는 者도 잇고 陸氏를 배호는 者도 잇어 門徑이 不一한대, 우리나라인즉 有識·無識 할 것 없이 책 끼고 글 읽는 사람은 다 程·朱를 誦하야 다른 學이 잇음을 듣지 못하니, 우리 士習*이 果然 中國보다 나어 그런 것인가. 아니다. 中國에는 學者가 잇으되 우리나라에는 學者가 없다. 대개 中國은 人材·志趣가 자못 碌碌하지 아니하야 때때 뜻 잇는 선비 잇어 '實心'으로 學에 向함으로 그 좋아하는 바를 따라 공부한 배 서로 갓지 아니하나, 그러나 가다가다 각각 '實得'함이 잇다. 우리나라는 그렇지 아니하야, 齷齪·拘束하야 志氣라고는 도모지 없다. 오즉 程·朱의 學이 세상에서 貴重히 여기는 바임을 드러 입으로 말하고 외양으로 높일 뿐이니, 다른 學만이 없을 뿐이 아니다. 正學에 잇서서도 언제 무슨 어듬이 잇은 적이 잇섯는가. 譬컨대 땅을 파고 씨를 뿌려 패기도 하고 결실도 한 뒤라야 이것은 五穀이다, 이것은 稊稗다 區別이 생기는 것이지, 편한 赤地 우에야 五穀이란 무엇이며 稊稗란 무엇이냐. (『谿谷漫筆』)[401]

고까지 말한 것이 잇다. 嗚呼라. 이 數行 漫筆이 실로 朝鮮 儒學史의 總論이라 하야도 거의 過言이 아닐지라. 입으로 말하고 모양으로 높임이 이미 學問의 眞을 일흠은 무론이오, '世所貴重'이라는 것을 듣고서* 이러케 하는 이 一片 自利念이 結局은 學問을 비러 웬갓 私計를 이에서 解決하고 마랏다. 谿谷

401 中國學術多岐: 有正學焉, 有禪學焉, 有丹學焉; 有學程·朱者, 學陸氏者, 門徑不一. 而我國則無論有識·無識, 挾笑讀書者, 皆稱誦程·朱, 未聞有他學焉. 豈我國士習果賢於中國耶? 曰: 非然也. 中國有學者, 我國無學者. 蓋中國人材志趣, 頗不碌碌, 時有有志之士, 以實心向學. 故隨其所好而所學不同, 然往往各有實得. 我國則不然. 齷齪拘束, 都無志氣. 但聞程·朱之學世所貴重, 口道而貌尊之而已. 不唯無所謂雜學者, 亦何嘗有得於正學也? 譬猶墾土播種, 有秀有實而後五穀與稊稗可別也. 茫然赤地之上, 孰爲五穀, 孰爲稊稗者哉? (『谿谷漫筆』 「我國學風硬直」)

이 이 漫筆을 쓸 때도, 그 뒤 現狀을 가지고 보면 오히려 盛時라 할 수 잇다.

遲川의 孫 明谷(錫鼎)[402]이 陽明學을 排斥하야 심지어 그 祖父의 陽明學派 아님을 力辯[辨]하얏고, 曾孫 昆侖*(昌大)[403]도 그 아버니 明谷의 論을 衍하야 遲川이 谿谷과 가치 少時에는 陸·王을[五를] 좋아하얏으나 遲川은 나중에 그 올치 아니함을 알고 谿谷은 꿋꿋내 初見을 가지고 잇엇다 하얏는데, 明谷도 『禮記類編』이란 책을 만드럿다가 朱注와 違反이 잇다는 것으로 焚册·毁板*의 야단을 만낫으니, 그때 所謂 學問界 언머니 무기무게이딘 깃을 짐작할지라. 明谷·昆侖의 遲川의 王學徒 아님을 力說함도 그 속은 정녕 救禍의 計일 것이며, 또 遲川 가치 擔當하는 力量이 逈別한 이가 아니고는 원체 무서우니까 자기들도 스사로 깨닷지 못하는 사이에 自私見이 압서 分明히 陽明의 올치 아니함을 볼 뿐이오, 이러케 보는 그 눈이 발서 利害上 趨避로 조차 指揮됨을 깨닷지 못하기도 하얏을 것이다. 그런즉 『遲川集』中 寥寥한 一書가 아마 删拔한 남아지에 幸存한[할][404] 것일지도 모른다.

그러면 谿谷의 初見을 직혓다 함을 直言함은 어찌함인가. 谿谷은 文章으로 一世를 雄視하니만큼 그 言論이 邊掩하기 어려움도 잇으려니와, 谿谷은 遲川*과 좀 다른 것이 잇으니, 遲川은 이미 春秋 大義에 得罪者로 세상이 떠드는 辱주머니오 또 明谷은 登朝한 뒤 派爭 渦中에 드러 禍阱이 앞뒤에 잇엇으니 무서움이 더할 것이로되, 谿谷은 孝宗 國舅이라 顯·肅 以下 列朝ㅣ 다 그 外裔시니 處勢 尊重하야 聲罪의 鋒刃이 만만히 向하기 어려윗나니, 『谿谷漫筆』等의 存文이 어찌할 수 없은즉 初見을 직혓다 하야도 累 될 것이 없

---

402 '明谷'은 崔錫鼎(1646~1715)의 號다.

403 '昆侖'은 崔昌大(1669~1720)의 號다.

404 連載本의 '幸存할'은 문맥상 '幸存한'의 오류로 보인다. 散藁本·三星本은 이를 바로잡았으나, 思想界本·全集本은 그대로 두었다.

다. 谿谷이 累 없을진대, 그와 同學인 遲川도 따라 累 없을 수 잇지 아니한
가. 이는 公言이라. 이러한 經緯가 잇고서야 어찌 무시무시함이 잇으랴. (『谿
谷集』, 『國朝名臣錄』, 『西河集』 「遲川行狀」,[405] 『燃藜室記述』, 『明谷集』, 『昆侖*
集』 參照.)

55 鄭霞谷[406] 齊斗의 字는 士仰이니, 圃隱(夢周)[407]의 後裔라. 朝鮮 陽明學
派로서는 霞谷이 第一類 中으로도 가장 大宗이니, 霞谷의 生平 著述은 전혀
陽明學을 體究한 學說로서 冊數로만 數十에 達한다. 遲川은 一書로써 그 用
功의 遺痕을 보이고 谿谷은 좀 緖言이 잇다 하야도 이른바 斷甲·片鱗이엇
마는, 霞谷은 아조 綜博한 學說을 세워 王門 諸子 中으로도 미치지 못할 大
著를 남긴 이이다.

霞谷이 少時에는 晦菴學에 從事하야 『大全』『語類』의 精微*한 意義를 貫穿·
研索하지 아니함이 없으되, '格·致'를 解하야 '卽物窮理'라 함에 미처는 암만
하야도 드러맞지 아니하는 것 같아 다시 周·程의 學說을 溯하야 諸經의 大
旨를 尋索하더니, 中年에 陽明書를 어더 '致良知' '知行合一'의 訓을 보고 비
로소 躍然히 깨다라 이 뒤로는 一生 學問을 이에 專注하얏다.

霞谷 때로 말하면 遲川·谿谷 諸公은 발서 凋謝한 지 오래고, 尹明齋[408](拯),
閔誠齋(以升[爾承])[409] 모두 霞谷의 學問을 맛당치 아니하게 여기엇는대, 誠
齋는 霞谷과 年齒 相近한지라 더욱이 交好로 조차 辨駁의 度가 加甚하얏고,

405　三星本·全集本은 '西河集'과 '遲川行狀'을 별개의 자료인 것처럼 떼어놓았으나, 『西河集』에 수록된
　　　「遲川行狀」을 가리킨다.
406　'霞谷'은 鄭齊斗(1649~1736)의 號다.
407　'圃隱'은 鄭夢周(1337~1392)의 號다.
408．'明齋'는 尹拯(1629~1714)의 號다.
409　連載本의 '閔爾承'은 '閔以升'의 오류다. 思想界本 이하 여러 재출간본들은 모두 이를 바로잡지 않았
　　　다. '誠齋'는 閔以升(1649~1698)의 號다.

崔明谷(錫鼎)은 遲川의 孫이로되 霞谷 學問에 이르러는 始終 異見을 가젓섯다.

陽明 以後 陽明學派의 著書로서 가장 綜密하고 가장 切近하고 또 가장 詳述細傳하야, 心齋의 直指함이 잇으되 緒山의 規矩를 兼하고 龍溪의 超悟함이 잇으되 念菴*의 檢攝을 合하기는 霞谷이니, 霞谷은 오즉 朝鮮 陽明學派의 大宗만이 아니다.* 陽明도 當時에 잇어 異端이라는 排斥을 받엇섯으나 門弟의 盛함을 自如히얏고, 龍溪 緖山은 地位 輕微아섯반 隱然히 四方의 師表되엇나니, 이로써 霞谷의 孤立·獨守함과 對映하야 보면 霞谷의 저럿틋한 集成을 더헌칭 感歎하지 아니할 수 없다. 그러나 霞谷 一生에 師友間 知音함을 만나지 못하고 反對 속에서 終老함이 霞谷의 不幸이 아님은 아니나,* 反對 側의 戈矛가 四列하니만큼 그의 學問의 組織은 한칭 더 精緻한 것도 事實 아님이 아니다.

霞谷이 陽明學을 宗함이 上述함과 가치 晦菴學에서 初程의 熱悶을 품어 가지고 周·程 諸說로 조차 古經을 直探하야 怳朗*한 어떠한 眼界 열리랴 할 지음에 一粒 金丹을 陽明으로부터 얻어 한번 깨다르매 一生을 이에 바친 것이라. 그러나 霞谷 當時 朝鮮의 學風이 形跡 없는 속에 新機運이 돌랴 하는 始初이라. 霞谷은 心學으로써 이에 應出한 大儒이니, "學을 虛論에 求할 것이 아니라 一點 天良의 속일 수 없는 이 한 자리[라]로부터 善·惡의 辨破를 關頭로 하야 나가지 아니하고는 眞學問을 바랄 수 없다"는 이 卓見이 정녕코 『陽明集』을 보기 전에도 不知不識間 心懷에 縈繞하얏섯을 것이오, 이 心懷를 感起하기는 國計보다 私圖, 是非보다 利害, 이 가치 互逐·互爭하면서도 그래도 經傳의 緖言*을 비러 粉飾·附會하는 虛·假의 弊로부터 이리하엿섯을[410] 것이니(니), 이 極弊는 곳 이 心懷를 感起하엿고 이 實學은[411] 곳 이 心懷에 契合하엿나니, 단지 經傳上 檢討로 조차 舊疑를 헤치고 新解를 어덧슴에만 그치는 것이 아니다.

지금 霞谷의 年譜를 보면 霞谷의 一生 宗旨를 알 수가 없다. 陽明學派라기보다 晦菴學의 固守者처럼 塗抹하엿다. 이를 가지고 보면 霞谷의 學問이 그 家庭에서부터[처] 傳繼되지 못함을 알 것이다. 霞谷 沒後에 沈樗村*[412](銷)은 "霞谷의 遺著를 刪定하되 알 수 없는 것은 빼자" 하엿다. 알 수 없는 것이라는 것은 分明한 標指함이 없으나 陽明學 宗旨로서 霞谷의 가장 孜孜하던 것을 가르침이 아닐른지도 모른다.[413] 다행히 門人 中 李恒齋[414] 匡臣 以下 幾人이 師說을 孤守하야, 外播는 못하엿으나 熱烈한 自主함이 잇엇고, 霞谷 遺著도 原著대로 남아 朝鮮 陽明學의 光輝를 永垂하게 되엇다.

56 霞谷의 生平 著述로 말하면, 『存言』三卷은 陽明 『傳習錄』과 같은 것이오, 또 『書』七卷, 「聖學說」[415] 一卷, 「論語解」一卷, 「大學說」一卷, 「中庸解」一卷, 「孟子說」一卷[416]이 모두 陽明의 宗旨를 祖述한 것이라. 그 當時에 잇어 切近한 사이가 아니면 敢히 말하지 못하엿으나 自信함은 더욱이 굿건하엿나니,

---

410 連載本 원문은 '이하엿섯을'이지만 散藁本·三星本·全集本에서 '리' 자가 빠진 것으로 보고 보충해 넣었다.

411 三星本은 '곳 이 心懷를 感起하엿고 이 實學은' 부분이 누락돼 있다.

412 '樗村'은 沈銷(1685~1753)의 號다.

413 連載本 원문은 '가르침이 아닐른지도 모른다'지만 표현이 좀 애매하다. '가르침이 아닐른지'로 끝을 맺거나 '가르침일른지도 모른다' 또는 '가르침이 아닐른지 모르겠다'가 좀 더 문맥에 적합한 표현이겠다. 全集本은 '아닐지도 모른다'로 고쳐 오히려 반대 의미가 돼 버렸다.

414 '恒齋'는 李匡臣(1700~1744)의 號다.

415 「聖學說」은 『存言(上)』에 들어 있는 글이다.

416 「論語解」이하 네 편의 글은 보통 '四書說'로 뭉뚱그려 부른다. 원저에는 뒤의 '解'나 '說' 자가 없는데, 『論語』 등 四書와 구별하기 위해 편의상 붙인 것이다. 현전 『霞谷集』의 목차에는 '說'로 통일돼 있다.

道가 **밝**[밝]어지는 것은 밝힐 사람을 얻어 몸소 行함에 잇다. 이 세상에 대고 떠들어 그 사람이 아닌 사람에게 이김(勝)을 求할 것이랴. 뜻 잇는 이를 만나지 못할 것 같으면 잠잠할 뿐이오, 오직 그 方向이나 傳하야 뒤날 知者와 能者를 기다릴 것이다. 마치 揚雄의 『太玄』을 세상에서 文章인지 모르고 濂溪의 學을 세상에서 道임을 모름과 같으니, 뒤의 아는 이 그 글을 보면 스스로 이를 알어 이를 드러낼 이 잇을지라, 이러케나 기다릴 뿐이다. 이 道가 어찌 한 사람의 私일 것이랴.

공부함에 잇어 이러틋이 反覆하고 辨難함이 이김을 求함이 아니라 늚(益)을 求하랴는 것이오, 알어줌을 求하는 것이 아니ㅣ 빌름(正)을 求하랴는 것이니, 어느 것이나 아모조록 이 道를 밝히어 나로서 어듬[름]이 잇기를 힘쓰지 아니함이 없음일새며, 一毫라도 남의 앎을 求하야 그의 許與함을* 바람이 아님일새다. 우리의 學은 안에 求하고 밖에 求하지 아니하나니, 안에 求한다 함은 反觀·內省만으로 外物을 끊는 것이 아니라 오직 스스로 안에서 快함을 求하고 밖앗 得失에 관게하지 아니하며, 오직 그 마음의 是非를 다하고 다시 남의 是非에 徇치 아니하며, 事物의 本(心)에 잇서 그 實을 致하고 다시 事爲의 자최에 拘치 아니함이니, 내 안에 잇을 뿐이라 어찌 남에게 干預시킬 것이랴. (『存言』)[417]

하얏으며, 當時 學界의 虛·假의 弊를 말하되 이는 晦菴까지 저바림이라 하

---

417 道之明, 惟在得其人而體之耳. 豈宜呶呶於世, 以求勝於非其人乎? 不遇有志者則默而已, 只傳其方, 以待後之知者·能者. 如楊雄之玄, 世不知其文章; 濂溪之學, 世無知其爲道. 後之知者見其書, 自有知而聞之者. 其惟待於後之有知者乎! 此道豈一人之私乎也? 學之所以如是反復辨難者, 非以求勝也, 欲以求益也; 非以求知也, 欲以求正也. 無非欲以明乎斯道, 而務求得於己之故也; 非以一毫求於人知, 而幸得其許與故也. 吾學求諸內, 而不求諸外, 所謂求諸內者, 非反觀·內省而絕外物也, 惟求其自慊於內, 不復事於外之得失. 惟盡其心之是非, 不復徇於人之是非; 致其實於事物之本, 不復拘於事爲之迹也. 在於吾之內而已, 豈與於

얏나니.

朱子의 學說도 조치 아니함이 아니다. 다만 致知의 學과 比較하매 그 功이 迂·直, 緩·急의 (分)辨[418]이 잇고 그 體 分·合의 間이 잇을 뿐이지 聖人*의 學 됨은 다 같으니 하상* 不善타 하랴마는, 뒤의 공부하는 이 혼이 그 本旨를 잃엇고 오늘날 學問을 말하는 者에게 미처는,* 이는 朱子를 배움이 아니라 이는 곳 朱子에 假托함이오, 이는 朱子에 假托함이 아니라 이는 곳 朱子를 傅會*하야 저 하랴 함을 만들고 朱子를 껴 가지고 위세를 삼아 제 私計를 이룸이다." (『存言』)[419]

하얏다.
王學을 紹述함에 잇어 一生을 바치니만큼 獨得한 것이 많[읺]아 陽明의 微言으로 하야금 더욱이 明白하게 하얏나니, 우선 陽明의 天泉 證道한 四句 中 "無善無惡, 心之體"라 한 것을 黃梨洲 같은 이는 심히 不滿하게 알아, "이 아마* 王龍谿 一派의 傅會*한 것이오 陽明의 眞訓이 아니리라"고까지 의심하얏는대, 霞谷은 말하되,

善·惡이 원래 定形이 잇는 것이 아니다. 本然한 條理대로 함을 善이라 하고, 己私에 움즉임을 惡이라 하는 것이다. 그 行이 비록 善일지라도 그 움

人哉? (『存言(下)』)
418 連載本에 나오는 '分辨'의 '分'은 의미상 들어가도 무방하나 인용 원전과 문장의 흐름으로 보아 잘못 들어간 군더더기인 듯하다. 思想界本 이하 여러 재출간본들은 모두 '分辨' 그대로 두었다.
419 朱子之學, 其說亦何嘗不善? 只是與致知之學, 其功有迂·直·緩·急之辨, 其體有分·合之間而已耳. 其實同是爲聖人之學, 何嘗不善乎? 後來學之者多失其本. 至於今日之說者, 則不是學朱子, 直是假朱子. 不是假朱子, 直是傅會朱子, 以就其意; 挾朱子, 而作之威, 濟其私. (『存言(下)』)

직임이 本體 그대로가 아니면 善의 本이 아니다. 그러므로 善이란 어떤 一
定함으로써 말하지 못할 것이라. 오즉 條理대로 함을 가르처 至善이라 하
는 것이오, 性은 善할 뿐이로되 실상 定名할 善이 잇음은 아닐새 無善이라
하는 것이다. 그런즉 '無善'의 '善' 字는 定名할 '善'을 가르침이오, '至善'의
'善'을 이름이 아니다.[420]

이 一段이 無善에 對한 解義로 가장 精透하야, 古人의 未發한 배라. 定名할
善이 없을새 天然한 條理대로로 萬善이 나타내게 되고, 天然한 條理대로로
萬善이 니더난에 이를 至善이라 하는 것이니, 至善을 알신내 無善에 對하야
의심할 것이 없다. 無善이 곳 至善이다.

57 "天下 事物에 向하야 그 理를 窮究하라" 한 것과 "마음이 곧 理라" 한
것이 晦菴·陽明의 學問의 分岐點이니, 霞谷이 晦菴에 對하야 懷疑함이 이
것이오 陽明에 對하야 契合됨이 이것이다. 霞谷으로 말하면 谿谷의 이른바
"實心으로 學에 向한 이"[421]라. 애초부터 文字·言語의 야살립으로써 假學
的 生活을 하는 俗儒와 天品이 逈殊하매, 저 汗牛·充棟의 理學說에 甘心하
지 아니하고 實際로 自心上에서 體驗하야 "理가 心外에 存在한다면 이는 虛
條이오 實理 아니라" 하얏다.

무릇 萬殊·千變의 紀 極이[422] 업슴은 事物이다. 그러나 事物은 事物대로, 내
마음은 내 마음대로 떠러지는 것이 아니오, 마음이 事物을 應하는 대서 森嚴

---

420 善惡無定形, 以其循本然之理者, 謂善; 動於氣而用事者, 謂惡, 其行雖善, 苟有動於氣, 則非善之本
也. 故善不可以一定爲善, 故不過以循理者, 謂之至善. 性, 善而已, 實無善之可定名, 故曰無善. 然則無善之
善字, 是定名之善字也, 非至善之善字也. (『存言(中)』)
421 주401의 인용문에 '以實心向學'이라는 표현이 있다.
422 連載本 이하 재출간본도 모두 '紀極'을 한 단어로 처리했으나, 문장 흐름상 紀가 주어고 주격조사가
생략됐다고 보는 것이 자연스럽다.

하고 또 精當한, 어지럽게 하랴 하야도 어지러티릴 수 없는 條理 잇나니, 理라는 것이 別것이 아니라 이 條理 곳 理이다. 그런즉 尋常한 事爲에라도 實際로 體驗하야 보면 이 條理를 저 일에서 차질 것인가 아닌가, 차지면 참으로 나올 것인가 아닌가 容易히 辨解*할 수 잇는 것이다. 그럼으로 霞谷은 虛條와 實理를 剖析한 同時, 이 말이 올으니 저 말이 올으니 빈말로 다툴* 것 없이 實際로 그런가 그러치 아니한가를 스사로 實驗하라고 하얏다.

그럼으로 霞谷은 말끗마다 虛·實의 辨*을 들어 이로써 良知學의 實工을 喚起할 뿐 아니라, 그의 明眼이 이미 虛·實을 가름에 昭徹하매 무엇에던지 實을 세우기에 努力하야, 政治로는 守古보다 因變함을 主[士][423]하야, "엇더케 하던지 利國·便民할 것이면 하자"(『箚錄』) 하얏스며, 그 甚한 懷·尼의 紛紜[424]에 朝廷이나 士林이나 彼此가 互競하것만 霞谷은 一切로 도라보지 아니하야 세상에 그런 일이 잇는 것조차 알지 못하는 것 가탓다(『石泉集』「霞谷遺事」[425]). 오즉 苦心으로 兩班 制度의 掃蕩과 限民名田의 成立을 硏究하야 그의 『箚錄』 一書를 平生 두고 矻矻不已[己][426]하얏나니, 그의 學問의 本領이 엇더하얏던 것을 이런 點에서도 짐작[각]함즉하지 아니한가. 政學에 對한 考究도 決코 唐·虞·三代를 空想하거나 中華 文物을 假附하자 한 것이 아니다. 事事에 이 땅 이 때에 照據하야, 實行하야 實益이 잇도록 한 것이오, 또 天文·曆算에 明解와 精究를 가젓고 聲音·文字에 微分細量을 繼續하야

---

423 連載本에는 '士'이고 이것이 思想界本에는 '土'로 돼 있으나, 三星本·全集本의 '主'를 따랐다.

424 老論과 少論 분열의 원인이 됐던 宋時烈과 尹拯 사이의 이른바 '懷尼是非'를 말한다. 懷는 송시열이 살던 懷德이고, 尼는 윤증이 살던 尼城이다.

425 三星本·全集本은 '石泉集'과 '霞谷遺事'를 별개의 자료인 것처럼 떼어놓았으나, 『石泉集』에 수록된 「霞谷遺事」를 가리킨다.

426 連載本의 '矻矻不己'는 '矻矻不已'의 오류다. 思想界本·全集本은 이를 바로잡았으나, 散藁本·三星本은 바로잡지 않았다.

다 각각 著述이 잇다.

仁祖 二十七年 己丑生으로 英祖 十二年 丙辰에 卒하얏는대, 이미 高壽를 누리고 또 累朝 禮遇가 隆至하야 儒賢大老로 右[左]贊成[427]에 이르럿섯고 諡를 文康이라 하얏다. 霞谷의 終始로는 學者로서 顯達치 아니함이 아니로되, 霞谷은 실로 獨得한 學을 門外에 내어 보지 못한 不運한 哲人이다.

霞谷의 자제 厚一 또한 篤學者라. 特히 數學에 精하야 霞谷의 緖를 傳하얏고, 그 外孫 申石泉[428](綽)이 霞谷이 實際 學風을 樸學에 써서 不朽의 業을 이루엇고, 聲音·文字의 學은 李圓嶠[429](匡師), 李信齋[430](令翊), 李椒園[431](忠翊), 鄭玄同[432](東[申]愈)에로 直傳 或 旁衍하야 柳西陂[433](僖)에 와 特著를 내이게 되얏스나, 이는 다 霞谷의 生平 孜孜하든 것이 아니다.

霞谷은 全 精神을 陽明學에 注集하야 이로써 親民의 實을 大傳하야 보랴 한 것인대, 남은 말할 것도 없이 그 子孫부터 霞谷의[이][434] 陽明에 對한 推服을 큰 諱事로 알아 年譜ㅣ 이미 저 같을 뿐이 아니라, 文字間 陽明을 指斥함이 依然히 異端視하얏다. 이 어찌 霞谷의 期待한 바이랴. 그 著書는 幸存하나 草藁가 잇을 뿐이라. 卷卷마다 거의 줄줄이 몇몇 겹식 修改함이 붓고, 어떤 것은 初本·改本의 標[表]準이 分明치 아니한 것도 잇다. 陽明學派로서 霞谷만치 著作이 많은 이가 없는 대신, 霞谷 같이 著作이 隱埋된 이도 없다.

---

427 '左贊成'은 '右贊成'의 오류다. 思想界本 이하 여러 재출간본들은 모두 이를 바로잡지 않았다.
428 '石泉'은 申綽(1760~1828)의 號다. 申綽의 아버지인 申大羽(1735~1809)가 鄭齊斗의 아들 厚一의 사위이기 때문에, 申綽은 정확하게는 鄭齊斗의 外曾孫이다.
429 '圓嶠'는 李匡師(1705~1777)의 號다.
430 '信齋'는 李令翊(1738~1780)의 號다.
431 '椒園'은 李忠翊(1744~1816)의 號다.
432 '玄同'은 鄭東愈(1744~1808)의 號다.
433 '西陂'는 柳僖(1773~1837)의 號다.
434 連載本의 '霞谷이'는 문맥상 '霞谷의'의 오류로 보인다. 思想界本 이하 여러 재출간본들은 모두 이를 바로잡지 않았다.

嗚呼라. 이 책이나 진작 좀 流布되엇드라면. (『霞谷全書』參照)

58 霞谷이 일즉이 門戶를 標榜하지 아니하얏음으로 그 門人이 만치 아니한대, 寂寞한 荒濱에서 時代의 榮名을 제처 바리고 擧世 非議하는 이 學問을 探索하는 一派ㅣ 無多한 만큼 더 貴重하다 할 것이다.

李恒齋 匡臣(肅宗 二十六年 庚辰生, 英祖 二十年 甲子卒)은 字는 用直이니, 幼[幻]年부터 聖學에 뜻을 두어 同志友 閔鈺·趙震彬과 서로 講磨하더니, 그 뒤 江都에 가서 霞谷의 良知學을 듣고 怳然히 깨다름이 잇어 「擬朱王問答」을 지어 俗學의 紛紜함을 辨破하얏고, 書齋 壁上에,

學은 맛당이 '心髓入微*'한 데에서 用功하여야 스사로 篤實·光輝함에 이를 것이다. 大本이 서기만 하면 私欲이 萌動*한대도 걱정할 것 없으되, 만일 거죽에서 꾸며 놀 것 같으면 마치 傲를 기르기에 足하다. 제 이르되 高明함에 나아갓다 하고 狠戾*·險嫉함에 빠짐을 깨닷지 못하니 참으로 불상하다. (『圓嶠集』「五兄*恒齋先生行狀」)[435]

하엿다.

그러나 이것만으로는 恒齋의 造詣를 議論하기에 오히려 不足함이 잇다. 지금 傳하는 것으로 가장 恒齋의 學問을 按索*함즉하기는 霞谷께 한 祭文을 算할지니, 이 祭文은 存沒의 哀를 述한 것이 아니라 學問에 對한 一家見을 發表한 것이다.

---

435 學當用功於心髓入微, 自底篤實·輝光. 大本立, 雖私欲有萌, 非所患也. 若就標末粧綴, 適足以長傲. 自謂進高明, 而不知陷於狠戾·險嫉, 直可哀也. (『圓嶠集』「五兄恒齋先生行狀」)

嗚呼라. 道 아는 이 듬을새, 名과 實이 明치 아니하고 同과 異 分키 어렵도다. 紫를 認하야 朱라 하는 者ㅣ 진실로 妄이로되, 朱를 指하야 紫라 하는 者ㅣ 또한 惑이로다. 세상에서 先生은 王氏學이라, 考亭[436]과는 딴 길이라 하야 尊信·慕嚮하는 이 듬을고, 심하면 端緖의 異, 路陌의 差ㅣ 白·黑의 갈림 같아서 紫와 朱만이 아님으로 보니, 이 오직 생각하야 보지 아니함일 따름이라.

王氏와 先生의 學이 事物을 離絶하고 文字를 脫略하야 知見으로 障礙라 하고 了悟로 究竟을 삼았다 할 것 같으면 考亭을 背하엿다 하야도 可하며 異端이라 하야도 또한 可타 할지나, 그러나 王氏의 學으로 말하면 다만 一片 良知上에서 單傳·妙契함이 아니오 또다시 經訓을 稽駿하고 埋義를 硏精하며 事務에 彌綸하고 文章에 發揮하엿나니 그런즉 空寂에 물들엇다 할 수 없음이 환한 것이며, 先生의 學도 또한 그 큰 것을 먼저 세윗을지언정 優優히 學은 博하고 知는 多하야 우로 唐·虞·洙泗[437]의 微言奧旨로부터 아레로 濂[리][438]·洛·關·閩·游·楊·謝·蔡에 이르리＊하다한 衆說을 參互·講證[訂][439] 하야 己言을 외오듯 하얏고, 禮·樂·算數·星曆·坤輿에까지 무릇 理의 所寓 일진대 淹貫치 아니함이 없은즉, 장차 先生을 일러 王氏學이라 할가 考亭學이라 할가(偏치 아니하다는 뜻). 末俗의 訾詆하는 者는 오즉 侏儒의 觀

---

436 '考亭'은 朱熹가 만년에 강학하던 곳이어서 朱熹를 상징한다. 그의 학파를 考亭學派라 한다.

437 散藁本·三星本·全集本은 모두 '唐·虞·洙泗'를 '唐·虞·洙·泗'로 해서 네 덩어리의 나열로 보았다(思想界本은 '唐虞洙泗'). 洙·泗가 각기 다른 강 이름이긴 하지만 洙泗로 붙여 그 두 강 사이의 지역에서 강학하던 孔子를 가리키는 말이니 두 글자가 한 덩어리다. '唐·虞·洙泗'는 '堯·舜·孔子'다.

438 連載本에 '리'로 나온 부분에는 '濂'이 들어가야 한다. 濂·洛·關·閩은 周敦頤·二程·張載·朱熹가 살던 지명을 딴 것으로, 거의 숙어처럼 쓰인다. 思想界本 이하 여러 재출간본들은 모두 '리' 자를 잘못 들어간 것으로 보고 빼버리는 데 그쳤다. 뒤의 游·楊·謝·蔡는 游酢(1053~1123)·楊時(1053~1135)·謝良佐(1050~1103)·蔡元定(1135~1198)을 가리키는 것으로 보인다. 游酢·楊時·謝良佐는 呂大臨(1044~1091)과 함께 '程門 四先生'으로 불리는 二程의 제자들이며, 蔡元定은 朱熹와 거의 동년배지만 그의 제자다.

439 '講訂'은 인용 원문을 보면 '講證'의 오류다. 思想界本 이하 여러 재출간본들은 모두 이를 바로잡지 않았다.

場일 뿐이로다.

嗚呼라. 王·朱의 分이 대개 格物의 訓에 源하얏나니, 朱는 '至'라 하야 "窮至事物之理"라 하고 王은 '正'이라 하야 "誠正本原之功[工]"[440]이라 하매, 於是乎 後世 學者ㅣ 각각 主하는 배 잇어 王을 主하는 者는 晦菴을 이르되 事物을 先하고 本原을 後하야 反身의 要ㅣ 없고 支離한 病이 잇다 하며, 朱를 主하는 者는 陽明을 이르되 本原에 專하고 事物을 遺하야 窮理의 工은 없고 徑躐의 弊 잇다 하나, 愚는 이로써 그러치 아니하다 하노니. 格 字를 '至'라 '正'이라 함은 뉘 得이오 뉘 失인지 이제 알지 못하되, 兩家의 學은 반듯이 이에 局하야 偏한 배 잇음이 아니니, 어째 그런가 하면, 이제 어느 사람이던지 自暴·自棄하는 者ㅣ 아니고는 이미 學에 有志하다 할진대 '窮理' '誠身' 두 가지에 工夫를 兩下하지 아니하지 못할지니.

59 日用 事物이 千條오 萬緖라 눈만 열면 森羅하야 저절로 '掩遏不得'함이 잇나니 반드시 일을 따라 講討함을 要할 것이오, 이 마음이란 方寸 거기에서 冰을 凝하고 火ㅣ 焦하야 轉頭起滅하매 저절로 '放過不得'함이 잇나니 반드시 곳을 따라 存省함을 要할 것이라. 이는 '至'건 '正'이건 이것을 기다리어 가지고 바야흐로 講討하고 存省할 것을 알미 아니니, 車·鳥의 輪과 翼을 번대 하나를 들고 하나를 廢할 수 없음일새라.

그런즉 晦菴이 엇지 한 '至' 字를 死守하야 事物 未窮하기 前 아즉 本原의 工을 바릴 수 잇스리오. 陽明이 엇지 한 '正' 字에 塊着하야 本原 旣正한 때라고 事物의 理를 用할 배 없을 수 잇으리오. 진실로 이러할진대 晦菴은 果然 支離이며 陽明은 果然 徑躐이로다마는, 晦菴이 一生을 두고 苦心竭力

440 인용 원문은 '本原之工'의 '工'이 '功'으로 돼 있다.

*하야 程子의 "未有致知不在敬"[441]의 訓에 從事하얏나니 그 事物을 先하고 本原을 後하지 아니함을 볼 수 잇스며, 陽明의 平日 立言·行事ㅣ 매양 '動' 上과 '用'邊에 상당이 分數를 占하얏나니 그 本原에 專하고 事物을 遺하지 아니함을 또한 볼 수 잇도다.

그럼으로 나는 말호대, 이는 特히 『大學』訓義上에 잇서 各各 主意*의 엇더함을 따라 함이[인]지, 兩家의 學은 반드시 이에 局하야 偏한 배 잇슴이 아니라 하노라. 그런즉 後學의 兩學를 論하는 者ㅣ 다만 訓說이 是非 得失을 말할지오 이로 因하야 竝히 그의 支離·徑躐까지를 의심함은 不可하며, 가령 入頭의 小殊함이 잇다 할지라도 이 또한 知者이 知 仁者의 仁(『易』「繫辭」 "仁者見之, 謂之仁; 知者見之, 謂之知"), 子貢의 知 子路의 勇에 不過함이니, 何必 門을 分하고 戶를 割하야 서로 詆排[背][442]할 것이리오.[443]

---

441 入道莫如敬, 未有能致知而不在敬者. (『二程遺書』 卷二下)

442 '詆背'는 '詆排'의 오류이다. 思想界本 이하 여러 재출간본들은 모두 이를 바로잡지 않았다.

443 於乎! 知道者希, 名實不明而同異難分. 認紫爲朱者, 固妄矣; 指朱爲紫者, 亦惑矣. 世以先生爲王氏之學, 而逕庭乎考亭也, 鮮能尊信而慕嚮焉. 甚者則視以端緒之異·門路之差, 有若白黑之判, 不翅如紫之於朱, 其亦不思也已. 如使王氏與先生之學, 離絶事物, 脫略文字, 以知見爲障礙, 以了悟爲究竟, 則謂之背朱子可也, 異端亦可也. 而然王氏之學, 不但於一片良知上單傳妙契, 而又復稽驗經訓, 硏精理義, 彌綸乎事務, 發揮乎文章, 則其不可謂染空寂也, 明矣. 先生亦已先立其大者, 而優優乎學博而知多, 上自唐·虞·洙泗微言奧旨, 下逮濂·洛·關·閩·游·楊·謝·蔡, 馝然衆說, 參互講證, 如誦己言, 以至禮·樂·算數·星曆·坤輿, 凡理之所寓, 靡不淹貫, (蓋或浩而靡涯, 孰云寡而有偏?) 然則其將喚先生爲王氏學乎, 考亭學乎? 彼末俗之訾詆, 特洙儒之觀場而已. 嗚呼! 王·朱之分, 蓋原於格物之訓. 朱訓以至, 而以爲窮至事物之理; 王訓以正, 而以爲誠正本原之功. 於是乎, 後之學者, 各有所主, 主於王者謂, '晦庵先事物後本原, 無反身之要, 而有支離之弊', 主於朱者謂, '陽明專本原·遺事物, 無窮理之工, 而有經[徑]躐之疾. 然愚竊以爲不然. 今格字之爲至爲正, 孰得乎孔子曾子之旨, 而兩家之學, 未必局於斯而有所偏也. 何者? 今夫人除自暴自棄者, 若旣有志乎學, 則窮理·誠身斯二者, 自不能不兩下工夫. 日用事物, 千條萬緒, 開眼森羅, 自有掩遏不得, 必要隨事而講索焉. 此心方寸, 凝冰焦火, 轉頭起滅, 自有放過不得, 必須隨處而存省焉. 此不待格字之爲至爲正, 而方知講索而存省也. 而車鳥之輪翼, 自不可擧一而廢一故也. 然則晦庵豈可死守一至字, 而事物未窮之前, (一任本原之操舍之, 事物旣窮然後,) 方下本原之功歟? 陽明亦豈可局定一正字, (而本原未正之前, 姑舍事物之來接,) 而本原旣正之時, 無用事物之功歟? 誠如是, 則晦庵果支離也, 陽明果徑躐也. 而晦庵一生苦心竭力, 從事於程子'未有致知不在敬'之訓, 則其不爲先事物·後本原, 可見矣. 陽明平日立言行事, 每於動上用邊, 煞占分數, 則其不爲專本原·遺事物, 亦可見矣. 故曰: 此特就大學訓義上, 各隨主意之如何, 而爲至爲正而已, 而兩家之學, 未必局於斯而有所偏也. 然則後學之論彼此者, 只可論訓說之是非得失, 而不必竝疑其學術之

이 祭文의 辭意를 細尋하야 보면, 恒齋의 學은 明末 劉念臺와 近似할지언정 霞谷의 顏淵은 아니다. 兩家를 保合하야 彼此를 同流케 함이야 조치 아니한 意見이 아니로되, 이러케 말하면 가릴 수 업는 矛盾이 잇스니, 講討함을 全然히 存省과 떼[떼]일진대 그 講討ㅣ 무엇에 標[表]準한 것이며, 또 "本原 旣正한 때 事物의 理를 用할 배 없스랴" 함이 本原에 透徹치 못한 말이니, 事物에 應함이 當理할진대 이 곳 本原의 正함이니 天下·國·家와 내 心體왜 번대 둘이 아니라[444] 本原이 이미 正한 뒤 천천히 事物의 理도 涉獵한다 함이 그 말 自體의 破壞됨을 가리지 못할 것인 줄 안다.

恒齋 同門으로 金澤秀라는 이가 잇스니, 이는 號와 字를 다 考索할 수 업고 또 그 鄕貫이 어대인지도 알 수 업스나, 霞谷 沒後에 祭文한 것을 보면 直截·惻愴하야 참으로 霞谷의 心血을 接한 것 갓다.

學이 끈치고 道가 업서짐이 世 몇千百인고. 漫漫한 長夜에 사람이 다 '집벽어리'(摘埴)는대 陽明이 越에서 이러나 한 燈불을 놉히 다럿도다. 宇內를 두루 비추어 性學이 蔚興하얏느니. 東方의 昏黑이야 中土만만 함도 아니라. 寂寞할사 千載 동안에 아조 반디불 번득임도 없섯도다. 先生이 特立하야 一炷*를 외오서 밝키되, 八十八載에 自照·自覺[寶][445]이시더니라.

物이 格하매 知 至함은 '意誠'에서 밝고, 心과 理, 知와 行은 '一竗'에서 밝

爲支離·爲經[徑]蹻也. 假令或有入頭之小殊, 而此亦不過爲智[知]者之知仁者之仁, 子貢之知·子路之勇, 顧何必分門割戶, 互相詆排也哉! (『先藁』「祭霞谷鄭先生文」)『演論』에서는 괄호 안 부분을 빼고 번역했다. 의도적인 것인지, 착오인지는 알 수 없다.

444　散藁本·三星本은 '아니라'를 '아니라'로 해서 문장을 여기서 끊었으나, 이어지는 것으로 봐야겠다. 思想界本·全集本은 '아니라'를 그대로 두고 문장부호가 없어 애매하다.

445　連載本에는 '自寶'로 돼 있지만 의미가 잘 통하지 않는데, '自覺'의 오류가 아닐까 생각된다. 286쪽에도 '自照·自覺'이라는 표현이 나오며, 이를 줄인 듯한 '照覺'도 여러 번 나온다. 思想界本 이하 여러 재출간본들은 모두 '自寶' 그대로 두었다.

고, 知止·至善은 '在己'에서 밝고, 易簡과 博約은 '不貳'에서 밝고, 德性과 問學[446]은 '一致'에서 밝앗도다. 날로 事物에 涉하매 곳 良知에로 돌리어 그 是非를 헤아려 一一히 克治하니, 心은 이 60 로써 正하고 身은 이로써 修하니 學하는 正脈이오 聖 되[된]는 眞髓이라. 앞서로 陽明이오 뒤로서 先生이 一體 燈燧으로 더욱 빛나고 더욱 밝더니, 슬푸다, 이제 발서 꺼젓으니 뉘 다시 이 빛을 이으리오.

전날 내 學을 모르나 뜻이즉 微合을 차ㅇ[에]라 허디 經傳이 드니빗시 아니하야 마음에 의심됨이 만터니, 楸谷[447] 눈 속에 다행이 春風에 뫼서 憤悱함을 啓發하매 恔然히 씌웟던 것을 비긴 듯하얏잇도나. 안 섯 같으되 알지 못하고 깨친 듯하되 깨치지 못하야, 그 뒤 때때 나아가매 勉하심과 慕하옴이 더욱이 도타윗으나, 霧ㅣ 釋하면 雲이 瀹*하듯[둣] 하야 배오랴* 하야도 末由[448]하얏도다. 昨春에 나아가 뵈오니 形貌는 여위시고 言語·酬酌[酢]이 예와 다르심이 만키로 물러나와 생각하매 高年이시라 실로 瀹愛*를 품엇섯더니, 엇지 알으리오, 이 작별이 길이 冥漠을 隔할 줄이야. 諄諄한 달래옴을 어느 곳에서 다시 밧자오리오.

嗚呼 痛哉라. 檻(殯)이나 綍(發靷)을 내게 일러 준 사람이 없어 듯기도 그제* 못하고 몸이 또 병에 걸려 杖策의 弔ㅣ 이때것 남에 뒤지니, 平昔을 顧念하매 情과 義 함게 미엇도다. 이 슬품이 어대 다을고. 눈물이 잇어 새얌 갓도다. 업대어 너기웁노니, 精靈은 顯顯히 하눌에 기실지라. 小子의 惰함

---

446 '尊德性·道問學'은 『禮記』「中庸」에 "故君子尊德性而道問學, 致廣大而盡精微, 極高明而中庸"이라는 구절에서 나왔다.
447 鄭齊斗는 환갑 해인 1709년부터 江華 霞谷으로 옮겨 살았는데, 그 이전 20여 년 동안 은거하던 곳이 安山 楸谷이다.
448 三星本·全集本은 '末由'를 '未由'로 바꿔 놓았다. 같은 말이다.

을 警하야, 小子의 昏함을 啓하야, 能히 自修하야 죽은 뒤에야 말게 하시고, 또 四方을 돌보아 同志를 作興하오서 각각 心燈을 빗내고 모다 本靈을 밝키어 가림이 비치지 아니함이 업서 다 가치 큰 밝음에로 도라가게 하소서.

原文은 四言 韻文이라 文體에 拘礙하야 오히려 胸懷를 悉吐하지 못하엿을 것도 같다. 그러나 一篇 短文으로도 그의 學問에 對한 見地 傑特·卓絶함을 생각할 수 잇다. 이제 霞谷의 門人을 次第한다면 金氏의 地位 실로 李氏보다 지날 것이엇만, 寥寥 一篇이 『霞谷全書』附錄에 붙지 아니하엿든들 泯沒하고 말앗을 것이니[449] 이 어찌 慨然치 아니하랴. 몇百 年 동안 이 같은 哲人이 얼마인지 알 수 잇으랴.

恒齋는 오히려 支離한 듯하되 金氏는 本心을 直指한 사람이라. 陽明의 門徒로 말하면 緖山·龍溪의 流亞이다. 대개 文字 義解*에 沒頭한 사람은 自心上 實工이 적어 解說이 緻密할수록 점점 더 直截하지 못하나, 天品이 卓特한 사람으로서 自心上에서 自證함이 잇는 때에는 數語가 넘어가지 아니하야 발서 眞髓를 근드리게 된다. 金氏는 이 後者에 屬할 이이니,* 이야말로 文字의 虛陳이 아니다.

그도 少時에 懷疑함이 잇서 오랫동안 苦悶하다가 霞谷을 만나 本原을 洞悟한 實際 履歷이 이 한 篇에 보이고, "物格·知至는 意誠[誠意][450]에서 밝고 心·理, 知·行은 一竝에서 밝다" 한 말이 가장 學問의 骨髓를 透發한 것이니, 格物의 訓을 "窮至事物之理"라 할 것 가트면 誠意와 何等의 發明이 되지 아니

---

449 현재 전해지고 있는 『霞谷集』에는 이것이 실려 있지 않다.

450 이는 윗부분의 제문 내용을 인용한 것인데, 이를 보면 連載本의 '誠意'는 '意誠'이어야 할 듯하다. 그러나 思想界本 이하 여러 재출간본들은 모두 '誠意' 그대로 두었다.

하고, 心과 理 하나오 知와 行이 둘이 아니라 하여야 비로소 心이 드러나고 知 드러나나니, 갈를진대 다 히미하고 말 것이다. 이 두어 줄 遺文이 실로 우리 學術史上에 잇어 두렷한 業蹟을 끼친 줄 알라.

또 門人 中 李震炳의 祭文에,

> 세상에 眞儒 없음으로부터 學絶·道喪한 지 오래다. 이르되 學이라 하는
> 것은 대개 文義에 繳繞하고 章句에 沒溺하야 本을 바리고 末로 나갈새 眞
> 을 冒하야 僞를 售하니, 밧그로는 仁義의 名을 假하야 안으로는 功利의 私
> 를 이룰 뿐이라. 진실로 天下의 大智·大勇이 아니면 뉘 能히 힘으로 聖人
> 의 일에 뜻을 두어 洪流에 버서나 眞源에로 도라갈 수 잇스리오.[451]

한 것이 잇스니, 이도 造詣 깁흠을 按識할 수 잇는대 詳敍할 憑據 없는 것이 遺憾이다.

61 第二類에 屬할 陽明學派로는 李圓嶠 匡師(肅宗 三十一年 乙酉生, 正祖 元年 丁酉卒), 李信齋 令[今]翊(英祖 十四年 戊[伐]午生, 正祖 四年 庚子卒), 李椒園 忠翊(英祖 二十年 甲子生, 純祖 十六年 丙子卒)을 擧할지니.

圓嶠의 字는 道甫니 親히 霞谷 門下에서 受業한 이라. 恒齋 行[竹]狀이 圓嶠 의 撰述일 뿐 아니라 圓嶠 | 閔弘齋[452] 鈺과도 切友이니 當時 潛修하던 一流 임을 알 수 잇는대, 圓嶠 墓誌(李月巖[453] 匡呂 撰)를 보면,

---

451 世之無眞儒, 而學絶道喪久矣. 其所謂學者, 率皆繳繞於文義, 沒溺於章句, 捨本而趣末, 冒眞而售僞,
外托仁義之名, 內濟功利之私而已. 當是時, 苟非天下之大智·大勇, 其孰能眞有志於聖人之事, 而脫洪流返
眞源若是哉?(『霞谷集』「李震炳祭文」)
452 '弘齋'는 閔鈺의 號다.
453 '月巖'은 李匡呂(1720~1783)의 號다.

公이 諸經・四書에 對하야 대개 先儒를 曲從치 아니함이 만코 鄭霞谷 先生을 尊事하엿스나, 先生은 王氏를 主하는대 公은 王氏 致良知[454]의 說에 또한 契合치 못하얏스되 精義・異聞은 늘 鄭 先生을 일컷고 先生이 도라간 뒤 服을 입엇다.[455]

하얏다. 霞谷 生平 學問은 陽明學이오 陽明[學]學의 大肯綮은 致良知인데 圓嶠 ㅣ 이에 對하야 未契함이 잇다 할 것 같으면 圓嶠와 霞谷과의 關係 遙遠할지라, 服麻함은 무슨 일이며 屢稱함도 이상하지 아니한가. 하물며 諸經・四書에 對하야 先儒를 曲從치 아니하는 圓嶠로서 霞谷을 섬기고 霞谷을 일컷고 霞谷을 爲하야 喪服을 입엇을진대, 그 閑慢*하지 아니함을 알 것이 아닌가.

또 圓嶠의 弘齋 祭文에 '內外' '虛實'에 對하야 極論함이 잇어 念菴의 學說과 十分 一致됨을 볼 수 잇고, 恒齋 祭文에 恒齋까지도 "王氏가 晦菴 가치 醇然치 아니함을 알앗다"[456]고 하얏는대 그 끗헤 말하되,

齊莊의 容이 顯에나 獨에 한가지라. 바야흐로 齊하며 莊할 때 枯木 가틈[름]이 아니오, 쉬지 아니하고 일함이 잇어 中・和를 봄을 바랏도다. 이 '마음'으로써 곳 宣尼(孔子)에 마추어 根과 源을 培하며 達하야, 이로써 萬事를 하랴 하얏도다. 이 드러가는 머리 먼저 참 알믈 貴히 여기나니, 蔥嶺(佛

---

454 連載本의 '致良'은 '致良知'에서 '知'가 빠진 것이다. 『圓嶠集』 원문도 '致良之說'이나, 이는 '致良知說' 또는 '致良知之說'의 오류로 보이고, 이것이 그대로 이어진 듯하다. 三星本・全集本은 '致良'으로 그대로 두었고, 思想界本・散藁本은 '詣良/諸良'으로 오자까지 생겼다.

455 公於諸經・四書, 多不能曲從先儒, 尊事鄭霞谷先生. 而先生主王氏, 公於王氏, 亦未契致良之說. 平日 精義異聞, 屢稱鄭先生. 先生喪, 服麻會窆. (『圓嶠集』 「圓嶠先生墓誌」.)

456 "終見晦翁, 純然無疵. 王之爲說, 過高而捷"(『圓嶠集』 「祭恒齋從兄文」)을 간략히 줄인 것으로 보인다.

教*를 이름)의 곳 上達하랴 함과 갓지 아니하며, 饒·胡(宋後 注釋家)의 枝

葉을 層生하야 箋注·校讐로 늙어 죽음과 갓지 아니하도다.[457]

함을 據하면 良知의 骨子ㅣ 依然하니, 여러 가지를 綜合하야 보면 圓嶠의

陽明學에 對한 未契는 실로 詭辭라 속으로는 陽明學을 主張하던 것은 가릴

수 없다. 英祖 乙亥 以後로 家禍에 連累되야 南·北 竄謫으로 後半生을 지나

는 중[458] 危機 間發하야 薪智島 謫舍의 皐號ㅣ 오히려 望外라. 圓嶠의 畏禍

自詭함을 의심할 것이 없다. (『圓嶠集』 參照)

信齋의 字는 幼公이ㅣ, 圓嶠의 小了오 燃藜室[459] 肯翊의 母弟[460]라. 十八歲부

터 圓嶠를 따라 南[國]·北[461] 謫所로 다니엇는대, 學問이 精篤하야 圓嶠ㅣ 知

己로 여기[가]엇다.

信齋는 椒園[園]과 再從兄弟로[462] 學問의 從違를 서로 講質하얏는대, 信齋

항상 椒園의 王[五]氏學을 專主함을 微辭 規切하얏스나 이 또한 詭辭라. 信

齋는 실로 陽明學에 잇서 深造自得한 이이니, 信齋의 椒園에게 보낸 편지의

最後 一篇을 보면,

---

457 齊莊之容, 顯·獨一施. 方其齊莊, 匪枯木如. 乾乾有事, 藹見中和. 欲以此心, 直契宣尼. 培達根源, 以
作萬事. 惟此入頭, 貴先良知. 不如葱嶺, 直欲上達. 又不似饒·胡, 層生葉枝, 專尙箋註, 校讐至死. (『圓嶠
集』「祭恒齋從兄文」)

458 영조 31년(을해, 1755) 尹志가 나주 객사에 붙인 벽서로 촉발된 이른바 '羅州 掛書 事件(乙亥獄事)'에
백부 李眞儒가 연루되어 李匡師도 함경도 富寧으로 유배되었다가 1762년 전라도 薪智島로 옮겨 유배되고
1777년 그곳에서 일생을 마쳤다.

459 李肯翊(1736~1806)의 號가 '燃藜室'인데, 그냥 '藜室'로 줄여 부르기도 했다. 連載本과 思想界本은
'藜室' 그대로 두었고, 三星本·全集本은 '燃藜室'로 고쳤다.

460 散藁本·全集本은 '同'자를 추가해 '同母弟'로 고쳤으나, 굳이 '同'을 더하지 않더라도 같은 뜻이다.

461 連載本의 '國北'은 '南·北'의 오류로 보인다. 李令翊은 부친 李匡師의 처음 유배지인 富寧(北)은 물론
나중 유배지인 薪智島(南)에도 함께 가서 모셨기 때문이다. 바로 위 이광사에 관한 서술 말미에도 '南·北
竄謫'이 나온다. 思想界本 이하 여러 재출간본들은 모두 '國北' 그대로 두었다.

462 連載本에는 '로'가 없이 그냥 '再從兄弟'이며 이후 三星本·全集本 등에서 쉼표만 추가했는데, '로'가
빠진 것으로 보고 추가하는 것이 더 자연스럽다.

理를 體하야 義를 集함은 吾輩의 所說하는 學이오, 事物에 先求함은 吾輩의 所憫하는 弊이다. 그러나 物理에 玩心하는 者는 一切로 事物에 對하야 窮究到底하랴 함으로 心은 據守함이 잇고 業은 縮束함이 잇[인]서 積銖·累寸하야 放逸함에 이르지 아니하되, 吾輩[輩]인즉 이미 學을 物에 求하지 못할 것을 알므로 드디어 事物만을 慢忽히 아니, 心에 求한다는 것은 매양 實理는 쌋키 어렵고 光景이 먼저 드러남이 걱정이라 마침내 遊心할 곳이 없어 도로혀 詩文·雜技 속에 馳驚한다.[463]

한 것이 自家의 眞[直]生活[464]에 對한 戒懷를 切言한 것이며, ⑥2 또 말하되,

자네는 가로되 "良知를 致하야 이 意를 誠한다" 하고 나는 가로되 "本末를 格하야 이 意를 誠한다" 하니, 이는 다 외오서에 삼감에 專功함이라. 事物에서 理를 求함으로써 밖으로 달림이라 하나니, 그 學問이야 어찌 切近·篤實치 아니하랴마는 하는 바인즉 舊學者로 가장 摩濫한 사람도 아니 할 것이 잇으니 이를 어찌할 것인가.[465]

하야 陽明學 一派의 實工이 적음을 交警하얏고, 또 椒園의 陽明學 主張함을

---

463 體理·集義, 吾輩所說之學也; 先求事物, 吾輩所憫之弊也. 然玩心物理者, 必欲凡於事物窮究到底, 故得以心有據守, 業有縮束, 積銖累寸, 不至放逸. 而吾輩則旣知學不可求之物, 故遂慢忽事物. 所謂求之心者, 則每患實理難積, 光景先露, 終至無所遊心, 反馳驚於詩文·雜技之中. (『信齋集』「與虞臣」)
464 連載本의 '直生活'은 '眞生活'의 오류가 아닐까 생각된다. 思想界本 이하 여러 재출간본들은 모두 '直生活' 그대로 두었다.
465 子則曰: "致其良知, 而誠此意." 吾則曰: "格其本末, 而誠此意." 是皆欲專功於愼獨. 省察之際, 以求理事物, 猶謂之驚外也. 其爲學之名, 豈不切近·篤實無一分浮雜之理者哉? 乃所爲, 則雖舊學之極靡濫者, 亦羞爲之者也. 此將奈何? (『信齋集』「與虞臣」) 「演論」은 이를 부분적으로 빼고 번역했다.

보고* 警告하되,

> 자네 前日의 朱를[末을]⁴⁶⁶ 信함과 今日의 王을 信함[할]이 要컨대 다 實際
> 로 體行하야 그 信할 만함을 어듬이 아니다. 처음은 客氣 우에서 主意를
> 定하고 마침내 主意 속에서 義理를 세워, 마음을 세움이 오래매 스사로 그
> 마음을 돌아보아 참으로 實心인 듯하되 암만하여도 그 처음인즉 客氣로
> 좇아 온 것이다. 이러한진대 今日의 밀하는 '頭腦 眞切'이라는 것이 과연
> 實際로 眞箇 頭腦를 體得함인가. (『信齋集』參照)⁴⁶⁷

한 것이, 그 속인즉 椒園의 信念을 한층 더 激發하야 一毫라도 實際에 未盡
함을 自恕치 않게 함이다. 그러면서도 間間 陽明學을 浮高*타 한 것이 잇으
나, 信齋의 本懷를 字句間으로써 가릴 수 없음을 짐작할 수 잇다.
椒園[圍]의 字는 虞臣이니, 信齋의 書意를 보면 椒園은 陽明을 主張함이 가
장 猛烈하야 信齋 이를 抑하며 勉하야 切偲의 義를 다하던* 것인대, 椒園 遺
集에는 이 種類의 往復이 하나도 실린 것이 없고, 信齋 家傳을 지어 生平 同
學의 始末을 記錄하얏는대,

> 忠翊이 일즉이 王氏 致良知說을 좋아하매 先生이 가로되, "王氏의 學은 浮
> 高*하야 禪에 가까우니, 晦菴 배오는 것이 바르다" 하얏다. 오랜 뒤에 先生

466 連載本·思想界本의 '末'은 '朱'의 오류다. 散藁本·全集本은 이를 바로잡았으나, 三星本은 엉뚱하게
'本'으로 바꿔놓았다.
467 子之前日之信朱, 今日之信王, 要之, 皆非實體而得其可信. 始於客氣上定主意, 終於主意中立義理.
立心之久, 自顧其心眞若實心, 而終是當初, 則自客氣來也. 如此, 則安知今日所言頭腦眞切者, 果是實體得
眞箇頭腦乎? (『信齋集』「與虞臣」)

의 말이 올흠을 믿엇고, 先生이 古文『尚書』를 의심하매 忠翊이 "그러치 아니하다" 하니 先生이 往復 辨詰하기를 마지아니하야 忠翊이 드디어 항복하얏다. 先生이 이르되, "『大學』'格物'은 곳 '物有本末'을[흘] 가르침이오 '致知'는 '知所先後'의 知를 致함이라" 하는대, 忠翊은 이르되 "'格物・致知'는 곳 '誠意'의 方이라. 만일 '物有本末'의 '物'과 '知所先後'의 '知'로써 '格物・致知'의 '物'과 '知'라 하면 文義 맞[밧]지 아니한다" 하야 마침내 서로 合하지 아니하얏으나, 가치 "古本이 錯脫함이 없다" 하고 가치 "一篇이 오로지 本末・先後를 말한 것인대 '知所先後' ㅣ 그 要가 된다" 하얏다.[468]

하야 自己도 信齋와 가치 陽明을 信奉하지 아니함을 默綴하얏으나, 格・致로써 誠意의 方이라 할진대 陽明의 良知說이 아니고는 이를 解할 수 없고, '物有本末'의 '物'을 '格'하야 '知所先後'의 '知'를 '致'한다 함은 王心齋의 說과 相似하니 이[469] 또한 晦菴學이 아니다. 이뿐 아니라 叢本을 生할진대[470] '親民'의 義 自定하는 것이오 '知所先後' ㅣ 要 됨을 說할진대 '窮至物理' 說과 逈別되는 것이니, 이를 가[야]지고 推覈하야 보면 信齋 椒園에게 한 말이 이미 詭辭인 同時 椒園이 信齋의 말의 올흠을 오랜 뒤에 믿엇다 함도 또한 詭辭이니, 이 모두 畏禍自詭함이다. 이러한 중에 學派의 傳承함을 차짐이 어

---

468 忠翊嘗喜王氏致良知之說, 先生曰: "王氏之學, 浮高染禪, 須學晦庵爲正." 忠翊久而後信其然. 先生疑尚書古文之贋, 忠翊不然, 先生往復辨詰甚苦, 忠翊遂服. 先生謂: "大學格物, 卽指物有本末; 而致知者, 致知所先後之知也." 忠翊謂: "格物・致知, 卽誠意之方. 而若以物有本末之物・知所先後之知, 指爲格物・致知之物與知, 則文義未協." 竟未相合, 而同謂: "古本無錯脫," 同謂: "一篇專言本末・先後, 而知所先後爲其要," 則亦未爲不同也. (『椒園遺藁』「從祖兄信齋先生家傳」)
469 三星本은 '王心齋의 說과 相似하니 이' 부분이 누락돼 있다.
470 思想界本과 散藁本・全集本은 '生할진대'를 '생각할진대'로 고쳤고 三星本은 '生할진대' 그대로 두엇으나 모두 의미가 통하지 않는다. '叢本을 生할진대'는 의미가 불분명하나, 뒤 구절과 앞의 글 내용으로 미루어 『大學』 古本을 인정한다면' 정도의 표현에서 어떤 착오가 생긴 것이 아닐까 생각된다.

찌 느꺼웁지 아니하랴.

椒園의 信齋로 더부러 往復한 것은 己見을 直抒하얏던 것인 듯한대, 遺集에는 실린 것이 없으니 그 緣[綠]由를 다시 무를 것이 없다. 그러므로 椒園의 學이 僅僅히 信齋傳*을 비러 槪見하얏고, 特著한 文學으로는 『假說』이라는 것이 잇어 當時의 虛·假의 弊를 隱諷하얏는대, 實學은 敢히 提起하지 못하고 假弊를 비러 對映코저 함이 이 또한 느꺼운 筆墨이라 할 것이다.

63 第三類의 陽明學派로는 洪湛軒[471] 大容(英祖 七年 辛亥生, 正祖 七年 癸卯卒)을 推할지니. 湛軒의 字는 德保니, 朴燕巖[472](趾源), 李雅亭[473](德懋) 諸公이 가장 信服히는 碩學者로 天文·曆算學에 精詣가 잇서 '天元解' '朞閏解' '天儀分度' '句股總率' '八線總率' '圜儀率' '矩儀率' '平句股[率]'[474] '比例句股' '重比例句股' '圜儀' '方儀'[475] '矩儀' '測量說' '測北極' '測地球' '辨方' '定尺' '定率' '製器' '量地' '天地經緯度' '地平經差[地半徑差]'[476] 等 諸作[477]이 다 苦心精究한 遺痕인대, 이는 오히려 그의 藝事이려니와 湛軒 生平 學問의 大致는 『毉山問答』이라는 問答體의 論述을 비러 槪見하얏다.

『毉山問答』의 始末로 말하면 虛子와 實翁을 假設하야 問答을 互酬하되, 虛子는 東海의 居人*이오 實翁은 毉巫閭山*中의 隱者라 하야 虛子 | 實翁을 毉山에서 만남으로서 問答의 緒를 引한 것이 발서 朝敎·野俗의 衰頹한 原因

---

471 '湛軒'은 洪大容(1731~1783)의 號다.

472 '燕巖'은 朴趾源(1737~1805)의 號다.

473 '雅亭'은 李德懋(1741~1793)의 號다.

474 連載本의 '平句率'은 '平句股'의 오류다. 思想界本 이하 여러 재출간본들은 모두 이를 바로잡지 않았다.

475 '圜儀'와 '方儀'는 連載本에 '方圜儀'로 합쳐저 있으나, 별개의 항목이어서 수정한 것이다. 思想界本 이하 여러 재출간본들은 모두 이를 바로잡지 않았다.

476 連載本의 '地半徑差'는 '地平經差'의 오류다. 思想界本·散藁本·全集本은 '經' 자만 고쳤고, 三星本은 두 글자 모두 바로잡지 않았다.

477 이상은 모두 그의 수학 책인 『籌解需用』의 항목들이어서, 독립된 저작인 것은 아니다.

이 어대 잇음과 그 對投ㅣ 어떠한 藥劑라야 할 것을 了知한 것이 보이고, 구
타여 實翁을 域外에 求함이 또한 擧世가 모두 虛·假에 病들믈 斷言함이 보
인다.
生民의 惑을 三으로 列하되, "食·色의 惑은 그 家를 喪하고, 利權의 惑은 그
國을 危하고, 道術의 惑은 天下를 亂한다"[478] 한 뒤에 다시 道術의 惑을 痛論
하되,

> 正學을 扶함은 실은 矜心에 由함이오, 邪說을 斥함은 실은 勝心에 由함이
> 오, 救世의 仁은 실은 權心에 由함이오, 保身의 哲은 실은 利心에 由함이라.
> 四心이 相仍하매 眞意 날로 없어저 天下ㅣ 滔滔하야 날로 虛로 趨한다.[479]

한 것을 보면 陽明의 「拔本塞源論」과 表裏 됨이 宛然하니, 心術 隱微한 속
에로부터 實工을 나리지 아니하고는 이 虛·假의 病을 救치 못한다는 苦心·
至意 言外에 드러나, 비록 一句·半辭가 陽明의 學에 미친 적이 없으나 學을
心外에 求함으로써 虛·假ㅣ 이에 緣飾됨을 指論한 것은 深索*을 기다릴 것
없시 分明하며, 또 그때에 全國을 統攝한 學術은 一尊인 朱學뿐이니 그 指
斥의 向함은 뭇지 아니하야도 알 수 잇지 아니한가.
湛軒은 當時 儒學의 害毒에 發憤한 이라. 虛·假의 禍를 歷徵하되,

> 處士*가 橫議하더니 周道가 日蹙하고, 秦皇이 書를 焚하더니 漢業이[道가]

---

478 生民之惑有三: 食色之惑, 喪其家; 利權之惑, 危其國; 道術之惑, 亂天下. (『毉山問答』)
479 正學之扶, 實由矜心; 邪說之斥, 實由勝心; 救世之仁, 實由權心; 保身之哲, 實由利心. 四心相仍, 眞意
日亡, 天下滔滔, 日趨於虛. (『毉山問答』)

少[小]康[480]하고, 石渠*[481]에서 分爭하더니 新莽이 位를 篡*하고, 鄭·馬[482]가

經을 演하더니 三國이 分裂하고, 晉氏 淸談으로 神州가 陸沈하얏다.[483]

고까지 激論하야 거의 學問亡國論에 갓가운 말을 提唱하얏으나, 古事는 실

로 虛映이오 그 本意의 向하는 바는 곳 朝鮮 數百 年間 學問界를 罵盡한 것

이니, 이로써 보아도 湛軒의 學이 스사로 透悟한 곳이 잇음을 알 수 잇고, 湛

軒은『春秋』華·夷에 對하야 前輩의 道及하지 아니한[484] 特見을 가젓나니,

『毉山問答』 끝에 "四夷 疆을 侵하매 中國이 이를 寇라고 하며, 中國이 武를

瀆하매 四夷 이를 賊이라 하나니, 서로 寇라 히고 서로 賊이라 함이 그 義

한가지라"[485] 하고 또 "孔子로 하야금 九夷에 居케 하얏든들 內外 나누일새

맛당이 域外의『春秋』잇스리라"[486] 하야 從來 學者 間에 鐵案으로 나려온 大

明 義理를 뿌리째 뽑아 바렷다.

대개『毉山問答』은 虛·實의 對討이라. 虛亡[亾]·實存의 原理를 步步 推論하

다가 華·夷의 辨으로써 그 末을 結함은 湛軒의 漫筆이 아니다. 道術의 惑이

심하매 自族을 外로 생각하기에까지 미치는 것을 痛恨하는 一面, 本心의 喚

起를 이 한 일에서 비롯하야 自類를 主하는 實學과 自土를 衛하는 實政을

---

480 連載本의 '漢道'와 '小康'은 인용 원전을 보면 '漢業'과 '少康'의 오류다. 思想界本 이하 모두 바로잡
지 않았다.

481 石渠閣은 漢代의 황실 서고다.

482 '鄭·馬'는 漢代 경학자 鄭玄(127~200)과 馬融(79~166)을 가리키는데, 馬融이 鄭玄의 스승이다.

483 處士橫議, 周道日蹙; 秦皇焚書, 漢業少康; 石渠分爭, 新莽篡位; 鄭·馬演經, 三國分裂; 晉氏淸談, 神
州陸沈. (『毉山問答』)

484 思想界本은 '道及하지 아니한'을 '道反하지만'으로, 全集本은 '道와 反하지 아니한'으로 잘못 적었다.
三星本 역시 '道 及하지 아니한'으로 띄어 의미가 불분명해졌다.

485 四夷侵疆, 中國謂之寇; 中國瀆武, 四夷謂之賊. 相寇相賊, 其義一也. (『毉山問答』)

486 使孔子浮于海, 居九夷, 用夏變夷, 興周道於域外, 則內外之分, 尊攘之義, 自當有域外春秋. (『毉山問
答』)『演論』은 이를 추려 번역했다.

擧하랴 하는 深懷를 이에 부침이니, 누구나 朝鮮 陽明學派를 披索하야 보랴면 湛軒의 이 苦心에부터 敬意를 表하여야 옳을 줄 안다.

學問의 分界는 虛·實뿐이라. 霞谷의 『存言』과 湛軒의 『問答』이 모다 한 實字를 表揭함이니, 이 실로 後學의 着[眷]眼할 곳이다. (『湛軒書』參照)

七. 後記

64 陽明學의 大旨와 陽明의 事行과 및 陽明 緖言의 槪略과 그 流風의 漸被함이 대개 上述함과 같거니와, 내 이제 煩擧·複引함을 避하지 아니하고 이 같이 歷述함은 하상* 一部 大篇의 學統을 만들어 異聞을 돕자는 것이 아니오 실로 그윽한 孤憤이 잇어 스사로 마지못함이다.

陽明의 一生 苦說함과 및 後賢의 力主·努守함이 별것이 아니니, 스사로 가릴 수 없는 천생으로 가진 이 아름에 依하야 조곰도 遺憾이 없게 하자 할 뿐이다. 이 하상* 智識에 資할 바이 아니라, '目不識丁'한다고 이 아름은 무무한 법이 없으나 아모리 萬卷을 讀破하얏을지라도 이 아름에 依할 줄을 알지 못하고는 一切가 모두 虛일 뿐일 것이다. 이 아름이란 森嚴하야 一毫의 苟且함이 없을새, 어떠한 才巧로서일지라도 이를 欺罔하지 못하는 것이다. 오즉 나 홀로 알새 가장 隱微하야 聲臭俱寂한 곳이라 方寸도 오히려 比擬 아닐지나, 나 홀로는 알새 이 가장 眞切하야 性命의 寄託하는 바이니, 이를 제치고는 人間의 是·非 그 標[表]準을 부칠 곳이 없을 것이다.

무릇 나로서 萬事를 應하지 아니한다면 모르되, 나로서 取·捨를 아니 한다면 모르되, 나로서 取하는 바는 身·家로써 바꾸게 되고 捨하는 바는 生命이 關係된대도 苟且히 係念하지 아니함을 대수롭게 알지 아니한다면 모르되, 만일 그러치 아니할진대 이 아름을 제치고 뉘 저를 應할 것인가. 이 아름을 제치고 뉘 저를 取·捨할 것인가. 이 아름을 제치고 뉘 能히 取하는 바를 身·家로써 바꾸고 捨할 바에는 生命도 앗기지 아니할 것인가.

힘이란 나 하고 싶은 데에서 나는 것이라. 그러나 하고 싶은 그것이 나 홀로 알메 잇어서는 不可함일 것 같으면 이는 軀殼上 起念일지언정 本心上 誠意 아니니 嚴格하게 말하면 나의 하고 싶은 것이 아니나, 만일 나 홀로 알메 이를 可타 하는 하고 싶음일진대 무엇에 막히지 아니할 것이다.

一念의 起·滅을 나 홀로는 안다. 軀殼上 起念은 언제나 間隔的이오 本心上 誠意는 언제나 感通的이니, 感通的인지라 隱微*한 속 一點 明光이 곳 一體의 仁의 發竅*이니, 民衆의 痛痒이 내 痛痒*임이 실로 내 마음의 本體 이러함이오 일부러* 大言함이 아니다. 그러므로 누구나 '내 번밋 마음의 천생으로 가진 아름'을 차지랴거든 스사로 속힐 수 없는 곳을 默省하야 보라. 스사로 속힐 수 없는 그곳의 眞體를 차지랴거든 民衆과의 感通·間隔에 잇어 어느 **것인가 이를**[것가 인이를] 自證하야 보라. 一刹那 동안이라도 이 밝음은 어느 속에서든지 停息됨이 없나니, 뜻 잇는 이 한번 深想·逈思하야 보면 決코 그렁저렁하고 말 것이 아니다.

우리 本心에 對하야 가리고 막은 지 오래라. 是·非 本心으로서의 是·非 아니오 取·捨 ㅣ 本心으로서의 取·捨 ㅣ 아니니, 本心으로서가 아닌지라 是·非는 他隨함에 끄치고 取·捨는 外騖[騖]함에 끄치니 그 하고 싶음이 事實 나의 하고 싶음이 아니라. 이에 힘을 바랄 수 없음은 이미 말할 것도 없거니와, 他隨는 할지언정, 外騖는 할지언정 感通的이 아닌 바에는 間隔的임은 免치 못하는 것이라. 창피스러운 軀殼念은 언제나 이의 고등이 될지니, 비록 狀態 萬別하고 形容이 百殊하나 한 곳 그윽한 속에는 싸고도느니 이 一念일 줄 안다.

그러므로 一生 百年을 智識 探求에 沒頭하야 學이 東·西를 貫한다 自許하고 才ㅣ 古·今을 穿한다 自負할지라도, 獨知하는 그곳에서 實際的으로 格物의 工을 하지 아니하고는 腦裏의 창피스러운 軀殼念은 依然하게 잇나니, 事物이 와서 接하면 그 才와 그 學은 마쳐 커건 헷일이라. 分錢 尺帛에 對한 鄙陋·賤猥한 意欲의 率然히 赴應함은 예런 듯 하고 말지오, 오히려 그 才·學으로 因하야 轉甚 或 加密하게 될 수도 잇다. 그러나 스사로 그 鄙陋함을 알고 賤猥함을 안다. 아는 이곳에로부터라야 비로서 克治할 힘이 잇다.

65 '나는 陽明學者다. 그러니까 엇더케던지 陽明學을 세워야겟다.' 이러케 생각한다면 그 속에 엇던 것이 潛伏하얏는가. '나는 陽明學者가 아니다. 그러니까 엇더케던지 陽明學을 排斥하여야겟다.' 이러케 생각한다면 그 속에 엇던 것이 盤互[互][487]하얏는가. 내 번마음의 是·非대로로서 分別할 뿐이 아닐진대 이는 다 私心이니, '그러니까'의 四字가 곳 天下 萬古의 公議를 濁亂하는 源泉이라. '그러니까'의 四字가 없을진대 무슨 일에나 本心으로 조차 照應하는 압혜 一切의 虛·假ㅣ 없을 것이다. 그럼으로 내 陽明學을 말하되 누구나 陽明學을 조타고 하는 先入見을 가지고 이에 肯認함은 바라지 아니한다. 반드시 自心으로 조차 眞是·眞非의 分別이 스사로 갈러저야 비로소 虛·

---

487 連載本의 '盤互'는 '盤互'의 오류다. 散藁本은 이를 바로잡았으나, 思想界本·三星本·全集本은 바로잡지 않았다. 全集本 이외에는 뒤의 '하얏는가'도 '하겠는가'로 바뀌었다.

假圈을 버서나는 것이다.

陽明學을 가르처 太捷하다고 하얏섯다. 언제 이 學問대로 가나 보앗는가. 빨리 드러갈 길이 잇을 것 가트면 구타여 돌 것은 무엇인가. 일부러 돈다면 갈 곳에는 誠意 없음이 아닌가. 陽明學을 가르처 太簡하다고 하얏섯다. 언[인]제 이 學問대로 해나[가]⁴⁸⁸ 보앗는가. 간단함으로 일울 수가 잇슬진대 구타여 번거로히 할 것은 무엇인가. 일부러 번거로히 한다면 이루는 데는 誠意 없슴이 아닌가. 원래 學問의 要는 自心上 獨知處로 조차 그 念의 不正함이 없게 함애 잇나니. 실로 簡하다. 그러나 太簡함은 아니니, 이 以上 一毫의 加工이 잇슬진대 이 곳 私僞오. 실로 捷하다. 그러나 太捷함은 아니니, 이 以外 一曲의 別路를 차질진대 이 곳 妄邪이다. 그러나 簡하다 하라, 萬變을 應하야도 匱乏함이 없이 曲當하며, 捷하다 하라, 一生을 戒懼함으로써 간신이 到達함이 잇다 할가.

嗚呼라. 實心을 죽이어 他說을 살리는 저 말로서의 合·否를 調査할지언정 제 마음으로서의 合·否를 살피지 아니하는 이 가치 虛存*·假息함이 실로 一朝·一夕의 故ㅣ 아니라. 數百 年間 父詔兄告함이 어느 것이 心外의 苟飾 아님이 없을새, 假令 淺近한 말로 보더라도 어룬이 幼少를 訓責하는데 "너는 남[님]붓그러운 줄도 모르느냐," "이게 무슨 모양이냐," "그런 體面이 잇나," "저런 꼴이 어대 잇단 말이냐" 等의 항용 하는 말이 어느 것이나 다 外飾에 잇어 破綻남을 남으라는 것이오 自心 獨知處에로 警發한 적이 없엇고, 終生 學問이 오즉 依傍⁴⁸⁹일 뿐이라 "그것이 어찌하야 올습니까." "응, 朱子께서 올

---

488 連載本의 '해가'는 '해나'의 오류로 보인다. 思想界本 이하 여러 재출간본들은 모두 '해가' 그대로 두었다.
489 散藁本과 三星本·全集本은 모두 '依傍'을 '依倣'으로 고처 놓았으나, 같은 의미다.

타고 하섯으니까." "朱子는 어찌하야 올타고 하섯습니까." 여기에 밑어서 대답할 말이 窮하엿을 것이다. 참으로 애다롭지 아니한가. 나는 나지, 누가 올타고 해서 올타 할 것인가. 朱子의 말을 引함도 내 마음과 一揆임일새지, 덥허놓고 올흘 리는 없지 아니한가. 이는 自己를 抹殺한 同時 朱子까지 一毫도 알지 못한 것이 아닌가.

俗言이 淺近하건 學問은 嚴重하건, 이게나 저게나 모두 心外의 苟飾이라. 임의 心外인 바에야 變遷不常한 깃이니, 남붓그러움도 變하고 모양도 變하고 體面도 變하고 꼴도 變하얏다. 그러나 남을 붓그러워할 줄만 아는 것은 전이나 지금이나, 모양마윽 ㅂ기는 전이나 지금이니, 體面만을 알기는 전이나 지금이나, 꼴을 조케 하랴기는 전이나 지금이나 꼭 一般이오. "그것이 엇지하야 올습니까." "웅, 누가 올타고 하얏스니가." 그 '누가'가 朱子만이 아닐 뿐이지, 自心으로 實照하야 가지고 眞是를 求하지 아니하기는 전이나 지금이나 꼭 一般이다.

虛인 줄 알라. 저 말로서의 合·否, 저 글로서의 合·否, 이것은 다 虛인 줄 알라. 제 마음을 제처 노코는 合·否의 標[表]準이 없다. 嗚呼라. 이 하상* 講論을 기다려 알 것이란 말가.

66 내 우리 古史에서 보니, 新羅 金歆運이 陽山에 駐屯하얏다가 百濟 大軍의 夜襲함을 만나 形勢 危急한지라. 그 部下ㅣ 歆運의 말곡비를 잡고 "將軍아, 避하소서. 이 어둔데 賊을 만나니, 돌아가신들 뉘 將軍의 忠勇을 알리오." "아니다. 大丈夫ㅣ 나라일에 죽으매 남이 아나 남이 모르나[냐] 한가지라. 敢히 일홈을 求하랴." 마침내 一步를 물러서지 아니하얏다. 남이 알고 남이 모름이 關係될 것 가트면 이 벌서 本心上 誠意가 아니다. 本心上 誠意일진대 남이야 알건 남이야 모르건 何等의 關係될 것이 업다. 올흘서, 金歆運

의 말이여. 이러한 뒤라야 참이다.

이제 누구나 自心 獨知하는 곳에로부터 照檢하야 보면 正當한 行事라도 남의 알음과 남의 모름을 과연 한가지로 여김을 自信할 수 잇는가. 한가지로 여기지는 못하지만 외양으로는 不關하는 것처럼 보이지 아니하는가. 이러나저러나 一切의 作爲 本心의 自快함을 求함이 아니오, 外部로부터 아나 모르나, 非議하나 稱讚하나 이것만을 顧計하야 數百 年 前이나 今日이나 한결가치 왓슴은 事實이다.

작고 그런 체하고 작고 그러치 아니한 체하지만 사람으로 스사로 속이지 못하는 한 곳은 依然하니, 이곳은 依然한지라 엇지할 수 없이 저를 賤視·鄙視·小人視·奸細視하게 되며, 이러할수록 남에게만 이러케 보이지 아니하랴 百方으로 外面을 裝飾하되 自視함에는 더 賤하며 더 鄙하며 더 小人이며 더 奸細일 것이엇만, 다만 이 自視의 度가 軀殼上 私利念의 風起水湧하는 形勢를 조차 점점 微弱한지라 나중은 賤함도 鄙함도 小人임도 奸細임도 아조 알지 못하게 될 때도 잇다. 그런즉 세상은 間隔뿐이라. 毫末의 感通을 至親으로서도 發見하지 못한다.

金歆運의 저 말이 기리기리 後人 心髓에 박히엇든들 一切를 自心 獨知함에 向하야 解決을 求하얏슬 것이라. 제가 올케 알아서 함과 남이 올케 알아주는 까닭에 함을 '一字無識'한 사람에게 그 眞·僞를 무르면 뭇는 사람의 넘우나 시럽슴을 우슬 것이라. 이 엇지 沈思·熟考한 뒤에 可·否를 辨別할 것이랴. 그러나 제가 올케 아는 이 한 곳으로부터 自立하자는 根本的 誓願이 數百 年을 上下하야도 엇재 그리 寂寥하얏던가.

나는 陽明의 學說을 볼 때 이 말이 陽明의 말이 아니라고 생각한다. 사람의 다 가치 認定하는 것을 말하는 것이 말하는 이의 말이라 할가. "너는 네 마음, 네 번맛 마음의 천생으로 가진 그 아름에 依하야, 하랴 하던지 말랴 하던지 意念의 形成되랴 함이 잇거든 이를 바루잡으라" 함이 이 과연 이상한 말이라 할가.

말에 對하야 말로써 올타 그르다 하는 것은 何等의 實이 없다. 가만이 自心에 照檢하야 보라. 意念의 形成되랴 할 때 '當然타. 그러치[지]만 그러케 하면 내게 不利하니 엇저나.' '不可타. 그러치만 그러케 해야 내게 有益하니 엇저나.' 누구나 이는 驗過하지 아니한 이가 없으리라. '當然타' '不可타' 하는 그것과 '엇저나' 하는 그것과ㅣ 곳 내 生命과 賊과의 分界이니, "當然타 할진대 하고 不可타 할진대 만디 이를 머리 속에시부터 雕行하여야 한다" 함이 이 과연 이상한 말이라 할가. 驗過하야 그러하지만 慣聞함이 아니라 의심스럽고, 驗過하야 그러하지만 時論이 아니라 데데하다 할 것 가트면 이 엇더한 判斷이라 할가.

趨向의 各異함을 내 구타여 强同*하자 함이 아니다. 才能의 別, 品姿의 殊ㅣ 저절로 一致되지 못하는 것이다. 그러나 百岐千徑이 出發은 다 自心에 비롯하나니, 여기에 用功함이 없고는 百千 岐徑이 다 虛·假일 뿐임에야 어이랴. 그럼으로 猥濫히 이 苦言*을 드려 祈祝·懇乞의 至懷로 所愛·所敬에 向하야 바치고자 하는 것이다.

붓을 더지메 밋처 내 本師 李蘭谷[490] 先生(建芳)으로부터 斯學의 大義를 바듬을 正告하고, 同好 宋古下의 斯學 闡揚에 對한 苦心을 深謝하며, 또 九原에 永隔한 朴謙谷[491] 先生(殷植)께 이 글을 質正하지 못함을 恨함을 附記한다.

---

490 '蘭谷'은 李建芳(1861~1939)의 號다.
491 '謙谷'은 朴殷植(1859~1925)의 號다.

校勘表

一. 論述의 緣起

회		본서 교감	三星本	全集本	비고
1		바람	사람	바람	
		이 수단만으로	이 수단만으로	수단만으로	수단만으로(思/散)
		儒學으로도	儒學으로는	儒學으로는	儒學으로는(思/散)
		비러	받아	받아	받어(散) *'빌어'
		잇으니	있었으니	있으니	었으니(思), 있었으니(散)
		누르는	누른	누르는	누른(思/散)
		隆盛	降盛	隆盛	
		經傳上	經濟上	經傳上	經濟上(思/散)
2		못하는	못하게 되는	못하게 되는	못하게 되는(思/散)
		浩劫	造劫	浩劫	造劫(思/散)
		임의	이	이미	
		업스매	없으며	없으매	없으며(思/散)
		어더온	온	얻어온	온(思/散)
		照察	昭察	照察	昭察(思/散)

二. 陽明學이란 무엇인가

회		본서 교감	三星本	全集本	비고
3		다 이루어지지	이루어지지	이루어지지	이루어지지(思/散)
		궁구	궁리	궁구	궁리(散)
		모드인	모두인	모드인	

회		본서 교감	三星本	全集本	비고
		이는	(누락)	(누락)	(思/散누락)
		되얏더니	되었나니	되었더니	
		物은	事는	物은	
4		일른	잃은	잃는	얻든(思), 얻는(散)
		沮止	沮止	阻止	阻止(思/散)
		하여야	하여	하여야	하여(思/散)
		明德을	明德은	明德을	明德은(散)
5		잇으매	있으며	있으며	있으며(思/散) *'있으니'
		하매	하며	하매	하며(思/散) *'하니'
		淺薄	淺薄	淺溥	
6		그래고	그내로	그래도	그대로(散)
		號召	號名	號召	號名(散)
		드리마추는	들어 맞추는	들이맞추는	들어마추는(思/散)
		萌芽	萠芽	萌芽	萠芽(思/散)
		드리마춤이	들어 맞춤이	들이맞춤이	들어맞춤이(思/散)
		排斥하리라	排斥할지라	排斥하리라	排斥할지라(思/散)
		名字도	名字로	名字도	(思/散누락)
		늣거워야	깨워야	느껴야	끼워야(思), 깨워야(散) *'느껴워야'
		하지	(누락)	하지	(思/散누락)
		萬一이라도	萬一조금이라도	萬一이라도	萬一조금이라도(散)
		病根	痼根	病根	痼根(散)
		다라나게	나타나게	달아나게	다타나게(思), 나타나게(散)
		民衆	民族	民衆	民族(思/散)
7		더	또	또	또(思/散)
		못할	못한	못할	못한(思/散)
		千年을	千年은	千年을	
		붓그러울	부끄러운	부끄러운	부끄러운(思/散)
		陽明의	陽明의	陽明이	陽明이(思)
		明言	言明	明言	言明(思/散)
		本心의	本心을	本心의	本心을(思/散)
		格致	格知	格致	格知(散)
		本心의	本心이	本心의	

회		본서 교감	三星本	全集本	비고
8		곳이 이	것이	곳이 이	것이 이(思/散)
		지극한	至善의	지극한	至善한(散)
		이 사이에	사이에	이 사이에	사이에(思/散)
		인군	仁君	인군	임군(思/散)
		더 할 배	더함이	더 할 배	더함이(思/散)
		溫淸	溫淸	溫淸	溫淸(思/散)
		講求 하겠습니까	講求하지 않겠습니까	講求 하겠습니까	講求 하지 않겠습니까(散)
		夏淸	夏淸	夏淸	夏淸(思/散)
9		知코	知가	知코	
		屬하는	屬할/屬한	屬하는	屬 한(思), 屬 할/屬 한(散)
10		一體의	體의	一體의	
		一體요	一體는	一體요	一體를(思/散)
		至高한	至高할	至高한	至高할(思/散)
		百艱	百難	百艱	
		衒耀조차	衒耀조차	衒耀좇아	衒耀조차(思/散)
		아니니라	아니리라	아니니라	아니리라(思/散)
		다를망정	그를망정	다를망정	그를망정(思/散)
11		刻深	刻甚	刻深	刻甚(思/散)
		纖瑣	纖瑣	纖琋	纖悄(思/散)
		睿知하다	睿知하리라	睿知하다	睿知하라(散)
		玄妙드뇨	玄妙드뇨	玄妙도	
		原是	原始	原始	原始(思/散)
		睿知	良知	睿知	良知(思/散)
		곳은	것은	것은	것은(思/散)
		辨解	辯解	辨解	
		小行	小事	小行	
		울어나오는	울어나오면	우러나오는	울어나오문(散)
		萬死	萬事	萬事	萬事(思/散)
		생각을	것을	생각을	
		흐려지나니	흘러지나니	흐려지나니	흘러지나니(思/散)

三. 陽明 本傳

회	본서 교감	三星本	全集本	비고
12	아니리라	아니라	아니리라	아니리(散)
	致力	致力	努力	努力(思/散)
	어찌할	할	어찌할	할(思/散)
	意思	意志	意思	意志(思/散)
	何景明	任景明	何景明	任景明(散)
13	일르든	이르는	이르는	일르는(思/散) *'이르던'
	자고	가지고	가지고	갖이고(思), 가지고(散)
	잠이 깊이 빌리서 깨임을	깊은 삼에서 쌤을	싶은 잠에서 깨임을	깊은 잠에서 깨임을(思/散)
	그로 더부러	그로부터	그로부터	그로부터(思/散)
	이르매	이를 때	이르매	이름에(散)
	저즘	차차	저즘	*'접때'
14	벗어저	벗어서	벗어져	(思/散누락)
	하대	학대	하대	학대(散)
	갑다운	갑다운	참다운	참다운(思/散)
	龔福全	龔福全	襲福全	襲福全(思/散)
	吳玭	吳玭	吳玭	
	參謀 둘이	參謀들이	參謀 둘이	(思/散누락)
15	牛酒	朱酒	牛酒	朱酒(思/散)
	슝을	命을	슝을	
	옆에	앞에	옆에	
	偏裨	偏裨	偏裨	偏稗(思/散)
16	世襲 錦衣衛 百戶를 주고	百戶를 世襲케 하고	世襲 錦衣衛 百戶를 주고	百戶를 世襲케 하고(散)
	勘處	勘虛	勘虛	
	孫燧	孫遂	孫遂	孫수(思/散)
	調發	調定	調發	調達(思), 調定(散)
	무速히	速히	速히	速히(思/散)

회		본서 교감	三星本	全集本	비고
		發向	向發	向發	向發(思/散)
17		하나	하니	하나	하니(散)
		曾璵	曾璵	曾璵	曾瑜(思/散)
18		寧王	宸王	寧王	
		奸諛	奸諛	奸諛	奸(思), 奸謀(散)
		武宗	武帝	武帝	武帝(散)
		먹은	먹는	먹은	
		그리고도	그러므로	그리고도	
		祝績	祝績	祝績	
		秘通	密通	秘通	密通(思/散)
19		定하얏으나	世襲케 하였으나	定하였으나	世襲케 하였으나(散)
		遷用	遷[榮進]	遷用[榮進]	遷(思), 遷[榮進](散)
		有善有惡	有害有惡	有善有惡	
		解甲	解甲	解田	
		士衆	士衆	土衆	
		邀擊	激擊	激擊	激擊(思/散)

四. 大學問·拔本塞源論

회		본서 교감	三星本	全集本	비고
20		形骸로	形骸를	形骸를	
		해치고	해치고	헤치고	헤치고(思/散)
		大人	大仁	大人	
		天下人	天下	天下人	天下(思/散)
21		至善	至善	致善	
		잇고 없음을	없음을	있고 없음을	없음을(思/散)
		感通	感動	感通	感進(散)
		말하매	말하며	말하매	말함에(散)

회		본서 교감	三星本	全集本	비고
		揣摸	獨摸	獨摸	摸(思), 摸(散)
22		萌芽	萠芽	萠芽	萠芽(思/散)
		惻怛	惻憺	惻怛	
23		흐리움이니	흐리우리니	흐리움이니	
24		閑漫	閑漫	閑慢	
		靜하다	靜한다	靜한다	靜한다(思/散)
		狂奔	狂弄	狂奔	
		萌芽	萠芽	萠芽	萠芽(思/散)
25		旁引	索引	索引	索引(思/散)
		發竆	發	發	發(思/散)
		발함	말	말	말(散)
		善	惡	善	惡(思/散)
26		바리지	바라지[做]	버리지	바라지(思), 바라지[做](散)
		實事上	事實上	事實上	事實上(思/散)
		理	理	現	現(散)
		溫淸	溫淸	溫淸	溫情(思)
27		條理	修理	修理	修理(思/散)
		惻怛	惻怛	惻怛	側怛(思), 側怛(散)
		張弓	長弓	長弓	長弓(思/散)
28		極한즉	樂한즉	極한즉	
		이르리나	이르리니	이르리니	
		차질	찰	찾을	
		버리랴	버리라	버리라	버리라(思/散) *'버리려'
29		하상	항상	하상	*何嘗
		發明	發見	發明	發見(思/散)
		講義	講議	講義	
		하라	하려	하라	하려(思/散)
		이렇고	이렇게	이러고	
30		明光	光明	光明	光明(思/散)
		根委	根委	根底	根底(思/散)

회		본서 교감	三星本	全集本	비고
		이킨	이긴	익힌	이긴(思/散)
		아닐가	아닌가	아닌가	아닌가(思/散)
		事務	專務	事務	事物(思/散)
		訟獄	公獄	訟獄	
		傳習錄	傳心錄	傳心錄	傳心錄(思/散)
31		論學書	論學書	論學諸書	
		對稱함이니	對稱함이나	對稱함이니	
		동안이라도	이라도	동안이라도	이라도(思/散)
		하상	항상	하상	항상(思)
		新民	親民	新民	
32		하상	항상	하상	
		神巧	神功	神巧	神功(思/散)
		己私	己知	己私	
		것이 아니라고	것이라고	것이 아니라고	것이라고(思/散)
		感慨	感慨	感概	感概(散)
33		美	義	義	義(思/散)
		씨우는	싸우는	싸우는	싸우는(思/散) *'쓰이는'
		~하긴	~하건	~하긴	
		두리나니	드리나니	두리나니	*'두려워하나니'
		다니여	다니며	다니어	
		살피고	살피어	살피고	
		回復함에	回復함에로	回復함에	回服함에로(思), 回復함에로(散)
34		聖王	聖主	聖王	
		前瞻	前瞻	前瞻	前瞻(思)
		서로	(누락)	(누락)	(思/散누락)
		藩臬	藩臬	藩臬	藩泉(思/散)
		譽	譽	擧	擧(散)
35		이루어 노라	이루려	이루려	이루려(思/散)
		데로	대로	대로	

420

회	본서 교감	三星本	全集本	비고
	豪傑한	傑한	豪傑한	
	언턱	언덕	언턱	
	같을	같은	같을	같은(思/散)
	妖源	源妖	妖源	
	積染이라고	積染이라도	積染이라도	積染이라도(思), 積善이라도(散)
	一刹那	一刹那	一殺那	
	마음으로서이되	(누락)	마음으로서이되	(思/散누락)

五 陽明 門徒 及 繼起헌 諸賢

회	본서 교감	三星本	全集本	비고
36	德性	德成	德性	
	忠信이나	忠信이니	忠信이나	
	善하니	善이니	善하니	善이니(思/散)
37	搜括	搜括	搜拈	搜拈(散)
	느껴울	느낄	느껴울	느끼울(思)
	悚然하야	悚然하여야	悚然하여	悚然하여야(思/散)
	陸澄	陸登	陸澄	
	致得하라	致得하려	致得하려	致得하라(散)
38	容納될 데	容納될 때	容納될 데	
	用力	用功	用功	
	眞體	眞髓	眞體	
	常道	常道	當道	
	이르리	이르러	이르러	이르러(思/散) *'이르기까지'
39	影象	影象	彫像	彫像(思/散)
	想得한	想得할	想得한	想得할(散)
	어름이	어름이	이름이	이름이(思/散)

회		본서 교감	三星本	全集本	비고
		虛想	虛相	虛想	虛相(思/散)
40		銅鉛	鋼鉛	鋼鉛	鋼鉛(思/散)
		烹熬	烹熱	烹熬	
		俠客이라	俠客이다	俠客이라	俠客이다(散)
		맛드니	받더니	받더니	맞더니(散)
		一體임을	一體함을	一體함을	一體함을(思/散)
		외지게	외지게	외지에	*'외따로 떨어져'
41		다 物이다		다 物이다	
42		씨우지	싸우지	쓰이지	
		하로인들	하루 이틀	하루인들	
		미처	미쳐	있어	
		人心	人生	人心	人生(思/散)
		觸撥	觸發	觸發	觸發(散)
		이네	이네	이 넷	*'이들'
		煩絮	煩繁	煩繁	煩繁(思), 頻繁(散)
43		急難	危難	急難	多難(散)
		趙貞吉	趙貞吉	越貞吉	越貞吉(思/散)
		救世	救出	救世	
		何心隱	何心穩	何心隱	
		萃和堂	華和堂	萃和堂	華和堂(思/散)
		㐫神術	亂神術	㐫神術	亂神術(思/散)
		諸生으로	諸書로	諸生으로	
		골려	골라	골려	
		眞至	眞摯	眞摯	眞摯(散)
44		熱烈	熟烈	熱烈	
		自欺	自斯	自欺	
		一派	一脈	一派	
		하상	항상	하상	항상(思/散)
45		내 알고	(누락)	내 알고	(散누락)
		徑路	徑路	經路	經路(思/散)

회	본서 교감	三星本	全集本	비고
	賑恤	賑恤	賑恤	
46	門庭	門弟	門庭	
	龍溪	襲溪	龍溪	
	不計	不許	不許	不許(思/散)
	近似하나	近似하니	近似하나	
	學統	學說	學統	學說(思/散)
	從入	從人	從人	從人(思/散)
	猜刻	猜劾	猜劾	猜劾(散)
	刻覈	劾覈	刻覈	劾核(散)
	虛徐	虛除	虛徐	虛除(思/散)
47	全露	全靈	全露	仝靈(思/散)
	이상이		이상히	
	나랴는	나라는	나려는	나라는(散)
	提唱	提昌	提唱	
	바리지	바라지	버리지	바라지(思/散)
48	大旨	大意	大旨	大志(思), 大意(散)
	西安	西案	西安	西案(思/散)
	鰲屋	鰲屋	釐室	주屋(思)
	齊衰	齋衰	齋衰	

六. 朝鮮 陽明學派

회	본서 교감	三星本	全集本	비고
49	잇엇나니	있었나니	있는 것이	
	莫甚	甚甚	莫甚	甚甚(思/散)
	宣祖	宜祖	宣祖	
	부폇을	붙었을	붙었을	부텻을(思), 붙었을(散) *'부풀었을'
	麋鹿	塵鹿	麋鹿	진鹿(思), 塵鹿(散)

회	본서 교감	三星本	全集本	비고
50	'依稀'타	'依稀'라	'依稀'타	'依稀'라(思/散)
	외오서	외어서	외오서	
	그악한	그의 악한	그악한	그의 악한(思/散)
	丙丁	丙子	丙丁	丙子(散)
	淸兵은	(누락)	淸兵은	
51	하상	항상	하상	항상(思/散)
	恬視	괄시	괄시	괄視(思), 괄시(散)
	이르리	이르러	이르도록	
	하고	하나	하고	하나(思/散)
	한	참	한	참(思/散)
	드르라고	들으리라고	들으라고	드르리라고(思), 들으리라고(散)
52	送僧	送僧	送僧	
	張谿谷維	張谿谷繼	張谿谷維	
	峻嚴	峽嚴	峻嚴	
53	宣祖	宣祖	宜祖	
	喜靜厭動	嘉靜厭動	喜靜厭動	嘉靜厭動(思/散)
	萌芽	萠芽	萠芽	萠芽(思/散)
	念臺	念菴	念菴	
	斗卿	斗鄕	斗鄕	斗鄕(思/散)
	關係	관례	관계	(思/散누락)
54	士習	士習	士習	
	듣고서	듣고서	듣고서	듣고서(散)
	昆侖	昆崙	崑崙	崑崙(思/散)
	毀板	昆板	毀板	
	遲川	遲州	遲川	
55	精微	精徵	精微	精徵(散)
	念菴	念奄	念菴	
	아니다	아니라	아니다	아니라(思/散)

회		본서 교감	三星本	全集本	비고
		아니나	아니라	아니나	
		悅朗	悅朗	悅朗	悅朗(思/散)
		緖言	諸言	諸言	諸言(散)
		樗村	樏村	樗村	운村(思/散)
56		許與함을	許與임을	許與함을	許與임을(思/散)
		聖人	人聖	聖人	人聖(散)
		하상	항상	하상	항상(思/散)
		미처는	미치는	미처는	
		傅會	傅會	傅會	傅會(思)
		이 아마	(누락)	이 아마	
57		辨解	辯解	辯解	
		다툴	다툴	다툴	다툴(散)
		辨	辨	辯	
58		心髓入微	心隨入微	心隨入微	心隨入微(散)
		萌動	萌動	萌動	萌動(思/散)
		狠戾	狠戾	很戾	狠戾(思), 很戾(散)
		五兄恒齋先生	五,恒齋先生	五,恒齋先生	
		按索	探索	按索	探索(思/散)
		이르리	이르러	이르러	이르러(思/散) *'이르기까지'
59		竭力	碣力	碣力	碣力(散)
		主意	主義		主義
		繫辭	擊辭	擊辭	擊辭(散)
		一炷	一炬	一炬	一炬(散)
60		瀚	瀹	瀹	
		배오랴	배우려	뵈오려	뵈오려(思/散)
		瀚愛	溺愛	溺愛	溺愛(散)
		그제	그저	그제	*'그때'
		義解	義解	解義	解義(思/散)
		屬할 이이니	屬함이니	屬할 이이니	屬함 이이니(散)

회	본서 교감	三星本	全集本	비고
61	閑慢	閑漫	閑漫	閑漫(散)
	佛教	佛家	佛家	
62	보고	보도	보고	보도(散)
	다하던	더한	다하던	
	浮高	淨高	淨高	淨高(思/散)
	信齋傳	信齋集	信齋集	
63	居人	巨人	居人	
	豎巫閭山	豎閭山	豎閭山	豎閭山(散)
	深索	探索	深索	探索(思/散)
	處士	虛士	處士	
	石渠	石渠	右渠	右渠(散)
	纂	纂	纂	纂(思/散)

七. 後記

회	본서 교감	三星本	全集本	비고
64	하상	항상	하상	항상(思)
	隱微	隱徵	隱微	隱徵(散)
	發竅	發覈	發覈	發核(思), 發覈(散)
	痛痒	痛痒	通痒	
	일부러	일로부터	일부러	
65	虛存	處存	虛存	處存(散)
	하상	항상	하상	
67	强同	强同	强調	强調(散)
	苦言	苦行	苦言	苦行(思/散)

『양명학연론』 및 그 재출간본들의 오류 연구*

1. 들어가는 말

위당(爲堂) 정인보(鄭寅普, 1893~1950)의 『양명학연론(陽明學演論)』은 일제 강점기에 신문에 연재된 글이시만 그동안 양명학 입문서로 널리 읽혀 이제는 '고전' 반열에 오른 듯하다. 필자 역시 이 책을 통해 양명학에 대한 초보적인 지식을 얻은 바 있다.

이 책이 양명학 입문서로 널리 읽힌 것은 분량이 많지 않으면서도 양명학에 대한 기본적인 내용들을 빠짐없이 망라한 때문이다. 책의 내용은 서론과 후기를 제외한 몸통 부분이 다섯 장으로 돼 있는데, 각기 ① 양명학의 기본 개념, ② 창시자인 왕수인(王守仁, 1472~1528)의 생애, ③ 양명학의 핵심을 드러내고 있는 두 편의 글인 「대학문(大學問)」과 「발본색원론(拔本塞源論)」의 번역 및 해설, ④ 중국 양명학사, ⑤ 한국 양명학사를 다루고 있다. 구성 자체가 짜임새가 있어 양명학 입문서로서 적합하다.

이 책은 양명학 입문서로서만이 아니라 한국 양명학사의 주요 자료로 학자들에 의해 인용되는 경우도 많다. 저자 자신이 구학문으로서 한국 양명학을 공부한 마지막 세대이기 때문에 전편에 드러난 그의 양명학 인식이 학술적으로도 중요한 가치를 지니고 있을 뿐 아니라, 한국 양명학사 부분은 후대 학자들이 그의 이해를 뼈대로 삼아 이해하고 있다. 특히 그가 인용한 한국

---

* 이 글은 『동양학』 제82집(2021.1.)에 실린 한경애의 같은 제목 논문을 소폭 수정한 것이다.

양명학자들의 글도 자주 재인용되고 있다.

그러나 이 책의 약점은 일급 한학자였던 정인보가 어려운 한자어 단어들을 한껏 구사해 쓴, 거의 한 세기 전의 국한문혼용체 문장이라는 데 있다. 이 책을 보게 되는 사람들이 어차피 한자와는 멀지 않은 사람들이라서 그럭저럭 읽혀오고는 있었지만, 점차 한자와 친숙하지 않은 세대로 넘어가고 있고 게다가 이 책이 입문용이기 때문에 1930년대식 문투는 아무래도 부담이 되지 않을 수 없다. 이 때문에 전문을 현대어로 옮기는 작업이 나타나기 시작했다. 홍원식 교수가 먼저 이 작업에 나섰고,[1] 필자 역시 전자책으로 현대어역을 낸 바 있다.[2]

그런데 이 작업을 하면서 『양명학연론』이 텍스트에 문제가 많은 저작이라는 사실을 알게 됐다. 이 글은 1930년대에 『동아일보』에 연재됐고 이후 몇 차례 책으로 묶여 나왔지만, 처음 연재 당시에 있었던 오류들이 제대로 바로잡히지 않고 오히려 후대의 재간행 과정에서의 오류들까지 뒤섞여 학술적으로 인용하기가 민망한 부분들도 많다. 이에 따라 필자는 『양명학연론』의 텍스트를 재정리할 필요가 있다는 생각을 하게 됐고, 그런 노력의 하나로 미진하지만 텍스트의 교주본(校注本)과 새 번역본을 준비해 왔다. 이 글은 지금까지 학술적 논의에 사용돼 왔던 『양명학연론』 신문 연재본과 이후 재출간본들이 지니고 있던 문제점들에 대해, 그 작업을 하면서 발견한 내용을 정리한 것이다.

---

1 정인보(저), 홍원식(해설), 『양명학연론』, 계명대학교 출판부, 2004; 정인보(저), 홍원식·이상호(역), 『양명학연론』, 한국국학진흥원, 2005. 앞의 것은 「대학문」과 「발본색원론」을 소개한 4장을 제외하고 현대어로 옮긴 것이고, 뒤의 것은 이 부분까지 포함시키고 주석을 더한 것이다.
2 정인보(저), 한경애(역), 『양명학 이야기』 1~2, 이펍코리아, 2012.

2. 『양명학연론』 텍스트의 여러 가지 문제들

『양명학연론』은 1933년 『동아일보』에 연재된 글이다.[3] 이 글은 1953년 잡지 『사상계(思想界)』에 다시 분재됐고(6월호 및 7월호), 이후 단행본과 전집 등에도 재수록돼 몇 차례 출간됐다.[4] 이런 이력을 지닌 『양명학연론』은 『동아일보』 연재 이후 저자 자신의 수정 기회를 갖지 못해 수많은 오류를 그대로 안고 있는 글로 남아 있다. 시간을 다투며 소판을 해야 했을 『동아일보』 연재본에 오류가 많은 것이야 어쩔 수 없다 하더라도, 그 뒤 이를 바로잡지 못한 상태에서 저자가 납북돼 사망한 것이 치명적이었다. 이제 그 오류들을 유형별로 나누어 살펴보도록 하겠다.[5]

(1) 인용문 처리의 문제

『양명학연론』 텍스트의 가장 어처구니없는 문제점은 현재 이용되고 있는 후대 간본들에서 본문과 인용문이 뒤죽박죽이라는 것이다. 말하자면 왕수인의 글을 정인보의 글로 오해하게 돼 있다는 얘기고, 실제로 그렇게 오해해 인용하는 경우도 있다. 이 문제는 『동아일보』 연재본이 이상한 체재를 취하고 있기 때문에 생긴 것이다.

『양명학연론』의 제4장은 「대학문」과 「발본색원론」을 전문 번역 인용하며

---

3 당시 동아일보사 사장이던 송진우의 요청으로 1933년 9월 8일자부터 12월 17일자까지 모두 66회에 걸쳐 연재됐다.

4 정인보, 『담원국학산고(薝園國學散藁)』, 文教社, 1955; 정인보, 『양명학연론(외)』, 삼성문화재단, 1972; 정인보, 『담원정인보전집』 2, 연세대학교 출판부, 1983. 이 글에서는 앞으로 이 간본들을 각기 '산고본'·'삼성본'·'전집본'으로 부르겠다. 『동아일보』 연재본은 '연재본'으로, 『사상계』 분재본은 '사상계본'으로 칭한다.

5 재출간본 가운데 사상계본과 산고본의 경우 오류도 너무 많고 이용도가 미미한 편이어서, 『동아일보』 연재본과 삼성본·전집본을 중심으로 하고, 사상계본·산고본은 필요한 부분만 언급하겠다.

해설하는 부분이다. 그런데 연재본의 인용 부분 처리가 통상적인 방식과 좀 다르다. 연재본은 이 장에서 「대학문」과 「발본색원론」 인용 부분을 본문처럼 취급하고 정인보의 보충 설명 부분을 한 자 들여쓰기 했다. 원칙은 그렇지만 연재시에 잘못 조판되기도 해서 다음 회에 정정한 경우도 있으며, 그런 정정을 반영하더라도 4장 내부에서조차 완벽하게 통일됐다고 볼 수 없다. 물론 다른 장에서는 인용 부분을 한 자 들여쓰기 하는 정상적인 체재로 돌아갔다. 이렇게 헷갈릴 수밖에 없는 방식으로 처리됐기 때문에 후대 재출간본에서 뒤죽박죽이 된 것은 필연적인 일이었다. 제4장의 구성과 각 간본의 인용 처리 상태는 아래와 같다.[6]

〈표 〉 제4장의 구성과 각 간본의 인용 처리 상태

회	내용	필자	연재본	삼성본	전집본
1	도입부	정인보	×정상 처리	본문	본문
2	『대학』인용	증자	한 자 들임	인용	인용
3	「대학문」1	왕수인	정상 처리	△본문+인용	△본문+인용
4	「대학문」2	왕수인	정상 처리	인용	인용
5	「대학문」3-1	왕수인	정상 처리	인용	인용
6	해설	정인보	한 자 들임	본문	본문
7	「대학문」3-2	왕수인	정상 처리(*)	×본문	×본문
8	해설(+『전습록』인용)	정(+왕)	한 자 들임	본문(+인용)	본문(+인용)
9	「대학문」3-3	왕수인	정상 처리	×본문	×본문
10	「대학문」4	왕수인	정상 처리	×본문	×본문
11	「대학문」5	왕수인	정상 처리	×본문	×본문
12	「대학문」6-1	왕수인	정상 처리	×본문	×본문

---

6 표에서 *는 연재 다음 회의 정정에 따른 것, ×는 원칙에 어긋난 것, △은 부분적으로 어긋난 것을 뜻한다.

회	내용	필자	연재본	삼성본	전집본
13	해설(+『전습록』인용)	정(+왕)	×정상 처리	본문(+인용)	본문(+인용)
14	「대학문」6-2	왕수인	×한 자 들임(*)	×본문	×본문
15	해설(+『전습록』인용)	정(+왕)	한 자 들임	본문(+인용)	본문(+인용)
16	「대학문」6-3	왕수인	정상 처리	△인용	×본문
17	해설(+『전습록』인용)	정(+왕)	한 자 들임	본문(+인용)	본문(+인용)
18	「발본색원론」	왕수인	정상 처리	×본문	×본문
19	해설	정인보	한 자 들임	본문	본문

연재본의 경우 왕수인의 글을 본문 처리한다는 원칙에서 보면 1·13·14 부분이 원칙에 어긋난다. 그러나 14의 살놋은 연재 26회분에 '前回分'을 모두 한 자 들여쓰기 하라는 정정에 따른 것인데, 이 정정 문구에 또 오류가 포함돼 있는 듯하다. '前回分'을 '前前回分'의 잘못으로 고쳐 보면 13 부분까지도 원칙에 맞게 한 것이어서 사실상 1 부분만 어긋난다. 1 부분은 도입 부분의 특수성 때문에 들여쓰기를 할 수 없었을 것이다. 그러나 인용 부분을 들여쓰기 한다는 일반적인 기준에 비추어 보면 연재본은 거꾸로 1·13·14를 제외한 모든 부분이 잘못된 것이다.

삼성본과 연재본에 왕수인의 글을 정인보의 글로 둔갑시켜 잘못 본문 처리한 곳이 많은 것도 연재본의 4장 들여쓰기 원칙을 이해하지 못한 때문이다. 삼성본과 전집본은 7과 9~12, 14·16·18이 잘못 처리됐다. 특히 왕수인의 글인 「발본색원론」(18)은 무척 긴 글 전문이 몽땅 정인보의 글로 둔갑했다. 「대학문」 역시 상당 부분의 필자가 바뀌었다. 16은 삼성본의 경우 다른 곳의 인용에서는 넣었던 꺾쇠 없이 한 자 들여쓰기만 해서 인용임을 어느 정도 알 수는 있다. 3의 경우는 인용 부분이 '질문+대답' 형식으로 돼 있는데, 질문 부분은 본문 처리하고 대답 부분은 인용 처리했다. 삼성본과 전집본에서 이렇게 잘못을 저지른 것은 연재본의 이상한 원칙 때문이었음은 두말할 필요조차 없다. 논문이나 책에서 제4장 부분을 인용할 경우 왕수인의 글을 정인보의 글로 잘못 인용할 소지가 많은 것이다(반대의 경우도 마찬가지다).

이렇게 큰 틀의 문제는 아니지만, 따옴표를 잘못 붙여 오해를 불러일으킨 경우도 있다.[7]

> 晦菴은 "親 字는 誤이다. 맛당이 新 字로 고치어 볼 것이다." 백성을 가르쳐 새롭게 한다 함이다 하얏고, 陽明은 "…" (연재 5회)

사상계본·산고본·삼성본은 모두 이 따옴표를 그대로 따랐다. 그러나 문맥이 자연스러우려면 '함이다'까지 따옴표 안에 넣어야 한다. 이 문제는 전집본에 와서야 수정됐다.

> 陽明이 이르되 "오직 天下의 至聖이라야 能히 聰코 明코 睿知하다" 함이 前에 보매 어떠한 玄妙드뇨. …이 얼마나 明白·簡易하냐." (연재 11회)

이 글에서 '오직~簡易하냐'까지 전체가 왕수인의 말인데, 그 안에서 '오직~睿智하다'는 또 왕수인이 인용한 『중용』의 말이다.[8] 따옴표 처리가 열기 하나에 닫기 둘로 돼 있는 것이 문제였다. 사상계본은 연재본을 그대로 따라 애매함을 이어갔고, 산고본·삼성본·전집본은 모두 뒤의 꺾쇠를 빼버려 왕

---

7 이하 연재본의 인용에서는 인용부호 『 』를 " "로 고치고 문장부호를 추가했다. 이하 특별한 설명이 없는 경우 마찬가지다.
8 "惟天下至聖, 爲能聰·明·睿智," 舊看何等玄妙. (『傳習錄』「黃省曾錄」)

수인의 말인 '함이~간이하냐' 부분을 정인보의 말로 바꿔놓았다.

(2) 문장의 끊기와 잇기 문제

연재본은 문장부호가 제대로 붙어 있지 않아, 가뜩이나 어려운 문장 끊어 읽기가 쉽지 않다.

> 그러므로 一念의 붓그러움을 붓드러 붓그러울 念을 눌르는 것이 千年 두
> 고 心을 究하는 것보다 實工이오 마음이라는 名稱조차 모르는 사람으로
> 도 능히 붓그러워하는 바에는 제 利로움도 마티엇을신대 이 곳 心學에 잇
> 어 높은 地位를 占하얏다 할지라도 陽明의 學이 이 곳 心學이오 心은 곧 本
> 心이오 쉽게 말하자면 번밋 마음이다. (연재 7회)

마지막 마침표 외에는 원문 그대로 문장부호를 전혀 찍지 않았다. '實工이오' 다음에 쉼표 또는 마침표가 들어가야 할 듯하지만, 더욱 큰 문제는 그 뒷부분이다. '陽明의 學이' 이하가 그 앞과 한 문장으로 연결되지 않는다. 사상 계본 이하 모든 재출간본들도 그대로 이어놓아 억지 문장을 만들었다. 필자는 '할지라도'의 '도'가 잘못 들어간 것으로 보고 '할지라'에서 문장을 끊어야 할 것으로 본다.

> 이윽고 伏兵이 이러나니 賊이 크게 敗하야 물러가 '八字腦'라는 곳에 駐屯
> 하얏다. 宸濠가 다시 勇者를 厚賞하고 또 九江 · 南康의 守城한 兵卒을 全
> 部 푸러 增援케 하얏다. (연재 17회)

물론 연재본에는 '駐屯하얏다' 다음에 마침표가 없다. 그러나 사상계본、산고본、삼성본은 그 뒤에 '가'까지 덧붙여 '駐屯하얏다가'로 해서 문장을 완벽하게 이어놓았다. 저자의 의도와는 달라진 것이다.

> 大學의 이른바 '身'은 곧 耳·目·口·鼻·四肢와 '身'을 '修'하랴 한다 함은 눈
> 이 禮 아니면 보지 아니함을, 귀가 禮 아니면 듣지 아니함을, 입이 禮 아니
> 면 말하지 아니함을, 四肢 禮 아니면 움즉이지 아니함을 要함이라. (연재
> 25회)

역시 '四肢와'까지와 그 이후가 별개의 문장인데 합쳐졌다. 사상계본 이하모두 그대로 따랐지만 '와'를 '라'의 오류로 보고 거기서 문장을 끊어야 한다. 이 부분은 정인보가 『전습록』을 인용한 것인데, 『전습록』 원문을 보면 그곳에서 문장을 끊어야 함을 확인할 수 있다.[9]

> 念臺의 學이 그 塗徑의 어떠함에 잇어 陽明과 岐異됨이 잇다 할지라 이 一
> 節만 보아도 赤裸裸한 本心上 直指 宛然한 姚江 根臺이니… (연재 46회)

'할지라'로 보면 그곳에서 문장을 끊어야 한다. 연재본은 문장부호가 없어애매하고, 산고본은 그곳에서 문장을 끊었으며, 사상계본과 삼성본、전집본은 그대로 이어 어색한 문장이 됐다. '할지나'의 오류로 보고 쉼표를 찍어 문장을 잇는 것이 자연스럽다.

9　大學之所謂 '身', 卽耳·目·口·鼻·四肢是也. 欲修身, 便是要目非禮勿視, 耳非禮勿聽, 口非禮勿言, 四肢非禮勿動. (『傳習錄』, 「黃以方錄」)

어디서 문장을 끊어야 할지 저자의 의도를 짐작할 수 없는 곳도 있다.

> 여기서부터 禍亂이 비롯한 것이라 알라. 虛는 假의 本이니라. (연재 6회)

필자는 '알라' 다음에 마침표를 붙였지만 이 마침표 역시 원문에는 없다. 사상계본 이하 여러 재출간본들은 모두 '것이라' 다음에 마침표를 찍고 '알라, 虛는 假의 本이니라'를 다음 문장으로 보았다. 결국 어느 쪽이 더 자연스러운가 하는 판단의 문제이고, 원저자가 어떤 의도로 썼는지는 알 수가 없다.

(3) 구절 또는 문장의 누락

연재 원문은 그것이 원본이기 때문에 다른 대조 대상이 없어 누락 여부를 확인하기가 쉽지 않다. 그러나 재출간본은 연재본과 대조하면 누락 여부를 확인할 수 있는데, 『양명학연론』의 재출간본들은 심하다 싶을 정도로 누락이 많다. 사상계본과 산고본은 그것이 너무 많고 이용 빈도도 적기 때문에 나중에 나온 삼성본과 전집본의 누락을 중심으로 살펴보겠다.

> 그리다가도 或 떠 보게 될 때는 엇더한 明鏡 가지[치] 획 한번 비치며 올타던 것도 (그른 것으로, 안 해야 한다든 것도) 꼭 해야 할 것으로, 가릴 수 없이 分別된다. (연재 2회)

> 積痼한 病을 猛治로 (一掃치 아니하고는 生全함을 바랄 수 업고,) 一掃하랴면 그 病根을 深査하지 아니할 수 업다. (연재 6회)

또 알픔을 알진대 (반드시 발서 스사로 알퍼슴이오, 치움을 알진대) 반드시 발서 스사로 치윗슴이오, 배곱흠을 알진대 반드시 발서 배곱하슴이라. (연재 9회)

사람이 내 마음에 至善이 잇음을 모르고 그 밖에 가 求하되 事事·物物에 다 定理 잇다고 하야 至善을 事事·物物 속에서 求하니 이로써 支離·決裂하고 錯雜·紛紜하야 一定한 方向이 없엇지, 이제 이미 '至善'이 내 마음에 잇어 밖에 求할 것이 없음을 알고 본즉 뜻이 定向이 잇어 (支離·決裂·錯雜·紛紜의 걱정이 없을지며), 支離·決裂·錯雜·紛紜의 걱정이 없은즉 마음이 妄動치 아니하야 能히 '靜'할지며… (연재 22회)

그러므로 民을 親하는 것이 없을진대 (良知 어대 조차 나타나며,) 良知의 發現이 아닐진대 무엇으로 民을 親하랴. (연재 32회)

이를 기르면 物은 스사로 格할 것이어늘, 이제 그 物에 感함을 따라 格物의 功을 加하랴 하니 이는 그 體에 迷하고서 (用을 차짐이오 그 源을 濁하고서) 流를 맑힘이라 功夫ㅣ 발서 第二義에 떨어젓다. (연재 39회)

괄호 안 부분이 누락된 부분이다. 네 번째 것은 사상계본과 산고본·삼성본·전집본 모두 누락된 것이고, 나머지는 전집본을 제외한 세 간본에 공통적으로 누락된 사례들이다. 반복이나 대구(對句) 등 비슷한 형식의 문장이 이어질 때 그 한 부분을 누락시킨 경우가 많은데, 이는 바로 본래 문장이 지녔던 리듬감을 훼손시켰다는 말이기도 하다.

이와 비슷하게, 문장의 효과를 위해 일부러 중복시킨 부분을 한 번으로 줄여 문장의 맛을 줄이거나 심지어 어색하게 만든 곳도 눈에 띈다.

어떠케 하여야 할가, (어떠케 하여야 할가,) 理論이 나날이 붓지 아니하느냐. (연재 8회)

함을며 人類로부터 族類에 한 거름 (한 거름) 더욱더욱 切己함이랴. (연재 31회)

그러나 間隔으로부터일진대 父子·兄弟 서로 金城·鐵壁이 가리고 말지니, (感通이여) 感通이여, 이 한 竅穴이 곳 天地 萬物 一體의 仁의 泉源인 同時 '宇宙'와 '己分'이 하나이오 둘이 아닌 大原理 이로 조차 證明되는 것이다. (연재 32회)

('大義,') '大義'. 國破·君亡하는 것은 第二件事오 좀 더 지나가서 國을 破하야서, 君을 不保하야서 이 '大義'를 세우자 함이, 아지 못게라, 과연 本心의 發現이라 할가. (연재 51회)

처음 두 사례는 사상계본·산고본·삼성본에 공통적으로 누락된 것이고, 세 번째는 전집본까지 네 간본에 모두 누락된 것이다. 마지막 경우 역시 네 간본 모두 누락된 것인데, 사상계본과 산고본은 한 번의 '大義' 외에 그 앞에 나오는 '遲川의 罪다'까지 빠져 문장이 많이 흐트러졌다.

문장이 통째로 누락되기도 한다. 역시 사상계본·산고본·삼성본에 모두 누락된 사례들이다.

> 그럼으로 시굴 農民이 낮에 논가리 품을 팔 때 假令 主人이 보지 아니한다
> 하자. (잘못 가러 주어도 말할 사람이 없다 하자.) 그 사람이 中間쯤 갈다가
> 생각하기를… (연재 7회)

> 明末 名人들의 節烈은 말할 것도 없거니와 그 利害에 對한 較計 없음이 실
> 로 古今에 比類가 없엇나니, 學問의 힘이 어떠한 것임을 알 수 잇지 아니
> 한가. (學問으로써 自心을 啓發한 보람이 어떠한 것임을 알 수 잇지 아니한
> 가.) (연재 45회)

반대 현상도 있다. 문장을 중복시킨 것이다.

> '身'을 '修'함은 무엇을 이름인가. 善을 하고 惡을 바림을 이름이다. (내 몸
> 스사로가 能히 善을 하고 惡을 바림을 이름이다.) 내 몸 스사로가 能히 善을
> 하고 惡을 바리는가. 반드시 그 靈明·主宰인 것이 善을 하고 惡을 바리랴
> 한 뒤에야 그 '形體'·'運用'인 것이 비로소 能히 '善'을 하고 '惡'을 바릴지라.

괄호 안을 빼면 깔끔한 연결이다. 괄호 안은 사상계본·산고본·삼성본에 더
들어가 있는 문장인데, 가만히 보면 뒤 문장의 앞부분과 앞 문장의 뒷부분
이 합쳐진 이중 조판이다.
확인하기는 어렵지만 연재본도 누락이 의심되는 부분은 있다.

陽明이 이 論文을 쓰게 된 原因은 물론 千古를 曠觀하야 林林 人群의 齷齪한 一己[긔]念에 向하야 憯淚·惻涕를 비저 둔 지 오램이로되 가깝게로는 그 當時 陽明을 向하야 問難하는 이 대개 陽明의 良知說을 넘우 簡疎한 줄로 알아 이것으로 어찌 古今 得失을 알며 無窮한 事變에 應할가 의심하고 또 名物制度의 究明 같은 것이 이 良知만의 能解할 것이 아니라고 생(각)하는대 顧東橋ㅣ 또 이를 가지고 問疑함으로 陽明이 그 무름에 따라 대답하고 나서 스사로 無量한 感慨이 觸發되음을 찍지 못이나 千古 事變을 摠拈하야 말하면 感通에서 治오 間隔에서 亂이라 이 한 곳을 除外하고 무엇이 엇더니 무엇이 엇더니 이 모두 閑話오. (현새 32회)

무척 긴 문장이 하나로 돼 있는데, 거의 마지막 부분 '千古 事變을' 이하가 앞부분과 이어지지 않는다. 그 앞까지는 길지만 '이 논문을 쓰게 된 원인' 이야기로 내용상 연결이 되는데 마지막 부분은 내용상 별개이고 문장 구조로도 앞과의 연결이 쉽지 않다. 그렇지만 그 바로 앞의 '금치 못하야'는 문장의 마무리가 아니다. 사상계본 이하 모두 그대로 두었지만, 연재본 조판시 '금치 못하야' 뒤에서 문장의 마무리 부분이 누락된 것으로 보인다. 결정적인 근거는 아니지만 마침 연재본은 이 부분에서 행이 바뀐다.
다음은 인용 원전이 있어 연재본의 누락을 확인할 수 있는 경우다.

知止而後, 有定; 定而後, 能靜; 靜而後, (能安; 安而後,) 能慮; 慮而後, 能得.
(연재 20회)

"'止'할 줄을 안 뒤에야 '定'함이 잇을지며, '定'한 뒤에야 能히 '靜'할지며,

('靜'한 뒤에야 能히 '安'할지며,) '安'한 뒤에야 能히 '慮'할지며, '慮'한 뒤에야

能히 '得'할지라" 함은 무슨 말인가. (연재 22회)

다만 그로 하야금 (그 親에) '孝'하고 그 長에 '弟'하고 그 朋友에 信하야 그

心體의 同然함에로 回復하게 할손 ⋯ (연재 33회)

先天 心體上에 잇어 뿔이를 박을 것 같으면 意의 動하는 배 스사로 善치

아니함이 없어 世情·嗜欲이 스사로 容納될 데 없을지니 (致知 공부가) 自然

易簡하야 힘들 것이 없으나⋯(연재 38회)

각기 『대학』과 「대학문」,[10] 『전습록』,[11] 용계(龍溪) 어록[12] 등 원문을 대조하면
괄호 안 부분이 누락됐음을 알 수 있다. 연재본 조판시의 문제일 수도 있지
만 저자의 부주의일 가능성도 있다. 후대 간본들은 삼성본과 전집본에서
두 번째 사례만 바로잡았을 뿐이고, 나머지는 연재본의 오류를 그대로 가
져갔다.
이 밖에 한두 단어씩 누락된 것은 부지기수다. 대체로 사상계본·산고본·삼
성본의 누락이 많고, 전집본은 상대적으로 나은 편이다.

(4) 연재본의 오자와 탈자
『양명학연론』은 구절이나 심지어 문장 전체의 누락 사례까지 보일 정도로

---

10 曰: "'知止而後有定, 定而後能靜, 靜而後能安, 安而後能慮, 慮而後能得,' 其說何也?" (「大學問」)
11 而但使孝其親·弟其長·信其朋友, 以復其心體之同然. (『傳習錄』「答顧東橋書」)
12 若能在先天心體上立根, 則意所動自無不善, 世情·嗜欲自無所容, 致知工夫自然易簡省力. (「三山麗澤
錄」)

정리가 돼 있지 않은 텍스트인데, 오·탈자 문제로 넘어가면 이루 꼽을 수 없을 정도로 심각하다. 먼저 연재본부터 나타난 오·탈자부터 보자.

조판 과정에서 생긴 것으로 보이는 고유명사 오·탈자에는 이런 것들이 있다.[13]

〈표 〉 조판 과정에서 생긴 것으로 보이는 고유명사 오·탈자

연재 회차	연재본 표기	바른 표기	바르게 교정한 간본
12	厦一齋	夐一齋	산 김
17	林城	林瑊	산
17	周調佐	周朝佐	산
19	雛守盖	鄒守益	산·(삼·전)
19	花諸相 峒	花相 諸峒	(산)
19	花桐	花相	산
19	白石	白竹·石馬	
19	楊縮	黃縮	
36	浙中	浙中	산
37	王心齋良	王心齋艮	산
40	良은	艮은	
46	張元忤	張元忭	
46	王毓耆	王毓蓍	
49	辛晉翼	申晉翼	
49	崔明俊	崔鳴後	
58	리·洛·關·閩	濂·洛·關·閩	
62	未을	朱를	산·전

표에서 볼 수 있듯이 연재본의 이 오류들은 산고본에서 조금 수정됐을 뿐,

---

13 표의 마지막 칸 약어는 사=사상계본, 산=산고본, 삼=삼성본, 전=전집본이다. 이하 마찬가지다.

나머지 간행본들에서는 거의 고쳐지지 않았다. 후대의 삼성본·전집본이 산고본의 수정 사항조차 거의 반영하지 않은 셈이다.

'雛守蓋'로 잘못 나온 양명의 제자 '鄒守益'은 산고본에서 바로잡았으나, 삼성본·전집본은 '鄒守蓋'로 돼 있어 한 글자만 바로잡았다. 양명의 주요 제자인 '王艮'의 이름이 거듭 '良'으로 잘못 나오고 고쳐지지 않은 점이나, '王'(양명)과 대비된 '朱'(주희)가 '末'로 잘못 나오고 삼성본에는 엉뚱하게도 '本'으로 고쳐져 있는 점도 눈에 띈다. '張元忭'은 연재본에 '張元忭', 사상계본·산고본에 '張元作', 삼성본·전집본에는 '張兀作'으로 돼 있어 오류의 형태도 여러 가지다. 거의 숙어처럼 쓰이는 '濂·洛·關·閩'의 맨 앞 '濂'이 연재본에 '리'로 잘못 나와 있는데, 사상계본 이하 모두 '리'가 잘못 들어간 것으로 보고 빼버려 '洛·關·閩'의 불완전한 모습이 됐다.

지명인 '花相'은 한 번은 '花桐'으로 잘못 나오고 한 번은 '花諸相 峒'으로 글자 위치가 바뀌었다. 산고본은 '花相 諸洞'으로 '峒'을 '洞'으로 바꾸기는 했으나 올바른 지명을 고쳤는데, 삼성본·전집본은 '花諸 相峒'을 그대로 두고 뒤에 '等'자까지 붙여 '花諸'와 '相峒'이라는 가공의 지명을 만들어 버렸다. 사상계본은 '花請相 峒'으로 오자까지 생겼다.

국내 자료 인용에 나오는 '崔明俊'은 원전인 『지천집(遲川集)』에 '崔明後'로 나온다. '後'를 인명에 많이 쓰이는 '俊'으로 잘못 옮겨 적었거나 잘못 식자한 것이다. 그러나 다른 역사 자료에는 '崔鳴後'여서 이름 두 글자가 모두 틀렸다. 하나는 『지천집』의 오류, 또 하나는 『양명학연론』의 오류다. 또 '辛晉翼'은 '申晉翼'의 오류다. 인용 원전인 『지천집』에 잘못 나와 있다. 이들은 모두 병자호란 이후 소현세자와 봉림대군(후일의 효종)을 모시고 심양(瀋陽)에 따라간 군관이다.

〈표 〉 조판 잘못이거나 저자의 오류

연재 회차	연재본 표기	바른 표기	바르게 교정한 간본
50	寄兒後亮書	寄後亮書	
50	後箴	復箴	
51	遲川遺事	遲川公遺事	
63	平句率	平句股	
63	方圓儀	圜儀·方儀	
63	地半徑差	地平經差	(사·산·전)

'復箴'은 최명길의 글 이름이다. 역시 글 이름인 '寄後亮書'와 '遲川公遺事'의 글자가 늘어난 것은 원고의 오류일 가능성도 높다. '平句股'·'圜儀'·'方儀'·'地平經差'는 모두 홍대용의 저작에 나오는 항목명인데, '地平經差'의 경우 사상계본·산고본·전집본은 '經' 자만 고쳤고, 삼성본은 두 글자 모두 바로잡지 않았다.

이들은 대체로 조판 잘못이거나 조판 잘못인지 저자의 오류인지 애매한 것들인데, 명백하게 저자의 오류로 보이는 것들도 있다.

〈표 〉 저자의 착오 가능성에 의한 오류

연재 회차	연재본 표기	바른 표기	바르게 교정한 간본
14	柳州	郴州	
16	楊朝	楊旦	
19	石定	石金	
42	順宗	宗順	
42	東涯	東崖	
48	李容	李顒	
48	從吾	可從	
48	信吾	可從	
55	閔誠齋爾承	閔誠齋以升	

'柳州'의 경우는 일부 사료에 그렇게 나온 것을 저자가 그대로 인용한 것으로 보이는데, '柳州'는 광서(廣西) 소속이고 저자가 말한 공복전(龔福全)의 본거지 계양(桂陽)은 호광(湖廣) '郴州' 소속이다. '楊朝'는 '朝'가 '旦'과 발음이나 형태상 착오를 일으킬 수 있는 것도 아니어서 저자의 착오로 볼 수밖에 없다. '石定'은 저자가 참고한 것으로 보이는『명사』의 원문 "守仁抵潯州, 會巡按御史石金定計招撫"[14]에서 '金' 자를 빼고 읽어 '石定'을 이름으로 오해한 때문으로 보인다.

'順宗'과 '東涯'는 왕간의 아들 왕벽(王襞)의 자와 호를 잘못 적은 것으로, 저자의 부주의일 가능성이 높다. 특히 호는 거듭 '東涯'로 나와 원고부터 잘못된 것으로 보인다. '李容' 역시 '顒'을 '容'으로 잘못 식자할 가능성이 낮다는 점에서 원고상의 문제로 보인다. 책에서 다루고 있는 주요 양명학자의 이름이 틀렸다는 것은 이해하기 어렵다. '從吾'와 '信吾'는 이옹의 아버지 이름이 들어가야 할 자리에 들어간 것인데, 통일도 돼 있지 않을뿐더러 이옹의 아버지 이름은 '可從'이니 저자의 명백한 착오다. '信吾'는 이가종의 자이고, '從吾' 역시 또 다른 자나 호인지 확인할 수 없으나 '可從'과 '信吾'에서 나온 착오일 수 있다.

우리나라 사람 이름인 '閔以升'은 '閔爾承'으로 잘못 적혔는데, 이름 두 글자가 모두 틀렸다는 점에서 저자의 착오 가능성에 무게가 실린다.

고유명사 외에 연재본의 오·탈자 사례들 가운데 가장 대표적인 것을 한번 보자.

---

14 『明史』「王守仁傳」.

仙家의 '虛'를 떠나함은 '養生'으로부터 나옴이오, 佛氏의 '無'를 말함은 '生死苦'를 나랴 함으로부터 나옴이니… (연재 14회)

연재본의 '떠나함'은 '말함'의 오류다. 조금 뒤의 '나랴' 앞에 들어가야 할 '떠'가 빠져 이리로 잘못 들어오면서 생긴 오류로 보인다. 사상계본·산고본은 이를 바로잡지 못했으나, 삼성본·전집본은 바로잡았다. '生死苦'는 인용원전을 보면 '生死 苦海'에서 '海'가 누락된 것이다.[15] 사상계본 이하 모두 이를 바로잡지 않았다.

위 사례처럼 글자가 빠져 의미가 잘 통하지 않는 사례들은 더 있다.

"格其非心""大臣格君心" 같은 類는 다 '不正'함을 발리여 '正'에 돌아가게 하는 義라 至 字로써 訓釋할 수 없나니… (연재 26회)

師訓으로 말하면 "誠意의 極인즉 至善에 할 뿐이라" 하엿으니, 이에 準할진대 至善에 至[止]함이 誠意를 떠나든 적이 없을 것이다. (연재 38회)

참 알고 보면 암만 性·命을 講解하야 微妙한 곳까지 到達하얏다 할지라도 意見의 함이 오즉 比擬·卜度뿐이라 本來 生機에 잇어서는 아조 關涉이 없으매 마침내 俗學을 이루고 말지나… (연재 40회)

先生은 王氏를 主하는대 公은 王氏 致良의 說에 또한 契合치 못하얏스되 精

---

15 但仙家說虛, 從養生上來; 佛氏說無, 從出離生死苦海上來. (『傳習錄』「黃省曾錄」)

義·異聞은 늘 鄭 先生을 일컷고 先生이 도라간 뒤 服을 입엇다. (연재 61회)

첫 번째는 「답고동교서(答顧東橋書)」를 인용한 것인데 ‘大臣格君心’은 『맹자』「이루(離婁) 상」에 나온다.[16] ‘大人’이 ‘大臣’으로 바뀐 것은 「답고동교서」에서 고친 것이고, 『양명학연론』의 번역 인용에서는 ‘之非’의 두 글자가 누락됐다. 두 글자가 들어가야 의미가 좀 더 분명해진다. 사상계본 이하 모두 이를 바로잡지 않았다.

두 번째와 세 번째는 인용 원전 등을 보면 ‘할’과 ‘함이’ 앞에 각기 ‘止’와 ‘盤桓’이 빠졌다.[17] ‘盤桓’은 사상계본 이하 모두 바로잡지 않았고, ‘止’의 경우 산고본은 이를 보충했으나 삼성본·전집본은 ‘至’로 잘못 채워 넣었다.

네 번째 사례의 ‘致良’은 ‘致良知’에서 ‘知’가 빠진 것으로 보인다. 원문인 『원교집(圓嶠集)』에도 ‘致良之說’로 나오지만, 이는 ‘致良知說’이나 ‘致良知之說’의 오류로 보이고, 이것이 그대로 이어진 듯하다. 삼성본·전집본은 ‘致良’으로 그대로 두었고, 사상계본·산고본은 ‘詣良/諸良’으로 오자까지 생겼다.

반면에 없던 글자가 들어간 경우도 있다.

嗚呼라! 國이야 憂하지 아니하야도 좋다. 그러나 이 憂를 떼이고 따로 道
憂가 없나니, 그 道가 實道·眞道가 아님은 무를 것도 없다. (연재 31회)

16 人不足與適也, 政不足間也. 惟大人爲能格君心之非. (『孟子』「離婁(上)」)
17 誠意之極, 止至善而已矣. 「沖元會紀」, 不知講解得性命到入微處, 意見盤桓只是比擬·卜度, 於本來生機
了不相干, 終成俗學. 若能於日用·貨色上料理, 時時以天則應之, 超脫·淨盡, 乃見定力. (『大學古本序』)

다만 致知의 學과 比較하매 그 功이 迂·直, 緩·急의 分辨이 잇고 그 體 分·合

의 間이 잇을 뿐이지 聖人의 學 됨은 다 같으니… (연재 56회)

앞 사례의 '道憂'는 '道'에 '憂'가 잘못 붙은 것으로 보인다. '憂'를 빼야 의미
가 매끄럽다. 뒤 사례에서 '分辨'의 '分'은 의미상 들어가도 무방하나 인용
원전과 문장의 흐름으로 보아 잘못 들어간 군더더기인 듯하다.[18] 그러나 사
상계본 이하 모두 '道憂'와 '分辨' 그대로 두었다.
원전이 없는 문장의 경우 연재본의 빠진 글자들을 채워 넣는 것은 추측에
의존할 수밖에 없다.

苦心으로 窮究할수록 더욱 漠然하매 마침내 病을 어드니 다시 ■오대 "聖
賢은 팔자가 잇나 부다" 하고… (연재 12회)

瑾이 勅旨를 意造하야 陽明을 廷杖하야 질라엿다가 어나매 다시 貴州 龍場
驛 驛丞으로 謫降하얏다. (연재 13회)

同事 諸臣으로도 伍文定 한 사람밖에는 모두 遷用하는 체하고 속으로 ■
抑하야 거의 다 廢斥함을 당하니… (연재 19회)

첫 번째 사례에서 ■ 형태로 비어 있는 부분은 '갈'로 추정된다. 사상계본은
'생각하되'로 추정해 넣고 산고본·삼성본·전집본도 이를 이어받았으나, 한

<hr>

18 只是與致知之學, 其功有迂·直 緩·急之辨, 其體有分·合之間而已耳. 其實同是爲聖人之學, 何嘗不善乎?
(『存言(下)』)

글자여서 '갈오대'로 보는 것이 깔끔하다. 두 번째의 '어나매'는 앞에 글자가 빠졌음이 분명한데, 삼성본·전집본은 '살아나자/살아나매'로 보았으나 '깨어나매'가 자연스러워 보인다. 사상계본·산고본은 '이나마'로 엉뚱하다. 세 번째의 ■ 부분은 연재본의 글자가 알아보기 어렵다. 사상계본과 산고본·삼성본은 '抑塞'으로 돼 있지만 '抑'자를 앞으로 끌어낸 이유가 분명치 않고, 전집본은 '壓抑'으로 돼 있다.

글자가 엉뚱한 위치에 들어간 경우도 있다.

> 射를 學하얏을진대 반드시 '張弓·挾矢·引滿·中的·染翰'하여야 할 것이며, 書를 學하얏을진대 반드시 '伸紙·執筆·操觚'하여야 할 것이니… (연재 27회)

'染翰'은 '操觚' 다음으로 가야 한다. 그러나 연재본의 이 오류는 사상계본·산고본에서도 바로잡히지 않은 채 이어졌고, 삼성본·전집본에서는 엉뚱하게도 '染翰'과 '操觚'의 위치만 바꾸었다.

오자는 아니지만 저자가 원전의 글자를 오독해 번역을 잘못한 경우도 있다.

> 格 字의 義를 至 字로써 訓釋함이 잇나니, "格于文祖" "有苗來格" 같은 것은 이는 至誠으로써 함이라. (연재 26회)

'至誠으로써 함이라' 부분은 인용 원전을 보면 '是以至訓者也'여서 오역이다.[19] '至訓'을 '至誠'으로 잘못 본 듯하다. '至 字로써 訓釋한 것이라' 정도로

---

19 '格'字之義, 有以'至'字訓者, 如'格于文祖'·'有苗來格,' 是以'至'訓者也. (『傳習錄』「答顧東橋書」)

번역될 수 있겠다.

단순 오자라도 한 글자가 바뀜으로써 의미가 달라지는 경우도 많다. 특히 조사 한 글자가 달라져도 문장이 어색해지거나 의미가 바뀔 수 있다. 먼저 설명이 필요한 오자들 몇 가지부터 살펴보자.

> 君臣이나 夫婦나 朋友나 山川·鬼神·草木·鳥獸에 이르러 실제로 親함이 잇
> 지 아니함이 없어 써 一體의 仁을 達한 뒤에야 내 明德이 밝지 아니밤이
> 없어 참으로 能히 天地 萬物로써 一體를 삼을지니… (연재 20회)

> 그 뒤 節俠을 變하야 學問家 되엇으나 節俠 孫奇逢이 곳 學問家 孫夏峰이
> 라, 항상 前後가 다른 것이 아니다. … 二曲이 이 三大儒 中 가장 孤苦한 속
> 에서 자라나 그 學問도 항상 師友의 益을 資함이 아니라 自心 自立하야 卓
> 絶함이 오히려 孫·黃에 지난다. (연재 48회)

'이르러'는 요즘 사람들에게는 좀 낯선 표현인 '이르리'의 오류인데, 이는 '이르기까지'의 뜻이다. 후대 재간행본에서는 연재본에 '이르리'로 돼 있는 것까지도 '이르러'로 고쳐 의미를 통하지 않게 한 경우가 많다. 비슷한 사례가 '항상'으로 잘못 나온 '하상'이다. 한자어 '何嘗'으로 '도대체' 정도의 뉘앙스를 갖고 있는 부사어다.

> 그러므로 한 '良知'로되 이를 指稱함에 잇어 그 알음을 '良知'라 하고 그 밝
> 음을 '明德'이라 하고 그 身體의 天然한 平衡을 '中'이라 하고, 이 곳 極至함
> 이라 여기에 對하야 增損할 수 없음을 '至善'이라 하는 것이다. (연재 21회)

여기서 '身體'는 의미가 통하지 않는다. 바로 앞의 '그'는 '良知'여서 '良知의 身體'는 말이 되지 않고, 앞에 '良知 自體'라는 표현도 나오기 때문에 '自體'의 오류로 보인다. 사상계본 이하 모두 연재본을 그대로 따랐다.

> 假令 '意' 溫情을 하랴 하고…반드시 그 溫情·奉養의 意를 實行하야…어떠
> 케 하여야 溫情의 節이 됨을 알고…(연재 26회)

여기서의 '溫情'은 '따스한 정'이 아니라 부모를 겨울에는 따뜻하게 해드리고 여름에는 시원하게 해드려야 한다는 '冬溫夏淸'의 준말이다. 당연히 '情'은 '淸'의 오류다. 사상계본은 이 뒤에 제대로 나오는 '溫淸'까지 '溫情'으로 고쳐놓았고, 삼성본·전집본은 '溫情'을 모두 '溫淸'으로 잘못 고쳐 놓았다. '淸'은 '깨끗하다'는 맑기 문제고, '淸'은 '서늘하다'는 온도 문제다.

> 오즉 本心에만 求하고 物理는 내버릴진대, 이는 대개 그 本心을 않은 자
> 라. (연재 27회)

> 그러므로 그 事에 能함을 求하므로써 學이라 하고 그 惑을 解을 求하므로
> 써 問이라 하고… (연재 28회)

첫 번째 사례의 '않은'은 '잃은'의 오류다. 사상계본·산고본은 '잃은'으로 바로잡았으나, 삼성본·전집본은 이를 '아는'으로 잘못 고쳐 놓았다. 두 번째의 '惑을'은 '惑의'로 고쳐야 한다. 사상계본은 그렇게 고쳤으나 삼성본·전집본은 이를 '惑에'로 잘못 고쳐 놓았다. 산고본은 '惑의'로 조사는 맞게 고쳤으

나 앞의 한자에서 오자가 생겼다.

　　顏은 顏鈞이니 字는 山農이오 吉安 사람이라. … 何는 何心隱이라. 吉州

　　永豐 사람이니, 本來 梁汝元이오 字는 夫山이러니 뒤에 이러케 變하얏다.

　　(연재 43회)

　　환갑 해 돌아가니, 明 嘉靖 三十三年이다. (연재 45회)

　　宣祖 十九年 丙戌生, 仁祖 二十五年 丁亥卒 (연재 49회)

　　이미 高壽를 누리고 또 累朝 禮遇가 隆至하야 儒賢 大老로 左贊成에 이르

　　럿섯고 諡를 文康이라 하얏다. (연재 57회)

첫 번째 사례에서 두 '字는'은 '號는'으로 고쳐야 한다. 사상계본 이하 모두
이를 바로잡지 않았다. 안균·하심은의 호를 자라고 한 것은 『명유학안(明儒
學案)』을 따른 것으로 보이는데, 안균의 자는 '子和', 하심은의 자는 '柱乾'
이다.

두 번째는 연도가 틀렸는데, '三十三年'은 '四十三年'의 오류다. 이 문장에서
이야기하고 있는 나홍선은 1504년에 태어나 1564년에 죽었고, 1564년은
가정 43년이다. 사상계본 이하 모두 이를 바로잡지 않았다. 세 번째의 '丙戌'
가 '丙戌'의 오류인 것은 그렇다 치더라도, 어쩐 일인지 사상계본 이하의 후
대 간본들은 모두 '丙戌'로 돼 있다.

마지막의 '左贊成'은 '右贊成'의 오류다. 여기서 말하는 정제두는 좌찬성까

지 오르지는 못했다. 저자의 착오일 가능성이 있다. 사상계본 이하 모두 이를 바로잡지 않았다.

> "物格·知至는 誠意에서 밝고 心·理, 知·行은 一竝에서 밝다" 한 말이 가장 學問의 骨髓를 透發한 것이니… (연재 60회)

여기서의 '誠意'는 앞부분의 말을 받은 것인데, 앞부분에 "物이 格하매 知 至함은 '意誠'에서 밝고"로 나오기 때문에 '意誠'이 돼야 한다. 그러나 사상계본 이하 모두 '誠意' 그대로 두었다.

> 十八歲부터 圓嶠를 따라 國北 謫所로 다니엇는대… (연재 61회)

이영익이 부친 이광사를 따라 다녔다는 말인데, '國北'은 '南·北'의 오류로 보인다. 이영익은 이광사의 처음 유배지인 부령(北)은 물론 나중 유배지인 신지도(南)에도 함께 가서 모셨기 때문이다. 바로 위에도 '南·北 竄謫'이라는 표현이 나온다. 사상계본 이하 모두 '國北' 그대로 두었다.

다음은 단순 오·탈자의 주요 사례들이다.

〈표 〉 오탈자의 주요 사례

연재 회차	연재본 표기	바른 표기	바르게 교정한 간본
12	恨	限	
16	肖城	省城	
17	成은	或은	산
17	銳砲	銃砲	
19	巡撥	巡撫	

연재 회차	연재본 표기	바른 표기	바르게 교정한 간본
21	自欺	自欺	
22	하는	아는	
24	造化	造作	산·삼
32	有毫	有益	전
33	惟徵	惟微	
33	맙고	맡고	
35	借稱	僭稱	
35	식이기도	썩이기도	
36	狼傲	狼傲	산
36	攜奪	攘奪	
37	驚發	警發	사·산·전
37	誣諂	誣陷	전
38	本髓	本體	사·산·전
38	가고	가지고	사·산·전
40	思底	徹底	
40	數法	教法	
43	하는대	아는데	
44	向하자	向하야	
45	내나	내가	
46	受票	受稟	전
47	已發	已發	전
49	日眞無假	一眞無假	
51	膠託	謬託	산
51	것이나	것이며	산·삼
54	幸存할	幸存한	산·삼·전
55	이하엿섯을	이리하엿섯을	
57	矻矻不己	矻矻不己	사·전
57	霞谷이	霞谷의	
65	盤互	盤互	산
65	해가	해나	

한 글자가 달라진 경우라도 의미가 상당히 달라질 수 있다. 특히 한자의 경

우는 더하다. 이런 오류들이 들어 있는 문장은 제대로 이해하기가 어렵다.

(5) 재출간본들의 오자와 탈자

역시 고유명사의 오류부터 보자.

〈표 〉 재출간본들의 오류 사례

연재 회차	연재본 표기	후대 간본의 오류	오류 간본
16	孫燧	孫遂	삼·전
18	武宗	武帝	산·삼·전
43	莘和堂	華和堂	사·산·삼
48	西安	西案	사·산·삼
48	鰲屋	주屋/鰲屋/釐室	사·삼·전
51	昆侖	昆崙	사·산·삼·전
53	念臺	念菴	산·삼
53	鄭斗卿	鄭斗鄕	사·산·삼·전
54	昆侖	崑崙/昆崙	사·산·삼·전
55	樗村	운村/樗村	사·산·삼
63	豎巫閭山	豎閭山	산·삼·전

다음은 책이름이나 글 제목 등의 오류다.

〈표 〉 책이름이나 글 제목의 오류

연재 회차	연재본 표기	후대 간본의 오류	오류 간본
30	傳習錄	傳心錄	사·산·삼·전
58	五兄恒齋先生行狀	五, 恒齋先生行狀	삼·전
59	繫辭	擊辭	산·삼·전
62	信齋傳	信齋集	삼·전

일반 단어의 오자들 가운데는 의미 파악이 제대로 되지 않아 글자를 잘못 바꿔놓은 경우도 많다. 이 경우 저자의 본래 의도가 왜곡된다.

> 一은 그 學說을 비러 身·家 便宜를 圖하랴는 私營派이오, 一은 그 學說을
>
> 배워 中華 嫡傳을 이 땅에 드리우자는 尊華派이다. (연재 1회)

여기서 '비러'(빌어)는 산고본부터 '받어'로 변해 삼성본·전집본이 모두 '받이'디. '身·家'는 연재본에 가운뎃점이 들어가 있지 않은데, 이를 사상계본에서 '自家'로 바꿔놓은 이후 각 간본이 모두 '自家'다. 그러나 '身·家'도 의미가 통하지 않는 것은 아니며 뒤에도 이런 표현이 계속 나오므로 원문을 존중해야 할 듯하다.

단어의 앞뒤를 바꿔놓는 경우가 있다. 간행 당시에 낯익은 형태로 바뀌는 경우가 많다. 의미가 비슷할 수도 있지만 경우에 따라서는 달라지기도 한다.

〈표 〉 글자의 순서를 바꾼 오류

연재 회차	연재본 표기	후대 간본의 오류	오류 간본
7	明言	言明	사·산·삼
26	實事上	事實上	사·산·삼·전
30	明光	光明	산·삼·전
44	道妙	妙道	삼·전
60	義解	解義	사·산·전

연재본의 오류 부분에서 봤던 '이르리'나 '하상' 같은 낯선 말을 '이르러'나 '항상'으로 바꾸는 것은 후대 간본에서 더욱 심해졌다. 연재본에 제대로 나

온 것들도 바꿨다. 특히 삼성본에서는 '하상'이 거의 '항상'으로 바뀌었다. 이를 포함해 이전 시대의 낯선 표현들을 이해하지 못해 생긴 오류들로는 이런 것들이 있다.

〈표 〉 이전 시대의 낯선 표현들을 이해하지 못해 생긴 오류

연재 회차	연재본 표기	후대 간본의 오류	오류 간본
4	일른[잃는]	얻든/얻는/잃은	사·산·삼
6	늣거워야[느껴워야]	끼워야/깨워야/느껴야	사·산·삼·전
6	다라나게[달아나게]	다타나게/나타나게	사·산·삼
8	찟(舂)코	찟고/찢고	사·산·삼
11	흐려지나니	흘러지나니	사·산·삼
13	자고	갖이고/가지고	사·산·삼·전
13	그로 더부러	그로부터	사·산·삼·전
20	해치고	헤치고	사·산·전
24	투득	터득	산·삼·전
25	論學書	論學諸書	산·삼·전
26	바리지[버리지]	바라지(做)	사·산·삼
28	이르리나	이르리니	삼·전
28	버리랴	버리라	사·산·삼·전
29	하라	하려	사·산·삼
30	이킨[익힌]	이긴	사·산·삼
32	것이 아니라고	것이라고	사·산·삼
33	씨우는[쓰이는]	싸우는	사·산·삼·전
37	致得하라	致得하랴/致得하려	사·산·삼·전
38	이르리[이르기까지]	이르러	사·산·삼·전
39	어름이	이름이	사·산·전
44	하상	항상	사·산·삼
47	誠 우에[誠 위에]	誠僞에	사·산·삼·전
47	바리지[버리지]	바라지	사·산·삼
49	부펏을	부텃을/붙었을	사·산·삼·전

연재 회차	연재본 표기	후대 간본의 오류	오류 간본
50	그악한	그의 악한	사·산·삼
51	하상	항상	사·산·삼
51	드르라고	드르리라고/들으리라고	사·산·삼
56	하상	항상	사·산·삼
58	이르리[이르기까지]	이르러	사·산·삼·전

'느껍다'는 '어떤 느낌이 마음에 북받쳐서 벅차다'의 뜻이고 '부펏을'은 부풀었을'의 뜻인데 엉뚱한 말로 잘못 받아들였다. '찟코'는 연재본에서 '春'으로 힌트를 줬는데도 불구하고 '찢고'로 고쳐 '裂'의 의미라고 오해하도록 만들었다. '誠 우에'는 '우'가 '위'(上)인데 이를 '僞'로까지 연결하는 오버센스를 발휘했다.

한자 모양이 비슷해서 잘못을 저지른 경우는 다음과 같다.

〈표 〉 한자 모양이 유사해서 생긴 오류

연재 회차	연재본 표기	후대 간본의 오류	오류 간본
2	浩劫	造劫	사·산·삼
2	照察	昭察	사·산·삼
8	溫·淸	溫·淸	사·산·삼·전
8	夏淸	夏淸	사·산·삼·전
8	淸이니	淸이니	사·산·삼·전
10	衒耀	衍耀	사·산·삼·전
12	居庸關	居庸闕	사·삼·전
12	關外	闕外	사·삼·전
12	意思	意志	사·산·삼
15	牛酒	朱酒	사·산·삼
16	勘處	勘虛	삼·전

연재 회차	연재본 표기	후대 간본의 오류	오류 간본
18	奸諛	奸/奸謀/奸諛	사·산·삼·전
19	邀擊	激擊	사·산·삼·전
21	揣摸	模/摸/獨模/獨摸	사·산·삼·전
27	條理	修理	사·산·삼·전
32	神巧	神功	사·산·삼
33	美니	義니	사·산·삼·전
34	藩臬	藩泉/藩臬	사·산·전
38	用力	用功	삼·전
39	影象	彫像	사·산·전
39	虛想	虛相	사·산·삼
40	銅鉛	鋼鉛	사·산·삼·전
42	觸撥	觸發	산·삼·전
43	乩神術	亂神術	사·산·삼
43	乩神	亂神	사·산·삼
46	不計	不許	사·산·삼·전
46	學統	學說	사·산·삼
46	從入	從人	사·산·삼·전
46	猜刻	猜劾	산·삼·전
46	虛徐	虛除	사·산·삼
47	全露	全靈	사·산·삼
48	齊衰	齋衰	삼·전
49	麋鹿	진鹿/塵鹿	사·산·삼
51	恬視	괄視/괄시	사·산·삼·전
53	喜靜厭動	嘉靜厭動	사·산·삼
55	悅朗	悅朗	사·산·삼·전
55	緖言	諸言	산·삼·전
59	竭力	礪力	산·삼·전
59	一炷	一炬	산·삼·전

연재 회차	연재본 표기	후대 간본의 오류	오류 간본
60	瀚愛	溺愛	산·삼·전
61	浮高	淨高	사·산·삼·전
63	浮高	淨高	산·삼·전
64	深索	探索	사·산·삼

이들은 대부분 후대에 낯익은 단어들의 오류로 보고 일부러 고친 것으로 보이는데, 경솔히 고친 것이 많은 듯하다. '淨高' 같은 경우는 낯익은 단어는 아니기만 역시 일부러 고친 듯한데 잘못 고친 것으로 보인다. '煩絮' 역시 '煩繁'으로 잘못 고친 가운데 산고본은 '頻繁'으로 한 발 더 나아갔다.

그 밖에 단순한 오류들로는 다음과 같은 것들이 있다.

〈표 〉 그 외 단순한 오류

연재 회차	연재본 표기	후대 간본의 오류	오류 간본
1	經傳上	經濟上	사·산·삼
6	民衆	民族	사·산·삼
6	槪陳	開陳	사·산·삼
10	다를망정	그를망정	사·산·삼
11	刻深	刻甚	사·산·삼
11	原是	原始	사·산·삼·전
11	睿知	良知	사·산·삼
11	萬死	萬事	사·산·삼·전
12	어찌할	할	사·산·삼
16	調發	調達/調定	사·산·삼
18	秘通	密通	사·산·삼
19	遷用	遷/遷(榮進)/遷用(榮進)	사·산·삼·전
24	靜하다	靜한다	사·산·삼·전
25	發竅	發	사·산·삼·전

연재 회차	연재본 표기	후대 간본의 오류	오류 간본
25	善을	惡을	사·산·삼
29	發明	發見	사·산·삼
30	事務	事物/專務	사·산·삼
34	서로 取하며	取하며	사·산·삼·전
35	같을	같은	사·산·삼
35	사람의 마음으로서이되	사람의	사·산·삼
42	人心	人生	사·산·삼
43	眞至	眞摯	산·삼·전
48	大旨	大志/大意	사·산·삼
49	莫甚	甚甚	사·산·삼
51	하고	하나	사·산·삼
51	闇中에서 한	闇中에서 참	사·산·삼
53	關係	[누락]/관례	사·산·삼
66	苦言	苦行	사·산·삼

이들 가운데 '善을' 같은 경우는 아예 의미가 반대인 '惡을'로 바뀌기도 했다. 역시 '槪陳'·'原是' 같은 한문투 말을 친숙한 단어인 '開陳'·'原始' 같은 식으로 바꿨지만 지나친 친절이 오류로 이어진 경우다. '發明' 역시 요즘 쓰는 '과학자의 발명' 같은 좁은 개념만을 생각하고 '發見'으로 바꿨지만 '發明'의 본래 의미는 무언가를 밝히는 것이어서 그런 의미로 쓰인 것이다.

원문에 없는 글자가 들어간 것은 오류겠지만, '착한 오류'도 있다.

아이들 공부 시키지 말게. 되만 (잘) 쓰면 다 되네. (연재 29회)

'잘'은 연재본·사상계본에 없는 것이다. 그러나 '잘'이 없으면 문장이 어색

하다. 산고본에서 이를 추가해 의미를 분명하게 했고 삼성본·전집본도 이를
따랐다.

(6) 의미가 불분명한 곳들
연재본에서 의미가 불분명한 부분들이 있는데, 저자가 이후에 손보는 과정
을 거치지 못했기 때문에 추측에 의존할 수밖에 없다. 그러나 추측조차 쉽
지 않은 부분들도 여전히 있다.

> 하물며 終年 紛糾하는 理論과 閱歲 曲折하는 容解가 本心 공부와는 何等의
> 關係가 업고, 한 거름 한 거름씩이[의]로 원래 本心과 遼遠하던 距離를 더
> 멀리하기에 沒頭할 뿐이니… (연재 9회)

> "宇宙內事를 己分內事"로 생각하라는 우리 賢象는 모름직이 同體의 '아틋'
> 이 天然한 厚薄으로 조차 사모침을 深念할지어다.

첫 번째 사례의 '容解'는 '容'자가 다소 미심쩍은데, '究解'의 오류가 아닐까
생각되기도 한다. 사상계본 이하 모두 '容解' 그대로 두었다. 두 번째의 '賢
象'은 의미가 통하지 않아, '賢衆'의 오류가 아닌가 생각된다. 사상계본과 전
집본은 '賢象'을 그대로 썼고, 산고본·삼성본은 '現象'으로 고쳐 놓았으나
의미가 통하지 않기는 마찬가지다.

> 淸 名臣 湯斌이 夏峰의 弟子라 일커르나, 夏峰으로부터 보면 차라리 楊·李
> 의 黨 血統이라 할지언정 湯文正은 門徒가 아니다. (연재 48회)

'楊'은 '湯'(湯斌)의 오류가 아닐까 생각된다. 연재본에는 '楊李의 黨血統이라 할지언정'인데 산고본에서 '楊, 李'로 점을 찍어 三星本·全集本으로 이어졌다. 점을 나열의 의미로 보아 '楊과 李의 黨 血統이라 할지언정'으로 본다면 '楊·李'가 누구누군지 의문이 생긴다. 반면 이를 토씨의 생략으로 본다면 '湯(斌)이 李(光地)의 黨 血統이라 할지언정'으로 의미가 통한다. 탕빈과 이광지는 이른바 '위도학(僞道學)'의 대표자로 꼽히는 사람들이기 때문이다.

> 이뿐 아니라 叢本을 生할진대 '親民'의 義 自定하는 것이오 '知所先後'] 要됨을 說할진대 '窮至物理' 說과 逈別되는 것이니… (연재 62회)

사상계본과 산고본·전집본은 '生할진대'를 '생각할진대'로 고쳤고, 삼성본은 '生할진대'를 그대로 두었다. '叢本을 生할진대' 부분은 의미가 불분명하나, 뒤 구절로 미루어 『대학』 고본(古本)을 인정한다' 정도의 표현에서 어떤 착오가 생긴 것이 아닐까 생각된다.

3. 맺는 말

『양명학연론』은 당대 최고의 한학자이자 양명학의 적통을 이어받은 정인보의 저작이고 그 구성 또한 양명학 입문서로 가장 적합한 형태여서 귀중한 자료로 꼽힌다. 그러나 이 글에서 살펴봤듯이 『양명학연론』은 수많은 오류들을 안고 있다. 사상계본과 산고본까지 거슬러 올라갈 것도 없이, 더 나중에 출간돼 현재 많이 이용되고 있는 삼성본과 전집본도 마찬가지다. 당초의 연재본에 오류가 많았다 하더라도 재출간 과정에서 저자가 수정할 기회를 가졌으면 훨씬 나은 모습이었을 텐데, 불행히도 저자가 6·25 전쟁 당시 납북돼 사망함으로써 그런 기회를 갖지 못했다.

그러나 당초의 연재본으로 거슬러 올라가 그 오류를 수정한다면 훨씬 깔끔한 텍스트를 복원할 수 있다. 필자의 시도도 그런 노력 가운데 하나다. 앞으로 이런 노력들이 쌓여 완벽한 『양명학연론』 정본이 만들어지기를 고대한다. 시대의 변화에 따라 이 글을 현대어로 옮기는 작업도 이루어지고 있지만, 이렇게 많은 오류들을 바로잡지 않은 번역은 의미가 없다.

원전 자료

『大學』,『中庸』,『論語』,『孟子』,『書經』,『易經』,『禮記』

『大學章句』,『中庸章句』,『朱子語類』,『二程遺書』,『陸九淵集』

『傳習錄』,『陽明年譜』,『明史』,『明儒學案』,『黃梨洲遺書』,『二曲集』

『遲川集』,『西河先生集』,『谿谷漫筆』,『霞谷集』

『石泉集』,『圓嶠集』,『信齋集』,『椒園遺藁』,『湛軒書』

『양명학연론』 텍스트

『동아일보』 연재본

『사상계』 분재본

『薝園國學散藁』, 文教社, 1955.

『양명학연론 (외)』, 삼성문화재단, 1972.

『담원정인보전집』 2, 연세대학교 출판부, 1983.

『양명학연론』 번역본

정인보(저), 홍원식(해설),『양명학연론』, 계명대학교 출판부, 2004.

정인보(저), 홍원식·이상호(역),『양명학연론』, 한국국학진흥원, 2005.

정인보(저), 한경애(역),『양명학 이야기 1~2』, 이펍코리아, 2012.

ㄱ

ㄴ

ㅅ

심학(心學) 240~3, 251, 323, 383

ㅇ

악취(惡臭)→호색(好色)·악취(惡臭)

안균(顏鈞, 山農) 349~51

안연(顏淵) 331, 393

애틋함 249~51, 282, 315

양명(陽明)→왕수인(王守仁)

양웅(揚雄) 385

양정화(楊廷和) 275

양지(良知) 230~1, 234~8, 242~3, 251~4, 261~2, 266~7, 276, 285~7, 290, 293~304, 308~19, 327, 331, 336, 339~41, 344~5, 349, 354~7, 361, 363, 371, 377, 382, 389~91, 395, 398~402

엄숭(嚴嵩) 351

여요현(餘姚縣) 256, 258, 330, 336

영명(靈明) 252, 292, 360~2

『예기유편(禮記類編)』381

예의(禮儀)·전주(箋注) 237~8

왕간(王艮, 心齋) 335, 343~52, 358, 364, 383, 402

왕경(王瓊) 262, 264, 273

왕기(王畿, 龍溪) 277, 335~43, 347~9, 352, 354, 358, 383, 396

ㅈ

ㅎ

양명학연론

펴낸날	초판 1쇄 2021년 7월 23일

지은이	정인보
교 석	한경애, 이재황
펴낸이	심만수
펴낸곳	(주)살림출판사
출판등록	1989년 11월 1일 제9-210호

주소	경기도 파주시 광인사길 30
전화	031-955-1350
팩스	031-624-1356
홈페이지	http://www.sallimbooks.com
이메일	book@sallimbooks.com

ISBN	978-89-522-4308-9 03150